»Richtig reisen«

Paris

In der vorderen Umschlagklappe: Stadtplan von Paris

In der hinteren Umschlagklappe: Plan von Paris und Umgebung

172

»Richtig reisen«

PARIS

Ursula von Kardorff
Helga Sittl

DuMont Buchverlag Köln

Klappenkarten: Gerda Rebensburg
Abb. Umschlagrückseite: Brunnen ›Hommage à Strawinsky‹ von Tinguely und Niki de St. Phalle vor dem Centre Pompidou

Ursula von Kardorff (Texte)
Helga Sittl (Photos und Mitarbeit sowie Neubearbeitung)
Britta Sandberg (Mitarbeit)
Farbabb. Nr. 34 von Wolfgang Fritz, Farbabb. 42, 48, 49 von Stephanie Henseler

17., überarbeitete Auflage 1989

Satz: Boss-Druck, Kleve
Druck: Graphischer Großbetrieb Interdruck
Buchbinderische Verarbeitung:
LVZ-Druckerei »Hermann Duncker«,
Leipzig - III/18/138

Printed in the German Democratic Republic ISBN 3-7701-0874-4

Inhalt

METROPOLITAIN

LA GRANDE CASCADE

CHANEL
CHANEL
CHANEL
CHANEL

POUTOU

Paris-Informationen

Viele tausend Kilometer sind wir durch Paris gelaufen und gefahren, haben Sehenswürdigkeiten, Museen, Restaurants, Läden, Chansonkeller, Nachtlokale, Cabarets – Kurioses, Frivoles, Komisches und Erhabenes unaufhörlich debattierend getestet. Wir sind auf die Türme hinauf und in den Untergrund hinab gestiegen, haben die unterirdischen Abflußkanäle (Egouts) und die Schädelstätten (Catacombes) besichtigt, sind mit Intellektuellen, Clochards, Journalisten und Diplomaten, Museumswärtern und Bardamen, Galeristen und Conciergen, Kellnern und Künstlern, Wirten und Bankiers ins Gespräch gekommen, um Ihnen die Stadt verständlicher, liebenswerter und vor allem zugänglicher zu machen.

Wir haben diese Auflage vollständig aktualisiert. Einiges mußten wir streichen, neue Seiten kamen hinzu. Großstädte sind einem ständigen Wechsel unterworfen. Beschauliche Ecken werden mehr und mehr Opfer des Zeitgeistes, Authentisches wird manchmal zu Tode renoviert oder unnötig aufgepeppt *à l'americaine.* Wir haben viel gelernt, wenn auch nicht alles, was die über zweitausendjährige Metropole an Mysteriösem, Bezauberndem und Abgründigem bietet. Dazu müßte man mehrere Leben in der Stadt verbringen.

Paris besteht aus Provinzen. Provinzen, die manche ihrer Bewohner kaum verlassen. »Viele habe ich bewohnt«, schrieb die große Schriftstellerin Colette, »acht Jahre wohnte ich an den Champs-Elysées im Hotel Claridge, einem Luxushotel wie alle Luxushotels der Welt. Selbst dort schuf ich meine Provinz, und zwar mit einem schrägen Schieferdach, zwei schmalen Blumenbalkons und zwei kleinen Zimmern ganz oben über einer tiefen Dachrinne.« – Das Hotel Claridge gibt es schon lange nicht mehr. Der Prachtbau von 1915 mußte einer modernen Ladenpassage weichen.

Der Wandel der Champs-Elysées steht stellvertretend für viele Veränderungen in Paris. Die einst ›schönste Avenue der Welt‹ wird heute von Fast-Foods, Drugstores und nichtssagenden Einkaufspassagen mit viel Chrom und Glas gesäumt. Eleganz und Charme vergangener Zeiten sind endgültig dahin. Daran konnte auch die dramatische Rettung des berühmtesten Cafés der Champs-Elysées, Fouquet's, nichts mehr ändern: Als 1988 der Pachtvertrag des letzten mondänen Treffs auf der Avenue nicht verlängert werden sollte, schlossen sich Stammgäste des Lokals – darunter vor allem Schauspieler und Filmleute – zu einem Aktionskomitee zusammen (in Frankreich, in dem Bürgerinitiativen praktisch nicht existieren, eine sehr ungewöhnliche Geste). Kulturminister

Jack Lang ließ daraufhin die 1899 eröffnete ehemalige Kutscherkneipe unter Denkmalschutz stellen und bewahrte sie somit vor Schließung und Abriß.

Die ›Fouquet's-Affäre‹ von 1988 zeigt ein neues Bewußtsein in der Pariser Öffentlichkeit. Jahrelang wurde in Paris rücksichtslos abgerissen und kahlschlagrenoviert. Heute sind die Bausünden (wie das klotzige, schwarze Montparnasse-Hochhaus) unübersehbar. Eine der radikalsten Veränderungen war jedoch der Abriß der Pariser Hallen in den 70er Jahren. Dort, wo einst um die alten Markthallen von Baltard, im ›Bauch von Paris‹, Obst- und Gemüsekisten geschleppt wurden, gibt es heute, im futuristischen Forum, Kommerz und Boutiquen auf vier Etagen.

Der Abriß der Markthallen im Jahr 1971 hatte heftige Kontroversen ausgelöst. Zur gleichen Zeit hätte ein weiteres Beispiel der Architektur des ausgehenden 19. Jahrhunderts aus dem Stadtbild verschwinden sollen. Der Abriß des Gare d'Orsay war beschlossene Sache. Pläne für ein modernes Hotel, das an gleicher Stelle gebaut werden sollte, lagen schon vor. Doch da begannen die Pariser plötzlich, sich für die Bauten des vergangenen Jahrhunderts zu interessieren. Der Bahnhof wurde gerettet und in den letzten Jahren zu einem der spektakulärsten Museen der Stadt umgebaut. Inzwischen wird nicht mehr wahllos abgerissen, sondern immer mehr behutsam restauriert – das Picasso-Museum in einem alten Stadtpalast des Marais-Viertels gehört dabei zu den gelungensten Beispielen.

Paris hat sich in den 80er Jahren entscheidend verändert. Selten wurden in einer Metropole innerhalb so kurzer Zeit so viele Mammut-Projekte eingeweiht. Sie alle gehören zu den *grands projets* der sozialistischen Kulturpolitik, mit der Staatspräsident François Mitterand (»Man kann keine große Politik ohne große Architektur machen«) sich selbst und der ›Gloire de la France‹ zum 200sten Geburtstag der Großen Revolution von 1789, gleich mehrere Denkmäler auf einmal setzte – Grundpfeiler der zukünftigen Kulturhauptstadt Europas.

Wie seit jeher bei allem Neuen, zeigten sich die Pariser erst einmal entsetzt – das war schon vor über 100 Jahren beim Bau des Eiffelturms so – und arrangierten sich dann doch bestens damit. So lebt auch im Paris von heute, neben den Monumenten aus Stahl und Glas, das alte Paris weiter, das Winkelige, Bröckelnde, Schräge, Schiefe und Skurrile – versteckter als früher und im Schatten der großen Attraktionen, aber durchaus nicht im Verborgenen. Manche der bisher vom Zeitgeist noch unberührten Viertel werden zur

Große Uhr im ehemaligen Bahnhof d'Orsay, heute Museum

Zuflucht für die Jungen und die Künstler, die sich die hochschnellenden Preise der etablierten Stadtteile nicht leisten können und sich in den intakt gebliebenen *quartiers* der kleinen Leute wohler fühlen. Eine Entwicklung, die vor Jahren in der Gegend um die Bastille zu beobachten war und im Viertel der kleinen Handwerker eine neue Pariser Szene entstehen ließ.

Es gibt sie immer noch, die bewachsenen Hinterhöfe mit den kleinen Concierge-Häuschen und streunenden Katzen; die *impasse* genannten engen Sackgäßlein; die anspruchslosen Bistros, in denen die Neuigkeiten des Tages ausgetauscht werden und der *patron* seine *clientèle* noch mit Handschlag begrüßt. Sie wollen nur entdeckt werden ...

Der erste Tag

Pont Alexandre III und Dôme des Invalides

Da sind Sie nun am Ziel Ihrer Sehnsucht, in der Riesenstadt Paris, die so gespickt ist mit alten und neuen Sehenswürdigkeiten wie kaum eine andere Metropole. Aber wo anfangen, damit Sightseeing zum beflügelnden Erlebnis wird? Paris kann verzaubern, aber auch enervieren. Es kommt auf den Einstieg an. Noch ist Paris mehr Traum als Alptraum – und unter den Städten dieser Erde eine der wunderbarsten –, es kann den Neuling aber so irritieren, daß er am liebsten gleich die Flucht ergreifen möchte bei so viel Hektik, Riesenplätzen, engen Gassen und Menschenmassen.

Wir haben uns deshalb ein Programm ausgedacht für einen schönen, runden und vor allem inspirierenden ersten Tag, der Sie in aller Beschaulichkeit zu einigen der Hauptsehenswürdigkeiten führt und gleichzeitig einen Überblick gibt.

Brechen Sie (mit bequemem Schuhzeug) möglichst frühzeitig auf, denn schon gegen 11 Uhr morgens ergießen sich allerorten die Touristenströme, bilden sich Schlangen vor den Kassen der großen Attraktionen.

Dazu gehört natürlich der EIFFELTURM, mit dem wir, wie es sich gehört, beginnen. Schweben Sie hinauf, und bewundern Sie die geniale Eisenkonstruktion aus dem Jahre 1887, die zwei Jahre später, zur Hundertjahrfeier der Revolution und zur Weltausstellung, fertig wurde und die Maupassant so scheußlich fand, daß er oft im Restaurant im ersten Stock speisen ging, weil das der einzige Ort war, wo er »den Turm nicht sehen mußte«. Aber auch er wird den Blick auf Paris genossen haben, bei klarem Wetter kann man 90 km weit sehen. Ein kleines Museum gibt Kunde von der Geschichte dieser wahrscheinlich bekanntesten Sehenswürdigkeit der Welt.

Fahren Sie sodann mit der Linie C weiter zur Station Invalides. Die Kuppeln des INVALIDENDOMS im Rücken, überqueren Sie die Seine auf der prächtigsten Brücke der Stadt, der PONT ALEXANDRE III. Vorbei an PETIT PALAIS und GRAND PALAIS (wo die wichtigsten der großen Ausstellungen stattfinden), erreichen Sie die CHAMPS-ELYSÉES. Flanieren Sie die Prachtallee rechterhand entlang, die sich hier mit ihren herrlichen Bäumen und Nobellokalen luxuriös-parkartig gibt. Der PLACE DE LA CONCORDE mit dem Obelisk, den Brunnen und dem tosenden Verkehr ist ein weiterer Superlativ. Am Eingang der Tuilerien stand in den Revolutionsjahren die Guillotine, mit der Ludwig XVI. im Jahre 1793 enthauptet wurde, gefolgt von Charlotte Corday (die den Revolutionsführer Marat in der Badewanne erstochen hatte), Madame du Barry, Danton, dem Herzog von Orleans (der sich Philippe Egalité nannte), Desmoulins (der die *citoyens* am 13. Juli 1789 zu den Waffen gerufen hatte), Saint-Just und schließlich Robespierre. 1343 Köpfe rollten an diesem Ort, darunter auch der von Madame Roland, die hier den klassischen Ausruf tat: »Freiheit, welche Verbrechen werden in deinem Namen begangen!«

Erholen Sie sich von den Eindrücken in den TUILERIEN, die Sie immer geradeaus durchwandern und die mit ihren hohen Bäumen, Blumenrabatten, den vielen Statuen und

Brunnen auf dem Place de la Concorde

Der Square du Vert-Galant auf der Ile de la Cité

Denkmälern, dem Bassin, auf dem Kinder ihre Boote fahren lassen, den lauschigen Bänken, kleinen Restaurations-Oasen und all den Liebespaaren so recht dazu angetan sind.

Denn schon nähern Sie sich (immer weiter geradeaus!) durch den Arc du Carrousel der nächsten Sensation, der gerade erst fertiggewordenen Pyramide du Louvre, dem spektakulären Eingang zum zukünftig größten Museum der Welt (siehe auch Kapitel ›Grands Travaux‹). Spazieren Sie dann auf dem Quai du Louvre an der Seine entlang zur Pont-Neuf, der ältesten Brücke von Paris, über die Sie die Spitze der Ile de la Cité erreichen, wo Sie ein Schiff der ›Vedettes Pont-Neuf‹ zu einer Rundfahrt besteigen können. Nirgends ist so deutlich zu sehen, daß die Urzelle der Stadt auf Inseln lag. Die Ile de la Cité mit ihrer grünen Spitze gleicht einem Schiff, einem »herrlichen Schiff, beladen mit Verstand«, wie Balzac sagte. Witzig, daß diese Spitze mit dem Denkmal für Henri IV den Namen Square du Vert-Galant trägt, denn als ›immergrüner Galan‹ wurde der König vom Volk wegen seiner ungezählten Liebschaften verspottet.

Vorbei an seinem Standbild, kommen Sie auf den stimmungsvollen Place Dauphine und dann, rechterhand um den Justizpalast herum, zur schönsten Kirche von Paris, der etwas versteckten Sainte-Chapelle (Eingang Boulevard du Palais und dann gleich links) – Sie werden staunen.

Durch die Rue de Lutèce, vorbei am poetischen Blumenmarkt, dann ein paar Schritte nach rechts, gelangen Sie zur berühmtesten Kirche der Stadt, der Kathedrale Notre-Dame. Der Bau wurde 1163 an der Stelle begonnen, an der vor 2000 Jahren ein römischer Tempel stand. Staunen Sie die drei Portale gebührend an, steigen Sie vielleicht auf den Turm, die Aussicht ist lohnend. In den Tagen der Revolution thronte hier eine junge

Schauspielerin als Göttin der Vernunft. Weitere Stichworte: Victor Hugos ›Glöckner von Notre-Dame‹ und der Film darüber mit Michel Simon; die Kaiserkrönung Napoleons, bei der seine Schwestern widerwillig die Schleppe ihrer ungeliebten Schwägerin Joséphine tragen mußten; de Gaulles Einzug am Tag der Libération, dem 26. August 1944, als plötzlich Gewehrschüsse um ihn knallten, deren Herkunft nie geklärt wurde.

Über die Pont au Double erreichen Sie den bezaubernden SQUARE VIVIANI (mit der Kirche Saint-Julien-le-Pauvre), ein beschaulicher Ort. Überqueren Sie hinter der Kirche die alte Römerstraße, die Rue Saint-Jacques, um nun noch etwas durch das Gäßchengewirr des alten Viertels um SAINT-SÉVERIN zu schlendern, mit all den Garküchen und Lokalen für schmale Geldbörsen.

Schließlich gelangen Sie auf den PLACE SAINT-MICHEL mit dem wunderschönen Brunnen des Heiligen, *dem* Treffpunkt der Studenten und jungen Touristen. Lassen Sie sich auf einer der Terrassen zu einem Aperitif nieder, und beschauen Sie müßig das bunte Volk.

Nun gilt es eine Entscheidung für das Diner zu treffen, das Abendessen. Wenn Sie bereits gegen sieben Uhr aufbrechen, ist überall noch Platz zu finden.

Da wäre gleich um die Ecke am Quai des Grands-Augustins das Wein-Bistro L'ECLUSE, in dem es auch vorzügliche kleine Gerichte gibt. Auch die nahe TAVERNE HENRI IV, eine authentische alte Weinbar auf der Spitze der Ile de la Cité (Place du Pont-Neuf) ist wegen der besonderen Ambiance sehr zu empfehlen, jedenfalls denen, die sich mit rustikalen Happen zum Wein zufriedengeben. Für *les amoureux*, die Verliebten, gibt es ein Zauberlokal mit Gärtchen auf der Ile de la Cité, in einem Haus aus dem 13. Jahrhundert, LA COLOMBE (Rue de la Colombe). Auf jedem bestellten Gericht sitzt ein Täubchenpaar aus Brandteig oder Zuckerguß. Musik aus dem 17. Jahrhundert sorgt für Romantik, und die Küche ist recht gut. Üppig und lustig geht es bei NOS ANCÊTRES LES GAULOIS auf der Ile Saint-Louis (in der Rue Saint-Louis-en-l'Ile) zu. Für einen Pauschalpreis kann man sich hier *à volonté* selbst bedienen, das heißt, so viel essen, wie man will.

Ein paar Schritte nur sind es zum noblen LAPÉROUSE am Quai des Grands-Augustins, einem Juwel der Jahrhundertwende, wo man in intimen Salons altväterlich speist – diesem besonderen Tag durchaus angemessen.

Wohl gestärkt, sollten Sie sich nun noch eine Lichterfahrt mit dem Taxi leisten (das in Paris viel billiger ist als in Deutschland) als erhebenden Abschluß des Tages. *Aussi lentement que possible* – so langsam wie möglich – sollten Sie zunächst zur Bastille fahren, dann über den Place des Vosges, vorbei am Hôtel-de-Ville, durch die Rue de Rivoli, über den Place de la Concorde und durch die Champs-Elysées hinauf zum Arc de Triomphe.

Hier steigen Sie aus, setzen sich auf die Terrasse von FOUQUET's, Schauplatz von Remarques Emigrantenroman ›Arc de Triomphe‹, und verwöhnen sich mit einer halben Flasche Champagner, die natürlich hier nicht gerade billig ist, oder bescheiden sich mit einem Kräutertee, genannt *une infusion,* als Magenberuhigung und Abschluß bei den Franzosen sehr beliebt. Dann nehmen Sie die letzte Metro nach Hause, sie fährt kurz vor ein Uhr nachts.

Der wahre Paris-Liebhaber hat immer eine kleine Sehnsucht nach dem ganz speziellen Geruch der Metro, den es sonst nirgends auf der Welt gibt. Die erste Untergrundbahn fuhr zum erstenmal am 19. Juli 1900, zu Ehren der Weltausstellung, von Vincennes zur Porte Maillot. Die Gäste saßen ängstlich darin und dick angezogen, sie fürchteten Zugluft. Vor Paris hatte London, 1863, mit dem schnellen Underground-Fahrzeug begonnen, fünf Jahre später New York, 1902 Berlin. Vater der Metro war ›le Père Fulgence Bienvenue‹, ein genialer Techniker, der noch mit 70 Jahren die weiteren Linien baute. Ihm zu Ehren heißt die Station am Montparnasse Bienvenüe, in diesem Falle nicht mit ›Willkommen‹ zu übersetzen.

Über 6 Millionen Pariser benutzen täglich die Metro, um zu ihrer Arbeitsstelle zu kommen: *métro – boulot – dodo* (›Metro fahren – arbeiten – schlafen‹), so sieht vor allem der Alltag derer aus, die aus den *banlieues,* den Vororten, nach Paris kommen. Wie wichtig die Metro mit ihren vielen Linien und über 360 Stationen und ihrer Anbindung an die Schnellbahn RER ist, merkt man erst, wenn sie streikt – und das tut sie mit schöner Regelmäßigkeit. Bei den wochenlangen Streiks im Herbst 1988 setzte die französische Regierung sogar Militärlastwagen ein, um einen totalen Stillstand des Pariser Verkehrs zu vermeiden.

Metrobahnhof Gare d'Austerlitz

Die meisten Stationen wurden modernisiert. Fast jede hat ihren eigenen Charakter. Zur Freude der Liebhaber des Vieux-Paris wurden die alten Straßeneingänge mit den Baldachinen und den Blüten zum Teil wieder aus der Versenkung geholt. Sie sind schließlich ein Wahrzeichen der Stadt, das Modernisten in der Zeit, als man die Schnörkel ablehnte, verbannten.

Zu den schönsten Stationen gehören die vom Louvre und die vom Hôtel-de-Ville. Dort ist die ganze Geschichte des Rathauses über die Jahrhunderte in eindrucksvollen Bildern zu studieren. Die Station Cluny-Sorbonne (eine der neuesten) wurde als Auftragsarbeit in Zusammenarbeit mit dem französischen Kulturministerium von zwei Künstlern mit Deckenmosaiken ausgestaltet. Den allerschönsten Jugendstil-Eingang hat die Station Porte Dauphine.

Man gibt sich Mühe, alles Düstere zu verbannen. Die tristen Eisensäulen werden oft popfarbig gestrichen, die unterirdischen Wände und Gänge in den verschiedensten Farben gekachelt. Verschwunden sind die langen Bänke, sie machten bunten Sitzschalen Platz, auf denen man nicht mehr gemütlich zusammenrücken kann und die es den Clochards schwer machen sollen, hier bequem ihr Schläfchen zu halten. Denn die Metro gehört, besonders im Winter, zu ihren bevorzugten Aufenthaltsorten: hier ist es zumindest warm, und mancher der Vorbeigehenden hat einen Franc für sie übrig. Aber die

Metro ist auch eine willkommene Verdienstquelle für junge Musiker, Pantomimen und Puppenspieler, die besonders auf der Linie 1 zu finden sind. Musiziert wird sowohl in den endlosen Gängen wie in den Waggons, und obwohl es eigentlich verboten ist, auf diese Weise sein Geld zu machen, wird die Musikszene in der Metro stillschweigend toleriert.

Die letzte Metro (François Truffaut machte sie zum Titel einer seiner Filme) fährt um 1 Uhr nachts, die erste dann wieder ab 5 Uhr morgens. In der Zeit dazwischen werden anfallende Reparatur- und Wartungsarbeiten erledigt, Gleise ausgewechselt und die Strecken mit Kontrollfahrzeugen abgefahren. Eine Arbeit, die zunehmend automatisiert wird: 1989 setzte die RATP erstmals Roboter auf einzelnen Streckenabschnitten ein.

Vor einigen Jahren wurde mit staatlicher und privater Unterstützung ein Videosystem in der Metro installiert: in vielen Stationen verkürzen seitdem die Fernsehmonitore, die *tubes*, mit Videoclips, Kurznachrichten und Veranstaltungshinweisen den Metrofahrern das Warten. Bis heute bleiben die *tubes* jedoch umstritten. Viele Passagiere empfinden die Monitore als Belästigung (da Weggucken kaum möglich ist) und fühlen sich an Orwell's ›Big Brother‹ erinnert. Es gibt auch eine Fernseh-Überwachung der Bahnsteige, deren Effizienz für den Notfall allerdings angezweifelt werden muß. Im inneren Stadtbereich kann man die Metro durchaus bis 1 Uhr nachts benutzen – mit etwas Um- und Vorsicht. Die ist ohnehin grundsätzlich im Hinblick auf Taschendiebe geboten. Berüchtigt sind besonders die Stationen Saint-Michel und Porte de Clignancourt.

Ein Tip: Erkunden Sie Paris doch mal metropolitanisch, und fahren Sie mit den Linien 2 (Nordhälfte) und 6 (Südhälfte), die teilweise überirdisch verlaufen, um die ganze Stadt herum. Linienwechsel bei Etoile und Nation.

le bistro · Der Salon der Armen

Was für den Berliner die Eckkneipe, das ist für den Pariser das Bistro. Zum Glück gibt es in den weniger feinen Vierteln fast in jeder Straße ein Bistro, oft verbunden mit dem *tabac,* das heißt, man kann dort Briefmarken und Zigaretten kaufen, am Tisch oder am *zinc* ein Gläschen heben und sich mit den Nachbarn links und rechts unterhalten. Das Bistro ist der Kommunikationsort schlechthin, ohne daß je das Wort Kommunikation hier in den Mund genommen wird. Es ist der menschenverbindende Punkt in der großen Stadt. Leute des Viertels kommen jeden Tag in das gleiche Bistro zu einem Schwätzchen,

einem Täßchen, einem Gläschen, hier hinterläßt man Nachrichten, telefoniert, gibt Schlüssel ab, holt Post und nennt die Inhaber Vater und Mutter (›Père Lucien‹ und ›Mère Cathérine‹). Hausfrauen genehmigen sich nach dem Einkauf – oft in der Kittelschürze – einen Kaffee, Männer, ehe sie an den heimischen Abendbrottisch eilen, einen Aperitif, *un petit blanc, un kir.* Einsame finden Zuspruch, Fremde Ansprache. Die *égalité,* eine der Forderungen der Großen Revolution, hier ist sie Wirklichkeit geworden. Der Journalist unterhält sich mit dem Anstreicher im Overall, der Professor mit der Concierge, der Zeitungsverkäufer mit der Baronin. Leider werden die authentischen Bistros immer weniger.

Bistro kann man mit und ohne ›t‹ schreiben, es gibt keine Regel. Manche behaupten, das Wort hätten russische Soldaten 1814 eingeführt, als sie verbotenerweise in die Kneipen zum schnellen Trunk eilten, und stets »bistro, bistro« (›Schnell, schnell‹) schrien,

Die tägliche Aperitif-Runde: Concierge, Schauspielerin, Journalistin, Chansonsänger

›La Grosse Bertha‹, die Kaffeemaschine in der Brasserie de l'Ile Saint-Louis

Bistro Le Tournant

andere sagen, es sei eine Abkürzung von *bistroquet* (Schankwirt). Besonders schön sind noch manche der kleinen Bistros am Montmartre abseits des Place du Tertre. Blumen stehen auf dem *zinc*, ein dicker Hund sitzt unter dem Tisch, und das Gespräch ist allgemein, der Mensch ist aufgenommen in das Minizentrum eines der vielen Dörfer, aus denen Paris besteht.

Sehenswert wegen der schönen Fayence-Kacheln ist dort die Bar Lux in der Rue Lepic, ähnlich wie Aux Deux Saules in der Rue Saint-Denis am Forum des Halles. Und jeden Umweg wert: das stets vollgestopfte Le Cochon a l'Oreille, das letzte authentische Hallenbistro überhaupt.

Im La Tartine, gleich hinter dem Rathaus in der Rue de Rivoli, scheint die Zeit stehengeblieben zu sein. Hier kann man zum guten, billigen Wein ein schlichtes Butterbrot essen. Weniger verstaubt, gehobener, aber höchst munter, geht es in der Brasserie de l'Ile zu, auf der Ile Saint-Louis, wo ›La Grosse Bertha‹, eine riesige alte Kaffeemaschine, auf dem *zinc* blitzt. *Das* Pariser Bistro schlechthin, unverfälscht, betriebsam und witzig, ist immer noch (und hoffentlich noch lange) Chez Louisette – etwas abseits, auf dem großen Flohmarkt hinter der Porte de Clignancourt, geöffnet allerdings nur samstags, sonntags und montags.

Les Marchés

Abbruch der Hallen 1972; im Hintergrund die Bourse de Commerce

Zum großen Spaß von Paris gehören seine Märkte. Leider sind schon viele alte Gebäude verschwunden, angefangen von den berühmten HALLEN mit den Pavillons de Baltard, schönen, unter Napoleon III. gebauten Eisenkonstruktionen, die 1972 abgerissen wurden und damit den Platz, der seit 800 Jahren Markt war, freigaben für das FORUM DES HALLES. Der neue Großmarkt bei Orly, RUNGIS, umfaßt 220 Hektar (13 bei den Hallen) und beschäftigt 32 000 Menschen (Besichtigung mit Führung: donnerstags 11 Uhr).

Andere Hallen wichen Betonscheußlichkeiten. Doch einige stehen noch in alter Pracht, so eine am Gare de l'Est, der MARCHÉ SAINT-QUENTIN. Ferner der MARCHÉ CHÂTEAU-D'EAU, der den Baltard-Hallen mit seinen gußeisernen Säulen ähnelt, und der MARCHÉ ENFANTS ROUGES in der Rue de Bretagne, in dem stets ein emsiges Getriebe herrscht. Stimmungsvoll ist auch der kleine MARCHÉ DE PASSY an der Rue Bois-le-Vent im feinen 16. Arrondissement, wo die noblen Damen des Viertels kenntnisreich die frischen Waren inspizieren. Sogar unter Denkmalschutz steht der recht kleine MARCHÉ D'ALIGRE, zwei Schritte vom Faubourg Saint-Antoine mit seiner Halle aus dem Jahre 1843. Hier war schon im 18. Jahrhundert Markt, heute kann man dort auch Nordafrikanisches und

Trödel kaufen. Außerdem gibt es noch in jedem Viertel die freien Märkte, die ihre Tische und Stände aufschlagen, an die 80 sollen es sein.

Auf dem offenen Markt in der Rue de Montorgueil beim Forum des Halles läßt sich noch ein wenig von der ursprünglichen Atmosphäre des Hallenviertels erschnuppern. Gehen Sie aber auch einmal in die Rue des Abbesses am Montmartre und in die Rue de Buci in Saint-Germain-des-Prés. Hübsch ist auch im feinen 17. Arrondissement der Straßenmarkt an der Rue de Poncelet und mittwochs und sonnabends der Marché Edgar Quinet am Montparnasse.

Auf keinen Fall aber sollten Sie den Sonntagsmarkt an der uralten Rue Mouffetard versäumen, er ist ein Freizeitvergnügen von hohen Graden. Das Stimmengewirr der Ausrufer, die ihre Witze machen und gern flirten, das fröhliche Gekreisch rundum, dazu die Straßenmusikanten und über allem der Geruch von Fisch, Käse, Obst und deftigem Gemüse, ein Ohren-Nasen-Gaumen-Augen-Schmaus. Silbrig die Fischleiber, rosig die Krabben, rot die Hummer, grau die Schnecken, Zitronen dazwischen, auf dem Braun der Algen das Perlmutt der Austern, Eier zwischen 20 verschiedenen Buttersorten, dem ›Crème de Normandie‹, ›Petit Suisse‹ und hundert Käsesorten – natürlich nie auf Eis gelegt. Überquellende Karren mit Obst, Blumen, Gewürzen, wonnevolle Opulenz der Poularden, Kaninchen, Enten, Schinken, Würste, Wild, frisch, sinnlich, fröhlich, verlockend. Was sind dagegen die Supermärkte in den Betonhallen unter Neonlicht mit ihren abgepackten Plastikbeuteln? Reine Tristesse.

An einem richtigen Markt sollte man sich in ein Bistro setzen, einen kleinen weißen Wein trinken zur knackfrischen Weißbrotstange des Bäckers von nebenan. Einfach

Auf dem Kleidermarkt Marché du Temple ▷

Sonntagsmarkt in der Rue Mouffetard

LE MARCHE
TEMPLE
TOUS LES
OUVERT
9h
9
JOURS
DIMANCHE
12h

genießen. Montags freilich gibt es keine Märkte, und wochentags haben sie alle von 13–16 Uhr Mittagsruhe. Wie sich das gehört.

Ferner gibt es noch die Pariser Blumenmärkte. Der poetischste – obwohl gegenüber der Polizeipräfektur – ist der auf der Ile de la Cité. In hübschen altertümlichen Gewächshäusern können hier die seltensten und die gewöhnlichsten Pflanzen, Blumen und Bäumchen gekauft werden, außer sonntags. Denn sonntags ist hier von 9–19 Uhr der Vogelmarkt, Marché aux Oiseaux. Auch seltsame Vögel unter den Menschen sind hier zu beobachten. Eldorado für Genrebild-Photographen. Zum Beispiel der kleine Stand mit Vogelfutter unter dem Schild »A l'Oiseau Gourmand«.

Samstags, sonntags und feiertags kann man eine Anzahl ernster Männer in den Anlagen der Champs-Elysées, Ecke Avenue de Marigny herumstehen sehen, sie haben Mappen und Köfferchen dabei und tuscheln und handeln eifrig miteinander. Dies ist der Pariser Briefmarken-Markt, der Marché aux Timbres.

Sonntags gibt es in dieser Stadt keine Langeweile, denn da sind ja auch noch die Flohmärkte. Der größte, berühmteste und berüchtigtste ist der Marché de la Porte Saint-Ouen (Metro: Porte de Clignancourt), der Riesenflohmarkt, den jeder Tourist einmal sehen muß. Ehe er in diesem Meer von Objekten aus Rumpelkammern, Speichern, Antiquariaten und Antiquitätenläden und zwischen den Ständen mit der modischen Stapelware untergeht, hier ein paar Tips: Der Flohmarkt ist samstags, sonntags und montags von 9–19 Uhr geöffnet. Die wirklichen und passionierten Sammler erscheinen freilich morgens schon viel früher. Schon 1890 standen hier die *chiffonniers* mit ihren Funden auf dem Gelände der einstigen Festungswälle für ein paar Käufer herum, erst in den zwanzi-

Sonntäglicher Vogelmarkt auf der Ile de la Cité

ger Jahren kam der Markt in Blüte. Einige Glückliche haben sogar Bilder alter Meister unter dem Krimskrams entdeckt. Diese Zeiten sind vorüber. Leider. Dennoch findet sich viel Hübsches, Skurriles, Verspieltes, Vergammeltes und sogar auch Wertvolles – aber Bescheid wissen sie alle, die Verkäufer. An die 2000 Buden bieten unterschiedliche Ware feil und sind in fünf Märkte unterteilt:

Der Marché Vernaison bietet wertvolle Möbel, Galerien und Folklore, hier steht das kleine Restaurant Chez Louisette. Ein wahres Puppen-Paradies ist die Allee Nr. 8, wo von der Perücke bis zum Puppenkleid alles zu finden ist. Dann kommt der Marché Biron. Mit den wertvollsten antiquarischen Objekten ist er der Luxusort des Marktviertels. Beim Überqueren der Rue Paul-Bert kommt man in die Rue Pierre-Curé, in den Marché Paul Bert. Hier gibt es vor allem Fayencen, Schallplatten und Geschirr, der nächste ist der Marché Vallès, der kleinste von allen, hier findet man Waffen, Bilder, Zeitschriften, alte Plakate und Nippes. Schließlich ist da noch der Marché Malik, Kleidermarkt für Individualisten jenseits der Mode. Hier läßt sich Köstliches aus vergangenen Modeepochen entdecken.

Auf Unersättliche warten noch andere Flohmärkte: an der Porte de Montreuil, samstags und sonntags; an der Porte Didot (Metro: Porte de Vanves) und an der Porte des Lilas; nur sonntags geöffnet.

Nicht Trödler und Tandler, sondern seriöse Antiquitätenhändler schlossen sich zusammen im Cour aux Antiquitaires (größter Luxus) und im Village Suisse. In den fast dörflich anmutenden Hinterhöfen des Village Saint-Paul mitten im Marais bieten Dutzende kleiner Läden sowohl Antiquitäten als auch Kuriositäten.

Einen richtigen Kleidermarkt gibt es am Carreaux du Temple (Metro: République) in einer Belle Epoque-Eisenhalle, justament an dem Platz, wo der steinreiche Templerorden einst ein festungsartiges Städtchen hatte und Handel trieb. Genius Loci. Auch heute herrscht reges Leben an den vielen Ständen mit Pelzen, Lederjacken, Schuhen, Blusen, Handschuhen und Stapelware aller Art.

Verschwunden sind Hunde-, Pferde- und Eselsmarkt auf dem ehemaligen Gelände des Schlachthofs von Vaugirard in der Rue Brancion 106. Nur die Namen der Restaurants rundum zeugen noch von der Vergangenheit.

Die KUNST zu ESSEN

Zwei Eier, Brot, Bouillon, Ochsenfleisch, Kalbfleisch, weiße Bohnen, grüne Bohnen, Erdbeeren, Kirschen, Johannisbeeren, Orangen, zwei Flaschen Rotwein und zwei Flaschen Bier, das erhielt täglich wechselnd mit Huhn, Pute, Wachteln und Weißwein, ein Monsieur namens La Bourdonnais, Gefangener in der Bastille im Jahre 1750. Noch besser war der langjährig eingekerkerte Marquis de Sade gestellt, der im Januar des Jahres 1789, als die Revolution ausbrach, Leckerbissen wie Poularde mit frischen Trüffeln, Hühnchen mit Maronen, Schinkenpasteten und Schokoladencreme speiste. Nicht so schlecht wird es auch Voltaire ergangen sein, selbst wenn er sich in Versen wie diesem beklagte: »Ne dormant point, buvant chaud, mangeant froid, sans passe-temps, sans amis, sans maîtresse.« (›Kaum Schlaf, die Getränke heiß, das Essen kalt, kein Zeitvertreib, keine Freunde, keine Geliebte‹)

Es ist fast amüsant zu entdecken, wie auch in den schrecklichsten Zeiten der Französischen Revolution – deren Ausbruch durch die Hungersnot der unteren Schichten beschleunigt wurde – immer wieder vom Essen die Rede ist, wie die Gefangenen in den ›Wartesälen des Todes‹ durch Bestechung der Wärter sich bis zum Schluß den Trost der guten Mahlzeit verschafften. Wie fürsorglich bekochte die kleine Magd Rosalie Königin Marie Antoinette in den letzten Wochen ihres immer entsetzlicher werdenden Daseins im Kerker der Conciergerie. Sie kaufte ihr das »zarteste Geflügel und das schönste Obst«, und als die zum Tode Verurteilte weinend zu ihr sagte: »Liebes Mädchen, ich brauche nichts mehr, für mich ist alles zu Ende«, machte sie ihr doch den Vorschlag: »Majestät, ich habe eine Fleischbrühe auf dem Herd und Fadennudeln, Sie müssen bei Kräften bleiben.«

Das Pariser Restaurant – abgeleitet von *se restaurer*, sich erfrischen, stärken – ist im Grunde eine Geburt der Revolution. Die arbeitslos gewordenen Mundschenks und Küchenchefs der Aristokraten erprobten ihre Künste nun vor größerer Kundschaft im eigenen Etablissement. Das erste dieser Art, die Taverne Anglaise, eröffnete der Mundschenk des Grafen de Provence, jüngerer Bruder des Königs, in einer Passage des Palais Royal. Dieses Terrain mit seinen Gärten und Arkaden gehörte damals dem revolutionären Herzog von Orléans und durfte wegen des hohen Ranges seines Besitzers von der Polizei nicht betreten werden. 1791 machte der Mundschenk des Herzogs, Monsieur Méot, sich selbständig mit seinem Restaurant Méot unter der Arkade 177 der Galerie Valois. In den eleganten, seidentapezierten Salons konnten die Gäste mit der Jakobinermütze unter 22 Sorten Rotwein und 27 Sorten Weißwein und auf der Speisekarte – der ersten von Paris – unter 100 Gerichten wählen. Das alles zu einer Zeit, da das immer ärmer werdende Volk morgens um vier vor den Bäckerläden nach zwei Unzen Brot pro Person Schlange stand. Im Méot, bei der *bonne chère*, traf sich nach getaner ›Kopf-Arbeit‹ allabendlich der furchterregende Ankläger Fouquier-Tinville mit seinen Geschworenen, um auf den Listen neue Namen abzuhaken für die unersättliche Guillotine. Diese Lokale sind verschwunden, doch eines im Dekor der Zeit, Le Grand Véfour, wurde 1948 eröffnet. In zierlich-kühlen Directoire-Räumen läßt es sich erlesen speisen. Die Preise sind hoch, doch angemessen.

Was gleich nach der Liebe kommt, das Essen, ist für Franzosen immer noch eine ihrer wichtigsten Lebensfreuden, am Essen sparen sie zuletzt. »Das Menü ist der Ausdruck des französischen Zivilisationsgedankens beim Essen. Es verrät ebenso Ordnung wie Dauer,

Restaurant Le Petit Zinc am Marché de Buci in Saint-Germain-des-Prés ▷

Restaurant La Colombe auf der Ile de la Cité

Le petit
BAR

denn die Reihenfolge der Speisen ist unveränderlich für alle Klassen und Qualitäten bindend«, schrieb Friedrich Sieburg in seinem Buch ›Gott in Frankreich?‹, das ihn 1929 berühmt machte und in vielem auch heute noch zutrifft. »Der Franzose sieht im Essen eine Bereicherung des Alltags und besteht bis zur äußersten Möglichkeit darauf, genießender Mensch, nicht Konsument zu sein.«

Das Klischee vom Franzosen als Lebenskünstler, der tagtäglich demonstriert, was *savoir-vivre* heißt, ist genauso irreführend wie zutreffend. Auch die Franzosen haben keine Zeit, ständig im Café oder im Restaurant zu sitzen, stundenlang auf verschiedenen Märkten einzukaufen und jeden Abend am heimischen Herd neue kulinarische Kunststücke zu vollbringen. Amerikanische Fast-Foods, Fertiggerichte und Tütensuppen haben längst auch den französischen Markt erobert. Auf den Champs-Elysées, der einst ›schönsten Avenue der Welt‹, sieht man inzwischen mehr McDonalds, Burger Kings und andere Schnellimbißketten als Restaurants mit französischer Küche.

Andererseits gibt man in Frankreich seit jeher mehr Geld für's Essen aus als anderswo und legt auch in der eigenen Küche Wert auf Qualität. Wird man in Paris privat zum Essen eingeladen, so sind mindestens drei Gänge üblich und vier Stunden bei Tisch keine Seltenheit. Man ißt nicht, um zu essen, sondern um zu genießen und sich intensiv zu unterhalten. Konversation wie Geschäfte werden in Frankreich vorwiegend beim Essen gemacht.

In Paris verabredet man sich entweder zum Kino- oder zum Restaurantbesuch, und entsprechend viele Kinos (über 800) und Restaurants (um die 6000) gibt es hier. Jeder hat da seine bevorzugten Adressen und sein eigenes ›Lokal um die Ecke‹, in das er schon seit Jahren geht. Für den Touristen hingegen ist es zunächst schwierig, sich zurechtzufinden. Selbst bei den Weihetempeln der Grande Cuisine ist man nicht immer optimal aufgehoben, wenn auch Ambiente und Preise einmalig sind:

Im TOUR D'ARGENT genießt man zur numerierten Ente, deren Qualität mitunter angezweifelt wird, einen unvergleichlichen Blick auf Notre-Dame und kann im kleinen Museum die Speisekarte mit der ungeheuren Menüfolge ansehen, die Bismarck nach der Aufführung der Offenbach-Operette ›Die Herzogin von Gerolstein‹ gegessen hat.

Im legendären MAXIM'S, das seit einigen Jahren ›König Midas‹ Pierre Cardin gehört, erscheint die Schickeria vorwiegend mittags. Die herrlichsten Austern gibt es im DODIN-BOUFFANT mit drei Kochmützen bei Gault Millau. Eines der Traumrestaurants ist LE TRAIN BLEU im Gare de Lyon, nicht nur der Belle Epoque-Ausstattung wegen.

Man kann in Paris zwischen goldenen Spiegeln, unter pompösen Kristallüstern und im puren Art Déco-Saal essen. Leider übertrifft aber mittlerweile in manchen Restaurants die Dekoration die Küche: so zum Beispiel im denkmalgeschützten Restaurant VAGENENDE am Boulevard Saint-Germain und im Fayence-dekorierten, authentischen Jugendstil-Restaurant BISTRO DE LA GARE.

Auch in den zahlreichen *restaurants à la mode* sind Attraktionen eher im Saal als auf dem Teller zu suchen. Aber die Küche rangiert in diesen Lokalen sowieso an zweiter Stelle: »Man ißt mehr aus Notwendigkeit und weil man sonst untätig herumsitzen würde, nicht aus Vergnügen«, stellte Küchenkritiker Christian Millau vor kurzem leicht angewidert fest, »was hier zählt, ist das Dekor, die Stimmung, die unterhaltende Seite des Geschehens, die Prominenten im Saal, die persönliche Begrüßung durch den *patron* und das Küßchen von dem Mädchen an der Garderobe«.

Bistro de la Gare

Restaurant Orève im 16. Arrondissement

Angenehme Überraschungen kann man hingegen in Restaurants, die nach nichts aussehen, erleben. Grobes Geschirr, einfaches Besteck, abgeblätterte Wände und Papiertischtücher lassen nicht unbedingt Rückschlüsse auf das Essen zu. Grundsätzlich meiden sollte man Restaurants mit auffällig ausgehängten, in mehrere Sprachen übersetzten Menüs und zu großen, leeren Sälen. Ebenso Lokale, die »english spoken/man spricht Deutsch«-Schilder ins Fenster stellen.

Einige Grundregeln sind überall zu beachten – nicht zuletzt, um besser bedient zu werden. Denn die Franzosen und insbesondere die Pariser sind nun einmal sehr *snob*, gerade wenn es um's Essen geht. Es ist schon vorgekommen, daß Amerikaner, die darauf bestanden, in einem Luxusrestaurant zum Hauptgang eine Tasse Kaffee (statt Wein) serviert zu bekommen, als Barbaren einfach rausgeschmissen wurden.

In Paris geht man sehr spät zum Diner (teilweise erst um 22 Uhr). Wenn Sie also nicht in einem leeren Saal sitzen wollen, so machen Sie sich besser erst ab 20.30 Uhr ins Restaurant auf. Dort wird Ihnen ein Tisch zugewiesen – man setzt sich also nicht an den erstbesten freien Platz. In vielen Restaurants muß man im voraus reservieren, in anderen kann man an der Bar oder im Restaurant selbst auf einen freien Tisch warten. Lange Warteschlangen, die sich durch das ganze Lokal ziehen, sind dabei nicht ungewöhnlich. Bei der Bestellung selbst sollte man sich nicht scheuen, Gerichte genauer vom Kellner erklären zu lassen. In jedem guten Restaurant wird ein ernsthaftes Interesse an der Küche des Hauses freundlich aufgenommen werden. Im allgemeinen sind die Kellner von Paris schnell, witzig und höflich. Sie alle – auch die mürrischen – bringen das Kunststück fertig, an einem Tisch mit sechs Personen, von denen jeder etwas anderes bestellt hat, alle Speisen zu gleicher Zeit zu servieren. Eine Leistung, die wiederum etwas mit der Achtung vor dem Essen zu tun hat.

Ein Menü setzt sich in Frankreich immer aus Vorspeise *(entrée* oder *hors d'œuvre),* der Hauptspeise *(plat)* und einem Dessert, gegebenenfalls auch Käse, zusammen. Das Dessert kann man durchaus weglassen – wer jedoch nur die Vorspeise oder nur das Hauptgericht bestellt, der wird fast überall Schwierigkeiten bekommen, beziehungsweise schräg angeschaut werden. In vielen Restaurants lohnt es sich, auf das meist etwas günstigere Tagesgericht, den *plat du jour* zu achten. Vorsicht bei *digestifs* (Cognac, Armagnac, Obstschnäpse etc.) – sie können den Gesamtbetrag der Rechnung empfindlich erhöhen.

Wem die Drei-Gänge-Menüs auf Dauer zu mächtig sind, der kann, insbesondere tagsüber, auf Teesalons und Weinbars ausweichen, die kleinere Gerichte, Salate oder auch nur Käse und Brot zu einem Glas Rotwein anbieten. Mittags hat übrigens auch jedes Café an der Ecke Salate, Sandwiches, Quiches (Speckkuchen) und Croque Monsieur (mit Käse überbackener Schinkentoast) auf der Karte stehen.

Eine weitere Neuerung der Pariser Eßkultur, der Brunch, kam aus Amerika. Vor allem junge Franzosen, die von schweren Saucen und stundenlangen Familien-Déjeuners genug hatten, nahmen den sonntäglichen Brunch als willkommene Alternative zum Drei-Gang-Schlemmen an. Restaurants wie Hotels bieten daher sonntags Brunchbuffets zum festen Pauschalpreis an. (Adressen für Brunch, Teesalons, Weinbars und Restaurants werden im Gelben Teil aufgeführt.)

Wer sich aber einmal in seinem Leben ein unvergeßliches Fünf-Gänge-Menü leisten möchte, der sollte rechtzeitig reservieren: die Stätten der Haute Cuisine sind oft auf Monate ausgebucht – Vorbestellungen von zwei bis drei Monaten also ratsam. Mittags hat man mehr Chancen, auch noch kurzfristig einen Tisch zu bekommen. Noch dazu

Restaurant Le Bœuf sur le Toît

bieten viele der großen Restaurants sehr günstige Mittagsmenüs an. Abends sollte man auf die *menus de dégustation* – viele Gänge mit kleinen Portionen zum Kennenlernen, oft inklusive Wein – achten, die selbst von den anonymen Prüfern der Eßführer empfohlen werden.

Über Frankreichs Küchen wacht gleich eine ganze Heerschar von Beobachtern. Jede Zeitung, auch die kommunistische ›Humanité‹, beschäftigt neben dem Kunst-, Literatur-, Theater- und Filmkritiker einen Eßkritiker, der kein Blatt vor den Mund nimmt. Die Eßpäpste Gault und Millau verteilen streng Gunst und Ungunst in ihrer Monatszeitschrift ›Gault et Millau‹ und ihrem sehr empfehlenswerten Pariser Restaurantführer ›Guide Gault et Millau‹ – das liest sich dann so: »In einem eiskalt-modernistischen Kneipendekor, wie es das 50 000 Mal gibt, eine wäßrige Zwiebelsuppe, schwärzlich verkrustet überbacken; ein Rochen und ein Schweinsfuß, beide in einer Fettlache schwimmend, die sofort den Appetit verschlägt; drei symbolische frische Ananasscheiben mit der Rasierklinge geschnitten und mit einem infamen Phantasielikör begossen, und nicht mal ein Lächeln.«

Restaurant Le Saumur im Bastille-Viertel

Restaurant Vagenende in Saint-Germain

Knapp und treffend wird nicht nur das Essen, sondern auch alles, was dazugehört, kritisiert – zum Beispiel die betont nachlässige Kleidung, mit der sich immer mehr Pariser selbst an die teuersten Tische setzen: »In den Szenenlokalen an der Bastille, um Beaubourg und selbst an der Muette im Restaurant Orève gibt es keinen Grund, sich unnötig in Schale zu schmeißen. Aber wenn man bereit ist, 700 Franc pro Person auszugeben, um in luxuriösem Rahmen gut zu essen, könnte man durchaus vorher ein Bad nehmen und ein frisches Hemd anziehen.«

Die neuesten Modetrends, die tiefsten Dekolletés und die kürzesten Röcke sah man in letzter Zeit vor allem in Restaurants, in denen für das Dekor leider mehr Aufwand als für die Küche betrieben wurde: ob im bombastisch umgebauten Blumenladen (L'Orève im feinen 16. Arrondissement), im ehemaligen Speisesaal eines Wohnheims für pensionierte *demoiselles de la poste* – der nach aufwendiger Renovierung wohl schöner ist, als er je war – (Le Télégraphe im 7. Arrondissement) oder in einem alten Zuckerdepot mit Blick auf den Kanal de l'Ourcq (Le Cargo im 19. Arrondissement), man ißt überall eher schlecht. Gehen Sie lieber zum Brunch oder auf einen Drink an der Bar in diese Moderestaurants, ehe Sie sich den Abend durch überhöhte Preise für mittelmäßige Menüs verderben lassen.

Es gibt in Paris genügend Restaurants, in denen es sich mehr lohnt, sein Geld auszugeben. Dazu gehören natürlich die ganz Großen wie das Lucas Carton vom weltberühmten Wunderkoch Alain Senderens, der 1984 das ›Archestrate‹ verließ, um an der Madeleine das denkmalgeschützte Belle Epoque-Restaurant wiederauferstehen zu lassen. Er wurde dafür mit Sternchen und Kochmützchen geradezu überhäuft. Mittlerweile gehört dieser Tempel der Haute Cuisine jedoch nicht mehr zum französischen Kulturgut: 1988 wurde das Lucas Carton von einem Japaner aufgekauft ...

Zu den Pariser Spitzenrestaurants gehören auch nach wie vor das Lasserre – einst eine bevorzugte Adresse von André Malraux – dessen Dach an Sommerabenden für ein Diner unterm Sternenhimmel zur Seite geschoben werden kann, sowie das schon legendäre Taillevent (beide im 8. Arrondissement).

Das Grand Véfour gehört zu den großen Restaurants von Paris und ist bereits ein Klassiker dieser Kategorie. Wer sich zum Mittagessen anmeldet (mehrere Tage zuvor), kommt preislich erheblich günstiger weg als abends.

Zu den mit Gault Millau-Kochmützen und Michelin-Sternchen gekrönten Köchen gehören aber auch immer wieder Neuentdeckungen wie zum Beispiel das L'Ambroisie von Bernard Pacaud am Place des Vosges, das 1988 gleich drei (die Höchstzahl) der begehrten Michelin-Sterne erhielt. Kulinarische Auszeichnungen dieser Art gehören zu den Ereignissen, über die in Frankreich selbst in den Fernsehnachrichten ausführlich berichtet wird. Restaurants begnadeter Köche wie Pacaud, Alain Senderens (Lucas Carton), Joël Robuchon (Jamin) sind allerdings für Normalsterbliche kaum erschwinglich (pro Person kann man mit 600–1200 Franc und mehr rechnen. »Es stellt sich einmal mehr heraus, daß es im allgemeinen besser ist, reich als arm zu sein«, kommentieren Gault et Millau die angezogenen Preise knapp.)

Aber es muß nicht immer gleich das Teuerste sein. Im Gegenteil, zwischen den nadelgestreiften Geschäftsleuten und alternden Millionären wird man das wahre Paris ohnehin nur schwerlich entdecken. In einfachen Bistros und lärmigen Brasserien kommt man ihm schon näher – und ißt dabei auch nicht schlecht. Selbst französische Politiker zieht es immer wieder an einfach gedeckte Tische, an denen nicht gleich jeder Krümel mit Silberbürstchen vom Damast gefegt wird. Bestes Beispiel dafür ist das Chez Ami Louis, wohl eines der schmuddeligsten Bistros der Stadt, in dem sich seit Jahren die Pariser Politprominenz an schmalen, kleinen Tischen trifft.

Die Pariser haben in der vergangenen Zeit die einfachen, fast familiären Restaurants wiederentdeckt – unter anderem auch, weil sie die Nouvelle Cuisine mit ihren Minimalportionen, Gemüsepürees und ewig gleichen Saucen leid waren. Die guten alten Bistros feierten zu Recht ihr Comeback – jene Restaurants, in denen noch familiär bis deftig gekocht wird, oft mit regionalem Einschlag. Sie sind auch Touristen durchaus zu empfehlen, denn hier ißt man nicht nur gut – auch der Rahmen stimmt und ist so pariserisch, wie man sich das als Tourist eben vorstellt: Bei Chez Georges hinter dem Place des Victoires sitzt man auf roten Polsterbänken an langen Tischen; im liebevoll restaurierten Benoit von 1912 wird zwischen Stuck und falschem Marmor serviert, im 1880 gegründeten Au Petit Riche wurde das Restaurant in mehrere kleine Eßräume mit alten Spiegeln und Messinggarderoben aufgeteilt; im Fermette du Sud-Ouest und im Crus de Bour-

GOGNE (beide im Hallenviertel) geht es zwischen unverputzten Steinwänden schon fast ländlich zu. Allen gemeinsam ist eine grundsolide, bodenständige Küche ohne Allüren, von der sich anscheinend auch die Pariser Spitzenköche wieder inspirieren ließen. Sie fanden nach Jahren der geometrisch auf dem Teller angeordneten Gemüsestreifen und Fleischscheibchen wieder zu einer handfesteren Küche zurück. Die Nouvelle Cuisine ist passé – Blumenkohl, Wirsing, Ochsenschwänze und ganze Kalbsköpfe ›in‹. Das vollkommen abseits gelegene Restaurant MAISON BLANCHE war eines der ersten, die dem neuen Trend folgten. Mit dem Erfolg, daß sich Gourmets umgehend den Geheimtip an der Porte de Versailles weiterreichten. Und das, obwohl hier noch nicht einmal hundertprozentig französisch gekocht wird. Der *patron* des Hauses, José Lampreia, ist nämlich Portugiese und tischt seinen oftmals prominenten Gästen auch schon mal portugiesischen Stockfisch auf. Inzwischen wird sein geschmackvoll eingerichtetes Restaurant einstimmig als eines der besten der Stadt gelobt. Womit das Maison Blanche – ganz in Weiß mit hellen Edelhölzern, ständig frischen Blumensträußen, verglaster Küche und von Dior eingekleideten Kellnern – zu den wenigen neuen Lokalen zählt, in denen die Verpackung den Inhalt nicht aussticht. Die Preise sind gerechtfertigt, das heißt hoch.

Günstiger kommt man in den Restaurants der Brasserie-Kette von Monsieur Bucher weg – ein Elsässer, der sich mittlerweile ein kleines Imperium aufgebaut hat, zu dem die schönsten Brasserien von Paris gehören. Ob im FLO, TERMINUS NORD, JULIEN, VAUDEVILLE oder im über 1000 m² großen LE BOEUF SUR LE TOIT, die Einrichtung – mal rustikal mit alten Holzbalken, mal in purem Art Déco, mal im Jugendstil – ist überall sehenswert, das Essen passabel bis gut, zu fairen Preisen. Die letzte Neuerwerbung des cleveren Monsieur Bucher: LA COUPOLE, die berühmte Riesenhalle am Montparnasse von 1927, in der sich einst Maler, Intellektuelle und Philosophen trafen ...

Ein Tip, den uns der Schriftsteller, Karikaturist und Vater des ›Nick Knatterton‹, Manfred Schmidt verriet, ist das L'ENTRECÔTE im Relais de Venise an der Porte Maillot. In dem hübschen Restaurant (vor dem oft eine ganze Schlange geduldig auf Platz wartet) gibt es nur ein einziges Gericht: ein Entrecôte mit phantastischer Sauce. Dazu grüner Salat und natürlich Desserts – alles zu sehr akzeptablen Preisen.

Eine besondere Art ›Großes Fressen‹ bieten Lokale, in denen man *à discrétion*, das heißt, zu relativ bescheidenem Pauschalpreis, essen und trinken kann, so viel man will. So im NOS ANCÊTRES LES GAULOIS, einem Asterix-Lokal auf der Ile Saint-Louis. Zunächst glaubt man, in eine Touristenfalle geraten zu sein, so hyperrustikal mit Wildschweinköpfen und Pergament-Plakaten ist das 200-Personen-Restaurant hergerichtet. Doch es ist jeden Abend proppevoll – mit Franzosen. So viel und oft er will, kann der Hungrige hier seinen Teller füllen. Den Wein füllt er sich eigenhändig ins Tonkrüglein aus einem Faß ab – und der ist nicht einmal schlecht, dazu allgemein rundum gute Laune, jeder unterhält sich mit seinem Nachbarn.

Eine der billigsten Adressen von Paris ist das CHARTIER im 9. Arrondissement: ein Riesenschuppen aus der Belle Epoque, in dem man nicht schlecht und sehr preisgünstig ißt, aber auch sehr schnell, um den Tisch für die Nächsten freizumachen.

Unser Lieblingsimbiß mittags sind sechs Austern mit der dazugehörigen Essig-Zwiebelsauce, Vollkornbrot und frischer Butter, dazu ein Glas Champagner. Das stärkt und beflügelt zugleich und ist vielerorts, nicht nur im LE SUFFREN nahe der Ecole Militaire, für weniger als 50 Franc zu haben.

COUTURE UND KONFEKTION

Ist Paris immer noch Welthauptstadt der Mode? Eine Zeit lang sah es so aus, als ob Italiener wie Armani, Ferré oder Versace und eine Handvoll japanischer Mode-Designer den Franzosen ihren Rang streitig machen wollten. Mailand ist ebenso Pflicht geworden wie Paris; die Mode wurde insgesamt internationaler – aber die Pariser Couturiers und Stylisten konnten sich erfolgreich gegen die neuen Konkurrenten behaupten.

Die französische Mode wird längst nicht mehr nur mit alteingesessenen Namen wie Chanel, Dior und Ricci verbunden, sondern auch mit einer neuen Generation, zu der Jean-Paul Gaultier, Thierry Mugler und Claude Montana ebenso gehören wie Sonia Rykiel, Agnes B. und Martine Sitbon. Die Designer des *prêt-à-porter* (der Konfektion) haben die Couturiers eingeholt und setzen oft die entscheidenden Akzente.

Die trendbestimmenden Prêt-à-Porter-Kollektionen werden jeweils im März und Oktober mit großem Gedränge in Zelten im Innenhof des Louvre präsentiert. Und wer den Einkäufern, Journalisten, Photographen und Ideenklauern mal etwas Neues bieten wollte, organisierte seine Schauen in den vergangenen Jahren am Schwimmbeckenrand des Piscine Deligny, in der Manege des Cirque d'Hiver oder unter dem Glasdach der denkmalgeschützten Kunstschule Beaux Arts. Zu den Haute Couture-Präsentationen hingegen lädt man bevorzugt in prunkvoll-goldene Salons der Pariser Luxushotels oder auch ins Musée des Arts Décoratifs. Sie finden jeweils Ende Januar und Ende Juli vor auserlesenem Publikum statt.

Frankreich ist das einzige Land, in dem die großen Modehäuser mit ungebrochenem Ehrgeiz Millionen in die aufwendigen Haute Couture-Kollektionen investieren – auch wenn die *happy few*, die wenigen Glücklichen, die sich die maßgeschneiderten, von Hand genähten Modelle (Preise zwischen 15 000 und 150 000 DM und mehr) noch leisten können, immer weniger werden. Auf der ganzen Welt soll es nur noch knapp 3000 potentielle Kundinnen geben, darunter ein verschwindend geringer Prozentsatz an Europäerinnen.

Der Begriff *haute couture*, hohe Schneiderkunst, wurde Mitte des vorigen Jahrhunderts geprägt, 1868 bereits die Modekammer ›Chambre Syndicale de la Couture Parisienne‹ in der Rue du Faubourg Saint-Honoré Nr. 100 eingerichtet. Begründer der Pariser Haute Couture war allerdings ein Engländer, Charles Frederik Worth, der 1858 einen Salon in der stillen Rue de la Paix Nr. 7 eröffnete. Lanciert hatte ihn die *jolie laide*, Pauline Fürstin Metternich. Ihre Robe aus silberdurchwirktem weißen Tüll mit Tuffs aus Gräsern und Gänseblümchen hatte es Kaiserin Eugénie angetan. Auf ihre Frage, wer der Schneider sei, antwortete Pauline: »Ein neuer Stern am Modehimmel«. »Er möge Satelliten haben und morgen um zehn Uhr zu mir kommen«, antwortete die Kaiserin. Worth war gemacht. Ein Jahrhundert lang herrschte das Haus, das später sein Sohn übernahm, in der Rue de la Paix, damals das Pariser Modezentrum.

Berühmt wurde kurz vor dem Ersten Weltkrieg Paul Poiret, *le magnifique*, der die Damen vom Korsett befreite, um sie in den Humpelrock zu stecken. In seinem Palais am Rond Point gab er die aufwendigsten und hinreißendsten Feste der Epoche, bis er 1925 pleite ging. Klüger machte es der Couturier Jacques Doucet. Er legte sein Geld an, war ein eifriger Sammler und Förderer moderner Kunst, ein Freund aller Schriftsteller. Nach seinem Tode 1929 erbte die Sorbonne seine Bücher und baut seitdem die ›Bibliothèque Littéraire Jacques Doucet‹ zu einer der wichtigsten Dokumentationsbibliotheken für Kunst und Literatur aus.

Coco Chanel löste Poiret ab. Ihr Haus in der Rue Cambon Nr. 31 besteht auch nach ihrem Tod (1971) fort – nicht zuletzt dank Karl Lagerfeld, der seit 1983 die Haute Couture-Kollektion für Chanel entwirft und den immer wieder abgewandelten Kostümen und Kleidern zu neuem Ruhm verhilft. Chanel-Top-Modell Inès de la Fressange avancierte zum prominentesten französischen Mannequin und zur Muse ›Karls des Großen‹, wie man in Paris den geborenen Hamburger auch nennt. Wie fast alle großen Modehäuser, so hat auch Chanel seine Boutique und seine Prêt-à-Porter-Kollektion, denn von der Haute Couture allein kann niemand leben. Sie ist lediglich Lokomotive für den Zug, der das Geld bringt: Konfektion und Kosmetik.

Die Sozialstruktur der Mode hat sich geändert, das *haute* ist in die Breite gegangen. Dior an der Avenue Montaigne Nr. 30 ist zum Luxuswarenhaus geworden, in dem man alles kaufen kann: Konfektion, Schuhe, Hüte, Pelze, Brillen, Wäsche, Nippes, Strümpfe, Geschirr, Herrenausstattung, Gürtel, Puder, Koffer, Schmuck, Badeanzüge und Babysachen. Jeder gewöhnliche Sterbliche kann es betreten. Im Gegensatz zu den geheiligten Räumen, in denen die Haute Couture, die Modelle nach Maß, von Auserwählten bestellt, probiert und an sie ausgeliefert werden.

Die Accessoires-Abteilungen vieler Häuser beschränken sich längst nicht mehr nur auf Mode: Pierre Cardin zum Beispiel, der auch Besitzer von ›Maxim's‹ sowohl in Paris wie in Peking ist, entwirft einfach alles, vom Geschirr bis zum Klosett-Set fürs schicke Bad. Courrèges, der mit seinen glatten Mini-Hängern einst die Mode so entscheidend veränderte wie Christian Dior nach dem Zweiten Weltkrieg, kreiert Autokarossen, Sportmode, Schuhe, Taschen und alle Accessoires, die man sich ausdenken kann, angefangen von der Rugbymütze bis zur Tragetasche.

Was die Kollektionen selbst betrifft, so ist nach wie vor Yves Saint Laurent tonangebend, auch wenn er mit dem jungen Christian Lacroix ernstzunehmende Konkurrenz bekommen hat. Der Provencale Lacroix wurde vom Pariser Modevolk einhellig als neuer Star der Haute Couture gefeiert, und 1988 sogar mit dem begehrten ›Dé d'Or‹, dem goldenen Fingerhut für die jeweils beste Kollektion der Saison, ausgezeichnet. Auch er macht seine spanisch-provencalischen bis römisch-antiken Modelle nicht nur auf Maß, sondern hat inzwischen eine eigene Boutique für Prêt-à-Porter und Accessoires in der Rue du Faubourg Saint-Honoré. Diese Parallelstraße zu den Champs-Elysées im 8. Arrondissement ist nach wie vor die exklusivste Adresse für Mode in Paris – eine Straße, in der man nur von einer Seite auf die andere wechseln muß, um die neuesten Modelle der Pariser Couturiers zu bewundern. Hier findet man fast alle: Saint Laurent, Ungaro, Lanvin, Courrèges, Laroche und Cardin für Herren, die großen Kosmetiktempel, und Hermès, den ›Sattler von Paris‹, mit Schaufenstern schön wie Bühnenbilder und Preisen, die einen sofort wieder auf den Boden der Tatsachen zurückholen.

Preisgünstiger sind die Designer-Boutiquen am Boulevard Saint-Germain, in der Nähe des Place Saint-Sulpice und um Sèvres-Babylone herum: In der Rue de Grenelle reiht sich ein Laden an den anderen, und zwar nicht nur für Kleidung – hier findet man Claude Montana, Sonia Rykiel und Emanuelle Khan –, sondern auch für Schuhe und Accessoires. Am Boulevard Raspail hat Kenzo, der erste Japaner in Paris, ein 800-m²-Imperium eröffnet, in dem auf zwei Ebenen und zwischen viel Grünpflanzen die Kenzo-Frauen-, Kinder- und Wäschekollektionen verkauft werden. Auf der Straßenseite gegenüber gibt es dann nochmal Kenzo nur für Männer. Eher junge Mode findet man in der

Rue du Four, einer Seitenstraße des Boulevard Saint-Germain: Lederblousons und Sportswear bei CHARLES CHEVIGNON; günstige Wollpullover und -Kostüme bei KOOKAI.

Junge Mode zu zumindest teilweise akzeptablen Preisen hat sich auch im Hallenviertel etabliert. Die zahlreichen Boutiquen, die hier seit Ende der 70er Jahre nach dem Abriß der alten Markthallen aufmachten, haben zusammen mit dem geballten Kommerz im Rieseneinkaufszentrum Forum des Halles entscheidend zur Veränderung des Viertels beigetragen. In ehemaligen Fischgeschäften, Cafés und Metzgereien hängt nun meterweise Modisches auf der Stange.

Die Pariser Stylistin AGNÈS B., die eigentlich Agnès de Fleurieu heißt, war eine der ersten, die das Viertel für sich entdeckten. Schon 1975 eröffnete sie in einem ehemaligen Hallenlokal gleich hinter der Kirche Saint-Eustache ihren eigenen Laden mit einer sehr pariserischen, klassisch-einfachen Kollektion. Mit ihrem geraden, unprätentiösen Stil gelang ihr ein phänomenaler Aufstieg. Allein in der Rue du Jour im Hallenviertel gibt es inzwischen vier verschiedene Agnès B.-Läden für Männer, Frauen, Kinder und Lolitas. In der Nr. 4 machte die frühere ›Elle‹-Redakteurin in einem alten Fleischerladen eine Galerie und Buchhandlung auf. Die Kacheln von früher sind geblieben.

Wie in London, New York und Tokio, hat sich auch in Paris eine immer aufwendigere Ladenarchitektur durchgesetzt. Der Einkauf wird zum Ereignis, und die Eröffnungen in gestylten Interieurs verfolgt und kommentiert man heute genauso aufmerksam wie die Trends der neuesten Kollektionen. So verwandelte Frankreichs Star-Designer Philippe Starck zusammen mit dem Architekten Jean Mas in der Rue Saint-Denis einen engen

Der Deutsche Karl Lagerfeld wurde zu einem der größten Modemacher von Paris

Lagerraum in ein beeindruckendes Spiegelkabinett über drei Etagen, mit monumentaler Treppe und überdimensionaler Uhr an der Wand. Zur Straße hin bekam die CREEKS-BOUTIQUE, in der jugendliches ›Unisex-Sportswear‹ in den Regalen liegt, eine aufwendige Marmorfassade.

Die Rue Etienne-Marcel zwischen Hallenviertel und Place des Victoires ist ebenfalls ein Musterbeispiel für postmoderne Ladenarchitektur. Hier haben sich vor allem japanische Modemacher (wie YOHII YAMAMOTO und REI KAWABUTO von ›Comme des garçons‹) niedergelassen, bei denen schlichte Modelle zwischen Beton und Chrom auf vereinzelten Kleiderstangen hängen. Das französische Ehepaar MARITHE und FRANÇOIS GIRBAUD verkauft gleich nebenan Edel-Jeansmode in futuristischer Umgebung.

Auch der Place des Victoires und die umliegenden Straßen haben sich in den vergangenen Jahren immer mehr zu einem neuen Modezentrum entwickelt: KENZO, CACHAREL und die BOUTIQUE VICTOIRE sind zwar schon lange hier, andere wiederum zogen erst vor kurzer Zeit an den runden Platz. CASTELBAJAC eröffnete in einer Seitenstraße einen *showroom,* in dem moderne Skulpturen zwischen Holzkleiderständern stehen. Gleich gegenüber, in der alten Ladenpassage Galerie Vivienne, zeigt das *enfant terrible* der Pariser Modeszene, JEAN-PAUL GAULTIER, seine Plastik- und Neoprenkleider in einer der ausgefallensten Boutique von Paris: In einen alten Mosaikboden eingelassene Bullaugen präsentieren Videofilme der letzten Gaultier-Schauen, während man zur Anprobe in grüne Metallkabinen gebeten wird.

Wer nur wenig Zeit hat für den Einkauf, der findet die Kollektionen der wichtigsten Pariser Modemacher in den großen Kaufhäusern – im PRINTEMPS und in den GALERIES LAFAYETTE gibt es spezielle *espaces mode* oder *espace créateurs,* im BON MARCHÉ eine Extraabteilung für die jungen *créateurs.* Am günstigsten kauft man in Paris zur Zeit der *soldes,* die Ende Juli/Anfang August und Ende Dezember/Anfang Januar stattfinden. Viele Boutiquen zeichnen dann ihre Preise bis zu 50% herunter. Aber wer Zeit und Geduld hat, kann in Paris das ganze Jahr über günstig einkaufen, zum Beispiel in sogenannten Dégriffés-Läden oder *stocks,* in denen auslaufende Kollektionen bekannter Marken günstig verkauft werden. In Second Hand-Läden oder auf Flohmärkten modisch Interessantes zu finden, ist leider immer schwieriger geworden – eher schon im Großhändlerviertel Sentier. Rund um die gleichnamige Metrostation herum verkaufen manche Läden auch an Kunden ohne Grossistenschein. Stoffe, sogar solche, die in der Haute Couture verwendet werden, kann man sehr gut auf dem Marché Saint-Pierre im 18. Arrondissement einkaufen. (Die jeweiligen Adressen zu diesem Kapitel sind im Gelben Teil aufgelistet.)

Für alle, die Mode mehr in kultureller als kommerzieller Hinsicht interessiert, gibt es in Paris gleich zwei Modemuseen: das MUSÉE DE LA MODE ET DU COSTUME ist seit 1977 im Renaissance-Palast Galliera untergebracht, das 1986 eröffnete MUSÉE DES ARTS DE LA MODE in einem Seitenflügel des Louvre. Es entstand auf Betreiben des sozialistischen Kulturministers Jack Lang – im übrigen ein sehr modebewußter Staatsdiener, der schon vor Jahren mit Thierry Mugler-Anzug und Mao-Kragen in der französischen Nationalversammlung erschien und konservativ wie liberal gesinnte Abgeordnete gleichermaßen schockierte.

Britta Sandberg

PARIS PAS CHER –
Paris zum kleinen Preis

Paris ist eine teure Stadt. Die Zeiten, in denen man für 60 Franc pro Person königlich speisen konnte, sind lange vorbei, und überhaupt fragt man sich abends des öfteren, wo eigentlich das Geld geblieben ist, das man am Morgen eingesteckt hatte. Es scheint hier auf magische Weise zu verschwinden. Dennoch, man kann Paris auch mit einem begrenzten Budget genießen. Dieses Kapitel möchte Ihnen dabei helfen.

Gut essen zu gehen ist inzwischen sehr teuer geworden, aber es gibt nach wie vor sehr pariserische und mehr als passable Restaurants, in denen man auch für wenig Geld satt wird: In dem dafür berühmten CHARTIER sowie im PETIT SAINT-BENOIT gibt es handfeste Gerichte in authentischem Rahmen, im POLIDOR hinter dem Odéon aß schon Hemingway, als er noch kein Geld hatte, und im RESTAURANT DES BEAUX-ARTS lassen sich seit Jahrzehnten die Kunststudenten von der Beaux-Arts-Schule gegenüber an rot-weißkarierten Tischdecken für wenig Geld bewirten. Die Restaurantketten ASSIETTE AU BŒUF und BISTRO DE LA GARE bieten dreigängige Menüs zu fairen Preisen, auf der Terrasse des TOTEM im Völkerkundemuseum (Musée de l'Homme) wird zum günstigen Menü ein grandioser Blick auf die Stadt gratis mitgeliefert, und das Bistro LE TRUMILOU hinter dem Hôtel-de-Ville wurde für seine sensationell niedrigen Preise sogar von Profi-Gourmet Wolfram Siebeck gelobt. Fündig wird der Hungrige mit der schmalen Börse auch im LE PETIT GAVROCHE (Marais) und im CHEZ LES FONDUES (Montmartre), einem *resto-*

Place Contrescarpe

Restaurant CHARTIER

rigolo, wo es eng, laut und lustig zugeht und man für rund 20 Mark schon ein Fondue-Menü samt Wein bekommt. Das billigste Restaurant von ganz Frankreich ist am Faubourg Montmartre zu finden: Das CASA MIGUEL bringt ein Spar-Menü für kaum fünf Mark auf den Wachstuchtisch und wurde ins ›Guinness-Buch der Rekorde‹ aufgenommen.

Achten Sie überall auf spezielle Mittagsmenüs – selbst ›Haute Gamme‹-Restaurants setzen ihre Menüpreise mittags bis um die Hälfte herunter (der Koch ist jedoch derselbe wie abends).

Eher gut kommt man preislich auch in den vielen ausländischen Pariser Restaurants weg – bei Chinesen, Vietnamesen oder beim Cous-Cous. Und wer nicht mittags und abends ein ganzes Menü braucht, kann hervorragende kleine Gerichte in Teesalons und Weinbars bekommen.

Im spärlich eingerichteten DAME TARTINE in Beaubourg gibt es belegte Brote und Salate zu Dumping-Preisen, und im Sommer sitzt man auf einer Terrasse direkt am Strawinsky-Brunnen. Studenten mit internationalem Studentenausweis oder deutsch-französischem Sozialausweis können versuchen, in den französischen Mensen essen zu gehen. Allerdings sollte man dabei wirklich nicht mehr erwarten, als satt zu werden.

Kultur gibt es in Paris en masse zu kleinen Preisen: Am Sonntag ist in den meisten Museen freier Eintritt, Galerienbesuche kosten nie etwas, und auch für die Ausstellungen vieler Kulturinstitute muß man nicht bezahlen. Das CENTRE POMPIDOU mit der großen Bibliothek, BPI, ist für jedermann kostenlos zugänglich, einschließlich der Sprachlabors. Auch in den drei Pariser FNAC-Buchhandlungen darf man kostenlos und in Ruhe in Büchern, und sogar in Comic-Heften blättern, ohne komisch angeschaut zu werden. In der berühmten Buchhandlung LA HUNE in Saint-Germain kann man das sogar bis Mitternacht. Auch SHAKESPEARE & COMPANY ist bis spät abends geöffnet – bei den schon legendären Dichterlesungen der englischen Buchhandlung ist jeder willkommen.

Am Theaterkiosk an der Madeleine gibt es Theater- und Konzertkarten für den gleichen Abend um die Hälfte billiger. Alle Kinos nehmen montags ein Drittel weniger für die Vorstellung; die beiden CINEMATHEKEN von Paris, im Palais de Chaillot und im Centre Pompidou, haben ständig reduzierte Preise. Viele Konzerte, zum Beispiel im Haus von Radio France im 16. Arrondissement, aber auch in vielen Kirchen, sind kostenlos.

Die ganze Stadtlandschaft von Paris liegt einem natürlich sowieso kostenfrei zu Füßen. Schöne Gratis-Aussichten gibt es von der Terrasse des Art Déco-Kaufhauses SAMARITAINE an der Pont-Neuf und von der Dachterrasse des neuen INSTITUT DU MONDE ARABE am Ende des Boulevard Saint-Germain. Mit den normalen Linienbussen kann man für den Preis einer Fahrkarte hervorragend Stadtrundfahrten machen – besonders empfehlenswerte Strecken sind die der Linie 63 (Jardin des Plantes – Quartier Latin – Place Saint-Sulpice – Palais de Chaillot am Trocadéro), der Linie 21 (Opéra – Place des Victoires – Marais – Place des Vosges – Bastille), der Linie 67 (Louvre – Rue du Faubourg – Montmartre – Place Pigalle, von da an weiter mit dem Mini-Montmartre-Bus zum Place du Tertre) und der Linie 73 (Musée d'Orsay – Assemblée Nationale – Pont Alexandre-III. – Champs-Elysées – Arc de Triomphe nach La Défense).

Und wer sich zwischendurch erholen möchte, der fährt im Sommer mitten in Paris einen ganzen Tag lang in Urlaub – genauer gesagt ins PISCINE DELIGNY, ein schwimmendes Holzbad auf der Seine. Hat man einmal bezahlt, kann man so lange bleiben, wie man

möchte, in Trinkwasser baden, Tischtennis spielen und mittags im Restaurant mit Blick auf die Seine essen.

Eine günstige Unterkunft findet man in den Pariser Jugendhotels, die sehr zentral, mitten im Marais gelegen sind und oft in ehemaligen Klöstern oder Stadtpalästen eingerichtet wurden. Um einen Platz in den 4–6-Bett-Zimmern zu bekommen, darf man allerdings nicht älter als dreißig sein. Wer etwas länger in Paris bleiben möchte, kann vorübergehend Wohnungen von Parisern, die in Urlaub gefahren sind, mieten. Entsprechende Angebote findet man unter den Kleinanzeigen in ›Libération‹, im amerikanischen Stadtmagazin ›Passion‹ und bei Bed and Breakfast-Agenturen. Teilweise wird man auch über Anschläge am schwarzen Brett im American Center, im Goethe-Institut und in anderen ausländischen Kulturinstituten fündig. Auch die Cité Universitaire hinter dem Parc Montsouris vermietet in den Semesterferien monatsweise Zimmer in den verschiedenen Häusern der riesigen Anlage mit Mensa, Tennisplätzen und Schwimmbad.

Für einen längeren Paris-Aufenthalt als Au-Pair-Mädchen vermittelt das Deutsch-Französische Sozialwerk in Paris Stellen. Und wenn man sich unverbindlich einige Monate an Pariser Hochschulen und Universitäten umsehen möchte, gibt es die Möglichkeit, als *auditeur libre*, als Gasthörer, gegen geringfügige Einschreibegebühren französische Vorlesungen und Seminare zu besuchen.

Britta Sandberg

Centre Pompidou und *Forum des Halles*

1987 konnte es sein erstes Jubiläum feiern: das Centre Pompidou überlebte die ersten zehn Jahre seiner Existenz mehr als erfolgreich – trotz aller Voraussagen, es werde zur leerstehenden, rostenden Ruine verkommen. Dabei hatte der bunte Stahlbau zunächst heftige Proteste ausgelöst. Ein ›Eiffelturm des 20. Jahrhunderts‹, ähnlich umstritten, bewundert, bekämpft. »Monstre ou merveille«, Ungeheuer oder Wunder, fragten die Zeitungen und wurden sich nicht einig. Le Centre National d'Art et de Culture Georges Pompidou, wie es offiziell heißt, erbaut auf dem Plateau Beaubourg, einem alten Abstellplatz für Lastwagen der ehemaligen Hallen, wird jedoch inzwischen von Anwohnern und Besuchern gleichermaßen akzeptiert und hat als Touristenattraktion längst den Eiffelturm geschlagen. 25 000 bis 30 000 Besucher strömen täglich ins ›Beaubourg‹, wie die Pariser ihr Kulturzentrum kurz und knapp nennen.

Mit viel Pomp und Madame Pompidou wurde es am 31. Januar 1977 eröffnet. Das fünfstöckige, 166 m lange Gebäude aus Glas und Stahl, das seine bunt lackierten Eingeweide in Form von Röhren und Schornsteinen für Heizung, Abfluß, Ventilation, Elektroleitung einfach nach außen gesetzt hat und so einem transparenten, gestrandeten Riesenschiff gleicht, ist das modernste Kunstzentrum Europas. In gläsernen Riesenraupen schweben die Besucher außen auf Rolltreppen in die Höhe, immer die Kulisse des ältesten Viertels von Paris vor Augen. Der Blick von oben auf das vielfältige Grau der Dächer und Türme und auf die Menschen tief unten, die sich auf der Piazza ameisenartig hin- und herbewegen, ist sensationell.

Es war ein Wagnis, dieses Stahlgewitter zwischen dem Hôtel-de-Ville und dem Bauch von Paris einfach niedergehen zu lassen wie einen Fremdkörper von einem anderen Stern. 150 Millionen Franc pro Jahr kostet allein der Unterhalt. Die Architekten, der Engländer Rogers und der Italiener Piano, haben ein Monstrum hingestellt, doch ein Monstrum von höchster Lebendigkeit, mit Riesenflächen, die durch Stellwände ständig verändert werden können. Ein Giganten-Mobile. Dazu ein Forum, wie es volksnäher nicht denkbar ist. Ohne Eintritt zahlen zu müssen, strömen die Pariser, Provinzler und Fremden mit Kind und Kegel, Hund und Rucksack unablässig hinein. Sie flanieren, lesen, hören Schallplatten, kaufen Poster, sehen Videofilme und bestaunen wechselnde Ausstellungen aller Art. Kinder dürfen in Ateliers nach Herzenslust malen. Die teuersten Kunstbücher, Zeitschriften und Zeitungen kann der Besucher einfach aus dem Bord nehmen, ansehen und lesen.

Das Centre Pompidou ist ein Muß für jeden Touristen. Und dabei sollte man nicht nur (wie es die meisten Besucher tun) einmal kurz mit der Rolltreppe auf die Aussichtsterrasse in den fünften Stock fahren. In der dritten und vierten Etage wird im Musée National d'Art Moderne eine hervorragende Sammlung moderner Kunst von 1914 bis heute gezeigt. In von der italienischen Architektin Gae Aulenti (die auch für das Musée d'Orsay engagiert wurde) neugestalteten Räumen hängen Werke von Matisse,

Das Centre Pompidou

Das Forum des Halles

Braque, Picasso, Léger, Kandinsky und Giacometti neben Arbeiten zeitgenössischer Künstler.

In der multimedial ausgestatteten BIBLIOTHÈQUE PUBLIQUE D'INFORMATION (BPI) sind über eine Million Titel verfügbar – als Buch, auf Kassette oder Mikrofilm. In den bibliothekseigenen Sprachlabors kann man 95 verschiedene Sprachen lernen. Im ›Beaubourg‹ werden große Wechselausstellungen gezeigt, es gibt eine eigene Musikabteilung (IRCAM), die der bekannte Komponist und Dirigent Pierre Boulez leitet, eine Cinemathek, eine große Buchhandlung, einen Museum-Shop sowie ein Café und ein Restaurant mit Aussicht im fünften Stock. Und da all dieses bald aus den Nähten zu platzen droht, beschloß man 1988 eine Erweiterung des Centre Pompidou. Jacques Chirac, Bürgermeister von Paris, versprach neue Räume für die Verwaltung, die aus dem Stahlbau ausziehen und 8000 m^2 mehr für Kunst und Kultur freimachen soll. Der Betrieb des volksnahen Kulturkolosses verschlingt ein Vermögen: 100 Millionen Mark pro Jahr, das sind fast 1 Million Franc pro Tag.

Die PIAZZA BEAUBOURG vor der *machine à culture* – leicht abgesenkt, so daß ein sanftes Becken entsteht – ist inzwischen eine Attraktion für sich. Der Platz ist ein Forum für Straßentheater, Kartenleger, Schnellmaler, Jongleure, Clowns und Hypnotiseure. Eine gigantische Uhr, die anläßlich des Jubiläums von Staatspräsident François Mitterand eingeweiht wurde, zeigt die noch verbleibenden Sekunden bis zum Jahr 2000 an. Nebenan drehen sich die bunten Figuren von Niki de St.-Phalle und Jean Tinguely in einem der originellsten Brunnen Frankreichs, dem FONTAINE STRAWINSKY, die 1983 eingeweiht wurde. Rundherum laden nicht nur die Fußgängerzonen mit Boutiquen, Galerien, Cafés und Restaurants, sondern auch die alten Gassen des Marais zu Spaziergängen ein.

Auf der anderen Seite des Boulevard Sébastopol, dort, wo früher die Markthallen standen, die 1969 nach Rungis ausgelagert wurden, entstand auf 46 000 m^2 ein Kommerz-Zentrum von überwältigendem Ausmaß: das Forum des Halles. Im ältesten Viertel von Paris wurde eine Art Krater vierstöckig in die Erde getrieben, in modernster, aber leider nur sehr mittelmäßiger Spiegel-Architektur. Ein Konglomerat aus weißen Rundbogen, Spiegeln und Glaswänden, dem die alte Kirche Saint-Eustache nun etwas verloren gegenübersteht. Vor der Kirche wurde ein Platz im Halbrund angelegt, dahinter erstreckt sich die 5 ha große, neue Parkanlage der Hallen (mit einem *jardin des enfants,* einem Spielpark nur für Kinder). Durch kleine Glaspyramiden blickt man hinunter in ein unterirdisches Gewächshaus – es gehört zur Erweiterung des Forums unter den Rasenflächen und Mini-Baumalleen (Architekt: Paul Chemetov), genauso wie ein großes Hallenbad, ein Auditorium mit 650 Plätzen, eine Photogalerie, eine Diskothek (in der man wie in einer Bibliothek Platten und Kassetten ausleihen kann) und natürlich jede Menge Läden und Boutiquen.

Empfehlenswert ist ein Besuch der supermodernen, 1988 eröffneten Videothek, in der alle Kino- und Dokumentarfilme, die etwas mit Paris zu tun haben, archiviert sind und angeschaut werden können. Ein dreiarmiger Roboter namens Magnus legt auf Tastendruck den gewählten Film ein, der auf einem der 36 Einzelmonitoren erscheint. In kleineren Kinosälen sind Filme in Sonderprogrammen zu sehen.

Von diesem unterirdischen Erweiterungsbau führt ein direkter Übergang in den ursprünglichen Teil des Forums, dessen Mittelpunkt der Place Basse mit der rosa Marmorfigur ›Pygmalion‹ von Julio Silva ist. 300 000 Pariser strömen täglich in dieses Rieseneinkaufszentrum mit unzähligen Boutiquen (darunter auch die Filialen vieler bekannter Häuser), Restaurants, Kinos, Cafés und dem verzaubernden Nouveau Musée Grevin mit seinen sprechenden Wachsfiguren aus der Belle Epoque. Von hier aus geht es auch direkt in die Metro beziehungsweise zur Schnellbahn RER: die Station Châtelet-Les Halles ist die größte U-Bahnstation der Welt.

Forum des Halles, im Hintergrund die Kirche Saint-Eustache

Die Szene – ein Wandertheater

Das Wort Szene bedeutet seit der Antike ›Bühne‹. 2500 Jahre gebrauchte man es in diesem Sinne. Seit zehn Jahren aber kommt ein anderer Begriff auf: die ›ßiehn‹, neudeutschenglisch ausgesprochen. Die Bezeichnung kommt wohl aus dem Angelsächsischen, gemeint ist damit der Klüngel, der den Ton angibt, der bestimmt, was gerade angesagt ist, wo man sich wie und wann trifft, wenn man dazugehört.

Leute, die immer als erstes wissen, welcher Nachtclub und welches Restaurant gerade ganz neu und en vogue ist, nennt man in Paris *branché* oder auch *cablé,* was wörtlich soviel bedeutet wie angeschlossen, verkabelt sein. Ein *branché* weiß immer, was gerade ›in‹ ist (obwohl ein Franzose dieses Wort nie gebrauchen würde) und wo was mit wem

Szenen vor dem Au Père Tranquille

läuft. Diese gut informierten Leute, die nicht unbedingt zu den Betuchten gehören müssen, die Künstler, Schauspieler, Rock- und Popstars, die Mode- und Medienmenschen, die sich gerne in Szene setzen, waren auch die ersten, die sich im neuerstandenen Hallenviertel trafen, ins Marais zogen oder sich später dann nach einer Loft-Wohnung im Bastille-Viertel umtaten – denn nicht nur Cafés, Restaurants und spezielle Szenenächte in den Discos sind *branché,* auch ganze Stadtviertel.

Um die Jahrhundertwende war es Montmartre, dann kam Montparnasse, schließlich Saint-Germain-des-Prés, und später war es *Le Premier,* das 1. Arrondissement, das Hallenviertel, der ehemalige ›Bauch von Paris‹. Hier entstand, nachdem die alten Markthallen dem Forum des Halles hatten weichen müssen, die erste Szene der *branchés.* Kurz zuvor hatte der Bau des Centre Pompidou auf der anderen Seite des Boulevard Sébastopol die Veränderung der Umgebung eingeleitet, gefolgt von zahlreichen Galerien.

Das Hallenviertel, ältestes Viertel von Paris, wurde nun zwar weder malerischer noch schöner – dafür aber schicker. In ehemalige Fleischereien und Fischhandlungen zogen Boutiquen ein, neue Cafés und

Restaurants machten auf. Die schönen alten Hallenbistros, in denen noch die Würste von der Decke baumelten, verschwanden. Nur wenige sind übriggeblieben. Das berühmte PIED DE COCHON, in dem spät nachts die Arbeiter der nahen Hallen ebenso ihre Austern an der Theke schlürften wie verspätete Opernbesucher und Pariser Nachtvögel in Smoking und Abendkleid, wurde radikal renoviert. Die Theke verschwand und mit ihr der alte Charme.

Von nun an traf man sich auf der großen Terrasse des Cafés AU PÈRE TRANQUILLE und vor allem im CAFÉ COSTES, im braunschwarzen Neo-Art-Déco-Ambiente von Stardesigner Philippe Starck, der es zum »Etablissement der Krise« machte – »schön und traurig wie das Bahnhofscafé von Prag«, mit zur Sehenswürdigkeit gestylten Toiletten. Gleich neben dem Centre Pompidou entstand ein weiterer Treffpunkt im ›Costes‹-Stil: das CAFÉ BEAUBOURG, das der Architekt Christian Portzamparc mit einer kleinen Brücke mitten im Gastraum entwarf.

Zur gleichen Zeit entdeckten die Pariser das ehemalige Adelsviertel MARAIS mit seinen alten Stadtpalästen wieder. Bereits Kulturminister André Malraux hatte in den 60er Jahren die Instandsetzung der abgeblätterten, teilweise verfallenen Fassaden eingeleitet. Nach der gelungenen Restaurierung der ehemals schwarzen Häuserfronten wurde es augenfällig, warum sich der französische Adel im 17. Jahrhundert hier so wohl gefühlt hatte. Das neue PICASSO-MUSEUM im renovierten Stadtpalais Hôtel Salé zog die Eröffnung von Cafés und Restaurants nach sich. In der RUE DES ROSIERS, dem ältesten jüdischen Viertel von Paris, ließen sich junge Mode-Designer nieder. In wiederhergerichtete alte Adelshäuser zogen ausländische Kulturinstitute und -zentren ein. Die Pariser Schwulenszene trifft sich in Bars und Restaurants rund um die Rue Sainte-Croix-de-la-Bretonnerie. Trotz alledem ist das Marais kein Viertel kurzlebiger Moden geworden – vom Glanz vergangener Jahrhunderte, in denen hier Herzöge, Marquisen und Comtessen wohnten und sich in literarischen Salons vornehm die Zeit vertrieben, ist immer noch etwas übriggeblieben.

Das neue ›in‹-Viertel hingegen heißt BASTILLE: Seit Mitte der 80er Jahre macht hier eine Galerie nach der anderen auf, haben sich in alten Handwerkerateliers, in Hinterhöfen und den flachen Wohnhäusern zwischen der Rue de la Roquette, der Rue de Lappe und der Rue de Charonne immer mehr junge Künstler, Photographen und andere Kreative installiert.

Die kleine ehemalige Apachen-Gasse Rue de Lappe wurde zum neuen Treffpunkt der Pariser *noctambules:* im altmodisch-plüschigen Tanzlokal BALAJO drängt sich zweimal pro Woche die Szene auf dem Parkett – schräg gegenüber, im neonblau-beleuchteten CACTUS BLEU gibt es jeden Abend Live-Musik zu bunten Cocktails, die per Fernbedienung bestellt werden (siehe auch Kapitel ›Das Bastille-Viertel‹).

Wie lange sich die Szene an der Bastille halten wird, ist noch nicht abzusehen. Die *promoteurs,* Immobilienhändler und Baulöwen, haben das Viertel längst entdeckt und treiben die Preise in die Höhe. Künstlerateliers werden in luxuriöse Wohnlofts umgebaut. Maler, Photographen, Musiker, Mode-Designer, Kritiker und andere Kunstschaffende werden sich also bald nach etwas Neuem umschauen müssen ... Denn die Szene wandert, so war es schon immer.

Vor dem Ersten Weltkrieg also war es der Montmartre. Damals gab es noch die Bohème, sie mischte sich unter das Volk und tanzte auf den Bällen im Moulin de la

Galette oben auf dem Berg hinter den Mühlen. Renoir malte das hinreißend. Auch saßen die Maler im heute noch bestehenden Lokal Au Bon Bock, in dem Manet sein Bockbier trank. Die Gläser haben noch die Form wie auf seinem Bild ›Au Bon Bock‹. Die Maler hockten damals auch im winzigen, efeubewachsenen Kabarett-Häuschen Au Lapin Agile oben auf dem Berg, das noch sein trauliches Ambiente bewahrt hat, wenn auch meist Touristen und kaum noch Künstler kommen.

Die *Bande à Picasso* bevölkerte die Bar Fauvet, wo der Rotwein billig war. Und feierte im hölzernen Atelierhaus Le Bateau Lavoir ihre wilden Feste. Berühmt wurde das Bankett ›Hommages à Rousseau‹ zu Ehren des Zöllners, dessen Porträt ›Yadwiga‹ Picasso gerade für fünf Franc gekauft hatte. Die jungen Leute hießen Apollinaire, Marie Laurencin, Braque, Juan Gris und Max Jacob.

Bandenführer Picasso, meist in zerknitterten Jacken, zerbeulten Hosen und gestreiftem Pullover – wie seine schöne Geliebte Fernande Olivier schrieb –, zog jedoch 1908 von einem Tag auf den anderen an die entgegengesetzte Seite der Stadt, zum Montparnasse. Ein unmalerisches, häßliches Viertel mit billigen Bistros, die alsbald in Mode kamen.

Legendär war schon damals am Ende des Boulevards die heute noch bestehende Closerie de Lilas, in der schon Ingres mit seinen schönhäutigen Modellen verkehrte, Verlaine Absinth trank, Baudelaire, Oscar Wilde und Mallarmé zu den Stammgästen gehörten und Lenin – angeblich – mit Trotzki Schach spielte. Später kam auch Hemingway. Es gab hier berühmte Bankette, auf denen der ›Prince des Poètes‹ gekürt wurde, unterbrochen vom Ersten Weltkrieg. Doch 1925 nahmen die Surrealisten sie wieder auf und gebärdeten sich dabei wie die neuen Wilden. Der Lyriker Robert Desnos klammerte sich volltrun-

Unter der großen Markise des Restaurants Pacific Palisades trifft sich allabendlich ein schillernd buntes Modevolk

ken an eine Gardinenstange und stieß mit den Füßen die fein gedeckte Tafel um, der Deutsche Max Ernst schrie »Nieder mit Deutschland«, und der Franzose Michel Leiris schrie »Nieder mit Frankreich«, schließlich wurden die Künstler von einer erbitterten Menge fast gelyncht, bis die Polizei sie rettete.

Picasso war auch dabei, bevorzugte jedoch das Dôme vor dem Krieg. Hierher zog es auch die Deutschen, die Maler Hans Purrmann, Weissgerber, Rudolf Levy und den Zeichner Rudolf Grossmann. Inzwischen ist aus dem alten billigen Bistro ein allzu fein poliertes, teures Restaurant geworden. Die Szene-Gäste von damals kann man nun in Konterfeis an den Mahagoniwänden erblicken: Vollard, Vlaminck, Braque, Dérain, Kisling, Dufy, Matisse und Pascin.

Gegenüber dem Dôme liegt das Sélect, wo sich auch heute noch Künstler treffen, die nicht gerade zur Avantgarde gehören. Früher war es ein Ort, an dem sich vor allem Männer mit Männern (beschlipst und das Monokel im Auge) und Frauen mit Frauen trafen. Ein Hauch davon ist geblieben. Neben dem Sélect erhebt sich die Rotonde, freilich nicht die alte – dort steht heute ein Kino –, aber gleich daneben, im Stil der 20er Jahre neu erbaut. Lieblingslokal des russischen Dichters Majakowskij. »Das violette, das chininfarbene Paris stand hinter der Rotonde auf«, dichtete er. Der bei uns viel zu wenig bekannte Schriftsteller Blaise Cnedrars trank dort sein Bier, und der Apollo-schöne Modigliani kam täglich, wie Vlaminck sich erinnert: »Ich sehe Modigliani wieder vor mir, wie er in der Rotonde vor einem Tisch sitzt, sehe seinen herrischen Blick, seine feinen Hände, mit einem einzigen Strich, ohne jedes Stocken, eine Zeichnung entwerfen.«

Hier lernte der Maler, der seine Zeichnungen für ein Glas Wein hergab, seine letzte Liebe kennen, Jeanne Hébertune, mit der er *Cannabis indica* rauchte. Drei Jahre später endete das Liebespaar im kalten Atelier um die Ecke in der Rue de la Grande-Chaumière. Man fand sie halb verhungert und apathisch. Amadeo Modigliani, schwer tuberkulös, starb am 25. Januar 1920, einen Tag später stürzte sich Jeanne, die von ihm ein Kind erwartete, aus dem Fenster. Heute kostet ein echter Modigliani (er wurde viel gefälscht) gut eine Million Mark – oder mehr.

Wäre noch die vierte Vergnügungsstätte im Verbund zu nennen. Auf der Seite des Dôme entstand 1927 das Coupole, groß und ungemütlich wie eine Bahnhofshalle, mit viereckigen Säulen, bemalt von Ferdinand Léger, Kisling und Utrillo. Bis zu seinem Tode, 1966, konnte man hier, ausgezehrt wie seine Skulpturen, den großen Bildhauer Alberto Giacometti sehen.

Die Weltkriege veränderten natürlich auch die Szene. Während der deutschen Okkupation in den 40er Jahren zogen die Verleger, Schriftsteller, Theaterleute, Chansonsänger, die späteren Widerständler und Kollaborateure, in das Quartier von Saint-Germain-des-Près, bevorzugten das Eckcafé Aux deux Magots und vor allem gleich daneben das Flore. Da hockten sie um einen glühenden Eisenofen herum und wärmten sich, qualmten Zigaretten aus Kräutern, daß das Café wie ein Kräuterladen duftete, und tranken Dünnbier. Sartre und Simone de Beauvoir konnte man hier, dicht eingemummt, doch an getrennten Tischen, eifrig schreibend beobachten, wobei die Kellner Jean und Pascal hin und wieder Zettelchen *(billet doux)* von einem zum anderen trugen.

Der Wirt erzählte mir, daß Sartre sein schlechtester Gast gewesen sei, »bei einem einzigen Getränk blieb er stundenlang sitzen und beschmierte das Papier«. Das ›Geschmier‹

Das Café Le Dôme ist heutzutage ein Nobellokal

hieß ›Das Sein und das Nichts‹. Simone, die sich mit ihrem Lebensgefährten stets siezte, schrieb den Roman ›Sie kam und blieb‹. Prévert, der schon am Drehbuch ›Kinder des Olymp‹ arbeitete, trank Muckefuck und führte einen Mann, der aus Algerien kam, Albert Camus, in den Kreis ein. Auch Picasso kam, mit Dora Maar.

Als der Krieg zu Ende war, wanderte die Szene in die Keller des Tabou im gleichen Viertel. Die schwarz gekleideten Existentialisten, die auch in La Rose Rouge Triumphe feierten, tanzten die Nächte durch, Boris Vian blies die Trompete, und Juliette Gréco machte ihre ersten Chanson-Versuche.

Eine neuartige Szene entstand, nachdem die alten Hallen-Märkte dem Dampfer mit den bunten Röhren, dem Centre Beaubourg, und dem Forum des Halles gewichen waren. In letzter Zeit ist es nun das Bastille-Viertel mit seinen engen Straßen, Passagen, alten Werkstätten und großen Hinterhöfen. Noch ist nicht abzusehen, was als nächstes folgen wird. Einige Künstler und Kreative haben in den vergangenen Jahren ihre Ateliers in alten Manufakturen des 19. Arrondissements in der Nähe von La Villette eingerichtet – ein Viertel, das für die Zukunft noch Veränderung verspricht.

›Grands Travaux‹ und Trabanten –
das moderne Paris

Seit Baron Haussmann im zweiten Kaiserreich ganze mittelalterliche Viertel abriß und breite Boulevards in das Dickicht der Stadt schlug, verfiel Paris in eine Art Dornröschenschlaf, aus dem es erst 100 Jahre später vom ›Prinzen‹ Pompidou etwas brutal wachgeküßt wurde. Das Paradies der *promoteurs* (Baulöwen) begann, und damit das Jahr 2000. Aus dem Boden der Stadt mit den atemberaubend schönen Perspektiven und raffiniert angelegten Plätzen schossen Hochhäuser und Türme, die den Himmel verdunkeln und das Auge verschrecken – in Belleville, an der Front de Seine, am Place d'Italie und mitten in Montparnasse.

Dort, wo einst der alte Montparnasse-Bahnhof stand, wurde der TURM MAINE-MONTPARNASSE, 58stöckig und 200 m hoch, unvermittelt in das alte *quartier* gestellt. Ein häßlicher, schwarzer Klotz, der nur einen Vorteil hat: Er bietet eindrucksvolle Rundsicht auf Paris. Aber Staatspräsident Georges Pompidou hinterließ den Parisern auch Erfreulicheres: Das Beaubourg, oder, wie es offiziell heißt, das CENTRE POMPIDOU, mauserte sich vom vielumstrittenen Skandalbau zum bestbesuchten Kulturzentrum der Welt. Das Beaubourg war der erste große Bau in der Reihe der neuen Monumente, die das heutige Stadtbild entscheidend mitprägen.

Institut du Monde Arabe ▷

Blick vom Montmartre

Während der 80er Jahre gab es nicht weniger als sieben Großbaustellen mitten in Paris – jede einzelne verschlang Millionen von Franc. Der neue Bauboom war vor allem dem sozialistischen Präsidenten François Mitterand zu verdanken. Seit jeher haben sich in Frankreich Könige und Staatspräsidenten gerne ihre Denkmäler gesetzt – François Mitterand übertraf sie alle. Ein beachtlicher Teil des Staatsbudgets wurde in große Bauprojekte gesteckt, denen man den Namen *grands projets* gab. Sie wurden zum festen Bestandteil sozialistischer Kulturpolitik und zur »Antwort auf die Krise« erklärt. Mit ihnen sollte der Welt gleichzeitig die »Vitalität der Architektur im Lande« sowie Kompetenz und Leistungsfähigkeit der ausführenden Industrien demonstriert werden.

Alle *grands projets*, oder *grands travaux*, wie die Pariser sagen, wurden ausführlich in der Öffentlichkeit diskutiert. Die Argumente für und wider die Glaspyramide im Louvre-Innenhof füllten monatelang alle Zeitungen. Jedes einzelne der neuen Monumente wurde schon lange vor seiner Fertigstellung zum öffentlichen Kulturereignis. Die gläserne LOUVRE-PYRAMIDE des amerikanisch-chinesischen Architekten Pei – ein Lieblingsprojekt von François Mitterand – gehört zu den mutigsten und schönsten unter den neuen Bauwerken. Kritiker beschimpften die 22 m hohe Stahlkonstruktion mit den rautenförmigen Glasscheiben zwar als »Gewächshaus, das die Harmonie der Fassaden zerstört«, und Umfragen zu Beginn der vierjährigen Bauarbeiten ergaben, daß die Mehrheit der Franzosen gegen die Pyramide war. Aber der große Sturm an der Kritikerfront hat sich inzwischen gelegt. Das ›teuerste Dach Frankreichs‹ (75 Millionen Franc), umgeben von sieben dreieckigen Wasserbecken, wirkt weniger mächtig und monumental als befürchtet. Lediglich die dazugestellten kleinen Pyramiden stören die Perspektive. Als schwierig erwies sich die Reinigung des neuen Monuments: Zum Fensterputzen müssen jedes Mal Alpinisten anrücken, die sich an den Schrägseiten der Pyramide abseilen.

Auch eine weniger spektakuläre *nouveauté* gleich nebenan im Innenhof des Palais Royal entfachte einen Sturm der Entrüstung: das Environment der Säulenstümpfe von Daniel Buren. Es war der höchstbezahlte Auftrag, der bisher an einen einzelnen Künstler vergeben wurde.

Verglichen mit der Louvre-Pyramide – die auch abends atemberaubend schön ist – zeichnet sich die neue OPÉRA DE LA BASTILLE durch einen eher mittelmäßigen Entwurf aus. Die Pläne des kanadischen Architekten Carlos Ott gingen zwar sehr rücksichtsvoll mit der bestehenden Struktur des Place de la Bastille um – der Betonbau der neuen Oper (2700 Plätze) wurde zum Platz hin gewölbt, bekam eine Glasfassade aufgesetzt und einen Kubus als Eingang vorgestellt –, das Ergebnis jedoch blieb konturarm und sehr *médiocre*, wie viele Kritiker bemängelten.

Dafür demonstriert die Oper an der Bastille auf einzigartige Weise die politische Dimension der *grands travaux*. Nach dem Wahlsieg der liberal-konservativen Mehrheit 1986 war vollkommen unklar, ob der schon begonnene Bau weitergeführt werden sollte – nicht etwa, weil der Entwurf nicht gefiel, sondern vor allem, weil die neue Volksoper eine Idee der Sozialisten war. Kulturminister Jack Lang muß so etwas geahnt haben: Er hatte zuvor in weiser Voraussicht die Bauarbeiten mit allen möglichen Mitteln vorangetrieben. Und so beließ die konservative Regierung es letzten Endes bei einigen Modifikationen in der Planung.

Politischen Ärger gab es auch um das neue FINANZMINISTERIUM in Bercy (Architekten: Paul Chemetov und Borja Huidobra) im Osten von Paris. Die – konservativen – Ministe-

Die gläserne Pyramide im Cour du Louvre

rialbeamten weigerten sich hartnäckig, so weit aus der Stadt herauszuziehen (zuvor war das Finanzministerium in einem Seitenflügel des Louvre untergebracht). Da das neue Ministerium in Bercy direkt an der Seine liegt – vier Säulen des hellen Kalksteingebäudes wurden direkt in den Fluß gesetzt –, versuchte man, die widerwilligen Beamten mit einem Extra-Schnellbootservice in die Stadt zu einem Umzug zu bewegen. Umsonst, der Louvre wurde erst 1989 geräumt – mehr als zwei Jahre später als vorgesehen.

Eines der kleinsten, aber auch originellsten neuen Pariser Bauwerke ist das am linken Seineufer gelegene I.M.A. (Institut du Monde Arabe), in dem Besuchern die Kultur der arabischen Welt nähergebracht werden soll. Es ist das »Baby unter den *grands projets*«, wie sein Architekt, der Franzose Jean Nouvel, sagt. Doch der transparente Glasbau mit Patio – und VIP-Rampe für hohe Tiere – ist sehenswert. Zur Seine hin paßt er sich der Biegung des Boulevards an, die Südfassade setzt sich aus 240 verschiedenen Metallquadraten zusammen, die an arabische Ornamente erinnern. Jedes einzelne ist mit elektronischen Photozellen ausgestattet und verändert je nach Lichteinfall seine Gestalt: durch Diaphragmen, die sich öffnen oder schließen. Ein spiralförmiger Bücherturm erinnert an das Guggenheim-Museum in New York, und die spitz zulaufende Dachterrasse (auf der es auch ein Café gibt) bietet einen wunderschönen Blick auf Paris.

Ganz am anderen Ende der Stadt (offiziell schon außerhalb von Paris, in Neuilly) liegt La Défense – die Bürostadt, in der über 100 000 Menschen arbeiten, aber nur 20 000 wohnen. Auf insgesamt 160 ha entstand hier, seit Ende der 50er Jahre, ein monumentales Hochhaus- und Geschäftsviertel nach amerikanischem Vorbild. Viele große Firmen haben ihren Hauptsitz in La Défense, oftmals sogar in einem eigenen *tour*, einem Hochhaus, von denen hier innerhalb von 20 Jahren 30 Stück entstanden. Der Baueifer ließ jedoch zu Beginn der 70er Jahre angesichts der wirtschaftlichen Krise nach. Neue Hochhäuser wurden von nun an, wenn überhaupt, schlanker und bescheidener gebaut als die der ersten Generation.

Das vorläufig letzte große Bauvorhaben in La Défense war der GRANDE ARCHE, auch ›Tête Defense‹ genannt – das fünfte unter den *grands projets* Mitterands. Der offene Riesenquader aus Beton, Stein und Glas beschließt die Bürostadt nach Südosten und steht in der Verlängerung der Königsachse, ausgehend vom Arc de Triomphe du Carrousel, durch die Tuileriengärten, über die Place de la Concorde zum Arc de Triomphe de l'Etoile. Der 110 m hohe Würfel mit den symbolischen Innenmaßen des Louvre-Hofes (100 m×100 m) soll ein moderner ›Triumphbogen der Menschheit‹ sein, ›ein Fenster zur Welt‹, das an die Große Revolution von 1789 erinnert, so wie vor 100 Jahren der Jubiläumsbau des Eiffelturms. Der Wunder-Bogen des dänischen Architekten Otto von Spreckelsen, durch den ein Jumbo rasen könnte, ohne anzuecken, und unter dem die Kathedrale Notre-Dame Platz fände, bietet Platz für weitere Büros und 5000 Menschen. Ganz oben soll eine internationale Gesellschaft für Menschenrechte und Humanwissenschaften untergebracht werden.

Der Grande Arche wurde, wie die Oper, die Louvre-Pyramide und das Finanzministerium, im Rahmen der Revolutionsfeiern 1989 eröffnet. Sein Architekt, der zuvor nur vier Kirchen und sein eigenes Haus gebaut hatte, erlebte die Vollendung des größten Auftrags seiner Karriere nicht mehr. Er starb 1987 an einem Herzinfarkt.

Die ›weinenden Türme‹ von Nanterre

Hinter der spiegelnden Wolkenkratzerstadt La Défense liegt NANTERRE mit seinen Sozialwohnungs-Hochhäusern (HLM ›Habitations à Loyer moderé‹), darunter die ›weinenden Türme von Nanterre‹, die trotz bunter Fassaden und phantasievoll geschnittener Fenster eher trostlos wirken. Die Trabanten- und Schlafstadt Nanterre ist, wie viele Pariser Vororte, eher trist und den Parisern oft nur wegen des hier ansässigen berühmten THÉÂTRE DES AMANDIERS bekannt. 1988 wurde in Nanterre auch die ECOLE DE DANSE DE L'OPERA eröffnet, ein architektonisch interessanter, heller Bau mit verglasten Obergeschossen, der Besuchern allerdings nicht zugänglich ist. Der Entwurf stammt von dem französischen Architekten Christian de Portzamparc, der auch den Wettbewerb für die CITÉ DE LA MUSIQUE, die Musikstadt im Parc de la Villette im 19. Arrondissement gewann (noch ein *grand projet*). In der Rue de l'Université steht ein vielbeachtetes Altenheim und Musikkonservatorium von ihm.

Schöner als Nanterre ist im Südosten von Paris CRÉTEIL, vorwiegend Studentenstadt und an einem riesigen Baggersee gelegen, was zu dem klingenden Namen ›Port de Créteil‹ führte.

Dies sind längst nicht die einzigen Schlafstädte in der Nähe von Paris. Um die Stadt herum (innerhalb des Boulevard Périphérique leben 2 Millionen Menschen) ist ein immer dichteres Netz von Vorstädten entstanden. Zusammen bilden sie Groß-Paris, das inzwischen 10 Millionen Einwohner zählt, knapp ein Fünftel der französischen Bevölkerung. Viele der neuen Satellitenstädte sind hoffnungslos grau und traurig. Seit Anfang der 80er Jahre sollten mit der von Präsident Mitterand lancierten Operation *banlieues 89* menschlichere Dimensionen in die Vororte gebracht werden. Damit wurden sie zum großen städtebaulichen Experimentierfeld.

Zwei der spektukalärsten Beispiele dieser neuen Politik sind in MARNE-LA-VALLÉE, 20 km östlich von Paris, zu sehen. Die beiden katalanischen Monumentalarchitekten Ricardo Bofill und Manolo Nuñez schufen hier Wohnanlagen von gigantischen Ausmaßen. Die ARÈNES DE PICASSO von Nuñez sind eine Art überdimensionale Stierkampfarena, um die sich zweistöckige Wohneinheiten mit filigran wirkenden Arkaden (aus Fertigbauteilen) schließen. Die Bewohner wirken wie winzige Bühnendarsteller, wenn sie über den Platz gehen. Die beiden kreisrunden, 17stöckigen Wohntrommeln nennen sie ›Camembert‹.

Ebenso monumental ist der PALACIO D'ABRAXAS von Bofill: eine gigantische Theaterkulisse mit Freitreppen und freistehenden Portalen samt Kapitellen. Bofill durfte sich inzwischen auch in Paris verewigen: hinter dem neuen Place de Catalogne im 14. Arrondissement gibt es nun ebenfalls eine Wohnanlage mit vielen Spiegeln, Portalen, halbrunden Innenhöfen und erdrückenden Fassaden.

Andere Pariser Adressen für Architektur-Interessierte sind schon Klassiker: die FONDATION CORBUSIER und das UNESCO-GEBÄUDE von 1938, ausgeschmückt mit Kunstwerken von Calder, Miró, Henry Moore, Matta, Arp und Picasso sowie mit Photographien von Brassai. Spektakulär ist das PALAIS OMNISPORTS in Bercy, auf dessen schrägem Dach Rasen wächst, und natürlich, nach wie vor, der FLUGHAFEN CHARLES DE GAULLE, Roissy: ein Betonkoloß mit auf- und absteigenden Gleitbändern, auf denen die Reisenden unter Plexiglas wie mit der Rohrpost verschickt werden ...

Britta Sandberg

Die Belle Epoque

Vor dem MUSÉE D'ORSAY

Die Welt hat einmal das Goldene Zeitalter gekannt, zumindest geträumt. Die Franzosen haben ihr eigenes, die Belle Epoque, ganz real erfunden und träumen noch heute von ihr. Sie beginnt etwa um 1873 (nach dem Schock des Krieges war die Lust zu leben übergroß geworden), und sie endet, übergehend in den Jugendstil (Art Nouveau), spätestens mit dem Ersten Weltkrieg. Höhepunkt: das Jahr 1900. Symbol: der Eiffelturm, Filigran aus Eisen, kühn und komisch, seit 1889 das Touristen-Mekka der Stadt. Wenn man ein wenig willkürlich verfahren will, liegen die Ursprünge der ›schönen Epoche‹ im zweiten Kaiserreich mit seiner Prachtentfaltung und seiner ›mondänen Kathedrale‹, der OPÉRA, begonnen 1862, eröffnet 1875.

Neugierig sollten Sie die Eingangstüren öffnen und einen Blick in die Halle mit der Treppe werfen, auf der bei Galapremieren die ›Garde Républicaine‹ im Silberhelm mit gezogenem Säbel die Dekoration abgibt. Für ein paar Franc kann man die Oper besichtigen, außerdem gibt es ein Museum und eine Bibliothek, die interessant sind. Sie liegen am prächtig geschmückten Eingang links, einst als Auffahrt für Kaiser Napoleon III. gedacht, der ihn freilich niemals betreten sollte, denn die Oper wurde erst 1875 eröffnet. Auf jeden Fall aber: Umwandern Sie den Koloß, um zu sehen, was sich schon an der Außenfront alles tut an Säulen, Karyatiden, Adlern, Masken, Kuppeln und Figuren von phantastischer Vielfalt. Sie sollten sogar ein Opernglas zur Hand nehmen, um die Statuen auf dem Dach zu würdigen und den Apoll auf der Spitze der Kuppel über der Krone, der die Lyra triumphierend in erhobenen Händen hält. Die Gruppe ›Der Tanz‹ am Haupteingang (von Carpeaux) verursachte wegen ihrer unverhüllten ›Gewagtheit‹ einst einen Skandal und wurde von sich empört gebärdenden Familienvätern mit Tinte beschmiert. Vom Bildhauer Carpeaux ist auch die Büste Garniers, des Erbauers der Oper

In den Tuilerien

Brunnen im Jardin des Plantes

mit dem Lockenkopf, am Seiteneingang, eine Apotheose in Gold, schön vor dem Grau der Fassade.

Das pompöse Riesengebäude, das jährlich 300 Millionen Franc an Subventionen verschlingt, hat eine Grundfläche von etwa 11250 m², 450 Sänger können auf der Bühne agieren, doch gibt es nur 2156 Zuschauerplätze. Wenn Sie kein Opernfan sind, aber dieses pathetische Spektakel dennoch einmal erleben wollen, versuchen Sie für wenig Geld, in eine Matinée zu kommen. Es lohnt sich auf jeden Fall. Das Palais Garnier inspirierte Gaston Leroux zu seinem Roman ›Das Phantom der Oper‹, aus dem das erfolgreichste Musical aller Zeiten von Arnold Lloyd Webber wurde.

Eröffnet wurde die Oper im Stil Napoleons III. in der II. Republik, als das Kaiserreich verschwunden war und die Belle Epoque begonnen hatte. Stichworte für der Franzosen liebste Zeit: Reichtum, Leichtsinn, Heuchelei, Eleganz, Duell, Demimonde, Chambre Séparée, Dreyfuß-Affaire, Chauvinismus, Moulin Rouge, Anarchisten, Bel Ami und Belle Otéro, Zylinder, Cancan, Equipage, aber auch Ausbeutung der Arbeiter, die 12 bis 14 Stunden schufteten. Eine schillernde, zwiespältige, sich schwelgerisch darstellende Epoche, die zwischen 1920 und 1960 als überladener, lächerlicher Kitsch verschrien war, deren Pracht, Sinnlichkeit, Lust an Schmuck und Schnörkel indessen neu entdeckt wurden, wohl weil die Fassaden unserer Zeit kahl und kalt geworden sind.

Der Tourist, der mit der Bahn aus dem Süden Deutschlands kommt, fällt bei seiner Ankunft am Gare de l'Est schon mitten in die schöne Epoche hinein. Er muß es nur merken. Halten Sie (ohne Ihr Gepäck aus den Augen zu verlieren, denn besonders an den Bahnhöfen treiben sich gerne Diebe herum) einmal Umschau, wie klar und schön die Konstruktion der Eisen-Glas-Halle ist, wie hübsch verziert das Dekor. Noch schöner ist der Gare du Nord, ebenfalls mit vielen Frauenpersonen geschmückt, auf dem Dach stehen gekrönte Damen und auf der Spitze Madame Paris. ›Der wahre Tempel der Dampfkraft‹, hieß der Bahnhof, von J. I. Hittorff 1861–65 erbaut.

Wiederum etwas schöner war der Gare d'Orsay von Laloux mit der Kuppel-Kassettendecke, der herrlichen Uhr und den hohen Fenstern. Er war eine Weile Herberge für Jean-Louis Barraults Theater. Seit 1987 beherbergt die restaurierte, beeindruckend lichte, weite Halle als Musée d'Orsay Malerei und Plastiken aus dem 19. Jahrhundert, darunter Werke von Rodin, Manet und Cézanne.

Auch den Gare de Lyon sollte der Enthusiast auf keinen Fall auslassen, mit dem schönsten Bahnhofsrestaurant der Welt, dem Train Bleu, das 1899 eröffnet wurde und sich seitdem nicht verändert hat. Man speist in einer Orgie von Plüsch, Gold und Pomp unter Kronleuchtern, sitzt auf Lederpolsterbänken der Erste-Klasse-Waggons von damals und schaut durch Spitzenvorhänge auf die Abfahrtsgleise von heute. Man wird altväterlich gut bedient, ißt ganz gut und bekommt plötzlich das Gefühl, von einer Zofe begleitet und, vom Gemahl verabschiedet, ein wenig bleichsüchtig, sogleich in den Süden zu fahren, um dort heimlich einem schnurrbärtigen *amant* in die Arme zu sinken, während sich der Gemahl im Maxim's bei der Demimonde schadlos hält.

Pariser Bahnhöfe sind Entdeckungsreisen wert. Der Gare d'Austerlitz, in dessen Oberteil die Metro über eine Brücke einfährt, der grau wimmelnde, schmutzige Gare Saint-Lazare (einst von Monet gemalt) und seine Wartehalle ›Salle des pas perdus‹ (›Saal der verlorenen Schritte‹): sie alle haben Anspruch auf Erforschung. Denn sie alle sind

Metro-Dekoration von Hector Guimard

Eingang zum Palais des Flugzeugbauers Dassault am Rond Point

noch schön, bis auf den scheußlich-glatten neuen Bahnhof Montparnasse. Früher eilte ich blind an solchen Bauwerken vorüber, heute entdecke ich beglückt und belustigt altmodische Läden, Metzger, Bäcker, Delikatessen-, Milch- und Buttergeschäfte mit ihren Kacheldekors, ihren bemalten Ladenfronten mit den gemütvollen Landschaften, Bauernmädchen, Tieren, Blumen und Ranken hinter den Glasscheiben, den *devantures*, und der verschnörkelten Reklameschrift.

Nicht zu vergessen natürlich die METRO-EINGÄNGE, wo sie noch original von Guimard erhalten sind, geschmückt mit rotglühenden Blütenknospen und dem Schlingengeranke des ›Nudelstils‹. Zum Teil hat man sie mit ihren Glasbaldachinen wieder aus der Versenkung geholt und neu aufgestellt, wie an der Place des Abbesses am Montmartre. Denn die Belle Epoque wird wieder gehegt und gepflegt.

Das ehemalige Palais de Glace, jetzt Barraults THÉÂTRE DU ROND POINT, hat leider nur noch die originale Außenfassade. Doch weiter unten bei den Champs-Elysées locken das PETIT und das GRAND PALAIS in schwungvollem Prunkstil. Das Grand Palais aus dem Jahr 1900 mit seiner grünstichigen Quadriga auf dem Kuppeldach (von Récipon) verbirgt seine Größe. Nur Teile sind dem Touristen zugänglich. Man versuche, durch ein zufällig geöffnetes Tor in seinen Riesen-Innenraum zu schauen, und gehe anschließend über die prächtigste Brücke aus jener Zeit, die PONT ALEXANDRE III mit ihren geflügelten Goldrössern und den majestätischen weiblichen Figuren, die Frankreich in vier Epochen symbolisieren. Die nackten Kinderlein, die die Kandelaber umtanzen, sind Seine- und Newa-Nymphen.

Noch eine Entdeckung: die Warenhäuser, hier vor allem AU PRINTEMPS (64, Boulevard Haussmann). Freilich nur die Fassade mit dem goldgrünen Mosaik und der Saal des Self-Service-Restaurants im obersten Stock mit einer unglaublich schönen, bei Sonne geradezu glühenden farbigen Glaskuppel, die zwar 1923 entstand, dennoch wie aus der Zeit um 1900 wirkt, sind sehenswert. Von der Terrasse des Printemps schaut man auf viele andere Belle Epoque-Kuppeln (auch auf den rückwärtigen Teil der Oper), die der Fußgänger sonst gar nicht bemerkt.

Auch einen Belle Epoque-Zirkus gibt es noch, mit prunkvollen Goldreitern und rosa Pferden an der Eingangs-Fassade: LE CIRQUE D'HIVER BOUGLIONE. Belle ist auch die Front des ELYSÉE MONTMARTRE und der Feudalbau des CREDIT LYONNAIS am Boulevard des Italiens. Wären sie nicht mit scheußlichen Reklamen behängt, könnte jeder sehen, welch schöne Fassaden die beiden einander gegenüberstehenden Theater am Châtelet-Platz haben: das CHÂTELET, 1862 erbaut und mit 3600 Plätzen das größte von Paris, sowie das THÉÂTRE DE LA VILLE (früher: Sarah Bernhardt), ebenfalls im gleichen Jahr von Davioud kreiert und nach einem Brand renoviert. Hier eine Auswahl der Theater, die vor 1914 entstanden: THÉÂTRE MARIGNY, GAÎTÉ MONTPARNASSE, THÉÂTRE MONTPARNASSE, FOLIES BERGÈRE, THÉÂTRE DE LA PORTE SAINT-MARTIN, THÉÂTRE DE LA RENAISSANCE, DE LA ŒUVRE, die OPÉRA COMIQUE, die 1898 nach einem Brand wiederaufgebaut wurde, das umgebaute THEATER IM PALAIS ROYAL, das 1728 entstand, heute aber Belle Epoque-Ambiente hat. Überzeugen müssen Sie sich selbst. Hier ist auch das MUSÉE GRÉVIN zu nennen, das Wachsfigurenkabinett; im kleinen Saal wird wieder Theater gespielt.

Vollkommenes Beispiel architektonischer Träume aus Eisen und Glas ist die NATIONAL-BIBLIOTHEK, 1843–50 von Labrouste erbaut. Sie sollten unbedingt einen Blick in den Lesesaal werfen, in den man ohne Karte nicht hineindarf, es lohnt sich: neun Kuppeln

Villa des Platanes am Boulevard de Clichy, Rückgebäude

wie in einem maurischen Palast und dazu die Lesetische mit ihren Stehlampen, es hat fast etwas Ergreifendes. Schön ist auch die Bourse du Commerce bei den Hallen aus dem Jahre 1889, zum Glück nicht abgerissen; renoviert ist sie ein Schmuckstück.

Noch einige *belles adresses:* Champs-Elysées 25, das Palais der großen Kurtisane La Païva, Fürstin Henkel-Donnersmark. Hier ist jetzt ein elitärer Klub für feine Herren, ›Travellers Club‹; die Synagoge in der Rue Pavée, von Guimard erbaut, wie auch das Haus Castel Béranger in der Rue La Fontaine Nr. 14, die Eingänge der Häuser Avenue Wagram Nr. 40 und Avenue Rapp Nr. 29, die Mosaik-Front der altmodischen Wannenbäder-Anstalt in der Rue d'Odessa Nr. 5, die Confiserie in der Rue Ordener Nr. 159, das Spezereiengeschäft in der Rue des Fossés-Saint-Jacques Nr. 4 und die Jugendstilfassade der Bar in der Avenue Ledru-Rollin Nr. 116. Auch die Kirche Saint-Jean-l'Evangile-de-Montmartre, in der Rue des Abbesses Nr. 19, ist ein Kunstwerk aus dem Jahr 1898; im frühen Betonstil wirkt sie wie aus Steinen gestrickt.

Immer mehr Geschmack finden nicht nur die Pariser daran, in Restaurants aus der ›schönen Epoche‹ und dem ihr folgenden Jugendstil zu speisen, auch wenn deren Ausstattung erst dieser Tage (aber echt) zusammengetragen wurde, wie das Couturier Jean Bouquin in dem (von ihm längst verlassenen, doch weiter bestehenden) Restaurant L'Assiette au Beurre (11, Rue Saint-Benoît) am linken Ufer mit äußerster Sorgfalt getan hat: von der Speisekarte bis zur Tischdekoration, Lampe und Löffel, Schwan und Salzfaß, alles ist Jugendstil. Andere Restaurants hatten es nicht nötig, sich neu auf alt herzurichten, sie blieben einfach so, wie sie waren, nur gut herausgeputzt, so Maxim's in der

84, Rue de Clichy

In der Rue de Tournon

Rue Royale und LUCAS CARTON an der Place de la Madeleine, LIPP am Boulevard Saint-Germain, vom Elsässer Lipp erbaut und mit Fayencen ausgestattet, die der Vater des Schriftstellers Léon Paul Fargue gefertigt hatte, VAGENENDE, ebenfalls Boulevard Saint-Germain, das leider teuer geworden ist, das BISTRO DE LA GARE am Boulevard Montparnasse, das wiederum zu heftig restauriert wurde, und das GRANDE CASCADE im Bois de Boulogne.

Im Gegensatz zu dieser Luxusstätte das sehr preiswerte Belle Epoque-Lokal CHARTIER, 7, Rue du Faubourg Montmartre. Weiland bekannt unter Leuten, die nur über schmale Portemonnaies verfügen, war JULIEN (16, Rue du Faubourg Saint-Denis). Doch diese Eß-Scheune wurde raffiniert restauriert und ist mit exzellenter Küche mühelos in eine weit höhere Kategorie aufgestiegen, seit sie übernommen wurde vom Besitzer der BRASSERIE FLO (7, Cour des Petites-Ecuries), die übrigens auch aus der Zeit ist. Zu nennen wären noch die älteste Brasserie, BOFINGER an der Bastille, das kleine, elitäre Dreisterne-Restaurant BEAUVILLIERS am Montmartre und die hinreißende Pâtisserie BROCCO beim Place de la République.

Selbstverständlich hat sich Paris in der Jahrhundertwende mit unsäglich vielen Monumenten geschmückt, angefangen von den 100 Brunnen mit den vier leichtgeschürzten, gußeisernen Damen, die der englische Millionär Sir Richard Wallace (Wallace Collection, London) den Parisern gestiftet hat, bis zum ›Brunnen der Vier Weltteile‹ von Carpeaux in der Avenue de l'Observatoire.

Da wäre das Monument am Platz der Republik mit der ›République‹, natürlich einem Weibe, Löwen zu Füßen, und rund um das Podest Eisenplaketten, auf denen realistisch alle Revolutionen der Pariser eingraviert sind. Dann das noch schönere Denkmal auf dem Place de la Nation, ›Der Triumph der Republik‹, eine schwungvolle, halbentblößte Marianne (von Dalou), auf der Weltkugel posierend, natürlich auch mit Löwen.

Eines muß man den Franzosen, nicht nur denen der Jahrhundertwende, lassen: Sie verehren die Frauen wie kaum eine andere Nation. So kehren auf ihren Denkmälern – vor allem auf denen der Belle Epoque – die schönbusigen Weiber unter immer neuen Namen ständig wieder, sei es die ›Freiheit‹, die ›Nation‹, die ›Republik‹ oder ›La France‹ schlechthin, sei es ›Marianne‹, die ›Wissenschaft‹, die ›Kunst‹ (im Hôtel-de-Ville) oder die ›Industrie‹, die auf dem Pont du Carrousel Platz genommen hat. Natürlich sind auch die Statuen der Provinzstädte fast alle weiblichen Geschlechts. Achten Sie darauf auf dem Concorde-Platz.

Giebel des THÉÂTRE DU ROND POINT, ehemals Eislauf-Palast

PARIS
im Regen

Was tut der Tourist, wenn es regnet? – Und es regnet oft in Paris. Abgesehen von den Museen, die er besuchen kann, und den tagfüllenden Centre Beaubourg und Forum des Halles sollte er sich auf jeden Fall einmal in die CINÉMATHÈQUE begeben, den ›Tempel der Cineasten‹. Sie befindet sich im Palais de Tokyo, Eingang 13, Avenue du Président-Wilson, das zum Palais de Chaillot gehört. Diese Cinémathèque ist weltberühmt. Ihr Vater war der beleibte Henri Langlois, von Kind auf ein passionierter Filmliebhaber, der eine wahre Schatzkammer zusammengetragen und sogar den Nazis Filme abgeluchst hat, die diese aus ›rassischen‹ Gründen vernichten wollten. Das Programm eines Tages stellt von 15–23 Uhr in zwei Sälen vier Filme zur Auswahl, darunter fast vergessene Stummfilme. Die Cinématèque gehört zum MUSÉE DE CINÉMA, vor allem den Brüdern Lumière geweiht, in dem man alte Garbo-Roben, Photos, Plakate, Originaldekors und die ersten Kameras bestaunen kann. Eine Zweigstelle der Cinémathèque befindet sich im Centre Pompidou (siehe auch Kapitel ›Eine Stadt für Cineasten‹ – Öffnungszeiten und Adressen im Gelben Teil).

ALERIE VERO DODA

Die Galerie Vivienne

Ein anderer Zeitvertreib, bei dem jedermann Zutritt hat, ist das Auktionshaus Nouvel Hôtel Drouot, ein *living theatre* ersten Ranges: Zwei- bis dreitausend Käufer und Schaulustige kommen täglich. Von der untersten Flohmarkt-Basis (alte Matratzen) bis zu den erlesensten Museumsstücken kann hier in den verschiedenen Abteilungen alles ersteigert werden. Man muß nur auf die Anzeigen in den Zeitungen achten. Selbst für den Nichtkäufer ist das spannend wie im Kino, wenn die feinen Dinge, Kronjuwelen oder Napoleons Hut aus der Schlacht bei Waterloo, auf Samtkissen herumgetragen werden. Es gibt 71 Auktionatoren sowie 110 Gehilfen in schwarzen, rot eingefaßten Lüsterjacken, die sich Savoyarden nennen, weil ihre Gilde sich aus Savoyen rekrutiert. Stilles Zeigefingerheben, rauhe Zurufe, erregte hohe Damenstimmen oder nur ein Augenzwinkern, Zahlen schwirren, dann die atemlose Stille, bis der Elfenbeinhammer des Auktionators *(commissaire priseur)* zum dritten Mal mit kleinem, hartem Schlag herniedersaust. Das Volk, das hier herumwimmelt, könnte aus Balzacs ›Comédie Humaine‹ stammen. Gier, Fanatismus, Leidenschaft und Spekulation sind in die Gesichter geschrieben. Trödlerinnen neben Nerzdamen, Dandys, Clochards, Reiche und Arme, Gaffer, Gauner, Greise und junge Paare, die ihren Hausstand zusammensuchen. Ein Tip: Nirgends sind so schöne Spiegel zu finden wie im Nouvel Hôtel Drouot, auch altes Spielzeug, Schmuck, Erstausgaben, Ostasiatika, Möbel, Bilder, Theaterkostüme, Kunst und Kunstgewerbe aus der ganzen Welt.

Dritter Vorschlag, den Regen angenehm zu überstehen: die Passagen von Paris. Walter Benjamin nannte sie »Phantasmagorien eines utopischen Ziels«, Louis Aragon »Menschenaquarien« oder »große Glassärge«. Die ersten Fußgängerzonen entstanden

Anfang des vorigen Jahrhunderts, als die Grundstücke um die großen Boulevards wertvoller und die Innenhöfe der neuen Häuser, die an Stelle alter Privatpalais entstanden, miteinander verbunden wurden. Hinzu kam die Erfindung der frühen Eisenkonstruktionen, die es möglich machte, straßenlange Dächer ganz aus Glas zu konstruieren. Glas über engen Schluchten. Von einstmals 30 Passagen gibt es noch 17, wiewohl ihr Dasein bedroht ist, denn der Hauptzweck, Spaziergänger-Basare zu sein, fiel durch die Entstehung der Warenhäuser eigentlich fort.

Eine der schönsten Passagen von Paris ist die Galerie Vivienne zwischen den Rues des Petits-Champs, de la Banque und Vivienne, erbaut um 1800, gerettet von einer exzentrischen Künstlerin, Huguette Spengler, auch genannt die ›Irre von Vivienne‹, die mit einem Trupp junger Leute den Kampf gegen die Baulöwen wie eine Pantherin gewann. In den letzten Jahren wurde die alte Galerie mit ihrem wunderschönen Mosaikpflaster zu neuem Leben erweckt: verblichene Fassaden und angestaubte Schaufenster mit vergilbten Auslagen wichen modischen Boutiquen für junges Publikum (siehe Kapitel ›Couture und Konfektion‹). Ein paar der alten Läden haben sich aber gehalten, wenn auch der abgeblätterte Charme der Galerie dahin ist. Dafür sitzt man jetzt schön im Teesalon A Priori Thé im Hauptflügel der Galerie in diffus-milchigem Licht und in bequemen Korbstühlen bei Tee und Kuchen.

Reizvoll altmodisch geblieben ist hingegen die fast ebenso schöne Galerie Véro-Dodat (1826, benannt nach den Erbauern, den Metzgern Véro und Dodat) zwischen der Rue Jean-Jacques-Rousseau Nr. 19 und der Rue Croix-des-Petits-Champs (die Galerien werden abends geschlossen). Hier regiert Robert Capia in seinem hinreißenden Puppen-Antiquitätenladen in der Nummer 24–26, Ali Babas Wunderhöhle mit einem halben Tausend Puppen aus zwei Jahrhunderten. Der junge Puppengelehrte schrieb wissenschaftliche Abhandlungen über seine Objekte, die bis zu 3500 Mark kosten, ein richtiger Puppenkönig mit skurrilen Ansichten, der in einem weiteren Geschäft alte Grammophone und Phonographen verkauft.

Weniger kostbar, eher ein bißchen fahl, aber doch schön, sind die Passagen, die vom Boulevard Montmartre abgehen: Nr. 11 die Passage des Panoramas aus dem Jahr 1800, in der Heine, »den Kopf im Nacken und die Brille auf der Nase« herumspazierte und in der es die erste Gasbeleuchtung gab. Sie ist eine wunderliche, gebogene gläserne Straße, von Zola in ›Nana‹ geschildert, als die feine Welt mit *cul* und Wespentaille in Läden einkaufen ging, die zum Teil heute noch bestehen. So zum Beispiel das Etablissement mit der grüngestrichenen Fassade des Graveurs Stern, der seit 1857 Briefbögen, Gratulations- und Visitenkarten wunderschön druckt. Neben orientalischen und italienischen Restaurants sitzen in schrankgroßen Glasverliesen alte Dämchen und verkaufen Modegravüren, Stiche und Briefmarken. Die Panoramen des Amerikaners Fulton, auf denen historische Ereignisse plastisch gemalt bewundert werden konnten, sind allerdings verschwunden. Gegenüber, auf der anderen Seite der Straße, setzen sich die Glasavenuen fort. In der Passage Jouffroy (1845) locken Zauber- und Spielzeugläden mit Wachsfiguren-Marionetten (darunter Edith Piaf) und ein Antiquariat, das seine Kästen 40 m lang vor dem Laden aufgestellt hat, eine Fundgrube für alte Zeitschriften! Noch eine Straße weiter, zwischen Rue du Faubourg Montmartre Nr. 31 und Rue de la Grange-Betelière, befindet sich die Passage Verdeaux (1846), ebenfalls eine Glashallenstraße, mit einer Druckerei, die seit 1848 besteht, und einer Gitarrenschule.

Die älteste Passage von Paris, der man die Jahre nicht ansieht, weil sie vor Leben überquillt, ist die PASSAGE DU CAIRE, Rue Saint-Denis Nr. 237. Sie wurde 1799 nach Napoleons Ägypten-Feldzug gebaut, daher ist sie am Eingang mit drei merkwürdigen Pharaonenköpfen geschmückt. Heute findet dort ein Konfektionsbasar zu kleinen Preisen statt, wo einst ein Nonnenkloster und ein *cour de miracle* (Verbrecherhof) standen.

Die PASSAGE CHOISEUL (1825) zwischen Rue des Petits-Champs Nr. 44 und Rue Saint-Augustin Nr. 23 ist zugleich Foyer für das Theater BOUFFES PARISIENNES (1827), in dem Offenbach seinen ›Orpheus in der Unterwelt‹ uraufführte. Früher stand hier die berüchtigste Spielhölle der Régence, vom alten Pflaster aus der Zeit ist leider nichts mehr übrig.

Eher trübe und erbarmungslos schildert der Romancier Céline diesen Ort, an dem er seine offenbar trostlose Kindheit verbrachte. »Die Passage war eine unglaublich verpestete Ecke, man verreckte darin, langsam aber sicher, zwischen dem Urin der kleinen Köter, dem Kot, dem Schlamm, dem ausströmendem Gas.« Überzeugen Sie sich selbst, nichts mehr davon stimmt.

Eine der lustigsten Regenunternehmungen, die der trist gewordene Tourist machen kann, ist ein Besuch im MUSÉE GRÉVIN, dem Wachsfigurenkabinett, gleich neben der Passage Jouffroy am Boulevard Montmartre. Eine wahre Belle Epoque-Wonne aus dem Jahre 1882, erbaut vom Karikaturisten Alfred Grévin, zum Vergnügen der Kinder zwischen vier und 84. Rund 600 000 Menschen besuchen alljährlich das Panoptikum und bestaunen Szenen aus der französischen Geschichte, Marie Antoinette im Kerker, Mozart, vor der Pompadour klavierspielend, Marat erstochen in der (authentischen) Badewanne, Napoleons Großfamilie, Jeanne d'Arc und Belmondo, Königinnen und Mörder, alles ›wimperngetreu‹. Zum Glück steht das Wachsmuseum unter Denkmalschutz mit seinem kleinen Theater, in dem wieder gespielt wird, und dem total verhexenden Palais des Mirages, einem Überbleibsel der Weltausstellung von 1900. Eine Filiale gibt es nun auch im Forum des Halles, die ebenfalls sehr sehenswert ist mit ihren (fast) lebenden und – über Lautsprecher – sprechenden Personen der Belle Epoque.

Die Museen

Selbst wenn man in Paris jeden Tag ein Museum besuchen würde, brauchte man mehr als zwei Monate, um alle gesehen zu haben. Es sind über 60. Kleine und große, herkömmliche und ausgefallene – angefangen beim größten Museum der Welt, dem ehrgeizigen Mitterand-Projekt Grand-Louvre, bis zum Winzling, dem Musée Edith Piaf im 11. Arrondissement, das man nur nach telefonischer Vereinbarung besichtigen kann.

Die Museumslandschaft der Stadt Paris hat sich in den 80er Jahren entscheidend verändert. Innerhalb von vier Jahren wurden nicht weniger als vier große Museen eröffnet – jedes für sich ein Mammutprojekt mit beachtlichem finanziellen Aufwand. Zu den attraktivsten dieser vielbeachteten neuen Museen gehört das 1985 eröffnete MUSÉE PICASSO im Marais. Ein wunderschöner Stadtpalast aus dem 17. Jahrhundert, das Hôtel Salé, wurde mit sehr viel Liebe und Respekt vor der Geschichte restauriert, nachdem es jahrelang leergestanden hatte. In der einstigen Kapelle des Stadtpalais dokumentieren heute Photos die jahrelangen Instandsetzungsarbeiten. Einst für den Salzsteuereintreiber des Königs, Pierre Aubert de Fontenay, errichtet (daher auch der Name des Gebäudes), war es zwischenzeitlich Sitz der venezianischen Botschaft in Paris und bis 1970 die Adresse der Pariser Hochschule für Kunsthandwerk. Heute beherbergt es die umfangreichste zusammenhängende Picasso-Sammlung der Welt: 203 Gemälde, 158 Skulpturen, 16 Collagen, 29 Bildreliefs, 88 keramische Arbeiten und über 3000 Zeichnungen vermitteln (mit erklärenden Text- und Phototafeln) einen hervorragenden Überblick über das Werk des 1973 verstorbenen Künstlers. Die Sammlung geht auf die ›Dation Picasso‹ zurück, die die Familie dem Staat vermachte (nach französischer Gesetzgebung können Erbschaftssteuern in Form von Kunstwerken bezahlt werden). Hinzu kommt die ›Donation Picasso‹, die zuvor im Louvre hing, die persönliche Sammlung des Malers, mit Bildern von Matisse, Rousseau, Cézanne, Dérain und anderen.

1986 wurde auf dem ehemaligen Schlachthofgelände von La Villette die CITÉ DES SCIENCES ET DE L'INDUSTRIE eröffnet, ein großes Wissenschaftsmuseum auf insgesamt 150 000 m² – dazu mehr in unserem La Villette-Kapitel.

Ende desselben Jahres öffnete nach langjähriger Planung eines der spektakulärsten Museen von Paris, das MUSÉE D'ORSAY seine Türen. In dem ehemaligen, 1939 stillgelegten Bahnhof d'Orsay fand die Kunst des 19. Jahrhunderts Platz: Malerei, Bildhauerei, Architektur, Photographie und noch mehr werden in zahlreichen Ausstellungsräumen gezeigt. Ein Großteil dieser Sammlung war zuvor im Louvre; die bekanntesten Kunstwerke des Museums, die Impressionisten, zogen von dem alten Ballsaal in den Tuileriengärten, Jeu de Paume, in das Bahnhofsmuseum an der Seine. Viele Pariser meinen jedoch, daß Monet, Degas und Renoir trotz der Enge im Jeu de Paume besser aufgehoben waren als in den aufwendigen Räumen des Musée d'Orsay. In der Tat lenken unnötige Deckenraster, Verkleidungen, Blenden und Säulen oft vom Wesentlichen, der Kunst, ab. Kritiker warfen der italienischen Architektin Gae Aulenti (die die Innenräume ausstattete) vor, sie hätte sich ohne Rücksicht auf das Auszustellende ausgetobt. Die Mittelallee zum Beispiel degradiere die gezeigten Skulpturen zur bloßen Dekoration. Trotz der berechtigten Kritik nehmen die Besucherschlangen vor dem Museum kein Ende. Auf insgesamt

◁ Das PICASSO-MUSEUM im ehemaligen Hôtel Salé

Eingang des MUSÉE D'ORSAY

16 000 m² Ausstellungsfläche gibt es jede Menge zu sehen – am besten, man nimmt sich nur einzelne Abteilungen vor, alles ist an einem Tag kaum zu bewältigen.

Der Gare d'Orsay hat eine lange Geschicht: 1900 von Victor Laloux zur Weltausstellung gebaut, wird der Bahnhof schon knapp 40 Jahre später stillgelegt. Nach dem Zweiten Weltkrieg richtet man hier notdürftig ein Aufnahmelager für zurückkehrende Kriegsgefangene ein. 1958 erklärt General de Gaulle im Festsaal des angeschlossenen Hotels (das noch bis 1973 betrieben wurde und in dessen Speisesaal sich heute das Museumsrestaurant befindet) auf einer Pressekonferenz, er halte sich für eine Rückkehr an die Macht bereit. Die 4. Republik stehe kurz vor ihrem Ende.

Später ist der Bahnhof vorübergehend Adresse des Pariser Auktionshauses Drouot; die Compagnie Renaud-Barrault schlägt von 1974–1980 hier ihr Theaterzelt auf. Staatspräsident Pompidou setzt sich als erster für den Erhalt des Jahrhundertbaus ein, der eigentlich schon längst hätte abgerissen werden sollen. Unter Valéry Giscard d'Estaing beschließt man, den Bahnhof in ein Museum umzuwandeln. François Mitterand führt dieses Projekt, das somit drei Präsidenten überdauerte, weiter. Und das ist kein Einzelfall in der französischen Politik, wie das Gerangel um das vierte große Museum, dessen erster Bauabschnitt 1989 der Öffentlichkeit zugänglich gemacht wurde, beweist:

Es geht um den LOUVRE, dessen Umbau François Mitterand gleich nach seinem Amtsantritt 1981 ankündigte. Das Vorhaben erhielt den Namen ›Grand Louvre‹ und wird aus dem altehrwürdigen Museum (1793 im Zuge der Revolution im ehemaligen Louvre-Schloß eröffnet) das »größte Museum der Welt machen«. Abgesehen von der neuen unterirdischen Anlage des Eingangskomplexes unter der Glaspyramide im Louvre-Innenhof

Das Musée d'Orsay

Das Musée National des Techniques, eines der interessantesten Pariser Museen ▷

(siehe Kapitel ›Grands Travaux‹) gehörte zum Mitterand-Plan auch die Räumung des Richelieu-Flügels, in dem seit jeher das Finanzministerium untergebracht war. Durch die Auslagerung des Ministeriums sollte die Ausstellungsfläche des Louvre, auf der bisher nur ein Bruchteil der Gesamtbestände gezeigt werden konnte, von 30000 auf 55000 m^2 nahezu verdoppelt werden. Die Planung stieß jedoch auf politische Widerstände. Nachdem die Sozialisten im Ministerium bereits einzelne Mauern abgerissen hatten, wurden jene nach dem Regierungswechsel 1986 für viel Geld wieder hochgezogen. Der konservative Finanzminister Edouard Balladur weigerte sich, den Louvre zu verlassen; erst sein sozialistischer Nachfolger räumte 1989 freiwillig das Feld. In einem zweiten, auf sieben Jahre angelegten Bauabschnitt werden seitdem Fassaden restauriert und weitere Umbauarbeiten sowie eine umfassende Neuordnung der Sammlungen vorgenommen. Die Kunstschätze des Louvre sind jedoch auch während der Bauzeit zu sehen – das Museum bleibt geöffnet.

Auf eine Initiative des Kulturministers Jack Lang geht das 1986 eröffnete Musée des Arts de la Mode an der Rue de Rivoli, gleich neben dem Louvre, zurück. Der modebewußte Staatsdiener hatte Haute Couture und Konfektion kurzum zum französischen Kulturgut erklärt, dem er mit diesem Museum zu mehr Beachtung verhelfen wollte. Neben den ständig ausgestellten Kollektionen finden große Wechselausstellungen statt, die sich sowohl einzelnen Modemachern – wie Dior oder dem Japaner Issey Miyake – als auch historischen Aspekten der Mode widmen.

Ebenfalls neugestaltet wurde die Galerie d'Anatomie des Museum National d'Histoire Naturelle im verträumten Jardin des Plantes. Unter dem riesigen Glasdach der Grande

Galerie (seit Jahrzehnten wegen Baufälligkeit geschlossen) entsteht zur Zeit eine neue ›Evolutions-Galerie‹.

Neben allen Neuheiten sollte man aber nicht die altbewährten und bekannten Pariser Museen vergessen: das Musée Rodin mit seinem Park ist nach wie vor einen Besuch wert. Hier arbeitete Rodin, auf dem Gipfel seines Ruhms, während der letzten Jahre seines Lebens. Das Haus aus dem 18. Jahrhundert wurde später zum Museum, in dessen lichtdurchfluteten Räumen Rodins Skulpturen stehen. Auch die Arbeiten von Rodins begabter Schülerin und Geliebten, Camille Claudel (die einer breiteren Öffentlichkeit erst Ende der 80er Jahre durch die Verfilmung ihrer Lebensgeschichte, mit Isabelle Adjani in der Hauptrolle, bekannt wurde), fanden hier einen Platz.

Das Musée d'Art Moderne im 16. Arrondissement zeigt nicht nur eine bemerkenswerte ständige Sammlung, hier präsentieren auch junge Künstler – oft erstmals – dem Pariser Publikum ihre Werke. Im Palais de Tokyo gleich nebenan ist nun das Centre National de la Photographie sowie ein Ableger des Filmmuseums untergebracht – beide organisieren sehenswerte Wechselausstellungen zu Photo und Film. Auf der Straßenseite gegenüber befindet sich das zweite Modemuseum von Paris, das Palais Galliéra.

Ein Muß für jeden Paris-Besucher ist das Musée Carnavalet zur Geschichte der Stadt, wunderschön in einem ehemaligen Stadtpalast des Marais-Viertels untergebracht. 1989 kam ein eigens der Französischen Revolution gewidmeter neuer Museumstrakt im benachbarten Hôtel Le Peletier-de-Saint-Fargeau dazu, womit sich auch die Größe dieses Museums verdoppelt hätte.

Ebenfalls hervorzuheben ist das Musée Cluny mit den römischen Thermen und dem kostbaren Gobelin ›Dame mit dem Einhorn‹, ferner das Musée National des Techniques, in dem ein Uralt-Flugzeug durch die Halle einer Kirche aus dem 12. Jahrhundert schwebt, oder in Passy das Balzac-Museum im romantischen Haus mit den zwei Ausgängen, durch die der verschuldete Romancier vor seinen Gläubigern fliehen konnte. Es strahlt wie alle ehemaligen Künstler-Häuser, die zu Museen wurden, etwas angenehm Nichtmuseales, Menschliches aus. Aus diesem Grund sollte man neben den neuen Mammut-Museen auch die kleinen Museen von Paris, die Ateliers von Delacroix, Gustave Moreau und Antoine Bourdelle oder auch das Haus von Victor Hugo – nicht vernachlässigen.

Britta Sandberg

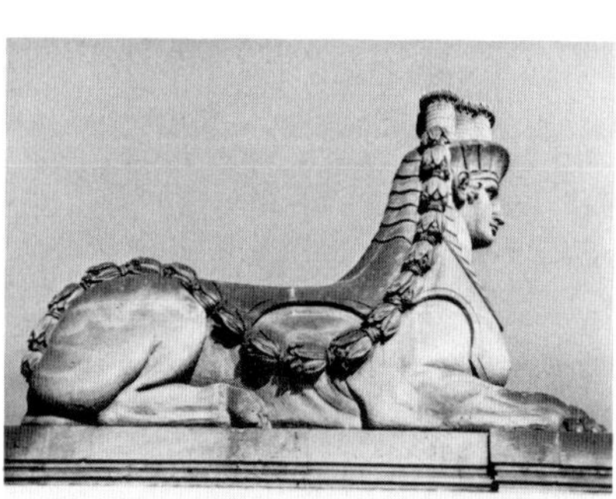

La Villette

La Villette – der Name steht für die flächenmäßig größte städtebauliche Veränderung im Paris des ausgehenden 20. Jahrhunderts. Das Areal im Nordosten der Stadt entwickelte sich vom schlichten mittelalterlichen Dorf zur beliebten Sommerfrische der Adligen, die im 18. Jahrhundert dort ihre Zweithäuser errichteten, und diente ab dem ausgehenden 19. Jahrhundert als Stätte des Schlachthofs von Paris. Seit 1980 entsteht auf dem Gelände ein urbaner Park des Jahres 2000 – ein Projekt, das unter Giscard d'Estaing geplant, von den Sozialisten mit Feuereifer weitergeführt und in einem ersten Bauabschnitt 1986 eröffnet wurde. Der futuristische Park soll Technik und Wissenschaft, Kunst und Kultur, Vergnügen und Freizeit auf bisher einzigartige Weise vereinen.

Zu der riesigen Anlage (55 ha) nördlich und südlich des Canal de l'Ourcq im 19. Arrondissement gehören das größte Wissenschafts-, Technik- und Industriemuseum der Welt (Cité des Sciences et de l'Industrie), eine ›Kinokugel‹ mit halbrunder 1000-m^2-Leinwand (La Géode), ein aufblasbarer Konzertsaal (Le Zénith), eine alte Markthalle (Grande Halle), eine Stadt der Musik (Cité de la Musique), ein Theater (Paris-Villette; in der einstigen Bullen-Auktionshalle) und vieles mehr.

Das frühere Schlachthofgelände ist nicht mehr wiederzuerkennen. Nur schwerlich kann man sich noch vorstellen, daß hier einst unzählige Schafe, Rinder und Schweine geschlachtet wurden; lediglich der ehemalige Marché aux Bœufs, die Grande Halle, die als einzige der drei Schlachthallen übriggeblieben ist, erinnert an vergangene Zeiten. Damals war La Villette noch als ›Cité du Sang‹, als blutige Stadt bekannt. Denn schon zuvor hatte jemand ehrgeizige Pläne mit dem Terrain am Stadtrand gehabt: Baron Haussmann hatte hier den modernsten Schlachthof Europas errichten lassen. Am 22. Oktober 1867 wurde La Villette feierlich eingeweiht und Kaiser Napoleon III. ein preisgekrönter, bekränzter Ochse überreicht, von dem der Dichter Prosper Mérimée zum Kaiser sagte: »Sire, er sieht aus wie Monsieur Bismarck«, worauf seine Majestät höflich erwiderte: »Sagt nichts Schlechtes über unseren Freund.« Drei Jahre später ließ der ›große Freund‹ seine Truppen über La Villette auf Paris zumarschieren.

Im Mittelalter stand an dieser Stelle ein schlichtes Dorf; im Rokoko bauten sich hier Adlige Zweithäuser in guter Luft und im Grünen. Um 1900 erlebte der Schlachthof seine Blütezeit: Er beschäftigte 3000 Personen und belieferte ganz Paris mit Fleisch. Dann aber ging es immer mehr bergab mit La Villette: Neue Techniken machten den Schlachthof in seiner bestehenden Form überflüssig. Eine Entwicklung, der man mit enormen Modernisierungsmaßnahmen entgegenzuwirken versuchte. Vergeblich: 1974 wurden alle Arbeiten eingestellt, am 14. März des gleichen Jahres schlachtete man im unrentabel gewordenen La Villette das letzte Rind.

Schon sechs Jahre später wurde der Architekt Adrian Fainsilber nach einer Idee von Giscard d'Estaing mit dem Entwurf des Wissenschaftsmuseums CITÉ DES SCIENCES ET DE L'INDUSTRIE beauftragt. 1986 weihte der sozialistische Staatspräsident François Mitterand das stählern-gläserne Museum nach dreijähriger Bauzeit ein. Es ist mehr als dreimal so groß wie das Centre Pompidou, wirkt aber dennoch sehr transparent. Fainsilber machte

Wasser, Licht und Vegetation zu den drei Grundelementen seines Entwurfs: Er umgab den gesamten Bau mit einem Wassergraben, ließ durch zwei Lichtkuppeln Sonne und Tageslicht in das Museum hinein und setzte auf die Südfassade drei glaskastenartige Gewächshäuser von je 32 m Höhe.

Auf insgesamt 150 000 m² werden Besucher mit Wissenschaft und Technik vertraut gemacht – und zwar in einer ständigen Ausstellung, in großangelegten Wechselausstellungen, mit Hilfe eines ›Inventariums‹, einer Mediathek und eines Planetariums. Das Konzept der Darstellung begeistert Kinder wie auch Erwachsene: Komplizierte Sachverhalte werden spielerisch und anschaulich erklärt, die Präsentation ist liebevoll-akribisch bis ins kleinste Detail. In dem silbernen Kugelkino La Géode (ebenfalls ein Fainsilber-Entwurf) laufen Dokumentarfilme über die halbrunde Riesenleinwand, bei der der Zuschauer praktisch ›im Bild sitzt‹.

Aber all dies ist nur ein Teil von La Villette: In der Grande Halle – ganz aus Gußeisen, Stahl und Glas im Stil der Markthallen von Baltard – finden Messen, Design- und Architektursalons, Ausstellungen und Festivals statt. Der Industriebau aus dem vergangenen Jahrhundert wurde renoviert und zu einem vielseitigen Veranstaltungsort umfunktioniert. Die Zelthalle Le Zénith bietet Platz für Rockkonzerte mit maximal 6400 Personen.

Zu einem dritten und letzten Bauabschnitt gehört die Cité de la Musique, nach Plänen des jungen Pariser Architekten Christian de Portzamparc links und rechts des Südeingangs errichtet (Fertigstellung 1989). Das Pariser Konservatorium fand hier neue Räume. Hinzu kommen ein Musikmuseum und ein Auditorium mit 1200 Plätzen. La Villette – Ort der »Koexistenz der Musik, der Wissenschaft, der Kunst und der Industrie, der Muße und der Forschung«, wie Kulturminister Jack Lang 1985 erklärte – hat also viele Facetten und Gesichter und ist zudem durch wechselnde Veranstaltungen und Ausstellungen ständiger Veränderung unterworfen.

Löwenbrunnen vor der Grande Halle im Parc de la Villette

An der Schleuse zwischen dem Bassin de la Villette und dem Canal de l'Ourcq

Der 35 ha große Parc de la Villette – mit botanischem Garten sowie Parkbänken und -stühlen von Stardesigner Philippe Starck – gehört zu den größten Grünanlagen in Paris. Der Schweizer Architekt Bernhard Tschumi, Gewinner des internationalen Wettbewerbs zur Gestaltung des Parks, durchsetzte die weitläufigen Grünflächen mit fröhlichen roten Emaillehäuschen. Linear angeordnet, gehen sie auf dieselbe Grundform – einen Kubus von 10,80 m Kantenlänge – zurück. Die Variation liegt im Detail und wurde der jeweiligen Bestimmung der Minihäuser – darunter ein Café, eine Erste Hilfe-Station, ein Kinder-, Kunst-, Photo- und ein Informationshaus – angepaßt.

Noch ist das Riesenareal von La Villette nicht fertig bebaut, aber schon jetzt lohnt sich ein Ausflug an den Pariser Stadtrand, um den französischen Zukunftsvisionen nachzuspüren. Vorstellungen, die im übrigen durchaus menschliche Züge tragen: Im Schatten des modernen Wissenschaftsmuseums hat ein Boule-Club sein neues Terrain gefunden. Und so wird im futuristischen Park fast jeden Nachmittag Boule gespielt – genau wie auf jedem Dorfplatz der französischen Provinz.

Wie immer in der Nähe von Schlachthöfen und Märkten, so sind auch die Restaurants von La Villette beachtlich. Das berühmteste heißt Le Bœuf Couronné, mit authentischem Belle Epoque-Ambiente, und sein kleiner Bruder Le Petit Bœuf. Hier trinken die Großhändler vom ehemaligen Schlachthof immer noch ihre Flasche Champagner, ehe sie zu essen anfangen.

Britta Sandberg

Im Hof des Musée Carnavalet

Le Marais Retrouvé

Das wiederentdeckte Marais

Kaum zu fassen, daß die Pariser ihr kostbarstes Viertel, das Marais, über 200 Jahre schlicht verkommen ließen. Als später Retter erschien erst 1962 André Malraux, der als Kulturminister das sogenannte ›Ensemblegesetz‹ einbrachte und damit die Restaurierung »historisch und ästhetisch wertvoller« Gebäude forcierte.

Liest man eine Beschreibung des etwa 126 ha großen, vage zwischen 3. und 4. Arrondissement aufgeteilten *quartiers*, dessen Grenzen ungewiß verlaufen, so drängt sich die Idee auf, dies müsse die Ecke von Paris mit den meisten Hotels sein. Doch gibt es hier weniger als in anderen Bezirken, denn das Wort *hôtel* steht auch für ›vornehmes Privathaus‹ oder ›Palast‹. Und in der Tat ist das Marais voll von kleinen und großen Palästen, einstmals waren es 102 Traumschlösser aus Renaissance und Barock, die freilich im Laufe der Jahrhunderte so herunterkamen, daß sie kaum noch als solche zu identifizieren waren. Graue, lepröse Fassaden, von Reklameschildern bedeckt, vollgestopfte Höfe mit Werkstätten und Warenlagern verdeckten die Pracht, die erst nach mühsamen Restaurierungen langsam wieder zum Vorschein kommt.

Das Marais, einst Viertel der Tempelritter, der Könige, des Hochadels, der Salon-Damen, deren Paläste in den schönsten Gegenden lagen, verfiel spätestens Mitte des 18. Jahrhunderts, als die Rokoko-Schickeria über die Seine ans linke Ufer in den Faubourg Saint-Germain umzog. Sie floh vor allzuvielen Händlern, die sich langsam breitmachten, allzuviel Gestank in den Gassen und auch einfach, weil es *chic* war. In die verlassenen Prunkgebäude zogen nun Kleinbürger, Emigranten, Handwerker, Geschäftsleute

Im Vorhof des Hôtel Béthune-Sully

ein, es entstanden Fabriken für Konfektion, Chemikalien, Pharmazeutik, Kartonagen, Mützen, Gerbereien und Druckereien. Denkmalschutz gab es noch nicht. Vieles verschwand ganz, noch mehr verkam. Aber der Neugierige konnte Entdeckungen machen, Riesentore öffnen, durch die einst Kaleschen fuhren, und verborgene, abgewetzte Schönheit erblicken. Heute ist das schwieriger. Manche Palais wurden inzwischen zu Luxuswohnungen umgebaut, die Tore bleiben verschlossen.

Heute ist das Marais wieder ›in‹ – die Eröffnung des Centre Pompidou und die Besucherströme, die seitdem täglich ins Beaubourg-Viertel kamen, blieben auch auf die benachbarten Straßen des Marais nicht ohne Auswirkungen. Einst verfallene Häuser wurden wieder zur bevorzugten Wohnadresse vieler Pariser. Die seit Beginn der 60er Jahre durch das Malraux-Gesetz vorangetriebenen Renovierungsarbeiten ließen die pechschwarzen Fassaden wieder in alter Schönheit erstehen. Und plötzlich entdeckte man den Charme der verwinkelten kleinen Gassen, die abends in gelbliches Laternenlicht getaucht werden, der kleinen Plätze und Squares des Marais, der prachtvollen Palais, der *hôtels particuliers,* wieder.

In einem dieser ehemaligen Stadtpalais, dem Hôtel Salé (5, Rue de Thorigny), wurde 1985 eines der schönsten Museen der Stadt, das Picasso-Museum, in rücksichtsvoll restaurierten Räumen eröffnet. Der Weg zu Picassos Werken aus unterschiedlichen Schaffensperioden führt über einen wunderschönen Treppenaufgang. Das Palais wurde im 17. Jahrhundert für den Salzsteuereintreiber des Königs erbaut.

Auch andere ehemalige Adelshäuser beherbergen Museen, wodurch der Besucher Gelegenheit hat, die Pracht vergangener Zeiten auch von innen zu bewundern: Im Hôtel Carnavalet (23, Rue de Sévigné), in dem von 1777 bis 1796 Madame de Sévigné wohnte (hier schrieb sie die berühmten, rund 1500 Briefe, in denen sie ihrer Tochter das Hofleben schildert), befindet sich heute das Musée Carnavalet zur Geschichte der Stadt Paris. 1989 wurde seine Ausstellungsfläche anläßlich der 200-Jahr-Feiern zur Revolution um die Räume des restaurierten Hôtel Le Peletier-de-Saint-Fargeau (gleich nebenan) erweitert, in dem 14 Säle ausschließlich der Französischen Revolution gewidmet wurden. In der ersten Etage des Hôtel Soubise (60, Rue des Francs-Bourgeois) befindet sich das Musée de l'Histoire de France, in den ehemaligen Gemächern der Prinzessin von Soubise. Die Geliebte Louis XIV. benutzte hier – nebenbei bemerkt – als erste ein Bidet. In den übrigen Räumen des Palais hat das französische Nationalarchiv Platz gefunden. Das großzügige Hôtel Guénégaud (60, Rue des Archives), einst eine Ruine, wurde zum Jagd- und Naturmuseum; in das Hôtel Libéral-Bruant (1, Rue de la Perle) zog das Schlüsselmuseum, Musée de la Serrure, ein.

Aber das Marais hat nicht nur Museales zu bieten. Die Wiederbelebung der alten Adelspaläste und insbesondere die Eröffnung des Picasso-Museums brachten neue Restaurants, Teesalons, Bars, Designer-Shops und Modeboutiquen in die alten Straßenzüge und gepflasterten Gassen. Ausländische Kulturinstitute wie das Centre Culturel Suédois (11, Rue Payenne) zogen in kleine, leerstehende *hôtels particuliers* ein und organisieren Lesungen und Wechselausstellungen. Auch die Pariser Modemacher ließen nicht lange auf sich warten: Der Tunesier Azzedine Alaïa war einer der ersten, die im Marais einen neuen Laden eröffneten – ganz in der Nähe des Picasso-Museums, in der Rue du Parc-Royal Nr. 17. Ihm folgten bald die französische Jung-Designerin Lolita Lempicka und die Italienerin Popy Moreni, um nur einige zu nennen.

Das Marais verändert sich. Aber es ist ein Viertel geblieben, in dem sich Altes und Neues noch relativ intakt gegenüberstehen. Es hat nichts von der Schnellebigkeit der Hallen, und es läßt sich daher auch nicht im schnellen Touristentrab erobern.

Setzen Sie sich an den kleinen Teich im Square du Temple, und stellen Sie sich die Tempelordenritter in ihren weißen Mänteln mit dem achtspitzigen roten Kreuz vor. Sie hatten im 12. Jahrhundert hier hinter hohen Festungsmauern einen Staat im Staat gegründet und häuften als gute Geschäftsleute mit vielen Privilegien (sie unterstanden nur dem Papst) unendliche Reichtümer an. Bis Philipp der Schöne sie wegen »ketzerischer Geheimlehren und unsittlicher Bräuche« anklagte, Großmeister und 45 Ritter nach der Folter auf dem Scheiterhaufen verbrannte und die Reichtümer der Krone einverleibte. Denken Sie auch daran, daß im übriggebliebenen Templer-Turm Ludwig XVI. und seine Familie dem Schafott entgegenharrten. 1808 wurde alles abgerissen.

Wandern Sie die uralte und breite Rue Saint-Antoine entlang, auf ihr wurde König Heinrich II. beim Turnier durch einen Lanzenstich ins Auge tödlich verletzt, nicht beweint von seiner Frau Katharina von Medici, doch von seiner Mätresse, der schönen Diane de Poitiers, die er 23 Jahre lang geliebt hatte. Sie mußte sofort das Schloß des Tournelles im Marais verlassen. Es wurde abgerissen.

Auf der gleichen Straße steht, schön hergerichtet, in der Nr. 62 das Hôtel Béthune-Sully, vor dessen Tor einst ein Monsieur Arouet von Dienern des dümmlichen Chevalier de Rohan übel verprügelt wurde. Als er Satisfaktion verlangte, wobei ihm sein

Hof des Musée Carnavalet

Square Georges-Cain in der Rue Payenne ▷

Vorhof des Hôtel Béthune-Sully

Freund, der Herzog von Sully, nicht unterstützte, kam er in die Bastille. Unter seinem selbstverliehenen Adelsnamen ›de Voltaire‹ wurde er später der berühmteste Geisteshero seiner Zeit.

Gedankenverloren sollten Sie auch die Kirche SAINT-GERVAIS betreten und wissen, daß unter ihrem Dach einst zwei berühmte Damen beteten: Cathérine Bellier und die Witwe Scarron. Cathérine, Kammerfrau Annas von Österreich, hatte den 15jährigen Sonnenkönig perfekt in die Mysterien der Liebe eingeweiht. Sie wurde von Louis XIV fürstlich belohnt, indem er ihren Mann Beauvais in den Adelsstand erhob und das prächtige Palais de Beauvais in der Rue François-Miron für sie erbauen ließ. Die andere Dame, die spätere Marquise de Maintenon, die im Hôtel d'Albrét in der Rue des Francs-Bourgeois von Madame de Montespan als Erzieherin der Königskinder angeworben wurde, durfte den alten, fromm gewordenen Herrscher noch morganatisch heiraten.

Weitere Vorschläge: Verweilen Sie auf dem PLACE DES VOSGES, einst Place Royale. Lassen Sie Ihre Phantasie schweifen. Hier wandelten Könige, Herzöge, Mönche, Comtessen, Pairs, Chevaliers, Marquisen, Marschälle, Kurtisanen, Kardinal Richelieu, Marion Delorme (Priesterin der *haute amour*) und die Salonlöwinnen der Hoch-Zeit der literarischen Salons im 17. Jahrhundert, als die Preziösen, im Bett auf einem Podest liegend, ihre geistreich-boshaften Gäste empfingen. Stellen Sie sich den jetzt von Kindern, Liebespaaren und Alten bevölkerten Platz einmal ganz kahl, ohne jede Bepflanzung vor, wie er von seinem Planer Heinrich IV. als Turnier- und Festplatz gedacht war, ähnlich wie der Markusplatz in Venedig. Dann erst werden Sie seine reine, strenge Schönheit mit den einheitlichen Palais unter grauem Schieferdach richtig verstehen.

Die Vollendung des wohl schönsten Platzes von Paris hat sein Schöpfer nicht mehr erlebt. Er wurde kurz davor, am 14. Mai 1610, in der Rue de la Grande-Ferronnerie vor dem Haus Nr. 11 (das noch steht) ermordet. Ermordet im Auftrag Johanns Ohnefurcht wurde 200 Jahre zuvor auch Louis, Herzog von Orléans, als er die Gärten seiner Geliebten, der Königin Isabeau von Bayern, verließ. Die Anlagen reichten bis zur heutigen Rue Vieille-du-Temple zwischen den Nummern 64–74. Hingerichtet wurde die Marquise de Brinvilliers, weil die Giftmörderin ihren Vater, zwei Brüder und die Schwägerin in ihrem Palais in der Rue Charles-V Nr. 12 umbrachte. Heute wohnen Missionare darin.

In der Rue Beauce Nr. 2 unterhielt Mademoiselle de Scudérie (eine Mischung aus Beauvoir und Sagan des Barock) ihren Salon und schrieb 1300 Seiten lange Romane. In der Rue des Tournelles wohnte zeitweise die Kurtisane Ninon de Lenclos, eine hochgebildete Frau, bei der Molière in Gegenwart von Racine und La Fontaine zum erstenmal aus dem ›Tartuffe‹ gelesen haben soll.

Im gut restaurierten HÔTEL AMELOT DE BISSEUIL (47, Rue Vieille-du-Temple) schrieb Beaumarchais 1784 seine Anti-Adelskomödie ›Figaros Hochzeit‹. Auch die Dichter Alphonse Daudet, Victor Hugo und Balzac wohnten im Marais.

Sollten Sie jedoch der Adelsgeschichten und -palais müde werden, durchwandern Sie (am schönsten sonntagmorgens) das JUDENVIERTEL in der Rue des Rosiers, die es seit 1230 gibt, und den umliegenden Gäßchen. Seit dem 13. Jahrhundert wohnen hier orthodoxe Juden, auch heute begegnet man Gestalten in schwarzen Gehröcken mit Schläfenlocken wir vor Hunderten von Jahren. Freilich, auch hier entrinnen Sie der neuesten Geschichte nicht. Das ›Mémorial du Martyr Juif Inconnu‹ in der Rue Geoffroy-l'Asnier Nr. 17 gibt

Zeugnis vom Genozid unter Hitler. Der Spaziergänger bleibt erschrocken stehen vor einer Tafel an der Knabenschule in der Rue des Hospitalières-Saint-Gervais, aus der hervorgeht, daß im letzten Krieg 165 Schüler von hier in die Vernichtungslager geschickt wurden. In der Rue Pavée, einer der ersten gepflasterten Straßen der Stadt, finden Sie eine Synagoge im Art Nouveaux-Stil, die Hector Guimard erbaute.

Auch das Judenviertel hat sich mit der Zeit verändert: In der Rue des Rosiers gibt es inzwischen eine ganze Reihe von Modeboutiquen – aber noch haben sie den alten Charakter der Straße nicht verdrängt. In der Bäckerei FINKELSZTAIJN liegt wie eh und je Köstliches im Schaufenster, kleine Geschäfte der Straße bieten *falaffel* (gefüllte Teigtaschen) in allen Variationen an, und weiter oben verlockt das HAMMAM SAINT-PAUL zu einem Besuch bei entspannenden Eukalyptusdämpfen. Gegenüber können Sie sich in dem winzigen Teesalon LE LOIR DANS LA THÉIÈRE bei einer Tasse Tee und hervorragendem Kuchen ausruhen, oder Sie gehen gleich zu JO GOLDENBERG, entweder, um an der Bar die üppigen Vorspeisen zu genießen oder aber, um hier ausgiebig zu dinieren. Am Fenster im Erdgeschoß erinnern gelb markierte Einschüsse an das furchtbare Attentat von 1982 im Restaurant, bei dem sechs Menschen umkamen.

Das Bastille-Viertel

Die Bastille ist ins Rampenlicht geraten – unbestritten. Das ehemalige Arbeiter- und Handwerkerviertel mauserte sich in den 80er Jahren zum Treffpunkt der *branchés,* der Pariser Nachtvögel, damit auch der *noctambules,* der Künstler und Kreativen, der Trendies und Yuppies.

Nach der Vermarktung des Hallenviertels und der Wiederbelebung des alten Adelsviertels Marais wurde die neue Eroberung der Bastille von den Pariser Medien sehr frühzeitig aufmerksam verfolgt und kommentiert: Es hatten sich gerade die ersten Galerien rund um die Rue de Lappe etabliert, da wurde die Bastille schon zum ›Soho von Paris‹ erklärt – woraufhin Touristen in den ganz normal und eher ärmlich aussehenden Straßen des Viertels nach den unzähligen Galerien, verrückten Läden und ausgeflippten Typen, die sie hier erwarteten, Ausschau hielten – und sie nicht fanden.

Auch noch heute läßt sich das Bastille-Viertel nicht im Schnelldurchgang erobern. Im Gegensatz zum Hallenviertel, wo Centre Pompidou und Forum als Besuchermagneten wirken, oder zum Marais mit seinen wunderschön renovierten Stadtpalais, kann das Viertel nicht mit historischen Monumenten oder anderen Attraktionen aufwarten – sieht man einmal von der neuen Oper an der Place de la Bastille ab. Das *quartier* der Handwerkerhöfe hat seinen fast dörflichen Charakter noch bewahrt, die Häuser sind hier flacher als in den anderen Pariser Arrondissements, die Straßen eng, die Fassaden schief.

Der neue Sturm auf die Bastille – »La Nouvelle Prise de la Bastille«, wie die linke Pariser Tageszeitung ›Libération‹ titelte – begann Anfang der 80er Jahre: Junge Pariser Künstler entdeckten die alten und krummen Straßen hinter der Bastille-Säule für sich –

Galerie Gran Via

Die Opéra de la Bastille, 1989 fertiggestellt

und das vor allem aus praktischen Gründen. Nach der Vervielfachung der Mieten im benachbarten Marais war das Bastille-Viertel eines der letzten im Zentrum von Paris, in denen man noch großzügige Wohnungen, Ateliers oder auch stillgelegte Manufakturen zu erschwinglichen Mieten fand.

Wahre kleine Künstlerkolonien entstanden in angeschmuddelten Hinterhöfen, in denen zuvor Kommoden geschreinert und kunstvolle Kandelaber gedrechselt wurden. Jahrhundertelang waren in der Gegend hinter der Rue du Faubourg Saint-Antoine Möbelmacherbetriebe und Kunsthandwerker ansässig. Im 17. und 18. Jahrhundert zählte das Viertel zu einem der wichtigsten Zentren für wertvolle Möbel und Einrichtungsgegenstände in Europa. Da der Faubourg schon frühzeitig nicht mehr unter die strengen Zunftbestimmungen für das Handwerk fiel, gab es unter den Ebenisten und *ménuisiers* viele Ausländer – darunter auch Kunstschreiner deutscher Abstammung, wie Riesner, der 1764 das berühmte ›Bureau du Roi‹ für Louis XV. fertigstellte. Hofhandwerker wie Tischler, Polsterer und Instrumentenbauer hatten in Hinterhöfen und Passagen ihre kleinen Werkstätten eingerichtet. Manche davon gibt es heute noch; die Rue du Faubourg Saint-Antoine ist noch immer von zahlreichen Einrichtungsgeschäften gesäumt. Aber in den vergangenen Jahren mußten viele kleine Handwerkerbetriebe schließen.

Und so zogen dort, wo einst feine Bronzen gegossen und königliches Mobiliar gefertigt wurde, junge Maler, Bildhauer, Architekten, Designer und Photographen ein. Nach New Yorker Vorbild wandelten sie die alten Schreinereien und Manufakturen in weitläufige Lofts und Ateliers um. 1982 gründeten vier junge Maler in der Nr. 5 der Rue de

Charonne die Künstlervereinigung ›Génie de la Bastille‹ und organisierten erstmals einen Tag der offenen Tür, um allen – Bewohnern wie Besuchern des Viertels – ihre Ateliers und Werke zugänglich zu machen. Die Idee hatte Erfolg, und die *journées des portes ouvertes* (jeweils im November) sind zur festen Gewohnheit geworden. Inzwischen beteiligen sich weit über 100 Künstler des Viertels an der Aktion, laden wiederum andere, auch ausländische Künstler ein. Mehrere tausend Pariser strömen zu diesem Ereignis an die Bastille – zum »Kulturjogging«, wie die Stadtzeitung ›Passion‹ boshaft bemerkte.

Die Künstler der Bastille – darunter nur wenige wirklich bekannte Namen – zogen Galerien nach sich. Weit über 20 sind es inzwischen: große (Lavignes-Bastille, Leif Stähle) und ganz kleine (Praz-Delavallade). Die meisten kamen innerhalb eines Jahres (zwischen 1985 und 1986) in das Dreieck zwischen der Rue du Faubourg Saint-Antoine, der Rue de la Roquette und der Avenue Ledru-Rollin. Innerhalb kürzester Zeit eröffneten in diesen Straßen – dort, wo sich einst nur das *petit peuple* von Paris zum *petit rouge* am Tresen traf – diverse Cafés, Boutiquen, Bars und Restaurants.

Die lebendigste Straße des Viertels blieb, vor allem, was das Nachtleben betrifft, die enge Rue de Lappe. Schon in den 30er Jahren war sie Treffpunkt höchst zwielichtiger Existenzen, der ›Apachen‹, und amüsierlustiger Pariser gewesen. Das kitschig-plüschige Balajo in der Nr. 9 stammt noch aus dieser Zeit. 1936 wurde das populäre Tanzcafé gegründet. Nachmittags und am frühen Abend schieben sich noch heute ältere Paare zu Akkordeonklängen über die Tanzfläche – montags und donnerstags ab 23 Uhr gehört

Rue de la Roquette

Chez Paul in der Rue de Charonne

das Balajo jedoch der Pariser Society, für die die beiden bekanntesten Diskjockeys von Paris, Serge und Albert, hier die *soirées branchées* organisieren. Gleich nebenan, in der Chapelle des Lombards, wird zu Samba und Latinorock bis zum frühen Morgen getanzt. Schräg gegenüber befand sich früher das zweite Bal Musette-Lokal der Straße, das Boule Rouge, in dem man sich ebenfalls zum volkstümlichen Tanzvergnügen und Akkordeonmusik einfand. Die rote Leuchtreklame des Boule Rouge gibt es zwar noch, das Lokal selbst allerdings hat vor kurzem dem Cactus Bleu, einer High Tech-Bar mit Restaurationsbetrieb und Live-Musik Platz machen müssen. Auch die Spezialitätenläden der *auvergnats,* die von der Auvergne in die Hauptstadt zogen und sich bevorzugt im Bastille-Viertel niederließen, werden immer weniger. In der Rue de Lappe gibt es nur noch einen, der *saucisses sèches,* Käse und Brot aus der Auvergne verkauft.

Nachdem die französischen Sozialisten in dem symbolbehafteten *quartier,* in dem seit jeher Revolutionen und Arbeiter zu Hause waren, 1981 den Wahlsieg Mitterands mit einem Riesen-Volksfest auf der Place de la Bastille gefeiert hatten, fanden sie hier auch den Standort für die geplante neue Volksoper. Sie wurde an der Stelle des ehemaligen Bastille-Bahnhofs errichtet (siehe Kapitel ›Grands Travaux‹). Längst haben auch die *promoteurs,* die Pariser Baulöwen und Immobilienhändler, an der Bastille Fuß gefaßt: Die Mieten verdreifachten sich in den vergangenen Jahren, und die ersten Künstler wurden schon wieder aus ihren Ateliers vertrieben. Eine Entwicklung, die durch die Eröffnung der neuen Opéra de la Bastille im Rahmen der 200-Jahr-Feiern zur Französischen Revolution im Juli 1989 noch beschleunigt wird. Und somit tragen auch die Linken zur Veränderung des Viertels bei.

Aber noch können hier entdeckerfreudige Spaziergänger Altes, Pittoreskes und Wunderliches in den *passage*, *cité* oder *cour* genannten Hinterhöfen finden – und sich gleichzeitig in den vielen Galerien über Neues auf dem Kunstmarkt informieren.

Beginnen Sie mit der Rue du Faubourg Saint-Antoine. Gegenüber der Passage du Chantier wandern Sie die Rue de Charonne hinan, mit der feinen Galerie Nane Stern in der Nr. 29 und der Passage de L'Homme, um im Cour Delépine die 1986 eröffnete Galerie des Direktors der Stockholmer Kunstmesse, Leif Stähle, zu besuchen. Und vielleicht in der Nr. 39 das Pause Café, in dem Galeristen, Künstler und Photomodelle beisammenhocken und in dem sich die älteste Galerie des Viertels, Clara Scremini, etablierte. Danach lohnt noch ein Blick auf das wie durchgeschnitten wirkende Eckhaus an der Avenue Ledru-Rollin.

Durch die Rue des Taillandiers kommen Sie, vorbei an der Loft-Galerie Gran Via, zur höchst munteren Rue de la Roquette. Schauen Sie sich die bunte Fassade und das Programm des jungen Théâtre de la Bastille an, und halten Sie auf das neonglimmende 1929 zu; der köstliche Roquefort zu Baguette und Süßwein ist eine Kaloriensünde wert und kostet wenig. Erschnuppern Sie in der Nr. 75 den Duft der Gewürze dieser Welt, und bestaunen Sie in der Nr. 40 die Auslage des Tätowierers Etienne, ehe Sie sich irgendwo zum Abendessen niederlassen. Da wäre gleich in der Nr. 19 das Naz, oder, um die Ecke in der Rue de Lappe, das russiche Tschaika, das spanische Tapas Nocturne und das sehr pariserische L'Opéra Bouf, – oder, in der Rue de Charonne (Nr. 13), das höchst animierende Chez Paul, in dem man nur am frühen Abend leicht einen Platz ergattert. Nicht weit davon lockt mit Jahrhundertwende-Ambiente das feinere Saumur in der Avenue Ledru-Rollin 116. Aber wofür auch immer Sie sich entscheiden, schauen Sie vorher noch auf das Abendprogramm des Café de la Danse in der Passage Louis-Philippe, der Experimentierbühne in einer ehemaligen Ballettschule. Und beschließen Sie den Abend, wenn nicht in den Etablissements der Rue de Lappe, im China-Club in der Rue de Charenton hinter der Oper, dem Neuesten vom Neuen des Nachtlebens an der Bastille.

Britta Sandberg

Die Kunst-Szene

Weltzentrum der Kunst, wie es Paris von der Jahrhundertwende bis in die 60er Jahre war, ist die französische Hauptstadt schon lange nicht mehr. Durch die Pop-Art wurde New York zum neuen Nabel der Kunstwelt. Aber in den 80er Jahren war nach Jahren der Flaute ein Comeback des französischen Kunstmarkts zu beobachten. Weit davon entfernt, an die alte Vormachtstellung anzuknüpfen, ist die Pariser Kunstszene wieder ins Gespräch gekommen.

Die französische Kunstszene brachte in den vergangenen Jahren neue Namen hervor, wie Anne und Patrick Poirier, Jean-Charles Blais, Gerard Garouste, Robert Combas, Christian Boltanski und Annette Mesager. Eine neue, junge Generation von Kunstinteressierten und Sammlern erweiterte den Käuferkreis. Und die sozialistische Regierung investierte kräftiger in Kunst als je zuvor. Dazu trugen vor allem die von Jack Lang eingeführten FRAC (Fonds Régionals des Arts Contemporains) bei, durch die die französischen Regionen bzw. Museen mehr Geld für den Ankauf von Kunstwerken erhielten.

Die alljährlich im Herbst stattfindende FIAC (Foire Internationale de l'Art Contemporain) ist ein weiterer Versuch, Anschluß an die großen Kunstmessen der Welt zu finden. Hinzu kommen – wie die FIAC im Grand Palais untergebracht – SAGA (Salon d'Art Graphique Actuel); außerdem zwei kleinere Salons, Salon de la Jeune Sculpture in den Industriehallen am Gare d'Austerlitz und Salon de Montrouge – die beiden widmen sich jüngeren und noch unbekannteren Künstlern. Alle zwei Jahre zeigen internationale Designer auf dem SAD (Salon des Artistes Décorateurs) im Grand Palais Neuestes vom Avantgarde-Möbelmarkt und vom Design des 21. Jahrhunderts.

Im Quartier Beaubourg, rund um das Centre Pompidou, ließen sich zahlreiche neue Galerien nieder. Aber das Allerneueste findet man derzeit an der Bastille. Das noch dörflich anmutende Viertel avancierte innerhalb von wenigen Jahren zum neuen Künstlerviertel (siehe Bastille-Kapitel). Junge und noch unbekannte Maler, Bildhauer und Photographen schlossen sich zu der Künstlervereinigung ›Génie de la Bastille‹ zusammen.

Ein Bummel durch die Galerien im Beaubourg und an der Bastille gibt schnell Aufschluß über neue Tendenzen und aktuelle französische Produktionen. Darüber hinaus sind nicht zuletzt die großzügigen Räume der oft in alten Werkstätten und Lagerräumen untergebrachten neuen Stätten der Avantgarde sehenswert. Das traditionelle Galerienviertel in Saint-Germain nimmt sich daneben schon fast klassisch aus, ganz zu schweigen von den Nobelgalerien am Faubourg und in der Rue Saint-Honoré (siehe ›Galerien‹ im Gelben Teil). Viele dieser Galerien haben sich zusammengeschlossen und organisieren regelmäßig gemeinsame Vernissage-Nächte.

Mit großen Retrospektiven und Einzelausstellungen in Grand Palais, Musée d'Art Moderne und natürlich Centre Pompidou bleibt Paris auch als Ausstellungsstadt bedeutend. Und das gilt nicht nur für die Malerei. Paris ist auch Hauptstadt der Photographie: Hier gibt es zahlreiche, hervorragende Photogalerien, ein Centre National de la Photographie im Palais de Tokyo und, vor allem, den ›Mois de la Photo‹ – ein ganzer Monat, der mit Ausstellungen in der ganzen Stadt ausschließlich der Photographie gewidmet wird.

Britta Sandberg

◁ Galerie de Paris

les cités
d'artistes

Ein gutes Jahrhundert lang, etwa zwischen 1850 und 1960, war Paris Zentrum der Kunst. Gustave Moreau, geboren 1826 in Paris, Vater der Symbolisten, Lehrer von Marquet, Matisse, Rouault, bewundert von den Surrealisten, lebte am Montmartre. Sein Atelierhaus in der Rue La Rochefoucauld Nr. 14 ist zum Musée Gustave Moreau geworden und höchst sehenswert, zumal es ein altes Belle Epoque-Haus ist mit einer schönen geschwungenen Innentreppe.

Doch manche der Künstler-Cités mußten dem modernen Paris weichen. Nahe dem Bahnhof Montparnasse, im Viertel Plaisance, Rue Vercingétorix Nr. 3, gab es einen Hof mit vielen Atelierhäuschen, Weltausstellungsüberresten von 1889. Hier wohnte der Zöllner Rousseau eine Weile – doch diese pittoreske Ecke ist verschwunden.

Nicht mehr zu besichtigen ist die Geburtsstätte der modernen Kunst am Montmartre, der Tempel des Kubismus, das authentische Atelierhaus Le Bateau Lavoir, das am 13. 5. 1970 völlig abbrannte. Jetzt erhebt sich hier ein 1979 fertig gewordenes neues Haus mit vielen modernen Ateliers, die den Künstlern von der Stadt zu einem verhältnismäßig niedrigen Mietpreis zur Verfügung gestellt werden.

Picasso behauptete später als Millionär, er sei nie so glücklich wie im Bateau Lavoir gewesen, im ungeheizten Atelier, mit seiner Geliebten Fernande Olivier und einem ein-

◁ La Ruche

In der Cité Fleurie

Im Garten der Ruche

In der Cité Les Fusains lebten einst Derain, Max Ernst, Bonnard, Arp

zigen Wasserhahn im Riesenschuppen des ›Waschschiffs‹. Außer ihm wohnten dort eine Weile Juan Gris, Georges Braque, Kees van Dongen (der im Parterre hauste und als Concierge mißbraucht wurde) und Max Jacob, der Dichter und Maler, der 1944 im KZ in Drancy starb. Hier porträtierte Picasso Gertrude Stein, hier schuf er 1907 ›Les Demoiselles d'Avignon‹, das erste kubistische Bild. Hier arrangierte er auch das berühmte Fest für den Zöllner und naiven Maler Rousseau. Picassos erstes Atelier, als er 1900 in Paris ankam, war in der nahen Rue Gabrielle Nr. 49. Später zog er an den Boulevard Clichy und endlich, seine ganze Bande, zu der auch Apollinaire und Marie Laurencin gehörten, im Gefolge, zum Montparnasse: erst an den Boulevard Raspail, dann in die Rue Schoelcher Nr. 5. Später, als Picasso seine Snob-Zeit hatte, wechselte er in die Rue La Boëtie Nr. 23, und schließlich landete er in der Rue Saint-Augustin Nr. 7.

Eine überraschend romantische Künstler-Cité am Montmartre gibt es in der Rue Tourlaque Nr. 22, Les Fusains: kleine Atelierhäuser, versponnen und verträumt zwischen Schlängelpfaden, wucherndem Efeu, Blumen und Bäumen, die Kolonie reicht bis zur Nr. 15 der Rue Steinlein. Zwischen grünen Gewächsen stehen Skulpturen – bei Mondschein besonders poetisch anzuschauen. Die Pavillons sind Überreste der Weltausstellung von 1889 – Renoir malte eine Zeitlang hier, auch André Derain, Pierre Bonnard und Max Ernst, als er noch arm und nicht berühmt war. Arp, von dem es heute noch Plastiken in Les Fusains gibt, und Miró gehörten ebenfalls eine Zeitlang zu den Bewohnern. (*Fusain* kann übrigens Spindelbaum, aber auch Zeichenkohle oder sogar Kohlezeichnung heißen.) Leider ist neuerdings der Eingang meist verschlossen.

Um in der Gegend zu bleiben, noch ein paar Künstler-Adressen am Montmartre: Nicht nur Cézanne wohnte 1880 in der Villa des Arts, 15, Rue Hégésippe-Moreau, mit dem schönen Gitter und den Empirevasen auf den Eingangssäulen, auch Signac und Marcoussis hatten eine Zeitlang dort Ateliers, und die Legende behauptet sogar, Corot sei dort gewesen. Manet wohnte in der Rue d'Amsterdam Nr. 77 und starb in der Rue de Leningrad Nr. 39. Van Gogh wohnte in der Rue Lepic Nr. 54, Toulouse-Lautrec in der Rue Caulaincourt Nr. 21 (an der Ecke der Rue Tourlaque) und später in der Rue Fontaine Nr. 30. Renoir zog recht oft um. Er begann 1875 in der Rue Cortot Nr. 12, heute das Musée Montmartre, malte zehn Jahre später im Mittelbau des Bateau Lavoir, wohnte 1896 in der Allée des Brouillards Nr. 9, 1900 in der Cité Les Fusains, lebte 1910 in der Rue Caulaincourt Nr. 57 und im Kriege erst Boulevard Clichy Nr. 57 und dann Rue La Rochefoucauld Nr. 64.

Noch existiert – da ihre Bewohner auf die Barrikaden stiegen – die bezaubernde Cité Fleurie am Montparnasse, gleich neben den tristen Mauern des Gefängnisses Santé (›Gesundheit‹!) am Boulevard Arago Nr. 65. Modigliani hat hier in einem der 29 Atelierhäuschen gearbeitet. Heute lebt hier Domela.

In der Rue Dantzig zweigt die Rue de la Saïda rechts in die Passage de Dantzig ab, in der sich hinter einem Jugendstil-Gittertor die legendäre Ruche (Bienenkorb) verbirgt. Auch dies ein Weltausstellungsrest von 1900, ein zweistöckiger, runder Weinpavillon, in Ateliers wie eine Torte in spitze Winkel aufgeteilt. Ringsum verwilderte Gärten und andere Ateliers. Wer hier herumstreunt, sollte wissen, daß in der Ruche arme Künstler wohnten, die nicht einmal genug zu essen hatten: Chagall, Soutine, Léger, Epstein, Laurens und viele andere lebten, litten, liebten und malten hier. Auch heute wohnen viele zum Teil ausgezeichnete Künstler im ›Bienenkorb‹.

Zu den Farbtafeln

1

2

3

4 ▷

MAISON FONDÉE EN 1832
A
L'ESCARGOT
LA PLUS ANCIENNE RENOMMÉE
38
A L'ESCARGOT
LECOMTE
HORS-CONCOURS
ESCARGOTS
PRÉPARÉS

5

6

7 ▷

8

9

10

11

12

14 ▷

13

METROPOLITAIN
ABBESSES

15

16

17

18

19

20

21

22

23

24

26

27

28

29

30

31

CIRQUE D'HIVER
LE CIRQUE DES CIRQUES
CIRQUE D'HIVER
CATCH
CULBUTO

32

33

Les Cimetières

Paris, arm an Grünflächen, hat seine Friedhöfe zur Zuflucht auch der Spaziergänger werden lassen. Mütter mit Kinderwagen, Liebespaare, alte Damen, die nicht immer gräberpflegende Witwen sind, wandern in den Alleen umher, zwischen gut gehegten und verfallenden Totenhügeln und -häuschen, Blumenanlagen und Monumenten, suchen auf Bänken unter Bäumen Erholung.

Unter der Brücke der Rue Caulaincourt breitet sich der große Cimetière Montmartre aus, eröffnet 1795, mein Lieblingsfriedhof: ein äußerst pittoresker Gottesacker, schöne Trauernde, in Stein gemeißelt und barbusig, vergießen ewige Tränen, bärtige Bronzemänner starren ins Weite, Tauben gurren, Bäume rauschen, in den Urnen unter Oleander sitzen Kätzchen, die von alten Damen mit Henkeltaschen täglich gefüttert werden. Wärter führen den Besucher, wenn er es will, zu den Sehenswürdigkeiten und erklären mit dezent-gemessener Stimme, wer hier alles liegt. Da ist ein Marmorkissen mit Veilchen und Troddeln am Grabe der Alphonsine Plessis, die mit 25 Jahren starb und Urbild der ›Kameliendame‹ war. Da liegt in Stein gehauen die Palette des Rokoko-Malers Greuze (auch Fragonard wurde hier begraben) und fünf Gräber weiter Heinrich Heine mit dem eingemeißelten Poem: »Wo wird einst des Wandermüden / letzte Ruhestätte sein / unter Palmen in dem Süden / unter Linden an dem Rhein / werd' ich wo in eine Wüste / eingescharrt von fremder Hand / Oder ruh' ich an der Küste / eines Meeres in dem Sand / Immerhin mich wird umgeben / Gottes

Grabmal Heinrich Heines auf dem Cimetière Montmartre

Himmel dort wie hier / und als Totenlampen schweben / Nachts die Sterne über mir.« Die Sterne von Paris leuchten auch über den Gräbern von Stendhal, Zola, Offenbach, Degas, der Brüder Goncourt, Lucien und Sacha Guitry sowie François Truffaut.

Auch mein zweiter Lieblingsfriedhof, wenn man das sagen kann, liegt am Montmartre: der idyllische SAINT-VINCENT am Ende der Rue Lucien-Gaulard, gleich neben dem Kabarett Lapin Agile. Hier sind die Gräber der Maler des Montmartre, Utrillo und Steinlen – ein geradezu gemütlicher Friedhof.

Der größte Friedhof von Paris, PÈRE LACHAISE, wurde benannt nach dem Beichtvater Ludwigs XIV., dem Jesuiten Père La Chaise. Eine Fläche von 44 ha bietet das abwechslungsreichste Freilichtmuseum der Stadt. Stundenlang kann der Besucher hier spazierengehen, auf Anhöhen und zwischen weiten Rasenflächen mit alten Bäumen. Ein Totenpark, der im Katalog der Sehenswürdigkeiten drei Sterne bekommen hat. Er wurde 1803 eröffnet und ist auch eine politische Wallfahrtsstätte. 1814 kämpften hier Studenten gegen die Russen – vergeblich –, 1871 die Aufständischen der Kommune gegen die Truppen aus Versailles – auch vergeblich. 147 Aufständische wurden an der Mauer, die heute als ›Mur des Fédéres‹ zu besichtigen ist, gnadenlos erschossen. Ergreifend sind die Mahnmale des letzten Krieges, der KZs Ravensbrück, Auschwitz, Buchenwald, Mauthausen, Sachsenhausen ... Gänsehaut überläuft den Betrachter, wenn er die Photographien der jungen Opfer in den Marmorbüchern sieht.

Der Friedhof ist in 97 Abteilungen eingeteilt. Am Eingang kann man einen Plan kaufen, der allerdings recht unübersichtlich ist. In der 19. Abteilung liegt der Doktor Guillotin, Erfinder des Fallbeils, in der 25. sind die Freunde Molière und La Fontaine vereint. Molière wurde zunächst ein christliches Begräbnis verweigert, weil er Komödiant war. Die (angezweifelten) Überreste des gotischen Liebespaares Abälard und Heloise

Cimetière Montmartre ▷

Auf dem Friedhof Père Lachaise

FEYEN

fanden hier ebenfalls eine romantische Grabstätte. Die meisten Blumen bekommt das Grab der Chansonsängerin Edith Piaf, die hier mit ihrem Kind, das nur zwei Jahre alt wurde, ihrem letzten Mann Theo Sarapo, der bei einem Autounglück starb, und ihrem Vater in einem Familiengrab ruht.

Eine ganze Abteilung ›Literarische Welt‹ ist auf dem Père Lachaise vereint: Musset, Balzac und seine letzte Liebe, die Gräfin Hanska, Proust, Barbusse, Oscar Wilde, Apollinaire, Eluard und die Colette, die Schauspielerin Sarah Bernhardt, die Maler der Revolution, David und Delacroix, der *peintre maudit* Modigliani, die Musiker Cherubini, Chopin, Bizet und der Filmpionier Méliès. Ein Stück Kulturgeschichte, abzulesen auf Grabsteinen.

Die Bewohner des Montparnasse sind froh über ihre friedlich-grüne Totenstätte, dem Cimetière de Montparnasse am Boulevard Edgar-Quinet, der 1824 eingeweiht wurde. Sie sehen auf die Gräber der Schriftsteller J. P. Sartre, Maupassant, Baudelaire, der Bildhauer Rude, Bourdelle, Laurens, Zadkine, Brancusi. Auch der Maler Soutine, der aus dem russischen Getto kam, liegt hier, nicht weit vom Grabe Lavals, Ministerpräsident während der Okkupation, auf dessen Marmorplatte nur das Datum seiner Hinrichtung steht: Frêsnes, 15. 10. 1945.

Der Cimetière Picpus ist ganz versteckt hinter hohen Mauern. Seine Vorgeschichte ist blutig. Im letzten Jahr der Schreckensherrschaft hatte man am heute so friedlichen Platz der Nation, damals Platz des umgestürzten Thrones, die Guillotine aufgestellt, und sie arbeitete kräftig. Ihre Opfer wurden bei Nacht in zwei Massengräber geworfen, die im Obstgarten eines Sanatoriums, zur Wut seines Besitzers, ausgehoben worden waren. Bei Fackellicht entkleidet, warf man sie und ihre Köpfe *pêlemêle* durcheinander in die Gruben. Unter Napoleon, ganz geheim, kaufte die deutsche Prinzessin von Hohenzollern-Sigmaringen das Terrain des einen Massengrabes, weil ihr Bruder, Prinz Salm, dort lag. Später schlossen sich alle Nachfahren des ›Ancien régime‹ zusammen. Auch das Kloster der Chanoinessen – die verjagt worden waren – entstand wieder. Die Nonnen übernahmen den Teil mit den Gräbern und machten daraus einen strengen, fast kahlen, eindrucksvollen Friedhof. In der Kapelle, in der sie täglich für die Opfer und ihre Henker beten, sind die Namen der Hingerichteten eingemeißelt. Es sind 1306, darunter der deutsche Abenteurer-Baron von Trenck und viele Aristokraten, doch auch andere, wie der Revolutionsdichter André Chenier, Diener, Ärzte, Advokaten, junge Mädchen, Kaufleute, Priester und die Karmeliterinnen, die singend die Guillotine bestiegen. Gertrud von Le Fort schrieb über sie die Novelle ›Die Letzte am Schafott‹, Vorlage für Bernanos' ›Die begnadete Angst‹.

Wer noch tiefer in das Reich der Schatten hinabsteigen will, braucht den Styx nicht zu überqueren, sondern kann in die Katakomben gehen. Sie sind im Gegensatz zu den römischen kein geheimer Treffpunkt der Frühchristen gewesen, sondern ein ungeheures Sammelbecken der verschiedensten aufgelassenen Friedhöfe. Man steigt im Ossuaire Municipal, dem Gemeinde-Beinhaus am Place Denfert-Rochereau, die 91 Stufen einer Wendeltreppe in den Untergrund hinab und kommt sich zunächst, in den langen dunklen Gängen, eine Kerze in der Hand, vor wie die törichte Jungfrau. Doch dann weiten sich die Gänge zu beleuchteten Räumen, die bis zur Decke rundum angefüllt sind mit Totenköpfen und Knochen, dekorativ gegliedert, Schenkelknochen schräg gekreuzt in abwechslungsreichen Mustern, verfremdet, fast hübsch, mit geschmackvollen schwarzweißen Pilastern dazwischen und mahnenden Sprüchen in Latein, Griechisch, Französisch: »Haltet an, hier ist das Reich des Todes.«

Die Gebeinhallen entstanden 1786, als der ›Friedhof der Unschuldigen‹ im Herzen von Paris bei den Hallen so zu stinken anfing, daß die Leute ohnmächtig wurden und die Gase in die Keller strömten. Zuerst wurde der Friedhof von Saint-Eustache geräumt, im Laufe der Jahre folgten immer mehr. Die Knochen fanden unterirdisch Platz in den ehemaligen Steinbrüchen, die schon von den Römern angelegt worden waren. Kilometerlang unter den Straßen und Häusern von Paris ziehen sie sich hin, 11000 m² sind mit Totengebein von fünf bis sechs Millionen Menschen angefüllt.

Den Gang durch die elektrisch beleuchtete ›Knochenausstellung‹ kann man vom 1. Juli bis zum 15. Oktober jeden Samstag um 14 Uhr machen, vom 16. Oktober bis 30. Juni noch jeden ersten und dritten Samstag. Eingang 2 bis, Place Denfert-Rochereau, an einem von Ledoux erbauten Pavillon, der Barrière d'Enfer (›Zolltor der Hölle‹). Der Löwe von Belfort auf dem Platz schaut stolz daran vorbei.

Das Grab von Edith Piaf auf dem Cimetière Père Lachaise

SQUARES
JARDINS
PARCS

In einem Interview zu seinem letzten Buch ›Der Mensch und seine Gärten‹ hat der Schriftsteller und Ex-Vichy-Minister Benoist-Méchin eine treffliche Antwort auf die Frage gegeben, warum er niemals von den Gärten der Engländer spreche: »Sie lieben die Natur, und was sie um ihre Wohnungen herum kreieren, ist ein natürlicher Dekor, kein Garten, sondern ein Anti-Garten. Die Zivilisationen hingegen, die eine Gartenkunst haben, kopieren die Natur nicht, sondern bedienen sich ihrer, um ein Kunstwerk daraus zu machen, das der Abglanz ihrer Idee vom Glück ist.«

Das empfindet der Deutsche, wenn er in Paris solche freien Parks wie die von London, München oder Berlin vermißt. Was er sieht, sind Anlagen, zierlich, gepflegt, gesittet, auf den Rasen legen würde sich niemand, selbst wenn es erlaubt wäre.

Wer die Stadt von oben – etwa vom Turm Maine-Montparnasse – sieht, dieses endlose, graue Häusermeer (grau ist die Farbe von Paris und dunkel-olivgrau die der Seine), entdeckt eine Unzahl grüner Tupfer überall hingestreut: das sind die Squares, sie wirken wie Bäume von so hoch droben, ungemein rührend. Und sie sind rührend, die 247 Squares, diese kleinen Grünanlagen, die stets vom gleichen Gitter mit klappernden Eingangspforten umgeben sind, Mini-Oasen der Beschaulichkeit. Immer gibt es Bänke, darauf alte Dämchen des Viertels, lesende Studenten, Clochards, spielende Kinder, Tauben natürlich, manchmal ein Springbrunnen, öfter auch eine Statue oder ein Denkmal. Man könnte ein Bilderbuch der Denkmäler machen. Gehen Sie nicht achtlos daran vorüber, studieren Sie die Inschriften.

Alle diese Squares haben Namen. Manche deuten auf die Vergangenheit. Der SQUARE DU TEMPLE (Metro: République) allerdings zeigt nichts mehr davon, daß hier im Mittelalter eine Stadt in der Stadt, gegründet vom Templerorden, reich und mächtig, blühte – das ganze Marais-Viertel gehörte den Tempelrittern, bis König Philippe der Schöne den Großmeister Jacques de Molay 1314 auf den Scheiterhaufen schickte und das Vermögen des Ordens an sich nahm. Ebenso wenig läßt sich ahnen, daß nicht weit davon, wo heute auf friedlichem Teich Enten schwimmen, der Turm stand, in dem die königliche Familie 1792 gefangensaß.

Ein Ruhepunkt im Verkehr ist auch der SQUARE SAINT-JACQUES mit dem Turm, der leider nicht bestiegen werden darf. Die Statue zwischen den Säulen stellt den Mathematiker und Philosophen Blaise Pascal dar, der 1648 auf dem Turm Versuche machte, wie man das Gewicht der Luft messen könne.

Meine Lieblings-Squares am linken Ufer sind der SQUARE VIVIANI an der Kirche Saint-Julien-le-Pauvre, nahe der Seine, und der Platz der ABTEI SAINT-GERMAIN-DES-PRÉS an der Ecke der Rue de l'Abbaye. Dort steht die Skulptur, die Picasso im Gedenken an den Freund Apollinaire schuf, von der man nicht genau weiß, ob sie einen Frauenkopf oder den birnenförmigen Schädel des Dichters darstellen soll.

Kaum ein Tourist kennt den von hohen Gittern eingeschlossenen SQUARE LOUIS XVI am Boulevard Haussmann mit der Sühnekapelle, die Ludwig XVIII. für seinen Bruder und seine Schwägerin errichten ließ: Die Geköpften wurden hier, auf dem damaligen Friedhof Madeleine, in ein Massengrab geworfen und später in die Kirche von Saint-Denis überführt. Guillotinierte Aristokraten und Revolutionäre lagen auf dem Cimetière Madeleine im Tode vereint, Marie Antoinettes Gebein erkannte man nur an den dicken Strümpfen, die sie im kalten Kerker getragen hatte, auch der böse Vetter, der Herzog von Orléans, und die schöne Mörderin Charlotte Corday fanden hier ihr Grab.

Der Parc Monceau

Ein anderer Ruhepol, der Square des Arènes de Lutèce (Metro: Monge), führt an die Ursprünge von Paris zurück: zu Lutetia. Diese römische Arena wurde erst im 19. Jahrhundert entdeckt. Was für Spiele den römischen Provinzlern hier vorgespielt wurden, weiß man nicht: Komödien, Tragödien oder Gladiatorenkämpfe mit wilden Tieren? Friedlicher ist es jedenfalls heute, von der Arena hinab den Boulespielern zuzuschauen.

Grünanlagen, *éspaces verts,* gibt es um das Palais Chaillot herum, das im Hitler-Mussolini-Stil zur Weltausstellung 1937 erbaut wurde und dem das Trocadéro, eine köstliche Belle Epoque-Phantasie der Weltausstellung 1878, leider hatte weichen müssen. Grün und weitflächig sind die Anlagen um den Eiffelturm, weit streckt sich das Champ de Mars mit seinen Kanonen und Beutepanzern. Wissen sollte der Spaziergänger, daß hier 1790, als die Revolution noch humanidealistische Züge trug, das ›Fest der Föderierten‹ mit 350 000 Menschen und dem Königspaar gefeiert wurde und daß auch hier vier Jahre später Robespierre das ›Fest des Höchsten Wesens‹ veranstaltete. Weißgekleidete Mädchen mit Rosensträußen und Massenchöre sangen damals »Vater des Universums, höchste Intelligenz«, während 10 000 Menschen aller Klassen in den überfüllten Gefängnissen auf den Tod warteten, dem sie zwei Wochen später durch den Tod Robespierres entrannen. Später gab es hier dann die Weltausstellungen, deren verblüffendstes und schönstes Überbleibsel der Eiffelturm von 1889 ist.

Einen Garten nennen die Pariser – und es ist ihr liebster – den Jardin des Tuileries, 1664 vom königlichen Gärtner Le Nôtre genial angelegt, mit erhöhten Terrassen und der Mittelallee mit ihrer »Perspektive der Perspektiven«, wie Benoist-Méchin den Durchblick vom Cour du Louvre durch den Arc de Triomphe du Carrousel auf den großen Arc

Square Trousseau

de Triomphe am Etoile nennt. Er schreibt: »In jeder Epoche unserer Geschichte wurde diese große Achse verlängert: die Tuilerien, dann der Etoile, die Porte Maillot und dahinter der Pont de Neuilly; der Blick konnte davonfliegen, bis nach Marly. Doch die Pfuscher unserer Zeit haben tatsächlich nicht davor zurückgeschreckt, die königliche Perspektive durch das häßliche Massiv von La Défense zu blockieren.« In den 80er Jahren unseres Jahrhunderts wurden indessen zwei neue Akzente hinzugefügt: die Glaspyramide im Louvre-Hof und La Grande Arche als dritter Bogen der Triumphe vor dem Hochhausgebirge der Défense.

Der Tuileriengarten ist mit seinen 25 ha anstrengend zu durchmessen, doch bietet er Überraschungen: Statuen von unterschiedlichem künstlerischem Wert, darunter Bronzen von Maillol; das Wasserbecken, in dem die Kinder die gemieteten Segelschiffe fahren lassen; Schänken, in denen man sich laben kann, im Sommer Freilichtbühnen; Bäume, aus denen über Lautsprecher Gedichte heruntertönen; einen Zirkus. Zudem entdeckten wir das schönste Karussell, das wir je sahen: aus dem Jahre 1904, zweistöckig, mit Pferden, Schwänen, Jungfrauen, bestickten Flitterfahnen, Troddeln und Tambouren. Ein Karussell auf Wanderschaft, hoffentlich kommt es alle Jahre wieder.

Mich fasziniert der Jardin vor allem durch etwas, das es nicht mehr gibt: das Schloß der Tuilerien, auf dem 1871 fünf Wochen lang die Fahne der aufständischen Kommune wehte, bis es abbrannte und nicht mehr aufgebaut wurde. Setzen Sie sich auf eine Bank, den Rücken zur Perspektive und träumen Sie vom imaginären Schloß, von dem nur noch die restaurierten Pavillons de Flore und de Marsan übrig sind. Träumen Sie vom roten Schloßgespenst, das schon seiner Erbauerin, Katharina de Medici, erschien und sie erschreckte. Oder war es nur ihr schlechtes Gewissen, wenn sie an die Bartholomäusnacht und ihre protestantischen Opfer, die das Wasser der Seine blutig rot färbten, dachte? Auch Marie Antoinette, nach der mißglückten Flucht Halbgefangene in den Tuilerien, sah den gespenstischen Mann aus rötlichen Dämpfen drohend aufsteigen, ›l'Homme Rouge‹. Oder war es nur der Name Lerouge, jenes Mannes, der ihr ein aufgespießtes Herz auf einer Pike vors Fenster geschoben hatte mit dem Zettel: Aristokratenherz. Doch auch Napoleon I., der die Tuilerien zum Kaiserschloß machte, soll das Gespenst mit einer roten phrygischen Mütze erschienen sein, natürlich vor Waterloo, wie die Chronik vermeldet.

Welch ein Schloß! Hier verbrachte Robespierre nach einem nie geklärten Selbstmordversuch mit zerschmettertem Kinn seine letzte Nacht, ehe er die Guillotine bestieg. Er lag auf einem Mahagonitisch und starrte auf die gemalten Göttinnen an der Decke des einst weißgoldenen Salons der Königin, der nun Vorzimmer des Wohlfahrtsausschusses geworden war. Vielleicht stellen Sie sich lieber den letzten Bewohner des imaginären Schlosses vor, den Kaiser Napoleon III. und seine bildschöne, beschränkte Eugenie in Superkrinoline, funkelnde Diamanten im Haar, auf einem Prachtball, den sie 1867 zur Weltausstellung gab, auf dem sie auch den König von Preußen und seinen Gesandten Otto von Bismarck begrüßte. Noch drei Jahre bis zum Krieg, dann vernichtete die Kommune den Palast durch Feuer.

Berühmt als Park der Studenten ist der Jardin du Luxembourg, dieses gepflegte Areal, das aus dem Barock stammt. Rilkes Karussell aus dem Gedicht stand hier, Tennisplätze gibt es und Ecken, in denen die älteren Leute im Grünen Karten spielen. Kinder lassen ihre Schiffchen im Bassin schwimmen oder jauchzen im Marionetten-Theater. Liebespaare sitzen Hand in Hand und hören die Musik der verschiedenen jungen Gruppen, die

Square du Temple

für ein paar Sammelteller-Geldstücke aufspielen. Gar sittsam bewegt man sich in diesem Garten, den Maria de Médici anlegen ließ und der wie alle anderen abends geschlossen wird.

Wandern Sie durch die herrlichen Alleen, suchen Sie die versteckte Fontaine Medicis mit dem Wasserbecken und das dramatische Delacroix-Denkmal, und lassen Sie sich vor dem kleinen Chalet zu einem Imbiß nieder, es ist ein wahrer Zauberort unter hohen Bäumen. Touristinnen sollten sich nicht zu sehr beeindrucken lassen von plötzlich auftauchenden, glühenden Verehrern. Meistens sind sie ganz einfach auf rasche Beute aus. Denn auch dafür ist der Park berühmt-berüchtigt.

Mit herrlichen Beeten, gepflegt und mit uralten, beschilderten Bäumen bestückt, ist der Jardin des Plantes (Metro: Gare d'Austerlitz) zumindest ein Ziel für den Paris-Reisenden, der viel Zeit hat. Diesen Rokokogarten schuf der Botaniker und Arzt Guy de la Brosse unter Ludwig XIII. Der naturforschende Graf Bouffon verschönerte ihn im 18. Jahrhundert, als er auf einem Schuttberg, der sich seit 1300 angehäuft hatte, ein Gartenlabyrinth anlegen ließ. Schon 1626 wurde hier die Schule für Botanik und Naturgeschichte gegründet. Leider ist das hohe, schöne Museum National d'Histoire Naturelle, in dem die Zoologie untergebracht wurde, nur zum Teil geöffnet. Hinter verschlossenen Türen verbirgt sich ein hinreißendes Szenarium aus der Belle Epoque, mit ausgestopften Tieren aller Art wunderbar angelegt: ›La Chasse du Duc d'Orléans‹, vollkommene Kulisse aus einem surrealistischen Film, in die man nur, wenn es einem gelingt, den Wärter zu becircen, eine Sekunde hineinlugen darf. Etwas weiter oben im Jardin wuchern in altmodischen Glashäusern tropische Pflanzen, sie wirken wie Bilder von Henri Rousseau, der hier Studien gemacht haben mag. 1827 kam die erste Giraffe (zu Fuß von Marseille!) in den Zoo des Jardin. Die Pariser empfingen sie mit militäri-

Square Léopold-Achilles im Marais

Restaurant La Grande Cascade im Bois de Boulogne

schen Ehren und machten ein Chanson: »Enfin dans tout Paris, on aime sa présence et son séjour promet la paix et l'abondance.« Alte Leute spielen hier an feststehenden Tischen Schach, Kinder und Studenten lieben den Garten mit seinen Belle Epoque-Galerien. Auch Lenin kam in der Zeit seines Exils, 1908–1912, oft hierher.

Noch lieber ging er zum Treff mit anderen russischen Revolutionären in den Parc Montsouris, eine Anlage, die ein Baron (Haussmann) angelegt hat, mit See, alten Zollhäuschen und schattigen Alleen (Metro: Porte d'Orléans). Studenten der nahegelegenen Cité Universitaire sieht man in diesem kleinen Park, den der Zöllner Rousseau so liebevoll gemalt hat. Schauen Sie sich in der Straße, die nach ihm Rue Douanier heißt, das Haus Nr. 6 an, hier lebte der Maler Georges Braque bis zu seinem Tode 1968.

Erwähnenswert ist auch der Park Monceau (Metro: Monceau) im hochbürgerlichen Viertel. Ein feiner, verträumter Park mit dem Denkmal Guy de Maupassants und schönen Gitterportalen. Wo früher die Ammen reicher Leute saßen, gehen heute Gastarbeiterfrauen mit ihren kleinen Kindern spazieren. Leider gibt es keine Spuren mehr von dem Garten, den der Herzog von Orléans, Philippe Egalité, hier einst anlegen ließ, ein wahres Rokoko-Disneyland, das nach der Revolution verschwand. Stellen Sie sich den kleinen Marcel Proust vor, wie er in diesem Pärklein mit seiner Freundin Antoinette Faure spielte und sich 1883 fotografieren ließ. Oder stellen Sie sich den ersten Fallschirmspringer der Welt vor, der 1797 von einer Montgolfière aus 1000 m Höhe hier wohlbehalten landete.

Wenige Touristen besuchen den sehr schönen Park im Arbeiterviertel Belleville, La Butte-Chaumont (Metro-Butte-Chaumont), *mont chauve,* kahler Berg, genannt, früher ein finsterer Ort, die Hügel von Steinbrüchen ausgehöhlt. Nicht weit davon erhob sich der Gibet de Montfaucon, der berüchtigte Galgenberg. Hier stand der Riesengalgen, vom intellektuellen, kriminellen, größten Lyriker seiner Zeit, François Villon, Mitglied des geheimen Verbrecherordens *Les Coquillards* (die Muschelbrüder) drastisch besungen in der ›Ballade von den Gehenkten‹: »Bald da-, bald dorthin, vorwärts und zurück / wiegt uns der Wind in seinem wilden Wankelmut / zerstückt von Vöglein sind wir wie ein Fingerhut / Drum macht euch nicht mit unserer Brüderschaft gemein/ und bittet Gott, er möge uns verzeihn« (Übertragung Walter Widmer).

Die *Buttes* sind heute ein romantischer Park mit Hügeln, Grotten, künstlichen Felsen und Wasserfall, der leider stillgelegt wurde, weil er in die Metro tropfte. Alles hübsch angelegt vom unermüdlichen Baron Haussmann, der sich um Grünflächen verdient gemacht hat, wenn er auch einen Teil der mittelalterlichen Stadt brutal zerstörte. Auf einer kleinen Insel im See spannt sich von Hügel zu Hügel eine hochgebaute, vergitterte Brücke, von der sich früher oft Lebensmüde herabstürzten. »Diesen Brückenbogen, der sich zu einer Insel hinüberschwingt, wo man einst sehnsüchtig den Tod suchte«, beschrieb der Surrealist Louis Aragon als das »wahre Mekka der Selbstmörder« (›Le Paysan de Paris‹). Doch nichts Abgründiges ist in diesem Park mehr zu spüren mit seinen hübschen Aussichtspunkten, wo die Anwohner mit ihrer Katze an der Leine spazierengehen. Vom kleinen Pavillon auf dem Inselhügel sieht man, wie sehr dieses Viertel durch Sanierung aufgewertet wurde. Luxuriöse Hochhäuser wachsen aus noch ärmlichen Gassen und geben der Gegend, aus der die Alten und die Armen rücksichtslos verdrängt wurden, ein neues Gesicht.

Einen Super-Park gibt es auch in SAINT-CLOUD (Metro: Boulogne – Pont de Saint-Cloud). Die große Kaskade und die große Fontaine aus dem 17. Jahrhundert lohnen allein

Im Jardin du Luxembourg

schon den Ausflug. Sensationelle Wasserspiele gibt es jeden zweiten und vierten Sonntagnachmittag in den Sommermonaten.

Der größte Nahwald von Paris ist der Bois de Boulogne (Metro: Porte Maillot, Porte d'Auteuil, Sablons, Porte Dauphine), 865 ha groß mit sieben Seen, Inseln, Reitwegen, Rennbahnen und Restaurants. Einst Jagddomäne der Könige, heute Jagddomäne der ›Damen mit der kleinen Tugend‹, wenn die Dämmerung einfällt. Auto-Strich für größere Börsen, doch auch romantischer Park für Liebende, von Ernst Jünger, dem zivilen Spaziergänger der Kriegsjahre, heiter beobachtet: »Ich stieß auf Liebespaare, die die milde Dämmerung des Waldes in allen Stadien der Umarmung bevölkerten. Es gibt dort als Unterholz runde Gebüsche, die im Lauf der Jahre hohl wie grüne Kugeln oder Lampions geworden sind. In diese Lauben hatten Pärchen ihre gelben Stühle getragen, die die Stadtverwaltung im Überfluß im Wald verstreut. Hier sah man die Geschlechter schweigend sich aneinander schmiegen, während der Schatten wuchs.«

Im Bois blüht der Rosengarten von Bagatelle. Ehrfürchtig wandelt man (gegen Eintritt) auf zierlichen Pfaden und bestaunt die Anlage, die am prächtigsten wirkt, wenn sie in den Sommernächten illuminiert ist (dann schließt der Park erst um 23 Uhr). In der Meierei läßt es sich hübsch mittags speisen vor dem Schlößchen, das sich der leichtsinnige Graf von Artois in zwei Monaten erbauen ließ. Heute gehört Bagatelle dem Staat. Nicht weit davon auf der Route de Suresnes steht das schön restaurierte Restaurant Pré Catelan, nicht billig, doch unter den alten Bäumen ein Gaumen- wie ein Augenschmaus.

Die Rennplätze von Longchamps und Auteuil sind weltberühmt, wenn auch heute nicht mehr Stätten jener raffinierten Modeeleganz, die noch bis zum Zweiten Weltkrieg anhielt und die Damen zwang, in langen Sommerroben und Zauberhüten die Tribünen zu besetzen. Gleich am Anfang des Bois gibt es den Jardin d'Acclimatation, ein Paradies für Kinder. Die 1970 entstandene Ferme du Golf ist ein richtiges Bauernhaus und zugleich Restaurant. Lebende Kühe, Esel, Hühner, Gänse, Enten, Ziegen und Zicklein gibt es hier, die ohne Scheu herumlaufen und vom Eßtisch alles, was sie zu fassen kriegen, auffressen. Dazu noch viele andere Attraktionen für kleine Gäste.

Gewiß eines der schönsten Restaurants von Paris ist das Grande Cascade an der Allee de Longchamp. Ein hinreißender Pavillon aus der Zeit Napoleons III., auf das feinste herausgeputzt und mit einer guten Küche. Mehr Perfektion, was Geschirr, Gläser, Aufmachung angeht, kann kaum geboten werden an einem Sommerabend in Paris. Hinter der großen Kaskade steht das kleine Gasthaus Auberge au Bonheur. Hier können Sie zwar schlichter, doch auch im Freien sitzen, und der Kaffee kostet nur wenig Geld.

Ein gleichfalls bekannter Wald ist der Bois de Vincennes. Hierhin sollten Sie einen Ausflug machen, das Schloß besichtigen, einst Festung unter den Valois. In seinen Gräben wurden der Duc d'Enghien und später die schöne Spionin Mata Hari erschossen. Einen Teil sprengten die deutschen Besatzer im Jahre 1944. In den Ruinen entdeckte man wunderschöne Reste der bis dahin arg verbauten Grundarchitektur, die nun, intelligent restauriert, dem etwas düsteren Schloß seinen alten Glanz wiedergegeben haben.

Nicht weit davon erstreckt sich der Zoologische Garten. Doch Sie sollten sich auch zur Cartoucherie begeben, jenem Gelände einer alten Pulverfabrik, auf dem sich drei Avantgarde-Theater installierten, am berühmtesten das der großen Regisseurin Mnouchkine, die hier im Théâtre du Soleil ›Molière‹, ›Mephisto‹ und das grandiose Revolutionsspektakel ›1789‹ auf die Bretter brachte.

Le Petit Peuple – das Volk von Paris

Le Petit Peuple im CHEZ LOUISETTE

Ein heißer Sonntagnachmittag im Paris der 70er Jahre. Wir sitzen bei LOUISETTE im Bistro des Flohmarkts MARCHÉ AUX PUCES an der Porte de Saint-Ouen, trinken Wein und sind glücklich. Vor uns spielt die Kapelle mächtig auf, zwei Ziehharmonikas, ein Schlagzeug, um uns herum Pariser Volk, pittoresk, jovial, gutgelaunt, witzig. Jeder kennt hier jeden: Vorstadttypen, Großstadttypen, Liebespaare, Zigeuner, Kinder, Damen mit Dutt und Busen, Arbeiter, Händler, Mädchen und der Nachbar von nebenan, ausgeprägte, individuelle Gesichter.

Jetzt geht ein Clochard zum Mikrophon und beginnt, Trompete zu blasen, rein und voll im Ton: vorzüglich. Dann setzt er ab und singt, heiser, kehlig, faszinierend, singt von Pariser Gefängnissen: »J'ai fait sept ans de tôle, sans faire l'amour« – ›Ich saß sieben Jahre im Knast, ohne Liebe‹ –, »deux ans à Fresnes, cinq ans à la Santé.«

Der Mann ist aufgeschwemmt, Tripelkinn, schwarze Locken unter dem Hut ohne Krempe, Schal statt Hemd, listig die Augen, voll der Mund, grau die Haut, der Regenmantel mit den aufgesetzten Flicken deckt Armut, die Hosenbeine sind zerrissen, die Socken rutschen, schief die Absätze, in der ausgebeulten Manteltasche die obligatorische Flasche Rotwein.

Plötzlich weiß ich: so und nicht anders muß François Villon gewesen sein, Vagant, Gauner, Lyriker, Sänger des 15. Jahrhunderts im Studentenviertel an der Sorbonne.

»Salut«, sage ich und hebe mein Glas. Der Clochard singt, mir zugewandt: »On m'appelle camembert, parce que je suis bien fait« (›Man nennt mich Camembert, weil ich richtig schön durch bin‹), grinst, greift zur Trompete und bläst eine Reiterattacke, wobei er zwischendurch das Instrument wie ein Maschinengewehr zum Knallen und Knattern bringt. Anschließend geht er zur Theke, um einen zu heben, »boire un coup«, »prendre un pot« und um Freunde zu begrüßen. Er kennt hier alle.

Das Mikrophon wird nun tiefer gestellt, ein zierliches Wesen schmettert mit Macht Chansons. Die Sängerin trägt ein langes, weißes, offensichtlich selbstgehäkeltes Kleid mit Volants, dazu einen Häkelhut in bleu, abgestimmt zum stark aufgetragenen Lidschatten. Sie singt nicht nur, sie legt auch einen feurigen Tanz auf die Holzplanken, wobei Rock und Volants sich in die Höhe drehen und braune Stiefel sichtbar werden.

Ein Männlein erscheint an unserem Tisch, mit Baskenmütze und Schnauzbart, und bittet Helga, die Photographin, um einen Tanz. Er nimmt sie auf altmodische Art in die Arme und walzt davon zum spezifisch hellen Klang des *bal musette,* der mir, seit ich zum erstenmal nach Paris kam, unwiderstehlich Sehnsucht nach dieser Stadt eingepflanzt hat. Zum Abschied bekommt sie zwei Küsse, rechts und links an der Wange vorbei, wie das hier üblich ist. Dazu eine Ansteckharmonika, denn das Männlein ist ebenfalls Musiker auf einem anderen Flohmarkt, dem von Montreuil, wohin wir herzlich eingeladen werden. Der Kellner geht indessen mit dem Sammelteller für die Musik herum, die rote Serviette mit Schwung auf die speckigweiße Jacke geworfen, läßt er keinen aus. Sein Schnurrbart kräuselt sich wie eine Girlande um den Mund.

Es wird Abend. Wir verabschieden uns rundum mit Handschlag und versprechen, wiederzukommen. Es war ein schöner Nachmittag, wir haben erlebt, was in der Riesenstadt immer neu überrascht, wie nett das einfache Volk von Paris sein kann, *le petit peuple*, das nicht zu- oder aufdringlich wird, immer schnell eine witzige Replik bereit hat und eine ganz gewisse Art von Höflichkeit kennt, Respekt vor der Würde des Menschen, mag er noch so arm und alt sein.

Wie lange verhandelte der Verkäufer am Käsestand in der Rue de Buci in Saint-Germain-des-Prés mit einem uralten, abgewetzten Frauchen im verschossenen Kleid aus der Jahrhundertwende, das sich heruntergefallene Früchte in seine henkellose Tasche schnappte und nun zu wissen begehrte, ob der Briekäse auch wirklich genau die richtige Reife hätte. Mit welcher Grandezza boten uns Bauarbeiter ein Stückchen Fisch an, das sie zum Déjeuner neben ihrem Gerätewagen auf Holzkohlenfeuer grillten; mit welcher Sorgfalt umwand die Blumenfrau eine einzige Rose mit durchsichtigem Papier und einer zusätzlichen Schleife, »à votre service«, zu Ihren Diensten. Das geht auf eine uralte Tradition zurück, hat mehr mit Kultur als Zivilisation und nichts mit dem Stand zu tun.

Wir brachten die Rose Madame Venet, die um halb sieben Uhr gerade die Rolläden hochzog vor ihrem kleinen Lokal, L'Epicerie-Restaurant Chez Venet, auf dem Montmartre, stets bis zwei Uhr morgens geöffnet. Spät am Abend konnte man hier noch alles kaufen, Wein und Würste, Salate und Pasteten, Früchte und Mineralwasser. Solche Kombinationen, *comptoir-buvette* genannt, fanden sich in den verschiedensten Vierteln. Bei Madame gab es drei Tische, doch nur für Leute, die sie gut kannte. Auf Holzbänken saß oft eine buntgewürfelte Gesellschaft: Maler, eine polnische Gräfin, die für Touristen Silhouetten schnitt und zu Hause abstrakt malte, Studenten, Schauspieler vom Théâtre du Tertre, Journalisten, Galeriebesitzer, Zeitungsverkäufer, Conciergen und viele junge

Leute. Madame kochte in ihrem anspruchslosen Lokal, das Snobs schäbig finden mochten, in einer winzigen Küche pro Abend ein Menü. Das Weißbrot, das *baguette,* war frisch, der Muscadetwein wurde randvoll ins Glas geschenkt, eine Speisekarte gab es nicht. Die Rechnung tüftelte Madame in winzigen Zahlen aus, sie änderte sich je nach den Mitteln des Gastes, mancher wurde hier umsonst satt. Schnorrer aber gab es nicht.

Hereinspaziert kam die Libanesin, die um die Ecke wohnte, ihr Äffchen auf der Schulter, das nur frische Litschis wollte. Ein Paar in Jeans, beide mit heftig gelocktem Haar, nippte abwechselnd am einzigen Schnapsglas und ließ sich dabei viel Zeit. Ein Jüngling kreuzte mit Flöte auf, doch wußte er sie noch nicht recht zu spielen, sie ging reihum. Seine Mutter legte den Nachbarn Karten und sagte offensichtlich mehr Gutes als Schlechtes voraus.

Über der Theke mit den Pernodflaschen waren Pariser Typen realistisch an die Wand gemalt, darunter ein *curé,* offensichtlich angeheitert, Porträts von Gästen, die hier verkehrten. Hinter der Theke waltete Madame, die sicher über sechzig war, umsichtig und schnell, in rosa Kittelschürze und Holzpantinen, ständig eine Zigarette *(mégot)* im Mundwinkel. Sie hatte ein schönes, stilles Gesicht, das Ruhe ausstrahlte, sie sah und hörte alles, war schweigsam, doch wenn man sie fragte, kam die Antwort präzise, keine Spur von Klatsch. Ärger gab es hier nie. Betrunkene, Aggressive, Angeber, Randalierer verschwanden sofort, dafür sorgten die Gäste. Ein alter Mann ließ sich einmal gleich neben der Tür auf dem Hocker nieder. Er bestellte überhaupt nichts. Doch zahnlos und kennerisch äußerte er sich über die beste Art, in der Auvergne frische Trüffelgänseleber zu bereiten, das ganze Lokal beteiligte sich intensiv am Gespräch, jemand bot ihm ein Glas Wein an. Einst saß hier ein bitterarmer Junge, er wurde von Madame gut verpflegt, später ließ er sich nie mehr blicken. Er hieß Aznavour.

Solche Orte gab es, als wir mit diesem Buch begannen, mehr als heute. Chez Louisette hat sich kaum verändert, doch Madame Venets Laden existiert nicht mehr.

Dafür entdeckten wir ›Die Zeit der Kirschen‹ in einem Bastille-nahen Gäßchen. Das Bistro LE TEMPS DES CERISES, das abends um acht Uhr schließt, ist einer jener auch in Paris rarer werdenden Familienbetriebe, wo der Vater am *zinc* steht, die Mutter die Mittags-Clientèle bekocht, das Kind im Hintergrund Schularbeiten macht und auch der Hund jeden Gast persönlich begrüßt. Unentwegt werden die politischen Tagesereignisse und die Neuigkeiten aus der Nachbarschaft kommentiert und alle sind per Du, Briefträger und Bierfahrer eingeschlossen. Eines der vielen *living theatres,* die sich so nur in Paris abspielen.

Die Clochards

Für Parisliebhaber gehörten sie immer dazu, die armseligen, mitunter pittoresken, oft verlausten, bärtigen Gestalten, die zwar nicht aufdringlich betteln, doch gern um ein paar Franc bitten, wenn ihre ständig gefüllte Weinflasche sich leert. Angst braucht man vor ihnen nicht zu haben, es sind meist gestrauchelte, aber friedfertige Menschen, die nicht in harten Drogen Zuflucht suchen, sondern sich dem Alkohol ergeben haben.

Die Bezeichnung *clochard* kommt aus dem Argot. *Cloche* (Glocke) heißt Himmel, ein Clochard ist ein Mensch, der *sous la belle étoile* (unter dem schönen Stern), dem freien Himmel, nächtigt. Wiewohl das im modernen Paris immer schwieriger wird, seit die Schlafplätze unter den Brücken der Seine zum Teil Autoschnellbahn geworden sind.

Sie kommen aus allen Milieus, auch aus dem bürgerlichen – Unangepaßte, Einzelgänger, Individualisten, friedvolle Anarchisten, wenn man so will. Sie sind im Grunde Überreste der Bettler- und Strolchgenossenschaft, der *gueux* aus den mittelalterlichen Wunderhöfen. Sie sind Gelegenheitsarbeiter, Bettler *(faire la manche, pilonner, taper, torpiller)* Trunken- und Witzbolde, eine richtige Bruderschaft der Gosse, die zusammenhält. Einmal ihrem Milieu entronnen, legen sie auch die Familiennamen ab und reden sich mit

Suppenküche in Saint-Germain-des-Prés

›Du‹ und Vornamen an. Mit manchen von ihnen kann man sich vorzüglich unterhalten, wenn sie nicht gerade volltrunken oder schläfrig sind. Was sie brauchen, sind ein paar Franc zum Vorzeigen bei Razzien, Nahrung und vor allem den billigsten Rotwein, in Literflaschen, die ihnen die Manteltaschen ausbeulen. Es gibt auch Gefährtinnen dieser Freiheitsvögel, ebenfalls der Trunksucht verfallen. Untereinander gehen sie meist respektvoll um, man beobachtet sogar galante Handküsse.

Noch in den fünfziger Jahren unseres Jahrhunderts gab es berühmte Typen unter ihnen. Der ›Vater Maurice‹ behauptete, der Sohn der Chansonsängerin der Belle Epoque, La Goulue zu sein. Der ›Baron William‹, der sich von einem Genossen im Kinderwagen ziehen ließ, war so witzig, daß die Umstehenden ihm das Geld nur so zuwarfen. Manche kratzen auf uralten Geigen, manche singen mit Roststimmen, manche tanzen sogar, ›Victor Hugo‹ sprach acht Sprachen. Als man die ›Dame mit den Katzen‹, die ein Dutzend Katzen im Kinderwagen schob, tot auffand, hatte sie 150 000 Franc bei sich.

Es gab auch malende und dichtende Clochards, wie ›P 5‹, der sich deshalb so nannte, weil er fünf ›Ps‹ führte: Poète, Philosophe, Paillard, Poivrot, Paumé (Dichter, Philosoph, Lüstling, Säufer, Verstörter). »Misère, misère fidèle, le soutien de mon cœur« (›Elend, treues Elend, die Stütze meines Herzens‹). Joseph Roth hat in seinem letzten Buch ›Die Legende vom Heiligen Trinker‹ einen Clochard besungen. Jean Gabin hat Clochards oft hinreißend gespielt, und auch Becketts Godot-Erwarter sind von dieser Zunft.

Die Clochards der 80er Jahre bieten ein weniger romantisches Bild: Mit dem Anstieg der Arbeitslosenzahlen und der ›neuen Armut‹ in Frankreich Ende der 70er und Anfang der 80er Jahre schnellte auch die Zahl der Obdachlosen in die Höhe. Allein in Paris soll es 10 000 bis 15 000 Menschen ohne Dach über dem Kopf geben. Sie verbringen die Nächte in ausrangierten Bahnwaggons und auf wärmenden Heizungsschächten. Oder sie ziehen nachts rum, um sich warm zu halten und tagsüber dann in der Metro auszuschlafen.

Im sehr harten Winter 1984/85 halfen jedoch vielen ihre dürftigen Wolldecken und Pappkartons nichts mehr – sie erfroren im Freien. Die Pariser Verkehrsbetriebe R.A.T.P. öffneten daraufhin die Metrostationen über Nacht, um die Clochards vor dem Kältetod zu bewahren. Für wenige Wochen war ihr Schicksal Thema aller großen Pariser Tageszeitungen.

Der Schauspieler und Komiker Michel Colucci, besser als Coluche bekannt, rief die ›Restaurants du Cœur‹ (Restaurants der Herzen) ins Leben, in denen kostenlos warme Mahlzeiten für die Ärmsten der Armen ausgegeben wurden (22 Millionen allein im Winter 1988). Die ungewöhnliche Initiative fand ein großes Echo in der französischen Öffentlichkeit; Showstars, Politiker und Journalisten setzten sich auf einmal für die Clochards ein. 1986 verunglückte Coluche tödlich mit seinem Motorrad. Die Restaurants du Cœur werden jedoch dank freiwilliger Helfer, der Unterstützung vieler Prominenter und zahlreicher Spenden weitergeführt, um den *nouveaux pauvres,* den ›neuen Armen‹, und Clochards zumindest während der Wintermonate warme Mahlzeiten zukommen zu lassen.

Die Stadt Paris bietet den Obdachlosen inzwischen Hilfen, wie zum Beispiel eine kostenlose Gesundheitsversorgung. Trotz all dieser Initiativen bleibt ihre Zahl jedoch konstant hoch, daran konnte auch das ›Coluche-Gesetz‹ nichts ändern, das die sozialistische Regierung verabschiedete, um Spenden an die Restaurants du Cœur steuerabzugsfähig zu machen.

Clochard-Treffpunkt Place Contrescarpe

Im Chansonkeller CHEZ GEORGE ▷

»CLOCHARD ...«

Je bois? ... Oui, c'est vrai, ... je me soule
Dès que j'ai quelques sous ... je bois.
Je n'en disconviens pas, tu vois
Et parfois, je l'avoue, je roule.
Tu m'as trouvé dans le ruisseau?
J'étais tout maculé de fange?
Ah ça, je ne suis pas un ange ...
... Je m'apparente au vermisseau.
Si je bois ... comprends ce que j'aime
Dans l'ivresse de ma boisson ...
C'est de trouver enfin le son
De l'existence en un poème.
J'aime la vie et ne vis pas
Dans la lourdeur de ma misère
Dans cette vie sordide où j'erre
Plus terrible que le trépas ...
Quand je bois ... ma vie s'illumine
Ma chrysalide de clochard
Donne le jour au pochard ...
... Dans un rayon d'or je chemine.

Henri Pons, Le Poète des Gueux (L'homme qui roule, La Belle Edition)

Das Chanson

Je suis Françoys, dont il me poise
Né de Paris emprès Pontoise,
Et de la corde d'une toise
Sçaura mon col que mon cul poise

François Villon

Ich bin Franzose, was mir gar nicht paßt,
geboren zu Paris, das tief jetzt unten liegt,
ich hänge nämlich meterlang an einem Ulmenast
und spür' am Hals, wie schwer mein Arsch hier wiegt.
François Villon

Seit Maître François Villon im spätmittelalterlichen Quartier Latin zum Vergnügen der Studenten und Dirnen seine aufrührerischen Balladen in den Kaschemmen, Bordellen und Tavernen zur Laute vortrug, sind in Paris die Lieder, die Spott- und Hohngedichte, die schmachtenden und melancholischen Chansons nicht mehr verstummt. Wegen bösfrecher Umsturzlieder saßen die Verfasser im Kerker, stiegen sie aufs Schafott. Chansons in der Herberge Zum weißen Pferd in der Rue du Faubourg Saint-Honoré, die einem Mitglied des Revolutionstribunals gehörte, übertönten die Angst vor der Zukunft und das Flüstern der Verschwörer.

In den Jahren der Restauration sang man im *café-concert* dann um so frecher: »Je me fous du Roi / du comte Artois / et du Duc d'Angoulême / de la duchesse aussi / et de ceux qui les aiment.« (›Mir sind der König, der Graf von Artois und der Herzog von Angoulême und auch die Herzogin und alle, die sie lieben, scheißegal.‹) Ein Lied, das allerdings die Schließung des Etablissements zur Folge hatte.

Es gab Chanson-Klubs, in denen die Sangesbrüder Trinkritualen unterlagen, sie hießen ›Die entfesselten Eichhörnchen‹, ›Die Gesellschaft der pinkelnden Katze‹, ›Die

Chez Louisette auf dem Marché aux Puces an der Porte Saint-Ouen

Chez Georges in Saint-Germain

Flammenden‹, ›Die Fidelen‹, ›Die Freunde der Weinlaube‹ und ›Die Gesellschaft der Tiere‹, in der jeder sein Tier nachäffen mußte. Berühmt wurden um 1830 die Kneipe der Mère Saguet in der Avenue du Maine am Montparnasse und in den 70er Jahren die Brasserie des Martyrs am Montmartre, wo sich allabendlich Intellektuelle, Künstler und ihre Modelle trafen. Baudelaire saß hier und sein Freund Nadar, der Photograph, Ballonfahrer und Zeichner, sie alle klatschten Beifall, wenn der Maler Courbet mit tiefer Stimme sein eigenes Chanson intonierte: »Mets ton chapeau de paille / ta robe rayée de bleu / avec ton ruban blanc / autour de ton cou brun.« (›Setz' Deinen Strohhut auf, zieh' Dein blau gestreiftes Kleid an, mit dem weißen Band um Deinen braunen Hals.‹) Manet, Murger, Alphonse Daudet sangen begeistert mit. Die *cafés-concerts* schossen in der Belle Epoque in allen Vierteln wie Pilze aus dem Boden. Auch die Arbeiter gingen in ihrer karg bemessenen freien Zeit dorthin, um die Größen des Chansons zu erleben:

Damia, Lucienne Boyer, Josephine Baker mit ihrem Evergreen ›J'ai deux amours, mon pays et Paris‹, Marianne Oswald, die im Nachtclub Le Bœuf sur le Toît die ersten Lieder von Jacques Prévert brachte, Edith Piaf, die Unerreichte, Juliette Gréco, Patachou, Barbara, Françoise Hardy, Georges Brassens, Trenet, Adamo, Jacques Brel, Mouloudji, Yves Montand, Gilbert Bécaud und Aznavour, um nur einige zu nennen. (Arriviert traten die meisten von ihnen im berühmten Olympia auf.)

Die große Tradition indessen ist gebrochen. Rock- und Pop-Stars, die Plattenmillionäre von heute, faszinieren mit ihren dröhnenden Rhythmen die jungen Leute mehr. Chansonkeller mit einem so andächtig lauschenden Publikum, daß man eine Stecknadel zu Boden fallen hören könnte, werden immer seltener.

Evelyne Chancel im Caf' Conc Au Pied de la Butte

Aber es gibt sie. Am Fuße der Butte Montmartre befindet sich Au Pied de la Butte. Wie in den *caf'concs* vergangener Zeiten finden sich hier die Leutchen der Nachbarschaft ein, um sich von den auftretenden Chansonniers, Imitatoren, Conferenciers und Spaßmachern hinreißen zu lassen, zumeist begabten Amateuren. Viele der Darbietungen setzen subtile Kenntnisse der französischen Sprache voraus, wenn aber um Mitternacht Evelyne Chancel auf der Bühne steht mit ihrer großen Stimme, lauscht jeder ergriffen. Es ist, als sei die Piaf wiedererstanden, so eindringlich-intensiv, so klar und feinfühlig trägt sie ihre Lieder vor. Von 10 Uhr abends bis 5 Uhr früh reiht sich eine Programmnummer an die andere, die Getränke sind nicht teuer, Eintritt kostet es hier nicht. Zwischendurch geht der Teller *pour les artistes* herum.

Oben auf dem Montmartre befindet sich das Lapin Agile, ein Kabarett, das sich wie durch ein Wunder trotz aller Touristenüberschwemmungen pariserisch erhalten hat, mit dem berühmten Gläschen *eau de vie* mit der Kirsche. Selbst die Kritiker Gault und Millau geben das zu: »Man verbringt außerhalb der Saison exzellente Abende in diesem authentischen Hafen des alten Montmartre.« Unter dem schweren Kruzifix der einstigen Diebeskneipe saß zu Zeiten des Vaters Frédé die ganze Picasso-Bande, ehe sie zum Montparnasse abwanderte, ein Chanson-geweihter Ort mit guten Künstlern, allerdings vor allem für Leute, die des Französischen mächtig sind. Ebenfalls volkstümlich-pariserisch wie vor Zeiten geht es zu im Chez Louisette auf dem Flohmarkt de la Porte Saint-Ouen.

Am bekanntesten beim Pariser Volk ist das Caveau de la République, das es auch schon ewig gibt. Nicht immer sind die Sänger von der Qualität eines Brassens, aber dem Publikum gefällts.

In einem wenig anspruchsvollen Rahmen, im Keller des Comptoir Chez Georges in Saint-Germain-des-Prés finden junge unbekannte Sänger die Möglichkeit, sich zu produzieren. Seit drei Jahrzehnten fördert Georges begabten Nachwuchs und gibt ihm Gelegenheit, aufzutreten und das alte Kellergewölbe mit Leben zu erfüllen, während oben im Comptoir sich seine Stamm-Clientèle drängelt und den Newcomer freundlich integriert. Der Wein ist nicht teuer und wird auch über die Straße verkauft. Chansonsänger ziehen mit ihren Gitarren die halbe Nacht von Lokal zu Lokal. Und dann gibt es im Quartier Latin noch Le Caveau des Oubliettes in Kellergewölben aus dem 14. Jahrhundert.

Andere Zentren sind an der Place Contrescarpe auf dem Berg der heiligen Genoveva, sommers eine wahre Musikstätte. An jeder Ecke spielt ein Straßenmusikant, oft sogar Klassisches, mitunter aber sind es nur Clochards, die schrill ein Liedlein krächzen. In der Rue Descartes steigt man vom Eßlokal Bateau Ivre über eine Wendeltreppe in den Keller und lauscht sich abwechselnden Sängern bis um drei Uhr früh.

Alle diese musikerfüllten Keller haben das gleiche Ambiente: Gewölbe, Holzbänke oder Schemel, Kerzen und eine andächtig-stille Zuhörerschaft. Die Getränke, oft sind es verlockende Cocktails, kosten zwischen 10 und 20 Mark, mit ihnen ist der Eintritt abgegolten. Aber wegen der Getränke geht man nicht dorthin.

Gute Sänger, Rockmusiker und Gitarristen können die Vorübereilenden oftmals in den unterirdischen Gängen der Metro hören. Sie haben eine vorzügliche Resonanz, und deshalb bleibt viel hastiges Volk auch gern stehen, um sein Scherflein in den Teller oder die Mütze der Musiker zu werfen. Sie sind eine ganze Gilde, eingeteilt in Gruppen: Einheimische, Engländer (wozu auch Amerikaner und Deutsche gehören) und Asiaten. Abends treffen sie sich mitunter am Boulevard Saint-Michel. Ein Grüppchen nach dem anderen, manchmal ganze Bands mit Tänzern, treten vor dem Centre Pompidou und im Forum des Halles auf. Als besonders einträglich gelten die Endlosgesänge der Metro am Montparnasse, ferner am Concorde und Châtelet.

Theater

In Paris gibt es vier staatliche Theater, die *théâtres nationaux*, und etliche Privatbühnen – darunter allein über 120 verschiedene *cafés-théâtres*, eine Pariser Eigenheit mit viel Wortwitz und wenig Platz. Aber es ist nicht allein die Menge, die Paris als Theaterstadt interessant macht. Es tut sich etwas auf Frankreichs Bühnen (und die meisten davon befinden sich nun einmal in Paris).

Das ist zum einen den großzügigen Subventionen zu verdanken, mit denen die Sozialisten nach dem Regierungswechsel auch freie Gruppen und Künstlerinitiativen bedachten. Und zum anderen beleben nichtfranzösische Gastregisseure die Pariser Theaterszene – darunter Peter Brook, Giorgio Strehler, Peter Stein, Luc Bondy, Klaus Michael Grüber und Claus Peymann. Peter Brook kam 1974 von der Royal Shakespeare Company aus London nach Paris und inszeniert seitdem in der halbrunden Sand-Arena des verfallenen Theaters BOUFFES DU NORD hinter dem Gare du Nord. Giorgio Strehler vom Piccolo Teatro in Mailand gastiert jeweils von März bis Oktober im kleinen Saal des THÉÂTRE DE L'ODÉON und zeigt Aufführungen seines ›Théâtre de l'Europe‹.

Aber die französischen Bühnen haben natürlich auch ihre eigenen Stars wie zum Beispiel Patrice Chéreau, französischer Starregisseur mit Bayreuth-Lorbeeren und jahrelang Direktor des THÉÂTRE DES AMANDIERS in der Schlafstadt Nanterre. Hier sieht man oft Michel Piccoli, Bulle Ogier und auch Philippe Léotard auf der Bühne – in Inszenierungen des Schweizers Luc Bondy und anderer Gastregisseure. Chéreau setzte wiederholt Stücke des jungen Autors Bernard Koltès in Szene, verließ aber dann das Théâtre des Amandiers, »um Abnutzungserscheinungen vorzubeugen«.

Szene aus ›Das Herzeleid einer englischen Katze‹ mit Figuren des Zeichners Grandville

Jean-Louis Barraults Théâtre du Rond Point

In dem abgeschabten Belle Epoque-Theater Bouffes du Nord inszenierte Peter Brook ›Le Roi Ubu‹ von Alfred Jarry und die ›Tragödie der Carmen‹

Nanterre ist einer von vielen Versuchen, das Theater in die Vorstädte zu bringen. In Bobigny, Saint-Denis und Gennevilliers wurden am Rand von Paris ebenfalls Avantgarde-Theaterstätten eingerichtet. Der Erfolg dieser Politik war allerdings nur mäßig: Anstelle der gleich nebenan wohnenden Arbeiter und Angestellten reisten vor allem theaterinteressierte Pariser an.

Die berühmte Pariser ›Compagnie Renaud-Barrault‹ des Schauspielerehepaares Madelaine Renaud und Jean Louis Barrault hat nach Jahren des Umherziehens – zeitweise war sie im stillgelegten Gare d'Orsay untergebracht – seit 1980 im THÉÂTRE DU ROND POINT, einem ehemaligen *palais de glace* aus der Belle Epoque, eine feste Bleibe. Ein anderer Name, der nicht mehr aus dem Pariser Theaterleben wegzudenken ist, ist der von Ariane Mnouchkine. Sie ist seit 1964 Regisseurin im selbstgegründeten THÉÂTRE DU SOLEIL in Vincennes. Auf dem Gelände einer ehemaligen Pulverfabrik (daher auch der Name ›Cartoucherie‹ für den Gesamtkomplex, auf dem sich noch andere Theater befinden) inszeniert die Mnouchkine mit ihrer eingeschworenen Schauspielerfamilie pompösgewaltige Stücke. Darunter das berühmte Revolutionsspektakel ›1789‹, ›Molière‹ (jetzt nur noch als Theaterverfilmung im Kino zu sehen) und Shakespeare-Aufführungen.

Jérôme Savary avancierte in den vergangenen Jahren ebenfalls zum Star, ohne viel von seinem Image als ›bunter Vogel des französischen Theaters‹ zu verlieren. Nach dem Weggang von Antoine Vitez wurde er Direktor am nationalen, also staatlich subventionierten THÉÂTRE DE CHAILLOT. Savary war es übrigens auch, der der Deutschen Ute Lemper zu ersten Erfolgen verhalf. Er gab ihr die Hauptrolle in seiner ›Cabaret‹-Inszenierung, die monatelang im THÉÂTRE MOGADOR (ein wunderschönes altes Privattheater) vor ausverkauftem Haus spielte. 1988 brachte Savary den Comicfiguren Asterix und Obelix mit ›Asterix‹ im Pariser Belle Epoque-Zirkus CIRQUE D'HIVER das Laufen bei – eine Aufführung, bei der neben vierzig Schauspielern auch vier Wildschweine, Pferde, ein Elefant und etliche Hühner und Enten auftraten.

Im gleichen Jahr wechselte Antoine Vitez, der das ›Chaillot‹ zu neuem Leben erweckt hatte, an die ehrwürdige COMÉDIE FRANÇAISE, seit jeher das Haus für die großen französischen Klassiker. Heute ist die 1680 von Ludwig XIV. gegründete Spielstätte ein staatliches Theater, zu dem neben dem traditionellen Gebäude am Palais Royal auch das THÉÂTRE DE L'ODÉON gehört, das gerne ›das andere Gesicht der Comédie Française‹ genannt wird. Der *grande salle* des Odéon (geschmückt von einem Deckengemälde von André Masson) zeigt die Klassiker von morgen, das PETIT ODÉON profiliert sich mit Zeitgenössischem und bringt junge Autoren in Inszenierungen junger Regisseure auf die Bühne.

Eine noch jüngere und sehr lebendige Bühne ist das THÉÂTRE DE LA BASTILLE im aufsteigenden Bastille-Viertel. 1982 wurde es von Jean-Claude Fall übernommen und zeigt seitdem experimentelle wie Avantgarde-Stücke, aber auch sehr interessante Gastspiele in ständig wechselnder Programmation.

Auch das THÉÂTRE DE LA COLLINE unter der Leitung von Jorge Lavelli fällt mit modernen Stücken von neuen Autoren immer wieder auf. Auf dem La Villette-Gelände werden im Theater PARIS-VILLETTE interessante Genet- und Kafka-Inszenierungen gezeigt. Und falls Sie Gelegenheit haben sollten, in Paris ein Gastspiel des ›Théâtre de l'Unité‹ zu sehen, lassen Sie sich diese spritzig-junge Truppe, die mit viel Improvisation und Situationskomik arbeitet, nicht entgehen.

Die Pariser Theaterszene beschränkt sich also nicht nur auf Altbewährtes. Selbst die ehrwürdige Comédie Française wagt es inzwischen, alte Stücke in neuen Aufführungen zu zeigen. So legte vor Jahren eine Inszenierung des Deutschen Klaus Michael Grüber bisher unbekannte Seiten von Racine frei.

Opernfreunde können in Paris gleich zwischen drei verschiedenen Häusern wählen: der OPÉRA PALAIS GARNIER, die ausschließlich dem Pariser Ballett unter Leitung von Rudolf Nurejew vorbehalten ist, der OPÉRA COMIQUE im Salle Favart und der OPÉRA DE LA BASTILLE, der neuen Volksoper an der Bastille, die mit populären Aufführungen ein neues Publikum anziehen möchte. Direktor der drei Häuser ist Pierre Bergé, Generaldirektor bei Yves Saint Laurent, Mitterand-Freund und Manager mit Theaterverstand.

Paris ist also auch als Theaterstadt sehr vielfältig und für den Touristen durch das große Angebot sicher oft verwirrend. Viele Aufführungen wird man ohnehin nur mit ausreichenden Französischkenntnissen schätzen und genießen können. Das gilt insbesondere für die *cafés-théâtres:* Auf oft winzigen Bühnen werden die Zuschauer vor allem mit Wortspielen, Sketchen und Mini-Komödien unterhalten. Dazu gibt es Getränke und manchmal sogar etwas zu essen.

Allgemein verständlich dürften hingegen Aufführungen im Pariser THÉÂTRE MUSICAL am Châtelet sein, das 1989 frisch renoviert wurde; für Theaterbesucher mit Sinn für Avantgarde sind Aufführungen an den genannten Vorstadtbühnen grundsätzlich interessant und mit etwas Glück kann man am Théâtre de l'Odéon hervorragende Gastspiele ausländischer Truppen in Originalsprache sehen.

Und Paris wäre als Theaterstadt nicht uneingeschränkt ernstzunehmen, wenn es nicht auch ein Theaterfestival gäbe. Jedes Jahr im Herbst spielen im Rahmen des Festival d'Automne, jeweils von Mitte September bis Ende Dezember, in- und ausländische Theatertruppen auf Pariser Bühnen – neben Avignon eines der wichtigsten französischen Theaterfestivals.

Britta Sandberg

Die Schauspieler des THÉÂTRE DU SOLEIL machen Maske im Foyer

La Géode im Parc de la Villette

Das Kino La Pagode ▷

Eine Stadt für Cineasten

Paris ist die passionierteste Filmstadt der Welt. Drei- bis viermal in der Woche geht der Enthusiast angeblich in eines der 800 Kinos. An die 40 spielen wochenends auch noch nach Mitternacht. Synchronisiert wird in Frankreich wenig. Ausländische Filme laufen fast alle im Original mit Untertiteln. Daher sind für einen Kinoabend in Paris also nicht unbedingt Französischkenntnisse erforderlich. Bei den vielen begeisterten Kinogängern in Frankreich gibt es gleich eine ganze Handvoll beachtenswerter Filmzeitschriften, und sogar in den Nachrichtensendungen werden Schauspieler zum Start eines neuen Films ausführlich interviewt. Deshalb sind auch lange Menschenschlangen vor den Kinos nichts Ungewöhnliches. Lassen Sie sich davon nicht abschrecken, der Einlaß geht meist sehr diszipliniert und schnell vor sich. (Montags sind die Schlangen im übrigen am längsten, denn da ist es in allen Kinos billiger.)

Um sich in dem vielseitigen Angebot orientieren zu können, kauft man sich am besten für ein paar Franc das Veranstaltungsheft ›Pariscope‹, das jeweils mittwochs, am Tag des Programmwechsels, neu erscheint. Unter der Rubrik ›Cinema‹ sind an die 100 Seiten nur den Filmen gewidmet, ein Heft im Heft. Unter ›Le Hit Parade des Critiques‹ kann man

die Bewertung der Kritiker ablesen, mit Sternchen und Negativ-Quadraten. Wer die meisten Sterne hat, steht auf Nummer Eins. Doch entspricht diese Liste nicht immer dem Publikumsgeschmack; unter der Rubrik ›Le Hit Parade du Public‹ werden die höchsten Eintrittszahlen aufgelistet, und das sind meist ganz andere. Gleich daneben ist unter ›Box Office‹ zu ersehen, welche 20 Filme innerhalb des letzten Jahres am meisten besucht wurden – und das sind wieder andere.

Paris verfügt noch über einige prachtvolle alte Kinos. Eines der wunderlichsten heißt LA PAGODE. Es ist das Zeugnis einer großen Liebe. 1896 ließ Direktor Morin vom benachbarten Kaufhaus Au bon Marché einen japanischen Palast Stein für Stein abtragen und hier im grünen Garten als Stätte zum Festefeiern für seine Frau wieder aufbauen. 1931 wurde im Prachtrahmen, der unverändert blieb, ein Kino daraus, 1971 ließ Louis Malle einen zweiten Saal ausbauen.

Aus Stummfilmzeiten stammt das STUDIO 28. Unverfälschter Überrest aus den 20er Jahren ist das GRAND REX, das heute noch 2800 Plätze hat und nicht in kleine Studios aufgeteilt wurde. Die größte Panoramaleinwand von 240 m² hat das KINOPANORAMA mit einer magnetischen Dolby Stereo-Anlage.

Auch der alte Kinopalast MAX LINDER wurde zu neuem Leben erweckt, total renoviert und mit THX-Ton und Riesenleinwand ausgestattet. Im neuen FORUM DES HALLES gibt es ebenfalls gut ausgestattete Säle, die der Generation der Schachtelkinos endlich Paroli bieten. Ein empfehlenswertes Programmkino ist das SAINT-ANDRÉ-DES-ARTS im 6. Arrondissement. Im plüschig-schönen LE RANELAGH, in dem jahrelang der Filmklassiker ›Les Enfants du Paradis‹ gespielt wurde, gibt es inzwischen Kino und Theater kombiniert; im ENTREPÔT (einst im Besitz des Filmjournalisten und Mitterrand-Neffen Frédéric Mitterrand) ist nach umfänglicher Renovierung ein hochmoderner Kinokomplex mit Filmbuchhandlung, Videobar und eigenem Restaurant entstanden.

Aber man kann in Paris nicht nur im Kino alte und neue Filme sehen. Da gibt es zum Beispiel die CINÉMATHÈQUE FRANÇAISE im Palais de Chaillot am Trocadéro, die viermal am Tag ausgewählte Filme zeigt und seit 1978 einen Ableger im Centre Pompidou hat. In beiden Sälen werden pro Jahr rund 2000 Filme präsentiert.

Allen, die sich für die Geschichte der ›septième art‹ interessieren, sei das MUSÉE DU CINÉMA gleich daneben empfohlen, in dem von den Anfängen des faszinierenden Zelluloids über die ersten Gaumont-Produktionen bis zu Studiorekonstruktionen und der *Nouvelle Vague* Filmgeschichte gezeigt wird.

Im neuen INSTITUT DU MONDE ARABE wurde ebenfalls eine Cinemathek eingerichtet, die das französische Publikum mit dem arabischen Kino vertraut machen soll. Einzigartig und äußerst sehenswert ist auch die von der Stadt Paris finanzierte, 1988 eröffnete VIDÉOTHÈQUE DE PARIS. Auf 4000 m² im neuen Teil des Forum des Halles untergebracht (Eingang gegenüber der Eglise Saint-Eustache), bietet sie ein einmaliges Archiv von Paris-Filmen. Stundenlang kann man sich hier aufhalten und in einem der drei Kinosäle oder nach individueller Wahl am Einzelbildschirm Dokumentarfilme, zum Beispiel über das alte Hallenviertel, den ehemaligen Schlachthof in La Villette oder auch die von Christo verpackte Pont-Neuf, sehen. Daneben sind natürlich auch Spielfilme verfügbar.

Bei ausreichend Zeit sollte man sich das spektakulärste Kino von Paris nicht entgehen lassen: die silberne Kinokugel LA GÉODE im Parc de la Villette am Stadtrand gelegen ist mit ihrer halbrunden 1000-m²-Leinwand bisher einzigartig in Europa.

Paris pour s'amuser

Anders als in New York oder Berlin, wo die Stätten nächtlicher Vergnügungen ständig wechseln und nach wenigen Jahren großen Zustroms wieder veröden, sind die Pariser Amüsiertempel wahre Traditions-Oasen – wiewohl sich manche von ihnen nur noch auf den Ruhm von einst berufen können.

Aber es gibt sie fast alle noch, die großen Namen: das Moulin Rouge wie die Folies Bergère, beide nun hundertjährig; das Lido mit seinen Blue Bell-Girls und das Olympia; Harry's Bar, die Urzelle aller ihrer Nachfolger, und Fouquet's – nicht erst durch Remarques ›Arc de Triomphe‹ zu Weltruhm gelangt, wie auch das im gleichen Roman verewigte Sheherazade; das Tabou ebenso wie Régine's Boîte de Nuit (wenn auch vom Montparnasse ans feinere rechte Ufer umgezogen) und die Coupole; die Monocle-Bar wie auch das Bœuf sur le Toît, das erst kürzlich wiederauferstand, indessen nur zum Diner, nicht mehr als Cabaret, wie in den 30er Jahren, als Cocteau dort verkehrte.

Die Zeiten haben sich geändert. Vergangen ist das nächtliche Paris der großen Welt, großen Roben und großen Auftritte, der Demimonde und der Séparées, in denen der Champagner nur so strömte – der ›Nuits Folles‹ einer amüsierbesessenen Schicht reicher Müßiggänger, die die Stadt an der Seine zum Inbegriff eines frivol-luxuriösen Nachtlebens machten. Passé auch der jahrewährende frenetische Applaus für die berühmten Chansonniers in den Cabarets und Music-Halls, für die Mistinguett und Maurice Chevalier, Josephine Baker und Edith Piaf: fortgefegt vom Zeitalter der Medien, von Rock- und Popstars. Vergangenheit, subtil dokumentiert durch den großen Photographen Brassai,

Transvestiten-Show im Chez Michou

sind auch die volkstümlichen *bals musettes* in den Faubourgs von einst, ebenso die exzentrischen Nächte der intellektuellen Bohemiens am Montparnasse und im Quartier Latin, verschwunden die verruchten Lokalitäten am Pigalle und die Petit Peuple-Etablissements im einstigen Hallenviertel, das nicht nur der Bauch der Stadt war.

Moderne Zeiten, andere Amusements

Während heutzutage vor allem Paris by Night-Touristen und Provinzler in die legendären Revue-Paläste drängen, avancierte so manche *nouveauté* zur Institution. Das elitär-schicke Les Bains, spektakulär kreiert in einer ehemaligen Badeanstalt, ebenso wie Le Palace, die Riesendisko in einem umfunktionierten Kino, wurden zu nicht mehr wegzudenkenden Nacht-Arenen.

Furore machen seit einigen Jahren längst vergesssene Tanzlokale, die sich nur noch als ›Ball der kontaktsuchenden Herzen‹ hatten halten können. Nun aber erleben sie, dank cleverer *branchés,* einen Aufschwung nach Londoner Vorbild mit allwöchentlichen exklusiven ›Szene-Nächten‹ einer snobistisch-modischen Elite. Angestaubter Kitsch ist en vogue und garantiert die heißeste Adresse. Zum Dauerbrenner wurde so das Balajo in der kleinen Rue de Lappe hinter der Bastille, die schon in den 20er Jahren abenteuerlustige Bourgeois in das ›Apachen‹-Milieu der Pariser Unterwelt gelockt hatte.

Eingelassen an all diesen Orten wird nur, wer dem Geheim-Code entspricht, und der ist nicht mehr (wie einst) schrill und exzentrisch, sondern demonstriert vor allem eines:

Großes Finale im Paradis Latin

Understatement. Im übrigen gilt für alle diese Etablissements: je fortgeschrittener die Nacht, um so prominenter und zahlreicher die Gäste. Vor ein Uhr nachts tut sich kaum etwas, das LES BAINS schäumt sogar erst zwischen drei und vier Uhr früh so richtig. Die Pariser Nacht-Szenerie ist vielgestaltig und sieht im einzelnen so aus:

Music-Halls, Revuetheater, Cabarets

Große Stars, auch zukünftige, treten nach wie vor im weltberühmten OLYMPIA auf. Für die Anhänger von Rock-, Pop- und neueren Wellen gibt es neuerdings LA CIGALE am Boulevard Clichy. Ein ehemaliges Karate-Kino wurde von Philippe Starck umgestylt mit postmoderner Fassade und raumschiffähnlichem Interieur. Nicht weit entfernt befindet sich das ELYSÉE-MONTMARTRE aus der Belle Epoque, heute einer *der* Orte für Rock- und Popkonzerte.

Das FOLIES BERGÈRE, 1869 gegründet, ist das älteste bestehende Revuetheater von Paris, mit großer Geschichte. Der einstige Glanz ist vergangen, heute füllen vor allem amerikanische Touristen das Etablissement. Sehenswert sind nun in erster Linie die Räumlichkeiten. Einst war dies der Tempel einer schönen, jungen Schwarzen namens Josephine Baker.

Dîner-spectacle (die Revue folgt auf ein Diner) ist eine Pariser Erfindung aus den großen Amüsierzeiten. Bis heute locken die meisten Revuetheater damit, so auch das MOULIN ROUGE, das so alt ist wie der Eiffelturm. Aus dem Saal sind die Belle Epoque-Dekorationen verschwunden, die ›Rote Mühle‹ brannte 1921 ab. Das Publikum quillt vor allem

Im Paradis Latin

aus Touristenbussen, die Revue zeigt mit ziemlichem Kostümaufwand neben einigen spektakulären Varieté-Darbietungen allerlei Stereotypien. Darunter natürlich auch den French-Cancan – schwarz bestrumpfte Beine in einer Wolke weißer Dessous – aber ohne das Flair von einst, von Spaß und Temperament der Zeiten, als Toulouse-Lautrec hier seine Studien machte und La Goulue die Beine schwang. Damals gab es hier auch einen großen Garten mit einem enormen Metallelefanten, durch dessen Beine man hochkletterte, um im Saal Negerinnen beim Bauchtanz zu bewundern. Ja, die Zeiten der großen Kokotten mit den wagenradgroßen Hüten sind ebenso unwiderbringlich vorüber wie die der Yvette Guilbert.

Die perfektesten Revuen gehen nach wie vor über die Bühne des Lido. Im ehemaligen Riesenkino Normandie mit 1200 Plätzen schweben die Wände, versinkt das Parkett, sprudeln Wasserfälle, agieren die ›Blue Bell Girls‹ in Straß, Straußenfedern, Prunk, Pracht und mit nacktem Busen, treten Artisten aus aller Welt auf. Alle drei Jahre wechselt das Programm, dessen Ausstattung Millionen kostet. Doch Charme, Esprit und Phantasie werden Sie hier vergeblich suchen.

Da mochte man einst sagen: nach Paris des Paradieses wegen, als Jean Marie Rivière 1978 sein Paradis Latin in der Rue du Cardinal-Lemoine eröffnete. Das war das hinreißendste Spektakel, das der große Animateur und Magier des Cabarets nach seinen Erfolgen im L'Ange Bleu und im Alcazar den Parisern bescherte. Ein wunderbar neuhergerichtetes Belle Epoque-Theater, erbaut von Gustave Eiffel, das ein halbes Jahrhundert als Lagerhalle einer pharmazeutischen Glasfabrik zweckentfremdet dahindämmerte, stieg wie Phönix aus der Asche, ganz in rotem und schwarzem Lack, mit dem alten Dekor, elegant wieder auf. Unvergeßlich – aber leider auch unnachahmlich – wie dieser wohl besessenste aller Entertainer sein Publikum hinriß mit seinen brillanten, poesievollen aber auch skurril-witzigen Revue-Szenen, die in atemberaubendem Tempo aufeinanderfolgten – ein Rausch, der alle erfaßte. Auch Kellner und Musiker agierten spritzig mit, und Jeans schöne Frau, eigentlich Advokatin, schwebte als Paradiesvogel von der Decke oder verhexte als Raubkatze ihren Dompteur. Zum fassungslosen Staunen des Publikums trugen zwei Pappmaché-Flieger über ihren Köpfen ein dramatisch-burleskes Luft-Duell aus, deutsch-französisch. Der Wirbel steigerte sich immer mehr und zog die Gäste mit hinein, ob sie nun wollten oder nicht, bis sie nach einem glamourösen Finale unter einer Kaskade von Ballons und Papierschnee selig zu tanzen begannen.

Vom Paradis Latin kehrte Rivière noch einmal in das ALCAZAR zurück, ehe er Mitte der 80er Jahre sein unverwechselbares *habit de grand conferencier* – den weißen Seidenfrack und -zylinder – an den Nagel hängte. Eine seiner subtilsten Szenerien dort zeigte das morbid-frivole Berlin der 20er Jahre – «Berlin, les années vingt ...« – mit lasziv-zündender Melodie. In den letzten Jahren wurden die Shows im Alcazar auch dem deutschen Fernseh-Publikum – vorwiegend durch Sylvester-Sendungen – bekannt.

Beide Theater bieten noch heute die spritzigsten Cabaret-Revuen der Stadt, wobei sich das Paradis Latin mit dem schöneren Rahmen und einem poetisch-romantisch getönten Programm hervortut, während im Alcazar die Tanztruppe perfekter, der mächtige Sound allerdings nur schwer erträglich ist. Spätestens beim Finale jedoch, das alle Darsteller in ihren spektakulärsten Kostümen vereint, kommt in beiden Theatern auch ein Hauch Rivièrescher Cabaret-Seligkeit wieder auf.

Der Massenmörder Landru wird zur Revuefigur im ALCAZAR

Im kleineren Stil, im intimen, von Spiegeln hundertfach reflektierten Saal bei Michou's am Montmartre treten (zu niedrigeren Preisen) Transvestiten auf. Wie überhaupt die Männer in Damenkleidung Lieblinge der Pariser sind, grell und komisch in Selbstpersiflage die alten, schön, schmalhüftig und reizvoller als die meisten Mannequins die jungen Männer. Etwas gröber sind die Transvestiten bei Madame Arthur. Unter Anführung der sogenannten Maslowa waren sie Pioniere, lange ehe Herren in Damenroben Mode wurden und weder Der Blaue Engel noch Michou's oder das Alcazar existierten.

Zu warnen wegen überhöhter Preise ist vor der russischen Vergnügungsfalle Sheherazade, die in Remarques ›Arc de Triomphe‹ eine große Rolle spielt. Es gehört einer legendären Nachtfürstin, Hélène Martini, auch ›Herrin vom Pigalle‹ genannt, die mehrere Striptease-Lokale besitzt und außerhalb von Paris ein Schloß. Die gebürtige Polin ist eine gutaussehende, interessante Frau. Jeden Morgen geht sie in aller Frühe in ihren Lokalen abkassieren. Eine furchtlose Person, die im KZ gewesen ist. »Seitdem fällt mir alles leicht«, sagte sie in einem Interview zu Georg Stefan Troller.

Eher abzuraten ist auch vom *dîner-spectacle* in all diesen Revue-Theatern, wo man zu besonders hohen Preisen meistens besonders schlecht ißt. Überall kann man auch (später) nur zur Show kommen; wann sie beginnt, ist dem ›Pariscope‹ oder dem ›Officiel des Spectacles‹ zu entnehmen. Außerdem gibt es in manchen Etablissements dann auch einen billigeren Platz an der Bar.

So beispielsweise auch im berühmten Crazy Horse Saloon, der seit Jahrzehnten größten Zuspruch vornehmlich der internationalen Herren-Welt findet. 16 wunder-

Revue im Alcazar

schöne Mädchen, nackt und verfremdet durch Lichteffekte, gelernte Tänzerinnen, treten auf. Strip als intellektuelle Geistershow *en perfection.* 1951 begann der sagenhafte Monsieur Bernadin (glücklich verheiratet, drei Kinder) in einem alten Kohlenkeller, seitdem ist sein Crazy Horse der todsichere Abendtip, und seitdem reist er in der ganzen Welt umher, auf der Suche nach Schönheit, denn die meisten seiner ›verrückten Pferde‹ heiraten. Und das reich. In dem erst kürzlich vollständig renovierten und auf 500 m^2 vergrößerten, illustren Saloon, den bisher an die 10 Millionen Gäste besuchten, gehen allnächtlich zwei Revuen über die Bühne, am Wochenende sogar drei.

Boîtes de Nuit und elitäre Diskotheken

Nicht mehr ganz so bedeutend wie einst sind die Nachtclubs, die *boîtes de nuit,* ein Begriff, der etwas altmodisch geworden ist, ebenso wie ihre Intimität und die Eleganz eines sich elitär gebenden Publikums. Die einstige Alleinherrscherin des mondänen Nachtlebens ist mitnichten Pariserin, sondern gebürtige Polin, von ihren Freunden liebevoll ›die Dicke‹ genannt: die rastlose, unermüdliche Régine, geborene Zylberberg, Sängerin, Tänzerin, Schauspielerin. Als Kind wurde sie von ihren Eltern vor den Nazis versteckt (der Vater kam aus dem Warschauer Getto). Dann stieg sie auf, wie ihre Freundin Françoise Sagan es ausdrückt, »zur schwarzen Dame unserer weißen Nächte« – ›la dame en noir de nos nuits blanches‹. Als sie 1972 ihre neueste *boîte* AT REGINE's am rechten Ufer eröffnete, schrieb José de Villalonga in ›Vogue‹: »Das ist die Wiedergeburt der Eleganz, die ich für ewig gestorben wähnte.«

Eine dynamische Konkurrentin erwuchs Régine in Gestalt von OLIVIA VALÈRE mit ihrem Club nahe den Champs-Elysées, der Pianobar, intimes Restaurant und Disko vereint.

Die schicke Society trifft sich nach wie vor bei Jean Castel, in seinem 1962 gegründeten Club CASTEL. Wer hier eingelassen wird, ohne Mitglied zu sein oder zu Castels unzähligen Freunden zu gehören, kann sich etwas darauf einbilden. Auf fünf Ebenen verteilt finden sich Weinkeller, Diskothek, Bar, Brasserie, Restaurant, Spielsalon und Billard. Ab 12.30 Uhr kann man hier schon lunchen und bis sechs Uhr früh tanzen.

Eine Weile machte die ehemalige Alcazar-Sängerin, die schöne, junge Dani, von sich reden, als Nachtclublokomotive im L'AVENTURE. Das einzig wichtige, sagte Dani, ist, »wen man durch die Tür hereinläßt. Ich kann die richtigen Leute förmlich riechen.« Inzwischen ist sie nicht mehr da. Doch das ›Abenteuer‹ existiert weiter, für geldige, goldige, junge Leute. Mittwochs sind Smoking und Abendkleid vorgeschrieben.

Schick gibt sich an dem Platz des alten Lido (Champs-Elysées) der CLUB 79, von einem weiblichen Zerberus streng bewacht. Wer nicht zum Jet-Set gehört, hat hier keine Chance. Geblieben ist die kostbare maurisch-venezianische Dekoration; auf der Revuebühne animieren Tanztruppen.

Besonders elitär geht es im LE PRIVILÈGE zu, im Keller von Le Palace. Sie müssen schon vorher im Restaurant speisen. Ansonsten finden – *nomen est omen* – nur Stammgäste und wer reich, schön oder witzig aussieht, Gnade vor dem strengen Torhüter.

Leichter ist es, oben in die berühmte Disko LE PALACE hineinzukommen. Wer von der Balustrade des ehemaligen Kinopalastes hinunterschaut auf den brodelnden Hexenkessel, kriegt das Gefühl, einen Blick ins Fegefeuer zu werfen, wenn die Tanzenden mit erhobenen Armen wogen. In den frühen Jahren des Palastes, als sogar Lagerfeld hier seine aufsehenerregenden ›venezianischen Feste‹ inszenierte, gab man sich elitärer. Inzwischen gibt es auch einen *gay tea dance* am Sonntag.

Brandneu ist das LA BÀS mit der aufwendig-eleganten Ausstattung von Philippe Starck, dem Erfolgsgaranten.

Wenn die *boîtes* sich leeren, beginnt das KEUR SAMBA sich zu füllen. Rassen und Klänge verbinden sich zu einer attraktiven Jet-Set-Melange – ein Ort der amüsanten Morgenstunden.

Gleich und Gleich

Die Schwulenszene der Stadt hat sich verlagert. In den 70er Jahren vibrierte sie geradezu in der Rue Sainte-Anne (in dieser Gegend ist heute nur noch L'INSOLITÉ erwähnenswert) sowie in dem zur Institution gewordenen Café Flore in Saint-Germain. Heute konzentriert sie sich im wesentlichen auf das Viertel um die Rue Sainte-Croix-de-la-Bretonnerie im Marais. Insider-Tip ist hier die Bar des HÔTEL CENTRAL. Als Zuflucht der Nimmermüden gilt das BH in der Rue du Roule. Allerdings scheint sich auch hinter der Bastille etwas zu tun, und zwar in und um die Rue Keller.

Für Lesben gibt es nach wie vor das Strip-Lokal CHEZ MOUNE am Pigalle, das sonntags auch zum Tanztee lädt. Außerdem – mondän und *sophisticated* – LE KATHMANDU am Montparnasse, wo man auch das NEW MONOCLE findet, das in den 30er Jahren als ›Monocle-Bar‹ hochberühmt war.

Rendez-vous der Branchés

Prominente und *branchés* (wie man in Frankreich die Avantgarde des modischen Zeitgeistes bezeichnet) fühlen sich seit Jahren gleichermaßen angezogen vom LES BAINS, das für manche, darunter Roman Polanski, zur allnächtlichen Hofstatt avanciert ist. Die beiden Besitzer wurden selbst zu Prominenten des Pariser Nachtlebens, seit sie das ehemalige *bains-douches* (das sind Badeanstalten für Leute ohne eigene Wanne, wie sie in Paris noch immer zahlreich in Betrieb sind) mit viel Gespür für die neueste wave ummodeln ließen. Sogar Sand wurde aufgeschüttet; die Wasserbecken waren bis vor kurzem noch gefüllt. Ein privater Sender überträgt regelmäßig Talk-Shows mit prominenten Gästen live aus dem Kachel-Etablissement mit dem extrem sparsamen Dekor. Hier trifft ›man‹ sich zum Essen im Restaurant, um dann hinabzuwandern in die zur Disko umgepolten Baderäume – eine Gepflogenheit, bei der sich auch der Nicht-Stammgast unauffällig untermischen kann.

Branchés waren es auch, die den verstaubten Petit Peuple-Charme fast vergessener Tanzlokale für Nächte *à thème special* des modischen Night-Set auftaten. Seitdem drängt sich die Szene montags und donnerstags ab Mitternacht vor dem berühmt gewordenen BALAJO in der kleinen Rue de Lappe mit ihren vielen Lokalen, gleich hinter der Bastille. Es existiert seit Anfang des Jahrhunderts und war einst Schwof für die kleinen Leute des Faubourg Saint-Antoine. Zur Attraktion wurden dort die ›Apachen‹ (Pariser Gauner),

Das BALAJO in der Rue de Lappe

die beim wilden Tango ihre Partnerinnen fast zu Boden schleuderten und ab und zu ein Messer blitzen ließen. Um diesen (meist gestellten) Kitzel zu erleben, fanden sich in den 20er Jahren auch neugierige Bourgeois ein. Später wurde das Balajo das Paradies der einsamen reiferen Damen, auch mit Tanztee, und das bis heute. Die Kulisse hat sich nicht verändert, nur das Publikum der Szenennächte.

Genauso ist es Donnerstag nachts im Arbeiter- und Afrikaner-Viertel Belleville, wo man zum ›Acid Rendezvous‹ ins betagte Baldi drängt, ansonsten ein Vorstadt-Tanzlokal mit volkstümlichen Soireen und Sonntags-Tanztees, *bals musettes* genannt.

Geschäftstüchtige *branchés* waren es natürlich auch, die den plüschigen Charme des altmodischen Strip-Theaters La Nouvelle Eve am Pigalle entdeckten, das nun wenigstens Freitag nachts belagert wird – von Tanz-Lüsternen: Ab ein Uhr nachts wogt ein vorwiegend junges Volk auf der von unten beleuchteten Bühne, umschwebt von Putten über drapierten Samtvorhängen.

Afro, Tango, Jazz

Als Überraschung für Nichteingeweihte entpuppt sich Le Tango unweit des Hallenviertels, in dem alles andere als Tango die Leute bewegt, sondern ein schwarz-weiß gemischtes Nachtvolk sich heißesten Afro-Rhythmen hingibt. Mitreißender Afrika-Sound (zuweilen auch Latin) läßt auch das kleine Chapelle des Lombards allnächtlich erbeben. Jeden Abend heizt eine andere – oft schwarze – Band die Gemüter zu wildem Tanz auf; der zweite brandheiße Tip in der Rue de Lappe. Der dritte ist Der Blaue Kaktus –

Harry's Bar

In der Chapelle des Lombards

Le Cactus Bleu, ein High Tech-geprägtes Lokal der jungen Szene, in dem Musiker der verschiedensten Stilrichtungen die coole Atmosphäre zum Kochen bringen.

Selbstverständlich findet sich in einer Metropole wie Paris auch ein Ort des Tango-Kultes, wo bekannte Trios mit Bandoneon aufspielen und es auf der kleinen Tanzpiste nur so knistert. Les Trottoirs de Buenos Aires gehört seit einigen Jahren zum festen Nachtrepertoire der Seine-Stadt. Hier gibt es auch einen *thé-tango* am Sonntagnachmittag.

In den 40er und 50er Jahren war Paris die Jazz-Metropole Europas. Zu Weltruhm gelangte der Existenzialistenkeller Tabou in Saint-Germain, in dem auch Juliette Gréco auftrat. Es gibt ihn heute noch – leider inzwischen gesichts- und bedeutungslos.

Ein echter, lebendiger Jazzkeller hingegen ist das Caveau de la Huchette im Quartier Latin. In den ehrwürdigen Gewölben eines der ältesten Pariser Viertel treffen sich Jazz-Veteranen, ewige Studenten und neuerdings auch wieder viele Jüngere, denn der Jazz erlebt in Paris eine Art Renaissance. Der größte Jazzclub heißt New Morning; langjährige Tradition hingegen hat der Slow-Club in der Rue de Rivoli. Fashionabler wiederum ist das New Orleans-geprägte La Louisiane in der Rue Montmartre, mit typischer Südstaatenküche.

Rock- und Pop-Arenen

Die Pop-Jeunesse zieht es an andere Orte. Zur Lokomotive des Rock-People wurde La Locomotive, ein mehrgeschossiger Schuppen gleich neben dem Moulin Rouge, wo man im *sous-sol* einen Blick auf die eindrucksvollen Heizungskessel des legendären Montmartre-Etablissements werfen kann. Nicht weit entfernt hält sich seit Jahrzehnten

Le Bus Palladium, weniger spektakulär, aber immer noch beliebt. Nicht zu vergessen der Rex-Club unter dem gleichnamigen Kinopalast, der seit den 60er Jahren mit Rock, Pop, Funk und deren neueren Spielarten jugendliche Heerscharen anzieht. Le Gibus, gleich beim Place de la République, ist der älteste europäische Rockclub, installiert im Untergrund eines früheren Industrielager-Ensembles. Noch älter sind die Räumlichkeiten des W Wagram. In dem authentischen Fin de Siécle-Saal fanden früher auch Boxkämpfe statt, heute ist er eine ganz normale Wochenend-Disko der *chicks* vom Etoile. Eine Sehenswürdigkeit!

Dancings und Bars

Some like it hot, andere cool – einige wenige ›retro‹ und wieder andere beschaulich. ›Retro‹ meint in Paris die Sehnsucht nach dem Gestern, den alten Melodien und Umgangsformen. Beides findet sich im Ambiente eines aus der Mode gekommenen Nachtclubs – im Rétro-République. Vor der *soirée bal de nuit* wiegt sich hier ein gutbürgerliches Publikum beim Tanztee. In der gleichen Gegend befindet sich auch das alte›Baldi‹, wo ein munteres Petit Bourgeois-Volk im Le Java zu den Klängen einer Band mit Ziehharmonika wogt – der letzte echte *bal musette* von Paris.

Konventionell wird seit Jahrzehnten im Dancing de la Coupole getanzt, einem Ort mit großer Montparnasse-Tradition, in dessen *sous-sol* sich ältere Paare *cheek to cheek*

Hemingway-Bar im Hotel Ritz

wiegen. Wem das nicht liegt, dem ist zu helfen: Er setze sich oben an die Bar der 1927 erbauten Vielzweck-Institution, in der sich Maler und Schauspieler, Schriftsteller und Kunsthändler, Mannequins, Modelle und verkannte Genies früher trafen.

Überhaupt die Bars: Manche machten in dieser Stadt Geschichte, jedenfalls, was Literatur und Kunst betrifft. So zum Beispiel die Bar der CLOSERIE DE LILAS. 1923 berichtete Hemingway, daß das bescheidene Bistro um eine Attraktion reicher geworden sei, eine *american bar,* was ihn verständlicherweise freute. In die Tischplatten eingelassene Messingplättchen künden von den später hochberühmten Stammgästen der damaligen Zeit. Gehen Sie hin, und staunen Sie! Vielleicht dürfen Sie sogar einen Blick in das illustre Gästebuch werfen.

Bars waren Ernests Faible. Die HEMINGWAY BAR des Hotel Ritz wurde nicht von ungefähr nach ihm benannt – dort saß er regelmäßig und ausführlich, und nicht nur mit Scott Fitzgerald. Die Ausstattung wurde inzwischen modernisiert. Nicht so die von HARRY'S BAR an der alten Oper, in der er natürlich auch verkehrte. *American bars* waren in Paris die ›New Wave‹ der 20er Jahre, und ergo rappelvoll. Und so ist es bei Harry's noch heute.

Domäne der Leute vom Film, der Regisseure, Produzenten, Schauspieler und Autoren sowie der Journaille, des Fernseh-Volks, ist von jeher die Bar der Champs-Elysées-Institution FOUQUET'S, in der alljährlich ein Filmpreis verliehen wird. Hier kann man herrlich Studien machen, wie schon Remarque für seinen Emigrantenroman ›Arc de Triomphe‹, der später mit Charles Boyer und Ingrid Bergman verfilmt wurde.

Mit Oscar Wilde schmückt sich die Pianobar des L'HÔTEL in Saint-Germain, ein intimer Ort des Luxus. In diesem Hause, das früher Hôtel d'Alsace hieß, starb der Dichter und Exzentriker am 30. November 1900. Damals war es eine armselige Bleibe.

Weder armselig noch luxuriös, aber auch nicht gerade intim, ist die inzwischen schon fast legendäre Bar des CAFÉ COSTES am Forum des Halles (siehe auch Kapitel ›Die Szene‹), obgleich sie erst wenige Jahre zählt. Durch die Ausstattung von Trendsetter Philippe Starck machte sie rasch Furore.

Gerade eröffnet wurde der CHINA-CLUB hinter der Opéra de la Bastille – ein Riesen-Barbetrieb mit Club-Ambiente. Installiert über zwei Etagen eines ehemaligen Kühlhauses, hat der neueste Nachttip gute Chancen, lange zu florieren.

Spezielles und Frivoles

Paris, die Stadt der Unmoral, daß ich nicht lache. Da kommen die Deutschen angerollt oder die Amerikaner, sie laufen am Pigalle herum mit ihrer kleinen Gänsehaut, ei guck doch Liebchen, wie unmoralisch. Die Pariser selber gehen nie hin.

Elga Andersen im Gespräch mit Georg Stefan Troller

Die Pariserin, von den Deutschen klischeehaft als frivol, leichtsinnig und sinnlich eingestuft, ist braver, bürgerlicher, zurückhaltender, als man bei uns ahnt. Beim Gedanken an Cancan, Strip und *nu intégral,* Montmartre oder Pigalle gaukeln falsche Bilder im Gehirn herum. Das Revuegirl, die freizügige Schönheitstänzerin, die Elitäre vom Crazy Horse ist keineswegs geneigt, nach Bühnenschluß für den Touristen als ›Mademoiselle Chaiselongue‹ in Liegestütz zu gehen, meistens stammt sie nicht einmal aus Paris.

Die Zahl der Prostituierten ist kaum noch zu ermitteln, seit die Stadtverordnete und ehemalige Spionin Marthe Richard es 1945 fertigbrachte, die Bordelle schließen zu lassen. Aus berühmten *maisons de tolérance* wurden Bürohäuser.

Ein Beispiel dafür ist das weltbekannte CHABANAIS, das einmal in der Rue Chabanais Nr. 12 war. Im Jahre 1878 war es gegründet worden, mit seinen verschiedenen Salons, darunter dem Zimmer Eduard VII. Im Laufe der Zeit erlangte es einen legendären Ruf, ähnlich wie das ONE Two Two in der Rue de Provence Nr. 122, von dem nur noch ein Memoirenbuch berichtet, oder das Bordell in der Rue de Hanovre Nr. 4, in dem heute die Confédération de la Pâtisserie, der Zuckerbäcker-Verband, untergebracht ist. Indessen gibt es die Liebe für Geld in jeder Art, zu jedem Preis, in jeder Form, auch wenn die Prostituierten manchmal, wie 1975 mit ihrem kurzen Marsch auf die Kirchen, die sie besetzten, streiken, um auf ihre Lage aufmerksam zu machen, denn sie bekommen polizeiliche Strafmandate, wenn sie ihre Kunden belästigen *(racoler)*, und sie werden weiterhin, auch wenn sie es leugnen, von den Zuhältern *(proxénètes)* ausgebeutet. Und im Gegensatz zur landläufigen Meinung müssen sie natürlich auch Steuern zahlen.

Die heißen Straßen *(rues chaudes)* gibt es in vielen Vierteln von Paris, nicht nur in den kleinen Gassen um die Rue Saint-Denis, die Hallen, die Boulevards Saint-Martin und Sébastopol herum, wo die *marcheuses* und *trotteuses* preiswert für *une passe* zu haben sind. Oder an den Rändern der Wälder von Vincennes und Boulognes, wo die *bucoliques*, die Bukolischen, und die *pierreuses*, die Steinigen, und auch viele Transvestiten im Freien ›arbeiten‹. Teurer sind die Mädchen am Pigalle, wo sie unbeweglich und kerzengerade *(les chandelles)* an den Hauseingängen in Minis oder Jeans stehen, hübscher sind sie in der Gegend um Oper und Madeleine und am schicksten beim Etoile. An den einschlägigen Bars hocken die *échassières*, die Stelzvögel, auf den hohen Stühlen. Mehr berappen müssen die Liebeshungrigen für die Pariser Nitribitts, die im eigenen Wagen am Bois de Bologne und anderswo auf die Jagd gehen, schick in Couture-Modelle gekleidete Besitzerinnen von Studios und Appartements, *amazones* genannt, die ›Aristokratinnen‹ unter ihnen aber heißen *caravelles*. Viele *hôtels de passe*, Stundenhotels, liegen im feinen 16., die meisten im weniger feinen 17. Arrondissement.

Die ›Beschützer‹ der Mädchen heißen nach wie vor *Jules* oder *Super-Jules*, *Mac* (von *maquereau*, Kuppler, Zuhälter) oder poetisch *mon homme; un dur* oder gar *un caïd* (Kaid, arab. Statthalter). Mitunter hat mancher von ihnen an die hundert Mädchen fest im Griff. Die Zuhälter sind auch hier Werktätige, ohne zu werken, aber immer tätig (und tätlich). Eine Dirne wird *la respectueuse*, *une fille*, *une gonzesse* (ein Frauenzimmer), verächtlich *bécasse* (Schnepfe) und im Milieu einfach *poufiasse* oder *pute* genannt. Herangeschafft werden die Mädchen vom *rabatteur* (eigentlich der Treiber bei der Treibjagd) oder *recruteur*, plaziert vom *placeur* oder *bidochard*. Weibliche Zuhälter heißen *maquerelles*.

Den Weg der Prostitution gehen auch junge Männer. Sie ziehen ihre Striche im Marais, der Rue Sainte-Anne und in Saint-Germain-des-Prés, vor allem um den DRUGSTORE herum sowie im CAFÉ FLORE und natürlich auch in der Umgebung des Bois de Boulogne.

Mansardenfenster im HÔTEL DES INVALIDES

Von LUTETIA bis 2000 –

eine kurze Stadtgeschichte

Fluctuat nec mergitur –
Es schwimmt, aber versinkt nicht.
Inschrift auf dem Pariser Stadtwappen unter dem silbernen Segelschiff

Anfangs gab es nur eine wilde Flußlandschaft, durchzogen von der kilometerbreiten Seine, aus der ein paar Hügel ragten, die später MONTAGNE-SAINTE-GENEVIÈVE, MONTMARTRE und BUTTE-CHAUMONT hießen. Mammuts bahnten sich ihren Pfad, den später die Römer benutzten und der heute RUE SAINT-JACQUES und in der Verlängerung RUE SAINT-MARTIN heißt.

Etwa 300 v. Chr. siedelten sich die ersten Flußfischer vom Stamme der Parisii auf der ILE DE LA CITÉ an. Im Jahre 52 v. Chr. erschienen die römischen Besatzer und blieben an die 500 Jahre, friedlich mit der Bevölkerung als Galloromanen vereint. Kaiser Julian Apostata betete im Jupitertempel, an der Stelle, wo heute NOTRE-DAME steht. Recht wurde gesprochen in einem Palast, wo sich heute der Justizpalast befindet. Auf dem Montmartre erhob sich der Tempel des Merkur, heute findet man dort die Kirche SAINT-

Pierre. Die Römer hinterließen Spuren: die Thermen (beim Hôtel de Cluny) und die Arènes de Lutèce; sie hatten den Ort Lutetia getauft. Oft fielen barbarische Stämme ein und zerstörten die Siedlung, die seit ungefähr 360 Paris genannt wurde. Auch die Hunnen unter König Attila drangen weit nach Westen vor, wurden jedoch von der heiligen Genoveva – Frauen spielen in Frankreichs Geschichte wichtige Rollen – von der Eroberung abgehalten, wie auch immer dies geschehen sein mag. Es ist Legende, ebenso wie der Spaziergang des enthaupteten heiligen Dionysius mit dem Kopf unter dem Arm.

Im Jahr 1951 feierte Paris seinen 2000. Geburtstag. Wer die Metropole auf einem modernen Plan ansieht, kann sie mit der unregelmäßig runden Scheibe eines alten Baumes vergleichen, der immer neue Ringe angesetzt hat. Der Kern ist die befestigte Seine-Insel La Cité mit der ersten, der galloromanischen Mauer. Die zweite Umfriedung baute der Kapetinger Philippe Auguste Ende des 12. Jahrhunderts. Paris hatte sich vor allem am linken Ufer mit den gelehrten Priestern, Mönchen und 20 000 Scholaren im lateinischen Viertel ausgebreitet. Am rechten Ufer ließ der König den Markt Les Halles errichten. 1246–48 baute Ludwig IX. die Sainte-Chapelle, 1253 wurde die Sorbonne gegründet. 1296 tagte der erste Pariser Stadtrat. Den dritten, weitergefaßten Ring zog der Valois Karl V. 1370 um die größer gewordene Stadt, in der bereits 200 000 Menschen wohnten, es entstand die Festung Louvre (das Schloß wurde von 1200 bis 1866 immer wieder erweitert), und der Grundstein zur Bastille wurde gelegt. Immer mehr Klöster entstanden, darunter die riesige Abtei Saint-Germain-des-Prés, die älteste Kirche von Paris.

1408 kamen die englischen Besatzer und blieben gleich ein Vierteljahrhundert, nachdem Jeanne d'Arc vergeblich versucht hatte, am heutigen Place des Pyramides (ihr Denkmal steht an der nämlichen Stelle), in die besetzte Stadt einzudringen und sie zu befreien. Sie wurde verwundet und mußte sich von der Porte Saint-Honoré mit ihren 12 000 Soldaten zurückziehen. Erst 1437 eroberte Karl VII. Paris zurück. Vierzig Jahre später hatte die Stadt bereits 300 000 Einwohner. Franz I., ein frivoler und beliebter König, gründete 1530 das Collège de France, baute das Rathaus am Place de Grève im italienischen Renaissancestil und leitete frisches Quellwasser in 16 öffentliche Brunnen. Die Männer, in kurzen Wämsen und Strumpfhosen, und die Frauen, in schleppenden Renaissancegewändern, konnten – Zeit Rabelais' – schon über gepflasterte Straßen gehen. An jeder Ecke mußte eine Laterne brennen. 1563 gab es die ersten Banken und bereits die Börse.

Der Bourbone Heinrich IV., der ›Gute König‹, dem die Stadt nach dem Religionsmassaker der Bartholomäusnacht (1572) eine Messe wert war, ließ Paris durch den Place Royale, heute Place des Vosges, verschönern, dessen Vollendung er allerdings nicht mehr erlebte; er wurde 1610, nicht weit davon in der Rue de la Ferronnerie (›Eisenschmiede‹) vor dem Haus Nr. 11 von Ravaillac ermordet.

1635, im ›Grand Siècle‹, gründete Kardinal Richelieu die Académie Française, und baute sich das später Palais Royal genannte Schloß. Der Sonnenkönig war zwar mit seiner Höflingsschar nach Versailles gezogen, doch befreite er Paris vom schlimmen ›Cour des Miracles‹: im Viertel bei den Hallen, dem Verbrecherhof, wurden 5000 Diebe, Dirnen, Bettler und Kriminelle mit einem Schlag verhaftet.

Für die blessierten Soldaten seiner zahlreichen Kriege errichtete Ludwig XIV. das Hôtel des Invalides mit dem Dom, heute die zweite große Attraktion für die Fremden, gleich nach dem Eiffelturm. Ende des Jahrhunderts begann der Adel aus den Palästen im Maraisviertel allmählich in die bessere Luft des fernen Dorfes Grenelle ans linke Ufer zu

Griffe an einer Kanone im Cour d'Honneur des Hotel des Invalides

ziehen, in schöne Barock-Palais mit hohen Fenstern und Gärten, heute Sitz der meisten Ministerien. In den allmählich aufkommenden Salons sah man Herren mit Allongeperücken und Damen in Reifröcken und mit dicken Perlenketten. Molière verspottete sie in dem Blaustrumpfstück ›Schule der Frauen‹. Ludwig XIV. hatte 1680 Molières Truppe mit den Schauspielern des Hôtel-de-Bourgogne zur Comédie Française vereinigt, die zunächst an verschiedenen Orten spielte, ehe sie 1792 in das Theater, das heute noch steht, einzog.

Ludwig XV. kreierte nicht nur den amourösen und ominösen Hirschpark in Versailles, sondern beglückte die Pariser auch mit der Ecole Militaire, dem Panthéon und dem wunderbaren Place de la Concorde. Nicht weit davon waren schon vorher der ebenso vollkommene Place Vendôme (von Mansart gebaut) und der Place des Victoires entstanden, der heute leider etwas verschandelt ist. Paris war mit seiner Pracht und seiner geistigen Ausstrahlung zur Welthauptstadt geworden. Die Eierköpfe, die Aufklärer, nach ihrem oft verbotenen Sammelwerk ›Enzyklopädisten‹ genannt (Voltaire, Diderot, Montesquieu, Rousseau, d'Holbach und Baron von Grimm) trafen sich im Procôpe, dem ersten Café von Paris, das es heute noch in der Rue de l'Ancienne-Comédie gibt. Der Herzog von Orléans hatte sein Palais Royal mit Garten, Arkaden und Miethäusern zur Stätte der Freude, der Mädchen, des Spiels und der revolutionären Konspiration ausgebaut.

Die Rokoko-Schönen mit ihren aufgebauschten Hochfrisuren und den stetig breiteren Krinolinen ließen sich in Sänften durch die immer noch schmutzigen Gassen tragen, begleitet von Kavalieren mit einem Dreispitz auf dem graugepuderten Zopf. Ludwig XVI. umgab die Stadt, die wieder gewachsen war, mit einer Zollmauer. Vor allem Lebensmittel waren zollpflichtig; die Steuereinnehmer, die das Volk drangsalierten – Adel und Klerus waren natürlich weitgehend von Steuern befreit – hießen *fermiers généraux*, Generalpächter. Um den Wareneingang in die Stadt zu kontrollieren, wurden Tore errichtet. 45 wunderschöne *barrières des fermiers généraux* konstruierte Claude Nicolas Deloux, jedes anders. Nur zwei dieser Zollgebäude sind noch erhalten, die Rotonde im Stadtteil La Villette und die Pavillons am Platz Denfert-Rochereau. Alle anderen fegte der Sturm der Revolution mitsamt der Bastille hinweg. In den Jahren, als die Schinderkarren zum Schafott fuhren, die Klöster in Klubs und Gefängnisse verwandelt wurden und die Sansculotten ihre Feste feierten, wurde in Paris mehr zerstört als gebaut.

Erst Napoleon gab der Stadt ein neues Gesicht, errichtete zu seiner *gloire* die TRIUMPHBÖGEN am Etoile und am Place du Carrousel sowie die Säule am VENDÔME-PLATZ und ließ die MADELEINE und das PALAIS BOURBON im klassizistischen Stil umbauen. In der Epoche der Restauration entstand 1837 der erste Bahnhof für die Eisenbahn nach Saint-Germain-en-Laye. 1841–45 veranlaßte Premierminister Adolphe Thiers die Schleifung der alten Festungsmauern, an ihre Stelle traten die großen Boulevards; und er ließ eine neue Befestigungslinie mit 16 Forts ziehen, den sechsten Ring, der Dörfer wie PASSY, AUTEUIL, VAUGIRARD, MONTMARTRE und BELLEVILLE umschloß. Die größte Veränderung bewirkte jedoch Napoleon III. mit seinem Urbanisator und Chefdemolierer Baron Haussmann. Das mittelalterliche Paris verschwand, breite Avenuen wurden in das Dickicht der Stadt geschlagen, zum besseren Aufmarsch der Regierungstruppen gegen die stets aufsässige und revolutionsbereite Bevölkerung, die inzwischen auf fast zwei Millionen Einwohner angewachsen war. 1867 begann die Mode der Weltausstellungen, die von 1889 hinterließ den EIFFELTURM als Wahrzeichen. Das Tuilerienschloß verschwand freilich ohne Zutun Haussmanns, es wurde von der Kommune 1871 in Brand gesteckt und nicht wiederaufgebaut.

Der siebte und letzte Ring um Paris ist aus Beton erbaut und dem Verkehr gewidmet: der BOULEVARD PÉRIPHÉRIQUE, 1973 in Betrieb genommen. In den 60er und 70er Jahren dieses Jahrhunderts entstand das moderne Paris, wurden die Hallen nach RUNGIS verlegt, wuchs das manhattanartige Viertel LA DÉFENSE, stiegen viele andere, nicht immer schöne, supermoderne Türme aus dem Boden der 2000jährigen Metropole – und vergleichsweise schrumpfte der Eiffelturm.

Relief ›La Marseillaise‹ am ARC DE TRIOMPHE DE L'ETOILE ▷

Revolution zu Fuß

Ein Spaziergang durch das Paris von 1789

Der 14. Juli 1789 ist nur ein Datum für die Geschichtsbücher, denn begonnen hatte die Französische Revolution längst vorher: Die ersten Aufstände in der Provinz (Grenoble) hatte es bereits 1788 gegeben.

Nach dem Fall der Bastille, am 14. Juli 1789, versucht die gesetzgebende Nationalversammlung – sie war aus der noch vom König einberufenen Versammlung der Generalstände hervorgegangen – sich mit Ludwig XVI. zu arrangieren. Alles scheint auf eine konstitutionelle Monarchie nach englischem Vorbild hinauszulaufen. Diese erste Phase endet 1791 mit dem im ostfranzösischen Varennes gescheiterten Fluchtversuch des Königs, der sich den nach Deutschland geflohenen adeligen Emigranten anschließen wollte. Von nun an ist Ludwig XVI. ein Monarch ohne Macht, fern von seinem Regierungssitz Versailles, praktisch Gefangener der Nationalversammlung in den Tuilerien, einem Teil des Louvre, den die französischen Könige schon lange nicht mehr als Regierungssitz genutzt hatten.

Im September 1792 wird die Republik ausgerufen – Frankreich befindet sich im Krieg mit Österreich, das den geflohenen Adel unterstützt – der König gilt jetzt als Verräter, wird im Temple-Gefängnis festgesetzt, vom Konvent (dem Nachfolger der Nationalversammlung) des Hochverrats für schuldig befunden und am 21. Januar 1793 guillotiniert. Seine Frau, Marie-Antoinette, folgt ihm im September in den Tod, der minderjährige Thronfolger stirbt später in Gefangenschaft.

Jetzt beginnt die dritte Phase der Revolution, gekennzeichnet vom anschwellenden Terror nach dem immer gleichen Muster: die Gemäßigten im Konvent werden von den Radikaleren des Verrats bezichtigt und ausgeschaltet. Gipfel und Höhepunkt ist die Diktatur des ›tugendhaften‹ Robespierre, der 1794 selbst unter dem Fallbeil der Guillotine endet, auf die er Zehntausende gebracht hatte. Unter dem ›Directoire‹ gönnt sich die Republik nun eine ansatzweise durchaus demokratische Atempause. An ihrem Ende steht der Staatsstreich des späteren Napoleon I., im Jahre 1799.

Wenn in Paris demonstriert wird, sind die fliegenden Straßenhändler nicht weit. Paris ißt, auch wenn es protestiert, vorwiegend am Place de la Bastille, wo jeder Demonstrationszug verbeikommt, der – tatsächlich oder vermeintlich – die Rechte des Volkes, der ›kleinen Leute‹, einfordert. An solchen Tagen, und nur dann, ist es empfehlenswert, auf dem Pflaster des Platzes nach den Spuren der Revolution zu suchen; an anderen Tagen läuft man Gefahr, eines ihrer letzten Opfer zu werden, überfahren vom Auto eines guten Republikaners, 200 Jahre nachdem hier die Festung des Königs geschleift wurde. Es ist eine wirkliche Spurensuche, die Augen fest auf den Boden geheftet, denn mehr als ein schmales Band von ins Pflaster eingelassenen roten Backsteinen, das die äußeren Umrisse der türmebewehrten Zwingburg nachzeichnet – es verläuft quer über den Boulevard Henri-IV und bis weit in die Mitte des Platzes – ist nicht geblieben. Wer nicht an Demonstrationstagen kommt, die den Verkehr lahmlegen, muß sich schon in den Untergrund bemühen: Dort, auf dem Bahnsteig der Metro-Station Bastille (Richtung Porte de Pantin) finden sich noch ein paar Mauerreste und eine Gedenktafel. Aber auch das ist alles nur Stein, gibt der Phantasie kaum Anregungen. Mehr schon, wenn man wieder hinaufsteigt auf den Platz, in kühnen Sprüngen zwischen hupenden Autos hinübersetzt auf die Ver-

In der Rue Saint-Antoine

kehrsinsel (Taxistand) zwischen der Rue de la Roquette und dem Boulevard Richard-Lenoir und hinunterschaut in die Rue Saint-Antoine. Von da kamen sie damals, am 14. Juli 1789 und bei späteren Revolutionen, heraufgezogen, die unzufriedenen kleinen Handwerker, die hungernden Arbeiter. Auf dem Platz vor der Festung vereinigten sie sich mit den Leidensgenossen aus dem Zentrum der Stadt. 98 Menschen kamen beim Sturm auf die Zwingburg Bastille ums Leben, einem Gefängnis, das längst kaum Gefangene mehr beherbergte und das sich leicht tagelang hätte verteidigen können, wäre der Kommandant nicht ein recht sanftmütiger Kommißkopf gewesen. Die Menge lynchte ihn dafür, ein Koch schnitt ihm mit seinem Bratenmesser den Kopf ab. Das steht in fast allen Geschichtsbüchern, nur von den 98 toten Aufständischen erfährt man kaum je etwas.

Hunger, Haß auf den privilegierten Adel, das erwachende Selbstbewußtsein einer neuen Klasse, des Bürgertums, und die Ideen der Aufklärung waren die ›kritischen Massen‹, die in einem bestimmten Mischungsverhältnis aufeinandertreffen mußten, um zu dieser Explosion zu führen. Hätte eine von ihnen gefehlt, wäre die Französische Revolution vielleicht ganz anders verlaufen oder ganz unterblieben. So aber spielte sie sich exemplarisch ab, nach Spielregeln, die sich – in Staaten der Dritten Welt etwa – noch heute feststellen lassen: Ein unumschränkter, aber schwacher Herrscher bringt das Staatsschiff in gefährliche Gewässer, muß Macht abgeben. Die Zugeständnisse, die er dem unzufriedenen Volk macht, kommen immer eine geschichtliche Sekunde zu spät, führen zwangsläufig zu neuen Zugeständnissen, die ihrerseits zu spät kommen. Am Ende stehen der totale Machtverlust und das Heraufdämmern eines neuen Zeitalters.

Zurück zum Place de la Bastille. Im Restaurant an der Ecke zur gleichnamigen Straße hingen bis vor wenigen Jahren die Glöckchen eines Glockenspiels der Bastille. Heute macht sich dort der Ableger einer Restaurantkette breit, der blutige Steaks anbietet. Links, zwischen der Rue de la Bastille und der Rue Saint-Antoine überragt das Standbild des Dichters Beaumarchais den tagsüber meist stockenden Verkehr. Beaumarchais' Stück ›Der tolle Tag‹ – von Lorenzo da Ponte und Mozart zur Oper ›Figaros Hochzeit‹ und zur Unsterblichkeit vertont – hat mit seiner aufmüpfigen Kritik an der Machtarroganz des Adels der Revolution viel geistigen Zündstoff gegeben.

Weiter in Richtung Châtelet, in der Rue Saint-Antoine und den kleinen Parallelstraßen, braucht es wieder mehr Phantasie, um sich ins revolutionäre Paris einzuleben, denn an steinernen Zeugen ist wenig geblieben von der ersten Herrschaft des französischen Volkes. Vieles, der Temple etwa, das Gefängnis, in dem Ludwig XVI. die letzten Monate vor seiner Hinrichtung zubrachte, wurde abgerissen, weil man sich an die blutige Geschichte der Revolution nicht mehr erinnern wollte oder neue Machthaber die Erinnerung zu unterdrücken suchten. Sie können aber trotzdem fündig werden: Das Musée Carnavalet im Marais-Palast wurde zum 200-Jahres-Jubiläum um einen ausschließlich der Revolution gewidmeten Trakt erweitert. Ansonsten: keine Spuren, keine Denkmäler im Marais, nur das Grundmuster der Straßen ist das gleiche wie vor 200 Jahren – enge Gassen, in die nur wenig Sonnenlicht dringt. Schon damals war Paris eine Stadt, in der die Menschen eng aufeinander wohnten, die Ärmsten ganz oben, unter den Dächern, in viel zu kleinen Räumen, ständig bedroht von den Einnehmern wucherischer Hausbesitzer. Drunten, auf dem Pflaster der Rue du Roi-de-Sicile und anderer Gassen, drängten sich die Fußgänger zwischen den Karossen der begüterteren Stände, den Pferden junger Rowdys, zwischen eiligen Boten und ihr kostbares Gut ausrufenden Wasserträgern, jedermann watete in Schmutz und Kot, die Küchenabfälle, die Nachttöpfe wurden ungeniert in die Straßen gekippt.

Die parallel zur Rue du Roi-de-Sicile verlaufende Verlängerung der Rue Saint-Antoine heißt jetzt Rue de Rivoli und führt direkt zum PLACE DE L'HÔTEL-DE-VILLE, dem Rathausplatz, und zum Mittelpunkt von Paris, dem CHÂTELET. Am Platz vor dem Neo-Renaissancebau des Rathauses erinnert nichts mehr an die Revolution, zumindest nicht an die große von 1789. An eine andere durchaus: 1871, während der Kommune, wurde das Rathaus ein Raub der Flammen und erst 1883 wiederaufgebaut. Der Rest des fußgängerfreundlichen Platzes mit seinem Brunnen ist in seiner Gestaltung erst ein paar Jahre alt. Daß er einmal einer der wichtigsten Plätze der Stadt war – der Place de Grève – sieht man ihm nicht mehr an.

Hier wurde am 25. April 1792 ein gewisser Nicolas Pelletier, ein Dieb und armer Schlucker, geköpft, und er verspürte wohl nur einen ›kühlen Hauch im Nacken‹. Genauso hatte es der Abgeordnete Guillotin gemeint, als er seinen Kollegen von der Nationalversammlung im Herbst 1789 seine Idee einer Köpfmaschine vortrug. Hinrichtungen sollten mit ihr ›humaner‹ und demokratischer werden, schließlich sollte die später ›Guillotine‹ genannte Maschine für Verbrecher aller Standesklassen da sein – eine Segnung des Gleichheitsprinzips, die genossen zu haben niemand so recht genießen konnte. 1793/94 spürten dann Zigtausende den ›kühlen Hauch‹. Der ›gute Doktor Guillotin‹, wie ihn alle nannten, überlebte die massenhafte Verwendung seiner Erfindung während der blutigen Phase der Revolution wie durch ein Wunder und starb 1814, hochbetagt, im Bett.

Die breite Rue de Rivoli, die direkt am Louvre vorbeiführt, gab es zu Revolutionszeiten übrigens noch nicht. Der Spaziergänger auf den Spuren der Revolution kann sie, den Place du Châtelet überquerend, jetzt getrost verlassen und bei der Rue du Pont-Neuf, rechts und dann gleich wieder links gehend, in die RUE SAINT-HONORÉ einbiegen. Bis zur Kreuzung mit der Rue du Louvre hat er dann noch einmal einen populären Straßenabschnitt, der mit seinen Lebensmittelgroßhandlungen ein wenig an die alten Markthallen erinnert, die vor knapp zwei Jahrzehnten abgerissen wurden. Schon zu Revolutionszeiten war hier Markt, und die Marktfrauen mit ihrer frechen Schnauze hatten einen nicht unerheblichen Anteil am Geschehen. »Cateau, willst du nicht mit mir in die Tuilerien kommen und den König besuchen?«, hieß es im vielgesungenen ›Lied zweier Marktfrauen‹, weil vor allem die hungrigen Mütter und Marktfrauen die Rückkehr Ludwig XVI., im Oktober 1789, aus seinem grandiosen Versailles ins hungergeplagte Paris erzwungen hatten. Damals war er für die Bevölkerung noch der ›gute König‹, den man vor den verderblichen Einflüssen des verhaßten Adels schützen zu müssen glaubte. Erst nach der Aufdeckung seiner Konspiration mit den Adeligen und seiner gescheiterten Flucht nach Varennes, im Juni 1791, wurde er zum verhaßten Monarchen und schließlich nur noch zum ›Bürger Capet‹, der im Januar 1793 auf dem heutigen Place de la Concorde geköpft wurde. Die Kutsche, die ihn zur Guillotine brachte, rollte durch die Rue Saint-Honoré, später waren es nur noch Karren. Marie Antoinette folgte ihrem königlichen Gemahl einige Monate später. »Tod der Österreicherin«, brüllten die Leute aus den Fenstern. Später, 1793/94, als die Gerichtskarren jeden Tag durch die Rue Saint-Honoré holperten, wurden sie stiller. Dem König und der Königin folgten die Girondisten, jenen die Anhänger des Kommunarden Hébért, dann Danton und seine Freunde, und schließlich Robespierre. Alle waren einmal Radikale im Konvent gewesen, und jedesmal waren sie von noch Radikaleren überholt worden.

Jenseits der Rue du Louvre wird die Rue Saint-Honoré eleganter, läßt schon den teuren Chic jener Straße spüren, die sie fortsetzt, die Rue du Faubourg Saint-Honoré. Nichts erinnert mehr an den Club der Jacobiner (an der Ecke zur Rue du Marché-Saint-Honoré), ein paar Hausnummern weiter (Nr. 398) wohnte in einem Hinterhaus im Hof der ›Unbestechliche‹, Robespierre, jener blutige Fanatiker, dem niemand ein Denkmal in Frankreich gesetzt hat. Nur das Restaurant Robespierre im Erdgeschoß erinnert an ihn. Dagegen soll die Kirche Saint-Roch noch ein paar Spuren jener Schießereien tragen, mit denen ein gewisser Napoleon Bonaparte am 5. Oktober 1795 einen royalistischen Aufstand niederschlug. Aber vielleicht ist es auch nur der Zahn der Zeit, der an der Fassade geknabbert hat. Den Geist der Zeit dagegen vermitteln am besten die klassischen Gartenanlagen des Palais Royal (siehe Kapitel ›Zweiter Spaziergang‹), die Ruhe des Orts hilft dem inneren Auge.

Auf dem Place de la Concorde (damals Place de la Révolution) stand 1793–94 die Guillotine. Allein zwischen dem 10. Juni und 26. Juli 1794 wurden hier mehr als 1300 Menschen geköpft, der erste war Ludwig XVI. Auf dem Weg über die Concorde-Brücke tritt der Revolutions-Bummler das verhaßte Symbol der Tyrranei, die Bastille, im wahrsten Sinne des Wortes mit Füßen, denn nach dem Abriß des alten Festungsgemäuers gleich in den ersten Tagen der Revolution wurden die Steine hauptsächlich zum Bau dieser Brücke verwendet. Louvre und Tuilerien liegen linker Hand, geradeaus, auf dem linken Seine-Ufer, das Palais Bourbon, in dem heute die Nationalversammlung tagt; die erste Volksvertretung jedoch versammelte sich in einem Reitsaal in den Tuileriengärten, von dem nichts geblieben ist.

Drüben, im 6. Arrondissement, entlang dem Boulevard Saint-Germain, der erst später, 1855, durch das alte Stadtviertel gebrochen wurde, gärte die geistige Hefe der Revolution. Das alte Studentenviertel war immer schon gut für Aufstände gewesen, und noch heute leben die Linksintellektuellen vorzugsweise, sofern sie es sich leisten können, in den Straßen rund um den Place de l'Odéon, was den unschätzbaren Vorteil hat, daß Gedanken, die morgen als ›die‹ Ideen der französischen Intelligenzia veröffentlicht werden, heute schon von allen Beteiligten noch einmal durchgesprochen werden können – beim Gang auf den Markt in der Rue de Buci, im Café an der Ecke, in den wenigen Restaurants, in denen man sich trifft. In der Rue de l'Ancienne-Comédie, gleich beim Carrefour de l'Odéon, trifft man sich im Café Procope, in dem bereits die Vordenker der Aufklärung, d'Alembert, Diderot, ihren Stammplatz hatten. Von hier aus wurde im August 1792 zum Sturm auf die Tuilerien aufgerufen, das Ende der Monarchie kündigte sich an. Vom ›Procope‹ – das in Wirklichkeit kein Café im üblichen Sinn, sondern ein Restaurant, und kein allzu billiges, ist – kommt man in wenigen Minuten zum Théâtre de l'Odéon, wo an der Ecke von Rue de l'Odéon und dem gleichnamigen Platz (Nr. 1) Camille Desmoulins, der revolutionäre Journalist, und seine Frau Lucile lebten. Als der Gerichtskarren Danton, Desmoulins und Fabre-d'Eglantine durch die Rue de l'Ancienne-Comédie und die Rue Dauphine zur Guillotine brachte, soll Lucile mit verweinten Augen am Fenster eines Hauses im dritten Stock gestanden haben. Sie überlebte den geliebten Camille nur um ganze acht Tage, dann wurde auch sie guillotiniert.

Relief ›Der Ballhaus-Schwur‹ am Place de la Nation

Die schrecklichen Bilder, die sich einem beim Gang durch die engen Straßen aufdrängen, könnten leicht eines vergessen machen: daß die Revolution mehr war als eine Abfolge blutiger Ereignisse, daß sie – zusammen mit der amerikanischen – die Geburtsstunde der modernen Demokratien markiert. Ein wenig von der *gloire* des republikanischen Frankreich läßt sich erahnen, wenn man vom Boulevard Saint-Michel kommt (der mit seinen Hamburger-Restaurants all seinen früheren Charme verloren hat) und in die Rue Soufflot einbiegt. Am Ende der Straße erhebt sich das Panthéon in seiner kalten Größe. Graf Mirabeau, der erste Held des revolutionären Paris, war auch der erste, dessen sterbliche Überreste in diese ursprünglich als Kirche gebaute Grabstätte großer Franzosen überführt wurden. Er blieb nur zwei Jahre dort. Als man seine Kungeleien mit dem Königshaus entdeckte, wurde er von den neuen Führern der Revolution dieses Tempels der Nation ›verwiesen‹. Wie ihm ging es noch anderen Revolutionsgrößen, es herrschte ein hektisches ›Kommen und Gehen‹, das der Unruhe der Zeit entsprach. Später war dann die Funktion des Gebäudes selbst umstritten, einmal Kirche, dann wieder Grabstätte, wurde es erst 1885 endgültig zum nationalen Monument. Nach heutiger Zählung ist der Philosoph Voltaire, einer der geistigen Wegbereiter der Revolution, der erste dort Bestattete (1791). Der letzte (1988) ist der große europäische Politiker Jean Monnet. Zeichen für eine andere, diesmal unblutige Revolution, den Aufbruch Europas?

Dieter Mayer-Simeth

Zu den Farbtafeln

34 Jardin du Luxembourg
35 Ehemalige Pferdemetzgerei in der Rue Faubourg Saint-Antoine
36 Saint-Germain-des-Prés
37 Schaufenster eines Modehauses in der Rue Faubourg Saint-Honoré
38 Schaufenster des Marionetten-Geschäfts TÜTÜRLÜ am Montmartre
39 Atelierhaus in der Cité Falguière
40 In der Rue des Francs-Bourgeois im Marais
41 Restaurant LE SAUMUR im Bastille-Viertel
42 Von der Rue Laffitte aus hat man einen besonders schönen Blick auf Sacré-Cœur
43 Louvre-Pyramide und Arc de Triomphe du Carrousel
44 Musée d'Orsay
45 Forum des Halles
46 La Grande Halle in La Villette
47 Straßenecke am Centre Pompidou
48 La Grande Arche in La Défense
49 Das Einkaufszentrum in La Défense

35

36

37

38

39

40

41

42

43 ▷

44

45

46

47

48

49

Die Jahre der
Okkupation
Paris unter deutscher Besatzung

Am 14. Juni 1940 um 5.30 Uhr marschierten die deutschen Truppen in Paris ein, sie blieben bis zum 25. August 1944. Der Anfang war noch menschlich: »In den Straßen meines Viertels«, berichtet Youki Desnos, Frau des surrealistischen Dichters Robert Desnos, der im KZ Theresienstadt am 8. Juni 1945 starb, »schlenderte eine eindrucksvolle Masse Soldaten in graugrünen Uniformen herum, sie wirkten begeistert und ein bißchen eingeschüchtert, als schienen sie sich für ihr ungebetenes Dasein entschuldigen zu wollen.« Im Laufe der Zeit wurden jedoch die ›Années noires‹ immer schwärzer, und der Untergrundkampf der Résistance nahm zu: Attentate, Sabotageakte wechselten ab mit Repressalien, Geiselerschießungen, Hinrichtungen. Die Gestapo installierte sich. Doch gelang es dem letzten Kommandanten von Paris, General von Choltitz, entgegen den Befehlen Hitlers, die Stadt bei der Kapitulation im wesentlichen unzerstört zu übergeben. Paris brannte nicht.

Wie sah Paris damals aus? Ich habe es nicht gesehen, kann mir nur schwer vorstellen, daß von allen offiziellen Gebäuden und vom Eiffelturm die Hakenkreuzfahne wehte. Täglich Punkt zwölf Uhr marschierte eine Kompanie, der Chef zu Pferde, die Champs-Elysées hinunter. Weiße Wegweiser wiesen in deutscher Sprache allenthalben die Richtung in ›Groß Paris‹. Es gab keine Autos und keine Taxis, dafür Hunderttausende von Radfahrern, auch Fahrrad-Rikscha-Taxis. 200 Denkmäler wurden demontiert und eingeschmolzen, über 100 Hotels beschlagnahmt. Die Metro, in der die deutschen Soldaten umsonst fuhren, machte zwischen 11 und 15 Uhr Mittagspause und fuhr abends nur bis 23 Uhr. Sperrstunde war Mitternacht, als Repressalie wurde sie mitunter auf 18 Uhr vorverlegt. Im Jardin des Tuileries wuchsen Tomaten, auf Balkonen scharrten Hühner, in Hinterhöfen hockten Kaninchen und Schweine in Bretterverschlägen. Vor den Läden standen Schlangen, es gab Lebensmittelkarten; ab 1942 wurde die Versorgung knapp. Hunger und Kälte herrschten – aber der Schwarzmarkt blühte, und nur an drei Tagen der Woche war der Alkoholausschank verboten. Alle Luxusrestaurants standen für den, der genug Geld hatte, offen. Ein Franc war für die Deutschen fünf Pfennig wert.

Der Elysée-Palast blieb, seit Albert Lebrun geflohen war, leer. Im Senat, dem Palais Luxembourg, saß Flieger-Feldmarschall Sperrle, das Parlamentsgebäude war vom Kommandanten der Militärverwaltung Paris besetzt, der sein Hauptquartier im Belle Epoque-Luxushotel Meurice (228, Rue de Rivoli) aufgeschlagen hatte. Der Chef der Militärverwaltung Frankreich (nacheinander die Vettern Otto und Heinrich von Stülpnagel) saß im Hôtel Majestic (29, Rue Dumont-d'Urville). Im Hôtel Ritz, wo die Deutschen gerne speisten, stiegen Göring wie auch Heydrich ab. Ritterkreuzträger durften hier Sonderurlaub verbringen. Die deutsche Abwehr (Admiral Canaris) hatte ihr Hauptquartier im Hôtel Lutetia (45, Boulevard Raspail), das später zur Zentrale für die heimkehrenden KZ-Überlebenden wurde. Deutsche Arbeitsfront, NS-Volkswohlfahrt und Auslandsorganisation der NSDAP hatten sich in der Rue Beaujon eingenistet. Die Meldestelle für einberufene Zwangsarbeiter (Gauleiter Sauckel) war in der Rue de Rivoli Nr. 48, für französische SS-Freiwillige in der Rue Auber Nr. 13. In der Rue de Rivoli Nr. 248 gab es eine deutsche Frontbuchhandlung. Die Pressezensurstelle war am Boulevard Madeleine Nr. 12; auf der berüchtigten Otto-Liste standen die Namen der verbotenen Schriftsteller. In der Propagandastaffel (Rue Grenelle) wurde entschieden, welche Bücher erscheinen durften und wieviel Papier bewilligt werden konnte. Leutnant Heller zeigte viel Verständnis. Das deutsche Institut, Treffpunkt der Nazis und französischen *collabos* (Kollaborateure) lag in der Rue Saint-Dominique Nr. 57. Die Residenz des deutschen Botschafters, Otto Abetz, der sehr um die Franzosen warb, befand sich dort, wo sie heute wieder ist: im Palais Beauharnais in der Rue de Lille Nr. 78. Zur deutschen evangelischen Kirche wurde die amerikanische Kirche in der Avenue George-V, ein Kaufhaus für deutsche Soldaten gab es in der Avenue des Ternes und in jedem Viertel ein Soldatenheim. In deutscher Sprache spielten das Empire, die Bouffes Parisiennes und das Trocadéro. Alle Bordelle hielten ihre Pforten weit geöffnet und waren streng geschieden für Franzosen und Besatzung und dort wieder zwischen Mannschaft und Offizieren. Am berühmtesten war das One Two Two in der Rue de Provence Nr. 122.

Das Paris jener Jahre muß ohne Autos in der Abenddämmerung, trotz der Bedrückung, von einer gewissen geheimnisvollen Schönheit gewesen sein. Das Leben ging halt weiter. Nach und nach machten alle Theater wieder auf, Uraufführungen von Claudels ›Der seidene Schuh‹, Sartres ›Die Fliegen‹ und ›Huis Clos‹ waren Riesenerfolge. Die Filmindustrie blühte wie nie zuvor, in den vier Jahren wurden 225 Filme gedreht, darunter ›Les Visiteurs du Soir‹, ›Le Corbeau‹ und ›Kinder des Olymp‹. Außer Furtwängler, der es ablehnte, in einer besetzten Stadt aufzutreten, kamen alle großen Dirigenten. Das Konzertleben begeisterte Freund und Feind gleichermaßen.

Im Museum der Orangerie hatte der Bildhauer und Hitlerliebling Arno Breker eine Sonderausstellung, Cortot und Wilhelm Kempff gaben dort zusammen ein Konzert. In der Oper glänzten unter Serge Lifar neue Ballettsterne; Yves Chauvirée, Roland Petit und Janine Charat.

Die Kabaretts waren überfüllt, nicht alle Anspielungen verstand die deutsche Zensur, doch mitunter gab es Auftrittsverbote. Am Pigalle floß der Champagner. Feldgrau waren die Reihen besetzt – die Wehrmachtshelferinnen nannte man *souris gris,* graue Maus, die Soldaten *haricot vert,* grüne Bohne – in den Folies Bergère, im Casino de Paris, im Lido. Die Nachtlokale Jockey, Sheherazade, Moulin de la Galette, Tabarin, Venus, Chez Elle mit Lucienne Boyer und Eve waren überfüllt. Wer über einen ›Ausweis‹ verfügte, konnte durchzechen, Jazz spielte Django Reinhardt in seinem Lokal La Roulotte. Im Chantilly (10, Rue Fontaine) traf sich die französische Gestapo mit Gangstern wie Pierrot le Fou. In der Rue Sainte-Anne sang Susy Solidor Abend für Abend die ›Lilli Marlen‹.

Ernst Jünger, ›subtiler Jäger‹ in Paris (er wohnte im Hôtel Raphael, 17, Avenue Kléber), entdeckte bei den Bouquinisten seltene Bücher, besuchte die Maler Picasso und Braque und hatte viele Freunde: Jouheandou, Sacha Guitry, Cocteau. Er verkehrte in den Salons der Damen Marie-Louise Bousquet und Florence Gould (siehe seine Tagebücher ›Strahlungen‹). In Paris schrieb er seine Widerstandsschrift ›Der Friede‹. In der

Nationalbibliothek studierte Simone de Beauvoir Hegel und saß im Winter mit Sartre Tag für Tag im Café Flore, um zu arbeiten, weil dort ein großer Ofen stand.

Dies war die eine Seite der Medaille. Die andere war grausam. Ab 1942 erschien Gauleiter Sauckel jedes halbe Jahr, stieg mit seinem Stab im Ritz ab und hob in immer größerem Stil französische Arbeitskräfte aus, die nach Deutschland deportiert wurden. Das erbitterte die Franzosen am meisten. Immer mehr junge Leute verschwanden daraufhin in den *maquis*, den Partisanengruppen.

Adressen des Grauens für die Pariser waren: 64, Avenue Henry Martin; 83, Avenue Foch und vor allem: die Rue des Saussaies (am Place Beauvau) neben dem Innenministerium, denn dort verhörte die Gestapo mit den SS-Führern Oberg und Knochen (Chef des SD) und ihren Folterknechten. Am schwarzen Donnerstag, dem 16. Juli 1942, hatte die französische Polizei – 9000 Mann – auf NS-Befehl die größte Razzia auf Juden durchgeführt. 12 000 Menschen wurden in der Sporthalle Vélodrome d'Hiver (inzwischen abgerissen) sieben Tage unter furchtbaren Umständen zusammengepfercht und dann über das KZ-Lager Drancy in den Osten deportiert: Kinder, Greise, Kranke, Männer, Frauen. Kaum einer überlebte. Gefürchtet war auch die französische Gestapo, *Gestapaches.* Ihre berüchtigten Führer, der Gangster Lafont, genannt Monsieur Henry, und der Ex-Kommissar Bony vereinten sich mit dem Deutschen Ernst Dünker und den Marseillesern Paul Bonaventure Carbone und François Spirito zu einem Schreckensregiment. In der Rue Lauriston Nr. 93, heute ein harmloses Mietshaus, richteten sie ihre Folterkammern ein. Die allgemeine Furcht nahm mit den Jahren zu. Denunzianten verdienten viel Geld, die Gefängnisse Santé, Fresnes, Cherche-Midi, Roquette und die Lager außerhalb von Paris füllten sich.

Während der Besatzung wohnten deutsche Offiziere im Ritz

Das Marais nach dem Zweiten Weltkrieg

»Radio Paris ment, Radio Paris est allemand!« (›Radio Paris lügt, Radio Paris ist deutsch!‹), höhnten die Franzosen, die allnächtlich Charles de Gaulle aus London auf BBC hörten. Die Zeitungen ›Paris Soir‹, ›La Gerbe‹, ›Le Matin‹, ›Paris Midi‹, ›Le Parisien‹ und die deutsche ›Pariser Zeitung‹ brachten Propaganda, und die Zeitschriften ›Je suis Partout‹ und ›Le Pilori‹ ergingen sich in Antisemitismus.

Mehr und mehr Widerstandspublikationen (die meisten bei Éditions de Minuit) wurden unter Lebensgefahr auf den Markt gebracht. Dichter wie Breton, Aragon oder Eluard schrieben im Untergrund unter Pseudonym. Berühmt wurde Vercors ›Le Silence de la Mer‹. Am Place Saint-Michel Nr. 5 funktionierte eine nie entdeckte Geheimdruckerei. Das Zentralquartier der kommunistischen Führer war tief unten im Kanalnetz. In der Rue Schoelcher Nr. 9 stieg man 138 Stufen hinab, dort saß der Kommunistenführer Oberst Rol Tanguy. Die Résistance war gespalten in Kommunisten und Gaullisten, FFI hießen die ›Forces Français de l'Intérieur‹, CFLN war das ›Comité Français de la Libération National‹, und ihr Anführer war der 29jährige General Chaban-Delmas. Die wichtigste Rolle bei der Rettung von Paris spielte zweifellos General von Choltitz, der sich Hitlers Zerstörungsbefehl widersetzte.

Immer härter wurde der Kampf zwischen Besatzung und Widerstand. Neben den Werbeplakaten »Vorbei die schlechten Tage, Papa verdient in Deutschland Geld« mehrten sich die blutroten Aushänge, die Geiselerschießungen und Hinrichtungen verkündeten. Heimlich wurden sie mit Blumen geschmückt.

Die Pariserinnen, in schicken Blumenhüten, klappernde Holzschuhe an den Füßen, kleideten sich raffiniert in den Farben der Trikolore: blau der Rock, weiß die Bluse, rot das Halstuch. Im letzten Kriegsjahr gab es immer mehr Bunker auf den Straßen, von den Franzosen ›Blockhaus‹ genannt, zum Schluß etwa 100, und Absperrungen. Im heißen Sommer 1944 wurde das Klima tödlich-eisig.

Hoch auf dem Mont-Valérien, heute eine Gedenkstätte (Metro: Sèvres, und Bus), wurden 4500 Geiseln und Widerstandskämpfer erschossen. Die Schlußkämpfe um die Stadt, von Franzosen und Amerikanern zusammen mit den Aufständischen der FFI, den ›Franc-Tireurs et Partisans‹ und anderen Widerstandsgruppen geführt, dauerten eine Woche lang. Das Grand Palais brannte, in ihm kam ein schwedischer Zirkus mitsamt seinen Tieren um. Die Comédie Française verwandelte sich in ein Lazarett, die Schauspielerinnen wurden Krankenschwestern. Am härtesten waren die Kämpfe in der Polizeipräfektur, am Palais du Luxembourg, am Auswärtigen Amt, in der Ecole Militaire und in den Kasernen. Als de Gaulle schließlich einzog, waren 2887 Deutsche gefallen (mancher Gefangene wurde von der Bevölkerung umgebracht), 1482 französische Widerstandskämpfer und 581 Zivile (laut Jacques de Launay, ›La France de Pétain‹).

Erst sehr langsam fingen die Franzosen an, ihre eigene Vergangenheit zu bewältigen, nachdem sie im ersten Aufruhr des Kriegsendes Tausende Landsleute als Kollaborateure umgebracht hatten, darunter auch Unschuldige. Denn weiß Gott nicht jeder war Widerstandskämpfer, es gab auch Spitzel, Verräter, Antisemiten, Denunzianten, Folterknechte.

Der nachdenkliche Tourist sollte nicht versäumen, eine Stätte zu besuchen, die ergreifend ist: Das Mémorial de la Déportation, das Mahnmal an der Ostspitze der Ile de la Cité. Unter dem Square Ile de France, hinter Notre-Dame, steigt man hinab in eine Art Bunker mit engen Gängen, die sich auf einen Raum aus Sichtbeton öffnen: eine lange schmale Kammer, deren Wände mit Kristallen bedeckt sind und deren Ende matt erleuchtet ist. Die Kristalle symbolisieren die 200 000 Opfer. Still ist es hier. In runenartiger Schrift sind einige Verse in die Wand geritzt, darunter die des Dichters Robert Desnos an seine Frau Youki:

J'ai rêvé tellement fort de toi
J'ai tellement marché tellement parlé
Tellement aimé ton ombre
Qu'il ne me reste plus rien de toi.
Il me reste d'être l'ombre parmi les ombres
D'être cent fois plus ombre que l'ombre
D'être l'ombre qui viendra et reviendra
Dans la vie ensoleillée.

Ich habe so stark von dir geträumt,
Ich bin so viel gewandert, habe so viel gesprochen,
Habe so sehr deinen Schatten geliebt,
Daß mir nichts mehr bleibt von dir.
Nur Schatten unter Schatten zu sein,
Hundertmal schattenhafter als Schatten,
Schatten zu sein, der kommen wird
und wiederkommen in dein besonntes Leben.

La Gloire

Eine der wichtigsten Vokabeln zum Verständnis der Franzosen, insbesondere der Pariser, ist das Wort *gloire* – Ruhm. Gloire wird mit der Muttermilch aufgesogen und präsentiert sich allenthalben. Man kann diesen Stolz verstehen, auch wenn er mitunter einen Hauch von Chauvinismus, von Arroganz bekommt.

Der große Kaiser ...

Welche Strahlkraft hatte und hat Paris! »Wir wollen nicht vergessen«, schrieb der Kunsthistoriker Eckart Peterich, »aus einer Universität wurde die Weltstadt und sie war die geistige Hauptstadt des christlichen Europa, ehe sie vom 17. Jahrhundert an bis in unsere Zeit hinein die Hauptstadt des sich entchristlichenden Europas wurde.«

Von der Gloire ist jeder Franzose durchdrungen. Auch wenn er sich noch so selbstkritisch gibt.

Gloire ist Verdienst und Vermächtnis, ist mehr Geistesgeschichte als Militärgeschichte. Gloire ist die SAINTE-CHAPELLE, unter Ludwig dem Heiligen 1246–48 erbaut, gotisches Juwel, Filigran aus Stein und funkelndem Glas (ein Muß für jeden Touristen) auf der Ile de la Cité. Gloire ist die SORBONNE, zweitälteste Universität Europas, 1253 gegründet im Herzen des Quartier Latin. Gloire ist das Schloß des Sonnenkönigs, VERSAILLES, ist der INVALIDENDOM mit dem Porphyrsarg Napoleons, vor allem abends, wenn unter magischer Beleuchtung Musik und Prologe *(son et lumière)* erschallen. Gloire ist der schönste Slogan der Humanitas, geboren im Schwung der großen Revolution: ›Freiheit, Gleichheit, Brüderlichkeit‹, utopisch zwar, doch wunderbar. Gloire ist der Genius der Freiheit auf der JULI-SÄULE, auf dem Place de la Bastille, zum Gedenken der Opfer der Aufstände von 1830 und 1848. Als Tempel der Gloire ließ Napoleon die MADELEINE vollenden. Gloire ist die OPER, im kaiserlichen Prunkstil Napoleons III., ist die Prachtbrücke PONT ALEXANDRE III mit ihren Kandelabern und geflügelten Rössern, das GRAND und das PETIT PALAIS, Apotheosen der Belle Epoque für die Weltausstellung 1900. Gloire kann schließlich auch der Neubau des berühmtesten Atelierhauses der Welt sein, des 1970 abgebrannten BATEAU-LAVOIR. Hier war die Wiege der modernen Kunst, lebten Picasso, Braque, Juan Gris und viele andere am Place Emile-Goudeau am Montmartre.

Von Gloire spricht – die Trinkgeldhand geöffnet – der Aufseher im Aufzug des ARC DE TRIOMPHE, ein Besuch, der dem Neuling dringend zu empfehlen ist. Der Blick vom

... als Briefbeschwerer

Dach mit den beängstigend niedrigen Steinbrüstungen schweift über den sternförmigen Platz, in den zwölf Avenuen münden, der seit 1970 Place Charles de Gaulle (auch Gloire) heißt und den alle Pariser nach wie vor L'ETOILE nennen, denn sie sind auch durchaus konservativ. So rechnen alte Leute immer noch gern nach der alten Währung. Besonders, wenn hohe Summen mit Entrüstung angeprangert werden, sind Milliarden Franc *(ancien)* stets im Spiel.

Den besten Anschauungsunterricht in Gloire erhält der Besucher des ARC DE TRIOMPHE, wenn er eine Treppe hinabsteigt und das kleine Turmmuseum besichtigt. Es lohnt sich. Hier kann Ruhm in vollen Zügen genossen werden. In Nischen sind Bilder, Dokumente und Photographien ausgestellt, darunter auch der Stich von dem Elefanten, der den Hügel im Rokoko zieren sollte.

Ein Mann namens Ribart wollte Ludwig XI. damit erfreuen, sein Blick sollte vom Tuilerienschloß auf etwas Erhabenes fallen, auf einen ungeheuren Elefanten, prächtig aufgeschirrt und bestückt und mit den »Überresten unserer Feinde«: Man war gerade im Siebenjährigen Krieg gegen den Preußenkönig. Auf dem Elefantenrücken – so wollte es der Konstrukteur – ein Piedestal mit der Gestalt Seiner Majestät und im Inneren Treppen. Im Kopf hatte der Erfinder eine Nische für den Thron vorgesehen, die auf einen zwischen den Schultern liegenden Festsaal ging, in den Ohren war Platz für die Musiker. Im Elefantenhintern hatte Ribart einen Speisesaal eingezeichnet, darüber im zweiten Stock eine Landschaftsgrotte mit Felsen, denen eine Quelle entsprang. Das Wasser sollte auf Umwegen in ebenfalls vorgesehene Bäder fließen und schließlich vorn aus dem Rüssel wieder herausspritzen. Leider wurde aus dem Wundertier nichts.

Einen anderen Elefanten hatte Napoleon sich gewünscht, Standort Place de la Bastille, dort wo die geschleifte Festung, Symbol des Absolutismus, sich erhoben hatte. Der Bildhauer Bridan fertigte 1808 ein Gipsmodell (für 150 000 Franc) an, 14 m hoch und 16 m lang, das Napoleon aber erst 1813 in Augenschein nehmen konnte, Kriege hatten ihn abgehalten. Jahrelang widerstand der Dickhäuter jedem Wetter, wenn auch zunehmend lädiert. In einem seiner Beine wohnte der Wärter – und das fast 20 Jahre lang. 1836 wurde der Gipskoloß noch einmal neu bronziert, aber erst zehn Jahre später, als er schon recht verrottet war, schließlich demoliert, wobei dem Bauch des Untiers eine Legion anderer Untiere entwich, riesige Ratten, die wochenlang das ganze Viertel tyrannisierten.

Eine bessere Idee hatte der Kaiser schon 1806 für den Etoile-Platz gehabt. Hier sollte der Triumphbogen nach dem Vorbild des römischen Konstantinbogens errichtet werden zur »Gloire de la Grande Armée«. Der Bau zog sich hin. Als Marie-Louise bräutlich ihren Einzug hielt, war er eher eine Art Potemkinbogen: Über den Fundamenten hatte man ein Holzgerüst mit bemalter Leinwand errichtet.

Napoleon hat seine Ruhmespforte nie gesehen, sie wurde erst 1836 unter Louis Philippe fertig. Vier Jahre später zog der Zug mit dem Sarg des Imperators feierlich durch den Arc de Triomphe zum Invalidendom. Der Wagen, wie auf einem Stich in der ersten Nische des Museums zu sehen ist, muß prächtig mit (natürlich weiblichen) Statuen geschmückt gewesen sein. Denn was wäre Gloire ohne Frauen?

Der Ruhm des Korsen war 1840 wiederhergestellt. Niemand erinnerte sich mehr daran, daß er als Erster Konsul einmal verächtlich von den Franzosen gesagt hatte: »Sie brauchen den Ruhm, die Befriedigung ihrer Eitelkeit, aber von der Freiheit verstehen sie nichts.« 1869, anläßlich seines hundertsten Geburtstags, flammte sein Name in riesigen Lettern auf dem Arc, unter Krone und Kreuz.

Den Nationalfeiertag am 14. Juli feiern die Franzosen auf den Straßen ...

Mit Girlanden und Löwen geschmückt wurde der Bogen 1873, als er dem Schah von Persien als Ehrenpforte diente, galt es doch Selbstvertrauen nach dem verlorenen Krieg wiederzufinden, Schmach zu vergessen.

Heute erscheint es unvorstellbar taktlos, daß die Deutschen 1871 ihren Kaiser unbedingt im Spiegelsaal von Versailles krönen mußten, daß er dann auch noch am 1. März mit 600 Offizieren unter dem Triumphbogen hindurchmarschierte und die leeren Champs-Elysées hinabzog. Die Statuen auf dem Concorde-Platz waren schwarz verschleiert und alle Geschäfte geschlossen, Stadt und Land hatten ›Nationaltrauer‹. Abbildungen dieser Parade zeigt das Turm-Museum nicht.

Eine große Trauerfahne wehte 1885 vom Arc hinab, als der Sarkophag mit dem berühmtesten Schriftsteller jener Zeit, Victor Hugo, dort eine Nacht lang aufgebahrt wurde. Kein Wunder, hatte der Dichter doch über den Bogen eine Sentenz geprägt: »Monceau de pierres sur un monceau de gloire« (›Ein Haufen Steine über einem Haufen Ruhm‹).

Am 14. Juli 1919 zogen die siegreichen französischen Truppen durch das Tor, und Poincaré dankte der Armee: »Frankreich hat es verdient, daß sein Nationalfest vor der befreiten Welt fortan ein Tag des Ruhmes für die ganze Menschheit wird. *Le jour de gloire est arrivé.*« Ein Tag des Ruhmes war wieder einmal angebrochen.

Ein Jahr später kam man auf den schönen Gedanken, das Grabmal des Unbekannten Soldaten über den Knochen eines gefallenen *poilu* (wie man die französischen Frontsoldaten des Ersten Weltkriegs nannte) unter dem 50 m hohen Bogen zu errichten. Seither ist es stets von Blumen und Kränzen geschmückt, von Delegationen besucht, von Polizisten bewacht. Seit 1923, genau seit dem 11. November, dem in Frankreich feierlich begangenen Nationalfeiertag, der an das Ende des Ersten Weltkriegs gemahnt, brennt die Erinnerungsflamme, die jeden Abend neu entzündet wird. Ein böser Frevler wollte sich darauf einmal Spiegeleier in der Pfanne braten, und ein betrunkener Amerikaner, noch schlimmer, wollte die Flamme auspinkeln. Beide kamen sofort ins Gefängnis.

... und in den Kneipen

Als Paris im Juni 1940 fiel, marschierten erneut Deutsche die Champs-Elysées entlang. Das Turm-Museum zeigt freilich lieber den Triumph de Gaulles, der als Befreier 1944 vom Arc hinabzog. Simone de Beauvoir schildert in ihren Erinnerungen: »De Gaulle war zu Fuß, inmitten eines Schwarms von Polizisten, Soldaten, abenteuerlich ausstaffierten Mitgliedern des FFI, die sich untergefaßt hatten und lachten. In die ungeheure Menge eingekeilt, bejubelten wir nicht eine Militärparade, sondern ein prächtiges kunterbuntes Volksfest.«

Die Gloire war wiederhergestellt.

Ein zweiter, kleinerer Triumphbogen, nur 20 m hoch, steht seit 1808 auf dem Place du Carrousel im Vorhof des Louvre, bestückt mit einer Quadriga, ebenfalls zum

Ruhme napoleonischer Siege errichtet, obwohl der Kaiser unzufrieden war und den Bogen *mesquin,* armselig fand. Für den Beschauer hingegen, der durch den kleinen Arc über die Tuileriengärten und die unmerklich ansteigenden Champs-Elysées hinweg den großen Arc erblickt, ergibt sich eine der schönsten Perspektiven von Paris, leider nun im Hintergrund verbaut durch die Wolkenkratzer-Silhouette des modernen Viertels La Défense. Dort wurde in den letzten Jahren ein dritter, noch größerer Bogen gebaut und 1989 fertiggestellt: la Grande Arche.

Gloire allerorten. Mit Gloire bewältigen die Franzosen immer wieder ihre verschiedenen Vergangenheiten.

Golden und schön reitet seit 1874 ›La Pucelle‹, die Jungfrau von Orleans, für Frankreich am Platz der Pyramiden, obwohl sie doch einst als Ketzerin – allerdings von den Engländern – verbrannt worden war. Da sieht man im roten Vorort Saint-Denis mit der Basilika, in der fast alle Könige begraben wurden, den Herrscher der Schreckensherrschaft, Robespierre, vor dem Théâtre Gérard Philippe kalt und ernst in die Ferne blicken und unter seiner Büste die ehrfurchtsvollen Worte: »Dem Unbestechlichen«. Da sitzt sinnend am Odeonsplatz der Rechtsanwalt Danton, von dem Maurois schreibt: »Seine Fehler, seine Taten, seine Reue waren die eines Riesen.« Da hebt der Marschall Ney elegant seinen Säbel am Carrefour de L'Observatoire, obwohl er nach dem Sturz Napoleons erschossen wurde. Da lockt die Mur des Fédéres auf dem Friedhof Père Lachaise ganze Wallfahrten der Linken an, weil hier im Mai 1871 die letzten Kämpfer der Kommune von den *versaillais,* den Regierungstruppen unter Mac Mahon, regelrecht dahingemetzelt und in einem Massengrab bestattet wurden. Da drücken sich am Place de l'Alma ergriffen zwei Damen mit Schleppe die Hand, die eine symbolisiert das dankbare Belgien: »A la France la Belgique reconnaissante, 1914–1918.« Unmöglich scheint es nicht, daß eines Tages auch dem heute noch verfemten Marschall Pétain ein Denkmal errichtet wird, waren doch 95 Prozent der Franzosen 1940 dafür, daß er den Waffenstillstand mit Hitler schloß. Ob es allerdings je eines für den deutschen General von Choltitz geben wird, der Paris gegen Hitlers Befehl vor der Zerstörung bewahrte, ist zu bezweifeln.

So steht an der Sorbonne an dem kleinen Square Painlevé unter der Statue Montaignes (vom Bildhauer Landowski 1936 geschaffen) folgende Inschrift: »La gloire de la France est l'un des plus nobles ornements du monde« (›Frankreichs Ruhm ist eines der edelsten Schmuckstücke der Welt‹).

L'ESPRIT

Französischer Geist, Pariser Witz

Und es ist wirklich wahr, sogar in einer Garage haben ein Académicien und eine Schriftstellerin Vorrang selbst vor Millionären oder Politikern, sie haben ihn, es ist ganz unglaublich, aber sie haben ihn, die Polizei behandelt Künstler und Schriftsteller auch respektvoll.

Gertrude Stein in ›Paris – Frankreich‹

Diese Erfahrung Gertrude Steins, der amerikanischen Avantgarde-Schriftstellerin, machte auch Henry Miller. In seinem Roman ›Stille Tage in Clichy‹ schildert er – neben anderen erotischen Abenteuern – wie sein Freund Karl und er dabei ertappt wurden, daß sie ein minderjähriges Mädchen eine Zeitlang bei sich versteckt hielten. Die wütende Mutter erschien in Begleitung eines Polizeiinspektors, doch dann entdeckten beide, daß Miller gerade an einem Manuskript tippte. »Sind Sie Schriftsteller?«, fragte der Beamte. »Ja.« »Schreiben Sie französisch?« Worauf Miller schlau antwortete, daß er als Amerikaner, der schon fünf Jahre in Frankreich lebe, der die französische Literatur zwar kenne, ja sogar übersetze, es sich dennoch niemals erlauben würde, in dieser wunderbaren Sprache zu schreiben. Als die Mama dann gar noch einen Band Proust auf seinem Tisch entdeckte, wurde sie milde. Karl und er waren vor dem Gefängnis gerettet. »Selbst die Polizei ist hier literarisch«, schreibt Miller.

Es stimmt, Schriftsteller sind in Frankreich angesehen. Die Verleihung der Literaturpreise, vor allem des ›Prix Goncourt‹, hält die Pariser wochenlang in Atem. Und wo gibt es noch einen Wirt wie den Besitzer der Brasserie Lipp, Monsieur Caze, der alljährlich einen angesehenen Preis für junge Literaten verleiht? Welches Land kann sich rühmen, Botschafter in die Welt geschickt zu haben, wie die Dichter Claudel und Saint-John Perse?

Als Voltaire nach langem Genfer Exil kurz vor seinem Tode nach Paris zurückkehrte, jubelte ihm das einfache Volk zu, wenn es ihn in seiner Kutsche entdeckte. Victor Hugo wurde unter dem Arc de Triomphe aufgebahrt, die Colette bekam ein Staatsbegräbnis, Tausende säumten die Straßen. Die Maler Rouault und Braque wurden vor dem Louvre aufgebahrt.

Während der Studentenrevolte im Mai 1968 war das Odéon-Theater Tag und Nacht gefüllt mit Debattierenden, eine fortwährende Auseinandersetzung zwischen Neugierigen, Gelehrten, Volk und Studenten, bis dann die Rüpel und Schläger kamen und alles vernichteten.

Als der Inhaber der Galerie Maeght, ein großer Kunstmäzen, im Frühjahr 1975 einen ganzen Block bewohnter, heruntergekommener alter Häuser im Viertel Marais aufkaufen und zu einem Zentrum moderner Kunst (›L'Art Vivant‹) umgestalten wollte, gab es eine aufsehenerregende Demonstration der Einwohner. Nicht nur die Jungen, vor allem die Alten, die aus ihren Häusern verdrängt werden sollten, marschierten auf und

Restaurant ›Zum kleinen Reichen‹ mit in die Fenster eingeschliffenen Vorhängen

trugen Plakate, auf denen zu lesen war: »L'art vivant – c'est nous« (›Die lebende Kunst sind wir‹). Die Galerie Maeght sah von ihrem Vorhaben ab.

Esprit rettete auch den südfranzösischen Abgeordneten Herriot am 6. Februar 1934. Eine wütende Menge drohte das Palais Bourbon zu stürmen. Der Stavisky-Skandal und die Abberufung des Polizeipräsidenten Chiappe hatten die Massen aufgebracht (es gab 13 Tote und einige hundert Verletzte). Die wütenden Demonstranten ergriffen den Radikalsozialisten, wollten ihn in die Seine werfen, als Herriot rief: »Es ist unanständig, einen Abgeordneten aus Lyon in einem anderen Fluß als in der Rhône oder der Saône zu ertränken«, worauf ein allgemeines Gelächter ausbrach und man den ehemaligen Ministerpräsidenten laufenließ.

Die Pariser lieben den schnellen Witz, die Schlagfertigkeit, die ironische Replik. Nicht umsonst haben wir dafür das gute ›deutsche‹ Wort ›Bonmot‹. Intellektuell zu sein, ist bei ihnen nicht suspekt, sondern erstrebenswert, dazu die Luft der Großstadt. New Yorker, Londoner, Berliner, Römer waren ja immer schon fixer als andere. Allerdings fehlt den Franzosen mit ihrem scharfen Spott die Selbstironie der Engländer. Dafür sind sie Meister des Wortspiels.

Als Marthe Richard, Spionin des Ersten Weltkrieges, Abgeordnete nach dem Zweiten, durchsetzte, daß alle Bordelle geschlossen wurden, nannte man sie ›la veuve qui clôt‹ (›die Witwe, die schließt‹) als Gegensatz zur Champagnermarke ›Veuve Clicquot‹. Als ich einmal wegen einer Reportage in den Kulissen der Folies Bergère stand und einen halbnackten Tänzer fragte, wer denn nun die Schönste hier sei, wies er auf ein attraktives Girl, »c'est la plus belle«, und fügte hinzu »la poubelle« (*poubelle* heißt Mülleimer). Witz bewies André François-Poncet, Frankreichs Botschafter im Berlin des Dritten Reiches,

Das Trou Madame war einmal ein Billard-Salon

als er auf die Rückenansicht eines süßlich gemalten Frauenaktes wies und Göring fragte, ob das Madame de Berlichingen sei.

Ehrfurcht vor dem Geist spiegelt sich zum Beispiel in den zahlreichen Antiquariaten wider. Fest zum Paris-Klischee gehören von jeher die *bouquinistes* an den beiden Seine-Quais (auf der Höhe der Ile de la Cité). Seit 1619 gibt es sie, seit 1915 haben sie ihre festen Metallkästen. Und natürlich schon immer ihre eigenen Ausdrücke: Ein Sammler heißt bei ihnen *bouquineur* (*bouqin* = altes Buch, Schmöker), er geht *bouquiner.* Der Nur-Blätterer ist ein *fouillemerde* (Scheißkramer), ein guter Verkäufer heißt *coq* (Hahn).

Die Verehrung der Literatur – man vergleiche die Bestseller-Listen mit denen anderer Länder! – beweisen auch die Pariser Buchhandlungen. Sie sind eine wahre Wonne. In diesen Läden kann man stundenlang herumstehen, sitzen, blättern, lesen, ohne gestört zu werden. Manche haben, aus der richtigen Ansicht heraus, daß sich Bücher nie so gut verkaufen lassen wie nach einem guten Diner, bis Mitternacht geöffnet. So die renommierte Buchhandlung La Hune in Saint-Germain, mit der graphischen Abteilung im ersten Stock, wo absolut alles über Kunst zu finden ist. Das gleiche gilt für den berühmten Laden der Sylvia Beach, Shakespeare & Company, der nach ihrem Tode aus der Rue de l'Odéon in die Rue de la Bûcherie neben der Kirche Saint-Julien-le-Pauvre zog. Der einstige Treffpunkt der amerikanischen *lost generation,* denen sich auch der Ire James Joyce zugesellte, hat nicht an Ruhm verloren. Hier finden jeden Montagabend Dichterlesungen statt und der Teesalon hat sogar sonntags geöffnet.

In die Rue de Rennes ist Calligrammes, die deutsche Buchhandlung, aus der Rue du Dragon umgezogen. Sie wurde von Fritz Picard, einem weisen Antiquar, gegründet und ist Treffpunkt für Deutsche und Franzosen. In der Rue de l'Odéon gibt es La Pensée

Sauvage (Das wilde Denken). Der Besitzer ist vor allem auf Philosophie, Psychoanalyse, Soziologie spezialisiert. Er haust am selben Ort, wo einst der legendäre Laden Les Amis du Livre der Adrienne Monnier war, in dem sich in den 20er Jahren die Elite der Schriftsteller und Dichter traf. Beeindruckend – und empfehlenswert wegen ihres guten deutschsprachigen Angebots – sind auch die Buchhandlungen Marissal (neben dem Centre Pompidou) und Le Roi des Aulnes (Erlkönig) am Montparnasse.

Restauflagen in erstaunlicher Vielfalt und zu ebenso erstaunlichen Preisen findet man, meist schon erkenntlich an den vollgepfropften Kästen, auf der Straße, am Boulevard Saint-Michel bei Joseph Gibert und bei Gibert Jeune, Place und Quai Saint-Michel, in den Etablissements FNAC in der Rue de Rennes, am Montparnasse und in den Straßen um Saint-Sulpice herum. Fundgruben für den, der zu suchen versteht.

Esprit zeigen die Namen mancher Buchhandlungen, Boutiquen, Restaurants und Lokale. Le Temps Retrouvé (Die wiedergefundene Zeit), L'Oeil Écoute (Das Auge hört), L'Envers du Miroir (Die Rückseite des Spiegels), Le Pont Traversé (Die überquerte Brücke) oder L'Heure Joyeuse (Die glückliche Stunde), so heißen Buchhandlungen.

Les Femmes Savantes (Die gelehrten Frauen, nach Molière), Au Bonheur du Jour (Zum Glück des Tages), Au Père Lapin Casse-Croûte (Imbiß zum Hasenvater), Le Père Tranquil (Der ruhige Vater), Au Mercure Galant (Zum galanten Merkur) oder Au Petit Riche (Zum kleinen Reichen), A Priori Thé (ein Teesalon), Le Gourmand Candide (Der aufrichtige Fresser), La Fourchette en Habit (Die Gabel im Anzug), Le Monde des Chimères (Die Welt der Schimären) und am witzigsten: Fast-Fou, Restaurant Raisonnable, das ein Gegner der Fast-Food-Welle erfand (Das schnelle verrückte, vernünftige Restaurant), sind Namen von Gaststätten. Ein Lokal hieß Le Trou Madame (Loch-Billard). Man kann die verwischten Buchstaben noch schwach erkennen.

Boutiquen heißen Le Reflet du Ciel (Der Abglanz des Himmels) – eine Lampenboutique! – oder La Porte Etroite (Die enge Pforte: ein Roman von A. Gide), ein winziges Modegeschäft. L'Imprévu (Das Unvorhergesehene), Antiquités de Demain (Antiquitäten von morgen), Le Passé Simple (Die einfache Vergangenheit).

Genießen kann der Tourist Literatur und Geist freilich nur, wenn er französisch spricht, und das möglichst gut – worüber übrigens kein Pariser staunt, er hält das für selbstverständlich.

LE GOUVERNEMENT –

Wie wird Frankreich regiert?

**Wenn Paris eine Prise nimmt,
niest ganz Frankreich**

Gogol

Frankreich wird von Paris aus zentralistisch regiert. Daran haben auch die zaghaften Dezentralisierungsversuche der Sozialisten zu Beginn der 80er Jahre nichts ändern können. Paris ist und bleibt Sitz der Macht. Hier befinden sich sämtliche Ministerien, die französische Abgeordnetenkammer ›Assemblée Nationale‹ und der Senat (Frankreich wird mit einem Zweikammer-System regiert), alle Parteizentralen, die Redaktionen der großen Tageszeitungen und Wochenmagazine, Botschaften und natürlich der Elysée-Palast in der Rue du Faubourg Saint-Honoré, in dem der französische Staatschef wohnt.

Wenn die Trikolore weht, ist er zu Hause. Obwohl sich das Elysée bestens dazu eignet, darf der Staatspräsident in Frankreich weit mehr als nur repräsentieren. Verglichen mit anderen westlichen Demokratien, verfügt er über eine einzigartige Machtfülle. Dabei steht er nicht direkt (wie zum Beispiel der deutsche Bundeskanzler) der Regierung vor. Regierungschef ist der Premierminister. Er wohnt im Hôtel Matignon in der Rue de Varenne – allerdings längst nicht so luxuriös wie der Staatspräsident im Elysée.

Seit dem Wahlsieg der Linken 1981 darf François Mitterand hier residieren. Ihm war es als erster Sekretär der sozialistischen Partei (PS = Parti Socialiste) nach Jahren in der Opposition gelungen, die französische Linke aus der Isolation herauszuführen. Bis 1983 gingen die Sozialisten eine Regierungskoalition mit den Kommunisten (PCF = Parti Communiste Français) ein. 1986 erzielten sie bei den Parlamentswahlen dann aber nicht mehr die gewünschte Mehrheit. Die gaullistische Sammelbewegung RPR (= Rassemblement pour la République) stellte nun zusammen mit den liberal-konservativen Zentrumsparteien der UDF (= Union pour la Démocratie Française) die Regierung. Zum ersten Mal zogen im gleichen Jahr auch Abgeordnete der rechtsextremen Nationalen Front (FN = Front National) in das Parlament ein, während die Kommunisten, einst stärkste französische Partei, auf knappe zehn Prozent zusammenschrumpften.

Trotz konservativer Regierungsmehrheit blieb François Mitterand ›Präsident aller Franzosen‹ und trug damit zu einem verfassungsrechtlichen Novum bei: der *cohabitation,* dem Zusammenleben eines linken Präsidenten mit einem konservativen Premierminister und einer konservativen Regierung. Diese außergewöhnliche Situation wurde im Mai 1988 mit den Präsidentschaftswahlen beendet, bei denen sich Mitterand gegen seinen Premierminister und direkten Rivalen Jacques Chirac durchsetzen konnte, und von den Franzosen für eine zweite siebenjährige Amtszeit wiedergewählt wurde. Die Sozialisten befanden sich erneut an der Macht. Mit einer Politik der Öffnung versuchten sie, das alte Links-Rechts-Schema der französischen Politik aufzubrechen, denn in Frankreich gibt es bisher keine politische Kraft der Mitte.

In vielen Dingen, vor allem im Bereich der Außen- und Verteidigungspolitik, herrscht jedoch zwischen Links und Rechts erstaunlich viel Übereinstimmung: Sozialisten wie Gaullisten sind sich über die Aufrechterhaltung der französischen Atomstreitmacht (Force de Frappe) als Herzstück der Sicherheitspolitik des Landes und als Garantie für Frankreichs Unabhängigkeit einig (de Gaulle zog 1962 die französischen Truppen aus der militärischen Organisation der NATO zurück). Auch in der Außenpolitik besteht ein breiter Konsens. Frankreich versteht sich nach wie vor als Großmacht: Es hat einen Sitz im Weltsicherheitsrat, ist in Berlin präsent und verfügt mit den *départements* und *territoires d'outre-mer* (D.O.M. und T.O.M.) – wie Guadeloupe, Martinique, La Réunion oder auch Neukaledonien – über Reste des ehemaligen Kolonialreiches. Ein großer Teil der außenpolitischen Bemühungen gilt daher, links wie rechts, dem Erhalt dieses Status und der Größe Frankreichs. Vielleicht wird deshalb in Frankreich auch die Europadebatte mit Blick auf 1992 intensiver geführt als woanders: Die alte Wunschvorstellung eines starken Frankreichs in einem starken Europa lebt wieder auf.

Symbol politischer Macht und Stärke in Paris ist jedoch immer noch der Elysée-Palast. Wie so manches schöne Gebäude, gehörte auch er einst einer *belle dame*, der klugen Marquise von Pompadour (geborene Poisson), die es 1753 dem Grafen von Evreux abkaufte und ihre Salons von François Boucher ausmalen ließ. Sie hinterließ das Schloß ihrem verflossenen Geliebten Ludwig XV., der es als Möbellager mißbrauchte und dann an einen Bankier verkaufte, von dem es Ludwig XVI. zurückerwarb. Besitzerin auf Zeit wurde die Herzogin von Bourbon-Condé, die es während der Revolution der Nation vermachte. Ein schlauer Unternehmer des Konsulats verwandelte das Palais und den Garten, der bis an die Seine ging, in einen Vergnügungspark. Aus diesem heruntergekommenen Zustand wurde das Elysée von Napoleons Schwager Murat befreit. Doch der Kaiser luchste es ihm wieder ab, als er Murat zum König von Neapel machte. Der Palast wurde sein Wochenendhaus und nach Waterloo seine Fluchtburg. Hier unterschrieb Napoleon seine zweite und letzte Abdankung: »Ich biete mich dem Haß der Feinde Frankreichs als Opfer an«, und verließ den Park durch den Hinterausgang, während das Volk vorn nach seinem Kaiser verlangte.

Louis Philippe verwandelte das Elysée in ein Gästehaus. Napoleons Neffe wohnte eine Weile dort, als er seinen Staatsstreich vorbereitete, um als Kaiser Napoleon III. in die Tuilerien zu entschwinden. Nach seinem Sturz bezogen die Präsidenten der Republik das Elysée, darunter Felix Faure, der 1899 sehr französisch in den Armen seiner üppigen Mätresse Madame Steinheil endete. Am 9. Juni 1940 verließ Albert Lebrun als letzter Präsident vor dem deutschen Einmarsch das Palais, es blieb sieben Jahre leer, bis Präsident Vincent Auriol einzog. François Mitterand ist – wie de Gaulle – kein begeisterter Elysée-Bewohner, hat aber die Privaträume modern eingerichtet.

Stardesigner Philippe Starck kam durch die Ausgestaltung einiger Elysée-Räume (darunter auch das präsidiale Badezimmer) zu Ruhm; der französische Maler Gérard Garouste wurde mit einem Deckengemälde beauftragt. Trotzdem wohnt Mitterand nach wie vor in seinem gut bewachten Privathaus in der kleinen Rue du Bièvre im 5. Arrondissement.

Vor dem Palais Bourbon, dem Abgeordnetenhaus ▷

Vom Elysée hat er es jedoch nicht weit zu seinen Staatsgästen, die in der Avenue de Marigny Nr. 23 untergebracht werden. Seit 1974 ist die prächtige Résidence Marigny offizielles Gästehaus. Das Palais, hinter hohen Mauer von der Straße kaum zu sehen, baute Baron Gustave Rothschild 1877 um, 1972 verkaufte es sein Nachkomme Baron Alain an den Staat, der es superfein herrichten ließ.

Schräg gegenüber des Elysée-Palastes, auf dem Place Beauvau, verbirgt sich hinter kostbaren gold-schwarzen Torgittern das Innenministerium in einem Palast, den sich Ende des 18. Jahrhunderts der Marschall Marquis de Beauvau bauen ließ. Direkt daran grenzt das Reich der Politischen Polizei, Rue des Saussaies Nr. 9 (photographieren verboten), während des Krieges ein Sitz der Gestapo.

Das Marineministerium am Concorde-Platz, wie das Hôtel Crillon 1755 von Gabriel erbaut, war früher königliches Möbellager. Am Place Vendôme Nr. 13, gleich neben dem Ritz, ist das Justizministerium, wie alle anderen Häuser des schönen Platzes von Mansart erbaut. Eine Zeitlang wohnte Danton als Justizminister hier. Der ›Conseil d'Etat‹ (Staatsrat) tritt im Schloß zusammen, das sich Kardinal Richelieu 1632 (später Palais Royal genannt) erbauen ließ, mit einem prachtvollen Ehrenhof. Am anderen Ende des stillen Gartens mit den Arkaden, in der Rue Valois Nr. 3, hat das Kulturministerium seinen edlen Rahmen gefunden.

Viele der anderen wichtigen öffentlichen Gebäude und Ministerien befinden sich am linken Ufer. So das Auswärtige Amt, bekannt nach seiner Adresse, Quai d'Orsay, in einem Schloß aus dem Jahre 1845. Gleich daneben erhebt sich das Gebäude der Nationalversammlung. Die klassizistische Säulen-Vorderfront des Palais Bourbon, das der Herzogin Bourbon, Tochter Ludwigs XIV., zusammen mit Madame de Montespan gehörte, wurde erst unter Napoleon nachträglich errichtet, als Pendant zur gegenüberliegenden – wenn auch weit entfernten – Kirche La Madeleine. Die Fassadenfront wurde vor kurzem gründlich restauriert, die Originalsäulen durch künstliche ersetzt. Die würdigen Herren, die vor der Nationalversammlung in Stein gemeißelt Platz genommen haben, heißen Colbert, d'Argessau, l'Hopital und Sully. Die Abgeordneten halten ihre Reden im fürstlich karmesinrot gepolsterten Halbrund unter bemalten Stuckdecken, umstellt von Statuen, ein Plenum voller Pracht und Pathos, das leider für Touristen nicht zu besichtigen ist. Dahinter wohnt der Präsident der Nationalversammlung, dritthöchster Mann im Staate, im 1800 erbauten Hôtel de Lassay.

Aber die französische Nationalversammlung ist nicht Mittelpunkt des politischen Lebens in Frankreich. Die Parlamentarier können nur begrenzt auf die konkrete Politik Einfluß nehmen. In der IV. Republik hatte man schlechte Erfahrungen mit einem zu mächtigen Parlament gemacht, das die Regierungen immer wieder stürzte und so zu instabilen Verhältnissen führte. So beschneidet die Verfassung von 1958, die die V. Republik begründete, die Rechte der Parlamentarier und gibt den Regierenden genügend Möglichkeiten, die Abgeordnetenkammer zu umgehen.

Ganz in der Nähe des Palais Bourbon, in der Rue de Lille Nr. 78, befindet sich die schönste Botschafter-Residenz von Paris, die deutsche, das Palais Beauharnais. Es wurde vom Rokoko-Künstler Boffrand 1714 gebaut, gehörte eine kurze Zeit Napoleons Adoptivsohn Eugène de Beauharnais, der es 1803 kaufte, es aber wegen hoher Umbau-Schulden fast nicht bewohnte. Später gehörte es seiner schönen Schwester, der Königin Hortense, die ihre Spuren hinterließ. 1814, als die Alliierten in Paris einzogen, requi-

Das Palais Beauharnais, Residenz des deutschen Botschafters

rierte der preußische König Wilhelm III. das Schmuckstück, vier Jahre später bezahlte er es aus seiner Privatschatulle. So wurde es zur Residenz des preußischen Gesandten, auch Bismarck wohnte hier, und seit 1871 ist es Sitz der deutschen Botschafter, die dort, außer der Unterbrechung von 1944–1962, ihre fürstliche Residenz haben. Die Bundesrepublik ließ das inzwischen sehr baufällig gewordene Palais, als sie es 1962 nach der Beschlagnahme zurückbekam, für 20 Millionen Mark glanzvoll restaurieren.

Der Senat, 1852 gegründet, tagt im Palais du Luxembourg, einst Witwensitz Maria de Medicis, die nach dem Tode Heinrichs IV. aus dem Louvre hierher flüchtete, in das Schloß, das sie in ihrem geliebten toskanischen Stil bauen ließ. Die 274 Senatoren, die nicht direkt, sondern über ein Wahlmännergremium auf 9 Jahre gewählt werden, können sich ebenfalls kaum über zu wenig Pracht beklagen. Während der Revolution war das ›Luxembourg‹ Gefängnis, Danton harrte hier ergeben auf seinen letzten Gang. Der Senatspräsident wohnt nebenan im kleinen Luxembourg-Palais mit eigenem Garten.

Über den größten Privatgarten von Paris (2,5 ha) verfügt der Premierminister im Hôtel Matignon, Rue de Varenne Nr. 57, einem bezaubernden Barockschloß aus dem Jahre 1721. Insbesondere Premierminister Michel Rocard nutzt den Garten gern und vereinbart Besprechungen und Arbeitstreffen im Sommer auf dem Rasen.

Die Pariser Beamten haben seit den verschiedenen Revolutionen das Glück, in den Palästen des Hochadels unter Stuckdecken, zwischen Rokoko-Boiserien und an Louis-XV-Schreibtischen zu arbeiten. Ihre Fenster gehen auf gepflegte Gärten mit Springbrunnen und Statuen oder auf Ehrenhöfe von edlen Proportionen. Der Außenstehende gewahrt freilich wenig davon, außer Mauern und Wachen sowie Toren, die sich nur kurz öffnen.

Das 7. Arrondissement, in dem auch das Hôtel Matignon liegt, ist nicht nur eine sehr feine Wohngegend, sondern auch ein Viertel der Administration und der Ministerien. Viele davon sind in den ehemaligen Privathäusern von Herzögen, Marquisen und Grafen oder auch von schönen Schauspielerinnen der Comédie Française untergebracht. So hat auch das politisch Nüchterne in Paris mitunter romantische Ursprünge.

Paris wird von einem gewählten Oberbürgermeister regiert, der im HÔTEL-DE-VILLE fein wohnt. Seit 1977 bekleidet der Neo-Gaullist Jacques Chirac diesen Posten. Von 1986–88 war er während der *cohabitation* (dem erstmaligen ›Zusammenleben‹ eines linken Staatspräsidenten mit einer rechten Regierung) französischer Premierminister, blieb aber gleichzeitig Bürgermeister von Paris. In Frankreich ist diese Doppelung von Ämtern durchaus geläufig.

In der Verwaltung von Paris kommen hinzu: der Stadtpräfekt, von der Regierung ernannt, und der Polizeipräfekt, der dem Innenminister untersteht, dazu die *maires* (Bürgermeister) der 20 Arrondissements, die in ihren zum Teil sehr schönen, alten *mairies* auch als Standesbeamte fungieren. Ferner 110 gewählte Stadträte mit ihrem Präsidenten, die jedoch keine übergroßen Machtbefugnisse haben und beispielsweise Veränderungen im Stadtplan, etwa Abrisse wertvoller alter Gebäude, kaum verhindern können. Sie tagen im Rathaus, im allzu protzig erbauten HÔTEL-DE-VILLE, das während der Kommune abbrannte und zwischen 1871 und 1882 rekonstruiert wurde. Hier werden die Gäste der Stadt in feierlichen Sälen empfangen (Besichtigung nur montags).

Der Polizeipräfekt residiert in einem Riesenkomplex moderner und alter Gebäude am Quai des Orfèvres. Die Nr. 36 läßt gleich Assoziationen an Simenons Krimis aufkommen, alles praktischerweise gleich neben dem JUSTIZPALAST.

Die Ausbildung der Männer an der Macht wird in Frankreich nicht dem Zufall überlassen. Dafür sorgt die ›härteste Schule der Welt‹, die 1945 gegründete Verwaltungshochschule ENA (École Nationale d'Administration) in der Rue de l'Université Nr. 52. Hier werden die zukünftigen Führungskräfte des Staates nach einem strengen Auswahlsystem auf ihre künftigen Aufgaben vorbereitet. Zwei Jahre lang dauert die staatlich gesteuerte Ausbildung der Elite, während der man als *énarque* schon wie ein richtiger Beamter bezahlt wird. Ein hartes System, das seine Schüler aber ohne Hindernisse bis in höchste Ämter und Positionen führen kann. Ehemalige *énarques* wie Valéry Giscard d'Estaing und Michel Rocard gehören zu den prominentesten Beispielen für den Erfolg der Eliteschule.

Der ELYSÉE-PALAST, Sitz des Staatspräsidenten ▷

T. Bayle
L. Joyaux
華豐國貨公司
工艺瓷器廚具
中國食品土

Das Paris der Zuwanderer

Paris, die Metropole, war stets ein Ziel der Emigranten. Hier lockt die Freiheit. Die Polen kamen aus ihrem geteilten Lande schon vor 200 Jahren. Sie haben ihre eigene Kirche, SAINT-ROCH, in der Rue Saint-Honoré Nr. 296, und ihre eigene Buchhandlung am Boulevard Saint-Germain. An der Place de l'Alma steht ein Denkmal für den Dichter Adam Mickiewicz, und das Grab Chopins auf dem Friedhof PÈRE LACHAISE ist stets blumengeschmückt. Auch die Russen kommen seit Jahrhunderten. Vor allem nach der Revolution 1918 (nicht alle Fürsten wurden Taxifahrer), und heute sind es die Dissidenten. Die russisch-orthodoxe Kathedrale ALEXANDER NEWSKI (erbaut 1861), mit drei vergoldeten Kuppeln, leuchtet am Ende der Rue Pierre-le-Grand, in der kleinen Rue Daru im 8. Arrondissement. In der gleichen Straße gibt es bei DARU und im VILLE DE PETROGRAD – zwei Feinkostläden mit Teesalon und Restaurant – von Kaviar über Lachs bis zu *blini, pirojki* und *koulibiak* alles, was das Russenherz begehrt.

Seit jeher haben auch die Juden in Paris Zuflucht gesucht. Traditionsgemäß ließen sie sich seit 1809 in der Gegend um die Rue des Rosiers im Marais nieder. Hier befindet sich daher auch das älteste Judenviertel von Paris, in dem man noch jiddisch auf den Straßen hört, siebenarmige Leuchter in den Schaufenstern und orthodoxe Juden sieht. Am besten, man besucht es am Sonntagmorgen oder auch am Samstag nach dem Sabbat, also nach Sonnenuntergang, wenn alle Geschäfte wieder öffnen. Bäckereien wie FINKELSZTAIJN und MOSKARITEH verkaufen köstliches osteuropäisches Gebäck und – in Frankreich eher selten – kräftiges, dunkles Brot. Rund um die Rue des Rosiers gibt es koschere Restaurants – das berühmteste davon ist JO GOLDENBERG (nicht billig) –, und mittlerweile findet man sogar Fallafel-Schnellrestaurants. In der Rue Pavée Nr. 10 steht eine der bekanntesten Synagogen von Paris. Sie wurde 1913 von Hector Guimard – dem Architekten, der vor allem durch die verschnörkelten Jugendstil-Eingänge der Metro bekannt wurde – erbaut und ist nur eine von vielen Synagogen im Viertel (eine weitere steht in der Rue des Ecouffes).

In Frankreich lebt die größte jüdische Gemeinschaft Europas. Seit Anfang des 19. Jahrhunderts kamen vor allem osteuropäische Juden nach Paris (mit der Französischen Revolution erhielten Juden in Frankreich die vollen Bürgerrechte). Als Hitler an die Macht kam, schwoll der Strom aus dem Osten ungeheuer an, doch während der deutschen Besatzungszeit führte die französische Polizei bedingungslos die Befehle der Besatzer aus. Überall erinnern Gedenktafeln, die noch immer mit frischen Blumen geschmückt werden, an deportierte Juden – darunter oftmals auch Kinder, wie eine Inschrift an der Schule der kleinen Rue des Hospitalières-Saint-Gervais zeigt. So hat ein Ausflug in die Rue des Rosiers für Deutsche auch heute noch etwas Bedrückendes.

Die letzte jüdische Massenimmigration kam 1962, nach der Beendigung des Algerienkrieges, als eine halbe Million Juden ihre Heimat verlassen mußte. Diese sephardischen Juden zogen jedoch vor allem nach Belleville, ein vorwiegend nordafrikanisches Viertel im Nordosten der Stadt mit Cous Cous-Restaurant und nordafrikanischen Gemüseläden. Bis zum Ende der 70er Jahre wurde in der ehemaligen Arbeiterhochburg radikal abgerissen. Als der Bulldozer-Politik Einhalt geboten wurde, war es fast zu spät und viele Häuser des alten Belleville längst verschwunden. Heute soll das ›Projet de l'Est Parisien‹ Belleville wie den gesamten Pariser Osten wiederbeleben und die Lebensbedingungen für seine Bewohner verbessern. Im Zuge dieses Projekts entsteht auf 4,5 ha der Parc de Belleville in Hanglage. Unten, links und rechts vom Boulevard de Belleville, geht es exotisch zu – besonders, wenn am Dienstag und Freitag (jeweils vormittags) Marktzeit ist. Dann wird der Boulevard zum arabischen Basar.

Laut ›Le Monde‹ gibt es über 1000 muselmanische Gebetsstätten in Paris. Nicht alle sind so leicht erkennbar wie die weiße Moschee am Place du Puits-de-l'Ermite (Metro: Monge) gleich hinter dem Jardin des Plantes. La Mosquée wurde von 1921 bis 1925 im Auftrag der französischen Regierung gebaut, um die Moslems, die für Frankreich im Ersten Weltkrieg gefallen waren, zu ehren. Der Komplex birgt Gebetsräume (die nur zu bestimmten Zeiten zu besichtigen sind), ein *hammam,* ein Dampfbad, ein Café und ein arabisches Restaurant. Der Eingang zu diesem öffentlich zugänglichen Bereich der Moschee befindet sich in der Rue Geoffroy Saint-Hilaire (Nr. 41). Ein Besuch lohnt sich – er gleicht einem Ausflug in eine andere Welt.

Interessant ist auch ein Spaziergang im ›Afrikanerviertel‹ südöstlich des Butte Montmartre um die Metro-Stationen Barbès-Rochechouart und Marcadet-Poissoniers, im 18. Arrondissement, in möglichst unauffälliger Aufmachung und natürlich ohne sorglos geschulterte Umhängetasche. Man fühlt sich in ein anderes Land versetzt, taucht in den Orient ein, wähnt sich in Westafrika. Menschen über Menschen, malerisch, bizarr,

Jüdisches Epicerie-Lokal in der Rue des Hospitalières-Saint-Gervais

Rue Vieille-du-Temple

Jüdischer Laden in der Rue des Rosiers

Boulevard Rochechouart

abgründig: verschleierte Frauen, würdige alte Männer mit Turbanen in langen Gewändern, schwarze Mammys in knallbuntem Kattun, die Babys auf dem Rücken, zartgliedrige schwarze Mädchen mit Dutzenden von perlendurchflochtenen Zöpfchen, abgeschabte Elendsgestalten. Hautfarben aller Schattierungen von Rosen- bis Ebenholz. Und alle sind sie Moslems.

Die Läden gleichen oft Basaren, mit goldbestickten Kaftans, Seidentüchern, langen Gewändern und Schmuck, vom echten bis zum Talmi. Die Trottoirs sind gesäumt von dichtumdrängten Wühltischen, ein Dorado für Taschendiebe. An den Gittern der U-Bahneingänge sitzen dicht an dicht die schwarzen Arbeitslosen, beäugt von der Polizei. Nachts dienen ihnen rasch aufgeklappte Textil-Kartons zum illegalen Glücksspiel. Selbstverständlich fällt herein, wer sich animieren läßt, hier mitzumachen. Ebenfalls auf schnell aufklappbaren Kartons formieren sich die Diebesmärkte unter den Pfeilern der Metro-Stationen Barbès-Rochechouart und in der Rue Charbonnière.

Am Boulevard Rochechouart reiht sich ein Textil-Kaufhaus ans andere – sehenswert ist hier das große Billigkaufhaus Tati, in dem sich ständig eine wogende Menge durch die Super-Billig-Angebote wühlt.

Tagsüber kann man ohne weiteres das Goutte-d'Or-Viertel aufsuchen, in dem über 40 verschiedene Nationalitäten wohnen. Man schätzt, daß hier rund die Hälfte der Bewohner Ausländer sind – darunter neben Arabern auch viele Schwarzafrikaner und Kreolen. Andere Einwanderer kommen aus den französischen Überseedepartements Martinique und Guadeloupe. Das ganze Viertel wird zur Zeit restauriert, in Teilen auch abgerissen, damit es ›sauberer und sicherer‹ wird.

Auch Paris hat seit ein paar Jahren seine ›Chinatown‹. Sie erstreckt sich südöstlich vom Place d'Italie zwischen den Metrostationen Tolbiac und Porte d'Ivry. Zwischen den tristen 30-Stock-Hochhäusern haben sich die Bewohner in den Innenhöfen ein Ambiente mit asiatischem Touch geschaffen: Beton-Pagoden-Dächer, Löwen, Brunnen, Marktstände und chinesische Glimmer-Schilder.

Die Zahl der in Paris lebenden Asiaten wird auf 200 000 geschätzt; zwischen Avenue de Choisy und Avenue d'Ivry kommt jedoch jeder zweite aus Laos, Kambodscha, China oder Vietnam. Hier gibt es über 150 exotische Restaurants und jede Menge chinesische Supermärkte – die meisten davon liegen an der Avenue d'Ivry. Der Flüchtlingsstrom aus Südostasien, der in den 70er Jahren nach Paris kam, fand in den leerstehenden Hochhauswohnungen des 13. Arrondissements, in die kein Franzose einziehen wollte, eine schnelle Unterkunft.

Heute haben die Asiaten ihre eigenen Banken, Spielsäle, Ärzte, Rechtsanwälte und vier Zeitungen. Sie sind die stillsten und fleißigsten Zuwanderer von ganz Paris. Viele von ihnen arbeiten zu niedrigen Löhnen für die französische Konfektion – oftmals wird sogar direkt in den engen Wohnungen genäht. So kommen viele der Waren im Großhändlerviertel Sentier nicht aus Hongkong (wie auf dem Etikett ausgezeichnet), sondern aus dem 13. Arrondissement.

In Chinatown findet man die exotischsten Gewürze und Früchte. Aus Treppenhäusern und Lebensmittelgeschäften strömen fremdartige Gerüche, und auf kleinen Handwagen werden Reissäcke transportiert. Am lebendigsten ist es am Sonntag, wenn auch Chinesen (und Pariser) aus anderen Vierteln zum Einkaufen herkommen. Mitten in Paris kann man dann für eine Weile in eine andere Welt eintauchen, verreisen – eine Möglichkeit, die in der französischen Hauptstadt nicht nur hier besteht.

In Paris leben auch 20 000 Japaner – ihr Viertel ist vor allem das 1. Arrondissement. Hier, wie auch in der Nähe der Oper, gibt es viele japanische Restaurants. In der Rue Saint-Florentin (Nr. 10) findet man eine japanische Patisserie, Toraya, in der Rue des Cinq-Diamants (Nr. 17) einen Zen-Tempel.

Der übermäßig hohe Ausländeranteil in vielen Pariser Vierteln blieb nicht ohne Konsequenzen. Das Problem der *immigrés*, der Einwanderer, verhalf Mitte der 80er Jahre, zusammen mit zunehmender Arbeitslosigkeit und dem Gefühl allgemeiner Unsicherheit, der rechtsextremen Partei Front National zu einem spektakulären Aufstieg. Mit erschreckend simplen Parolen wie »La France aux Français« (›Frankreich den Franzosen‹) oder »Deux millions de chômeurs, c'est deux millions d'immigrés en trop» (›Zwei Millionen Arbeitslose, das sind zwei Millionen Einwanderer zuviel‹) zog die Partei von Jean-Marie Le Pen 1986 stimmengleich mit den Kommunisten (9,8%) und erhielt erstmals Sitze in der französischen Nationalversammlung.

Rassismus wurde im Lauf der 80er Jahre ›salonfähig‹ in Frankreich und offener als zuvor zugegeben. Anti-Ausländer-Parolen, verbunden mit Gewaltakten gegen Araber, nahmen zu. Als Reaktion darauf wurde 1984 die Anti-Rassismus-Bewegung SOS-Racisme gegründet – geleitet von Harlem Desir, der in Frankreich inzwischen ebenso bekannt ist wie französische Spitzenpolitiker und der Staatspräsident. SOS-Racisme erfuhr große Unterstützung in den französischen Medien; das Emblem der Organisation, eine kleine Hand mit der Aufschrift »Ne touche pas à mon pôte« (›Rühr meinen Kumpel nicht an‹), fand weite Verbreitung.

Erster Spaziergang:
Das Herz der Stadt

Vogelmarkt auf der Ile de la Cité

Lassen Sie das Hotelfrühstück einmal sein, fahren Sie zur Metrostation CHÂTELET mit dem Sphingen-Brunnen und den zwei Theatern, und gehen Sie zum Warenhaus LA SAMARITAINE am Quai du Louvre. Nehmen Sie den altmodischen Lift zum obersten Stock auf der Dachterrasse, lassen Sie sich ein Frühstück unter Sonnenschirmen servieren, genießen Sie den Blick, steigen Sie dann die kleine Wendeltreppe hinauf zum Rondell. Dann liegt Paris zu Ihren Füßen, und Sie können es zudem noch genau identifizieren, denn rund um die Brüstung sind die wichtigsten Punkte auf Belle Epoque-Keramikplatten mit Pfeil und Namen eingezeichnet (geöffnet von 9–17 Uhr).

Nun über die PONT-NEUF, die älteste Brücke der Stadt, und bei der Statue König Heinrichs IV. nach links einbiegen auf einen der bezauberndsten Plätze der Stadt – den PLACE DAUPHINE mit dem JUSTIZPALAST. Erst links weiter, dann rechterhand am Quai entlang zur CONCIERGERIE, einst das Gefängnis, in dem sie alle saßen: die Giftmischerin Brinvilliers, der Mörder Heinrichs IV., Ravaillac und, während der Revolution, 2600 Männer und Frauen, darunter Charlotte Corday, die Mörderin Marats. Sie gingen ihren letzten Gang durch die Rue de Paris, wie eine der restaurierten Hallen heißt, um den Karren zum Schafott zu besteigen, wo ›Monsieur de Paris‹, der Henker, ihrer harrte. Was bei der Führung gezeigt wird, ist nicht authentisch, nur der schöne Saal Saint-Louis, einst Garnisonssaal der ›Leute mit Waffen‹ (*gens d'armes*, woraus Gendarm wurde), und die leere Küche sind aus der Gotik. Die triste Zelle, in der Marie-Antoinette, verhärmt und stolz, ihre letzten Wochen vom 2. August bis 16. Oktober 1793 verbrachte, wurde mit einem Altar bestückt und völlig verändert. Damals war sie feucht, dunkel, eng und ständig von zwei Wärtern besetzt. Schauer jagt einem eher der Zettel (unter Glas) mit der Nachricht ein, ein Stück Lockenwickelpapier, das die Königin mit der Stecknadel ritzte und einem glücklosen Fluchthelfer zusteckte: »Ich spreche mit niemandem, ich bin ständig bewacht, ich werde kommen.«

Wieder heraus aus der gepflegten Stätte des Grauens, bummeln Sie am QUAI DE LA CORSE entlang, vorbei am BLUMENMARKT, wo sonntags Vogelmarkt abgehalten wird, bis zur RUE D'ARCOLE. Hier biegen Sie rechts ein und stehen alsbald vor NOTRE-DAME, von deren Südturm Sie einen anderen, ebenso herrlichen Blick auf die Stadt haben. Weiter nun durch die RUE DU CLOÎTRE und über die PONT SAINT-LOUIS. Trinken Sie einen Kaffee am *zinc* der BRASSERIE DE L'ILE, die Kaffeemaschine heißt ›La Grosse Berta‹, die dicke Berta. Wandern Sie weiter durch die hübsche RUE SAINT-LOUIS-EN-L'ILE mit den originellen Geschäften, Galerien und Restaurants. Zur Erfrischung schlecken Sie das vorzügliche Eis oder Sorbet des berühmten BERTHILLON in der Nr. 31. Rechts nun die Kirche SAINT-LOUIS-EN-L'ILE im Jesuitenstil.

Sie stoßen nun auf die PONT DE SULLY. Rechts am anderen Ufer der Seine erhebt sich das moderne INSTITUT DU MONDE ARABE, von dessen Café-Terrasse sich ein weiterer herrlicher Blick auftut. Links, am Quai d'Anjou Nr. 2, im HÔTEL LAMBERT, bot die gelehrte Marquise de Châtelet ihrem Freund Voltaire Herberge. In der Nr. 9 wohnte der Zeichner mit dem enthüllenden Blick, Daumier, in der Nr. 17, dem HÔTEL DE LAUZUN, hauste und haschte eine Zeitlang der unstete Baudelaire. Dann wandern Sie über die PONT DE SULLY und gehen weiter auf dem Boulevard Henri-IV in Richtung PLACE DE LA BASTILLE. Der Blick auf die Säule mit der Freiheitsstatue, die sich an der Stelle der einstigen Bastille erhebt, ist von hier aus wirklich eindrucksvoll.

In der Rue Saint-Antoine

Im Straßenpflaster vor dem Café Tour de la Bastille am Place de la Bastille sind die Umrisse der ehemaligen Festung markiert. Am 14. Juli 1789 begann hier die ›Grande Révolution‹, ausgelöst von dem erbitterten Volk von Paris. Die Schweizer Garden liefen über, der Kommandant wurde getötet, die sieben Gefangenen triumphal befreit, und kurz darauf wurde das verhaßte Symbol des Feudalismus abgebrochen. Nicht zu übersehen: der Neubau der OPÉRA DE LA BASTILLE.

Möglich, daß Sie jetzt essen wollen, da wäre das Belle Epoque-Restaurant BOFINGER zu empfehlen, die älteste Brasserie der Stadt. Sie befindet sich in der Rue de la Bastille Nr. 5, einem Sträßchen, das vom Bastille-Platz nach Westen abgeht.

Gehen Sie dann die RUE SAINT-ANTOINE entlang, die breite Avenue der Arbeiter, die sich stets hier zu den Aufständen zusammenrotteten. Gleich am Anfang der Straße das Denkmal für Beaumarchais, der mit seiner ›Hochzeit des Figaro‹ den Adel, vom Adel heftig beklatscht, anprangerte.

Rechts biegen Sie nun in die Rue de Birague ein und sind schon auf dem herrlichen PLACE DES VOSGES, geplant von Heinrich IV., der dessen Vollendung allerdings nicht mehr erlebte (1605–1612). Setzen Sie sich unter die Bäume, bestaunen Sie die graurosa Gebäude in ihrer Geschlossenheit und ihrer harmonischen Schönheit. Wie wäre es mit einem Tee (oder einem Kognak) unter den Arkaden in LA CHOPE DES VOSGES oder einem Glas Wein im MA BOURGOGNE? Oder vielleicht dem Besuch des MUSÉE VICTOR-HUGO in der Nr. 6?

Zurück nun auf die RUE SAINT-ANTOINE, wo man übrigens preiswert und gut Fleisch, Käse, Wein oder Delikatessen einkaufen kann. Nr. 62 ist das HÔTEL BÉTHUNE-SULLY,

Das Hôtel-de-Ville

Place des Vosges

dessen Renaissance-Fassade Sie sehen müssen. Sodann nach rechts in die Rue Malher, dann links in die Rue des Rosiers, der Schlagader des alten Judenviertels vom Marais (siehe Kapitel ›Das Paris der Zuwanderer‹).

Wandern Sie schließlich die Rue Vieille-du-Temple linkerhand weiter, vorbei an der Bar Le Petit Fer a Cheval, zur Rue de Rivoli. Dort liegt, ein paar Schritte nach rechts, La Tartine, eines der letzten unverfälschten Wein-Bistros der Stadt. Nun geht es die Rue de Rivoli ein Stück zurück, bis zur Rue du Prévôt, in die Sie rechts einbiegen, und mit einer kleinen Rechtsbiegung wieder links die Straße des Feigenbaums (Rue Figuier) entlang, und da ist schon das mittelalterliche Hôtel de Sens, erbaut als Stadtpalais für die Erzbischöfe von Sens, später Sitz der liebeslustigen, dicken Königin Margot, ausschweifende Gemahlin Henri IV.

Wandern Sie weiter die Rue de l'Hôtel-de-Ville hoch, rechts im Hintergrund das Hôtel du Duc d'Aumont (1648). Seines alten Gartens beraubt, liegt es an der Rue de Jouy Nr. 7 etwas kahl da. Das Verwaltungsgericht von Paris ist in die Räume eingezogen, in denen die Herzöge von Aumont einst Feste feierten. Folgen Sie der Straße weiter bis zur Kirche Saint-Gervais-et-Saint-Protais. Hier hat Madame de Sévigné geheiratet.

Nun zum Rathaus. Pflanzen Sie sich vor der Vorderfront auf – sie wurde im Stil Franz I. 1882 nachgebaut. Setzen Sie sich vor die Springbrunnen, geben Sie ihrer Phantasie Nahrung. In Alt-Paris floß hier die Seine, ohne Kai-Anlagen, mit flachen Ufern; Schiffe landeten, Kühe und Pferde wurden getränkt. Der Platz hieß bis 1830 Place de Grève, weil sich seit dem Mittelalter die Arbeitslosen dort versammelten. Der Ausdruck *faire la grève,* der ursprünglich ›nicht arbeiten‹ bedeutete, steht heute für streiken. Auf dem weiten Rund spielten sich bis in das 19. Jahrhundert die schrecklichsten Szenen ab. Seit Ludwig XI. dort ein Dauer-Schafott errichten ließ, wurde öffentlich getötet. Zu den Hinrichtungen eilten die *belles dames* und die *bons monsieurs* in Samt und Seide wie ins Theater, um begierig zu sehen, wie gefoltert, gerädert, gehängt und geköpft wurde. Es dauerte anderthalb Stunden, bis der Lakai Damiens, der König Ludwig XV. nur mit dem Messer geritzt hatte, qualvoll starb.

Auf der Treppe des Hôtel-de-Ville mußte Ludwig XVI. die Kokarde der Revolutionäre anlegen, hier wurde am vorletzten Tag der Schreckensherrschaft (9. Thermidor = 27. Juli 1794) Robespierre durch eine Revolverkugel am Kinn schwer verletzt, hier rief Gambetta am 4. September 1870 die Dritte Republik aus, und hier steckte die Kommune am 28. Januar 1871 das Gebäude in Brand. De Gaulle wurde nach der Libération in diesem Rathaus von den kommunistischen Mitgliedern der Résistance nur widerwillig empfangen. Im Seitenflügel, zur Rue Loban hin, gibt es immer interessante Ausstellungen, die man kostenlos besuchen kann, meist zum Thema Paris.

Zweiter Spaziergang: *Zwischen Madeleine, Opéra und Palais Royal*

An der Madeleine-Kirche, die Sie besichtigen können, starten Sie zu einem Gang, der zunächst mehr den Magen als den Geist ansprechen soll, grande-bouffe-bouffonierie. Gehen Sie um den ganzen Platz herum – gegen den Uhrzeiger – toll, was da alles geboten wird. Zunächst das Früchteparadies FAUCHON in der Nr. 26, der Delikatessenladen, den junge Linke 1970 stürmten, um die Armen in den *bidonvilles,* den Vorstadtbaracken, mit Kaviar zu beglücken. Der Laden ist pure Augenlust. Am Stehbüfett kann hier flugs eine Tasse Kaffee genossen werden, oder, als zweites Frühstück, frische Krabben mit Zitrone, oder eine Mousse au Chocolat. Nebenan duftet der Käseladen CREPLET-BRUSSOL, in dem 300 Käsesorten zur Auswahl stehen, dazu gibt es einen Kalender, aus dem zu ersehen ist, welcher Käse in welchem Monat am besten schmeckt. In der Nr. 19 lockt das MAISON DE LA TRUFFE, schon der Name ist Programm. Ein Haus weiter befindet sich im ersten Stock KASPIA, ein elitäres Restaurant, wo der Gast, an der Bar sitzend, zu jeder Tageszeit sein Häuflein Kaviar plus Wodka zu sich nehmen kann, ohne dabei pleite zu gehen; der Keeper hat Stammgäste aus der ganzen Welt. Ecke Boulevard Malesherbes sehen Sie das Dreisternelokal LUCAS CARTON mit dem schönen Belle Epoque-Dekor, werfen Sie ruhig einen Blick hinein. Weiter um den Platz herum, kommen Sie zum Luxuswarenhaus LES TROIS-QUARTIERS, schick und teuer, an seiner Seite geht die RUE DUPHOT ab, in der Nr. 9 das altväterliche Restaurant PRUNIER DUPHOT, in dem Ernst Jünger gern Austern schlürfte. Das Menü ist hier preisgünstig.

Biegen Sie nun am Platz Maurice-Barrès links in die RUE SAINT-HONORÉ ein, die im Gegensatz zum Snob-Faubourg Saint-Honoré eine Straße ist, in der man allerlei preiswerte Entdeckungen machen kann. In der Nr. 374 zeigt eine Plakette an, daß hier Madame Geoffrin von 1750 bis 1777 einen berühmten literarischen Salon unterhielt. Bei dieser gutherzigen Rokokomatrone, die zwar nicht von Adel, doch von Vermögen war, verkehrten Boucher, Marivaux, Voltaire, Diderot und der Naturforscher Bouffon.

Gehen Sie noch ein Stück weiter: in der Nr. 398, auf der Hofseite, lebte Robespierre, der ›Unbestechliche‹. Er wohnte bei der Tischlerfamilie Duplay im ersten Stock in der ›blauen Kammer‹, und die junge Tochter Elisabeth schwärmte von ihm: »Er war kein strenger Richter, sondern ein Freund und gütiger Bruder, er war so tugendhaft.« Jetzt links durch die Passage auf den PLACE VENDÔME, der ohne Autos einer der vollkommensten von Paris wäre. Die Häuser im Einheitsstil von Mansart entstanden Anfang des 18. Jahrhunderts (in der Nr. 9 starb Chopin 1849). Das weltberühmte Hotel RITZ, gegründet von dem Schweizer César Ritz, gehört heute Arabern. In der Mitte des Platzes steht die Säule, darauf Napoleon als Römer verkleidet, die 1871 von der Kommune gestürzt wurde. Beteiligt war der Maler Courbet, der sie zwei Jahre später auf eigene Kosten wieder aufstellen sollte und deshalb ins Schweizer Exil floh.

Geradeaus nun durch die Straße des Friedens, RUE DE LA PAIX, einst Modezentrum, heute Dorado der Juweliere, darunter der weltbekannte Cartier, zum CAFÉ DE LA PAIX mit Blick auf die OPER, die seit der Eröffnung des neuen Opernhauses an der Bastille jetzt den Zusatz ›Palais Garnier‹ erhalten hat und besichtigt werden kann.

Dahinter entdecken Sie die großen Warenhäuser, die Sie beschnuppern sollten. Im Nouveau Magasin des Kaufhauses PRINTEMPS gibt es ein Self Service-Lokal, an dem allerdings nur die Kuppel bewundernswert ist.

◁ OPÉRA PALAIS GARNIER

Opéra Palais Garnier

Büste von Charles Garnier, dem Erbauer der alten Oper

Zurück zur Oper, dann links in die Rue du Quatre-Septembre, rechts in die Rue de Port-Mahon bis zum kleinen Place Gaillon mit dem ehrwürdigen Restaurant Drouant, das nicht nur wegen seiner beiden Michelin-Sterne bekannt ist, sondern auch, weil hier die Auguren beim leckeren Mahl zusammenkommen, um alljährlich den Träger des Goncourt-Preises auszutüfteln, der den Gekürten hohe Auflagen sichert.

Geradeaus weiter stoßen Sie auf die Avenue de l'Opéra (werfen Sie noch einen Blick zurück auf die Oper), um sogleich wieder links einzubiegen in die Rue des Petits-Champs. Vorbei an der Bibliothèque Nationale, kommen Sie zur Galerie Vivienne, in die Sie unbedingt hineinspazieren sollten. Junge Models, schicke Kundinnen und Geschäftsleute finden sich ein in den Lokalen der Passage. Denn nur wenige Schritte weiter ist der Place des Victoires mit dem Reiterstandbild Ludwigs XIV., gesäumt von Boutiquen der Mode-Avantgarde.

Spezialgeschäft für Elfenbein und Schildpatt am Boulevard Haussmann, 55

Nun wandern Sie wieder ein Stück zurück, um auf der Höhe der Rue Vivienne nach links hinabzusteigen, vorbei am exquisiten Restaurant Le Grand Véfour in authentischem Directoire-Stil. Mittags haben Sie vielleicht Glück und bekommen noch einen Platz, für abends müssen Sie ein paar Tage vorher reservieren lassen.

Sie sind nun im Palais Royal. Schauen Sie sich vom Garten aus die Fassaden an. Hinter einem der Fenster starb 1954 die Schriftstellerin Colette, die hier lange gelebt hatte, viel besucht von Jean Cocteau, der ebenfalls ein Appartement im Palais bewohnte. Lassen Sie sich irgendwo nieder – vielleicht auf der Terrasse des kleinen Lokals Muscade – und Ihrer Phantasie freien Lauf:

Arkaden im Palais Royal

Hinter diesen Fenstern starb die Schriftstellerin Colette

Die Buren-Säulen im Hof des Palais Royal

Hier war eine der Urzellen der großen Revolution. Kein Polizist durfte den Garten betreten. Er gehörte mit den umliegenden Häusern dem Königs-Vetter und -Hasser Herzog von Orléans. Wo es heute so still ist, blühten damals die Cafés, Klubs, Spielsäle und die ersten Restaurants von Paris. Hier sprang am 13. Juli 1789 der Journalist Camille Désmoulins auf einen Tisch und rief die *citoyens* zu den Waffen, dabei verteilte er die grünen Blätter der Bäume als Abzeichen in der Farbe der Hoffnung. Der Herzog nannte sich fortan Philippe Egalité, was ihn freilich nicht vor der Guillotine rettete.

Die Anlagen wurden zum Garten der Lüste, in durchsichtigen Schleiergewändern promenierten hier die Damen, die ihre Tugend teuer und immer wieder neu verkauften. In blauweißen Zelten wurden Erfrischungen angeboten, nackte Nonnen traten auf und versicherten, sie seien zum Gelübde gezwungen worden. In der heutigen Nr. 177, der GALERIE VALOIS, kaufte Charlotte Corday im weiß-schwarz getüpfelten Kleid das Messer, das sie Marat ins Herz stieß, als er gerade ein Bad nahm.

Wer heute durch die oft menschenleeren, leicht angestaubten Arkaden mit den Pfeifen-, Ordens- und Briefmarkenlädchen wandelt, kommt sich vor wie Dornröschen, ehe der Prinz aufkreuzte. Genießen Sie die Ruhe und auch die Reglements des Palais, die auf kleingeschriebenen Tafeln skurrile Verbote proklamieren. So dürfen hier keine »Personen, die unkorrekt gekleidet oder im Zustand der Trunkenheit« sind, herein. Pferden, Flugblattverteilern und Bettlern ist der Zutritt ebenfalls versagt, und schon gar nicht darf man in den Wasserbecken baden. Am andern Ende des Jardin betreten Sie (wahrscheinlich staunend) einen seltsamen Wald aus Säulenstümpfen. Diese steinerne Kunstlandschaft ist der teuerste Einzelauftrag, den der französische Staat je an einen Künstler vergab, und löste folglich einen ziemlichen Skandal aus. Der Künstler heißt Daniel Buren. Rechterhand durch einen Torbogen kommen Sie zur COMÉDIE FRANÇAISE, in deren Foyer man den abgewetzten Sessel bewundern kann, auf dem Molière, während er den ›Eingebildeten Kranken‹ spielte, seinen tödlichen Herzanfall bekam. Die Comédie wurde 1792 unter dem Direktor und Schauspieler Talma gebaut. Die Statuten des Theaters, in dem schon eine 18jährige Schauspielerin zur Pensionärin werden kann, arbeitete Napoleon in Moskau (während es brannte) aus, sie gelten zum Teil noch heute.

Nun stehen Sie auf dem PLACE ANDRÉ-MALRAUX mit dem Brunnen in der Mitte. Genießen Sie noch einmal den Anblick der alten Opéra am anderen Ende der Avenue, vielleicht ist sie schon abendlich illuminiert. Als Abschluß sollten Sie sich noch einen ›Bloody Mary‹ gönnen in der Urzelle aller ›Harry's Bars‹, Rue de Danou, denn hier wurde dieser Cocktail 1921 erfunden.

ROMANET

Dritter Spaziergang: *La Rive Gauche – Das linke Ufer*

Metro Saint-Michel, und dann gleich den Quai des Grands-Augustins mit den Bouquinisten entlang. Hier lockt L'Ecluse, ein Weinprobier-Bistro mit Bordeaux-Spitzenweinen, die man glasweise bestellen kann. Dazu gibt es lukullische Happen.

Am Lapérouse vorbei, mit seinen altmodischen Freß-Salons in einem Haus aus dem 16. Jahrhundert, nach links in die Rue des Grands-Augustins. In der Nr. 7, einem Palais aus dem 15. und 16. Jahrhundert, wohnte Picasso während des Krieges. 1936 hatte Jean-Louis Barrault seinen ›Speicher der Wunder‹ (Grenier des Merveilles) dort eingerichtet, wo er mit Antonin Artaud, den Surrealisten, jungen Schauspielern und Chansonsängern (Mouloudji) Privattheater spielte. Schauen Sie in den Hof hinein. Auf der anderen Straßenseite, in der Nr. 14, befindet sich die Taverne der Haute Cuisine von Jacques Cagna, in der Nr. 20 die berühmte Photogalerie Magnum.

Jetzt rechts in die Rue Christine, in der Nr. 5 lebte die amerikanische Avantgarde-Schriftstellerin Gertrude Stein mit ihrer Freundin Alice Tocklas die letzten Jahre vor ihrem Tode (1946), umgeben von den berühmten Bildern ihrer Sammlung, Picasso, Matisse, Juan Gris. Keine Plakette kündet von ihr, obgleich sie hier einen wichtigen literarischen Salon führte, in dem alle jungen amerikanischen Schriftsteller, vor allem Hemingway, inspiriert und korrigiert wurden.

RESTAURANT AU VIE

Place Fürstemberg

An der Kirche Saint-Germain-des-Prés

Weiter jetzt durch die Passage Dauphine in die Rue Mazarine mit dem Revue-Theater L'Alcazar, Jean-Marie Rivières letzter Triumphstätte. Das, was es damals war, ist es nicht mehr, dennoch sollten Sie, wenn Sie ein Faible für's Cabaret haben (und nicht zu empfindliche Ohren, denn die Tonanlage ist überlaut!) zum *spectacle* nach dem Diner wiederkehren. In der Nr. 12 erinnert eine Inschrift daran, daß Molière hier 1643 sein illustres Theater gründete. In der Nr. 19 wohnten der Dichter Robert Desnos und seine Frau Youki, von ihrem ersten Mann, dem Maler Foujita, ›rosa Schnee‹ getauft.

Am Square G. Pierne sehen Sie die Kuppel des Instituts, zu dem, neben vier anderen Akademien, auch die Académie Française gehört, in der die 40 ›Unsterblichen‹ über die Reinheit der französischen Sprache wachen. Die Auserwählten erscheinen bei feierlichen Gelegenheiten im grünen, goldbestickten Palmenfrack, mit Zweispitz und Schwert, im Kuppelsaal. Frauen waren bis 1980, als Marguerite Yourcenar gewählt wurde, von diesem 300 Jahre alten Gremium ausgeschlossen. Nicht gerade zum Ruhme der Académie liest sich folgende Namensliste: Descartes, Pascal, Molière, La Rochefoucauld, Rousseau, Diderot, Beaumarchais, Balzac, Maupassant, Proust und Zola, denn sie alle wurden nicht in die Académie gewählt, hatten sich wohl auch nicht darum bemüht, denn das muß der Kandidat. Durch die linke Tür kommt man in den Hof, hinter der Säulenhalle ist die Bibliothèque Mazarine.

Im spitzen Winkel biegen Sie nun in die Rue de Seine ein und gleich rechts in die Rue des Beaux-Arts auf die Académie des Beaux-Arts zu. Links in der Nr. 13, einst ein armseliges Hotel, starb Oscar Wilde. Restauriert wurde das Haus zu einer der schicksten Absteigen von Paris: L'Hôtel, mit elitären Luxuskammern nicht nur für Filmstars. Schräg gegenüber das Restaurant des Beaux-Arts, wo Sie im Kreise von Professoren und Kunststudenten essen können.

Die Akademie-Anlage selbst wirkt mit ihren verwitterten Renaissance-Statuen wie ein surrealistischer Dekor. Sie war einst das Kloster der Petits-Augustins, daher gibt es noch einen etwas verkommenen Kreuzgang. Im Mai 1968 entstanden hier aufmüpfige Flugblätter. Trauen Sie sich ruhig hinein.

Gehen Sie ein Stück links, die Rue Bonaparte entlang, und biegen Sie dann wieder links in die winzige Rue Visconti ein. In der Nr. 16 starb die Geliebte des Marschalls Moritz von Sachsen, Adrienne Lecouvreur, in der Nr. 17 hatte Balzac seine Druckerei, die bald pleite ging, und in der Nr. 24, heute ein Katzen-Getto, starb 1699 der Dramatiker Racine.

Gleich sind Sie wieder auf der Rue de Seine, mit ihren Läden und Galerien eine der anregendsten Straßen von Paris. Gleich gegenüber an der Ecke das Bohème-Bistro La Palette mit unveränderter Atmosphäre und witzigen Kellnern.

Drei Schritte rechts in die Rue de l'Echaudé, schon stehen Sie vor M. Renard, einem Puppenparadies, angefüllt mit wahren Museumsstücken. Weiter auf der Rue de Seine, dann einen Abstecher nach links in die mittelalterliche Rue de Buci mit dem Markt: Augen-Gaumen-Ohrenschmaus! Weiter rechterhand auf der Rue de l'Abbaye und nach ein paar Schritten schon wieder rechts ab auf den Place Fürstemberg zu einem Abstecher. An diesem stimmungsvollen Platz steht das Haus von Delacroix, heute ein Museum.

In der Rue de l'Abbaye Nr. 18 wurden 1792 während der Septembermorde im Gefängnis der Abtei 318 Priester und Gläubige roh erschlagen. Am Ende der Straße links erhebt

Café Aux Deux Magots am Tage …

... und bei Nacht

sich die (Abtei-)Kirche Saint-Germain-des-Prés, Baubeginn im 10. Jahrhundert. Im schattigen Gärtchen steht die Büste Apollinaires, die Picasso für seinen Freund schuf. Lassen Sie sich nieder im Café aux Deux Magots, das vor allem in den Jahren des Existenzialismus Treffpunk der intellektuellen Elite war. Nebenan im Café de Flore schrieben in der Besatzungszeit Simone de Beauvoir und Sartre ihre Bücher und wärmten sich am eisernen Ofen.

Jetzt wandern Sie gestärkt auf dem Boulevard Saint-Germain an der Kirche entlang und überqueren ihn beim Denkmal Diderots. Durch die Rue des Ciseaux und die Rue des Canettes (in der Nr. 11 das abends knallebendige *comptoir-buvette* Chez Georges, einer der letzten Chanson-Plätze) gelangen Sie auf den Place Saint-Suplice. In der gleichnamigen Kirche heiratete Heinrich Heine 1840 seine Schuhverkäuferin, die er in der Passage des Panoramas kennengelernt hatte. Er annoncierte dieses Ereignis seinen Eltern so: »Den 31. August heirate ich Mathilde Crescentia Mirat, mit der ich mich schon länger als sechs Jahre täglich zanke.«

Weiter durch die kleine Rue Ferou. In der Nr. 6 wohnte Hemingway mit seiner zweiten Frau, Pauline, in der Nr. 4 der amerikanische Surrealist und Photograph Man Ray. Sie treffen direkt auf das Musée Luxembourg.

Gleich rechts daneben öffnet sich Ihnen der Jardin, den Sie, sich links haltend, durchqueren – vorbei am Delacroix-Denkmal und dem Palais. Genießen Sie den Blick über das Bassin bis hin zum Montparnasse, und suchen Sie die seitlich des Palais versteckte Fontaine de Medicis. Nicht weit davon, rechterhand, liegt unter Bäumen ein charmantes Chalet mit Restauration. Streben Sie weiter durch die Allee, bis Sie durch ein Gitter-Portal den Park verlassen.

Nun geht es hinauf zum PANTHÉON – in statischer Kälte ist es der Ruhmestempel der Gloire, den Sie aber besichtigen sollten.

Gehen Sie nun links die RUE CUJAS hinab, überqueren die RUE SAINT-JACQUES, eine alte Römerstraße, und dann rechts weiter durch die RUE VICTOR-COUSIN zum PLACE DE LA SORBONNE, vor der 1253 gegründeten Universität von Paris.

Weiter nun auf dem Studenten-BOULEVARD SAINT-MICHEL (rechts das mittelalterliche MUSÉE CLUNY mit seinen Thermen aus der Römerzeit) zurück zum Ausgangspunkt. Ein französischer Chronist um 1200 schrieb über das Lateinische Viertel: »Hier ist der Ofen, wo das geistige Brot der ganzen Menschheit gebacken wird.«

An der Metrostation Anvers ▷

Vierter Spaziergang:
Hinauf zum Montmartre

Jährlich erklimmen 15 Millionen Touristen die 100 m hohe und damit höchste Erhebung von Paris: den Butte Montmartre. Sie ahnen nicht, daß sie auf brüchigem Boden wandeln. Der Berg der Märtyrer ist von 32 Bergwerken und Gipsbrüchen ausgehöhlt und soll in Zukunft ausbetoniert werden. Noch fehlt das Geld dazu.

Die Geschichte des Montmartre reicht weit zurück. Erst errichteten die Druiden (die Priester der Kelten) hier ihre Kultstätten, dann bauten die Römer ihre Tempel, und Ende des 3. Jahrhunderts wurde hier der heilige Dionysius enthauptet. Erst 1857 wurde Montmartre eingemeindet.

Da der Wind die Höhe ständig frisch umwehte, gab es 30 Mühlen. Unter ihren Flügeln formierte sich am 18. März 1871 die ›Pariser Kommune‹, der revolutionäre Aufstand der Arbeiter und der Nationalgarde. Sie wollten das besiegte Paris, im Gegensatz zur Regierung Thiers (die bereits am 28. Januar kapituliert hatte) bis zum letzten Haus und Mann gegen die Deutschen verteidigen. Das Volk schleppte 171 Kanonen auf den Platz, wo heute Sacré-Cœur steht. Es herrschte Bürgerkrieg. In der Nacht zum 18. März sollten die Regierungstruppen die aufständische Nationalgarde in einem Handstreich entmachten. Das ging schief, weil einer der Kanoniere erschossen wurde. Der herbeigerufene Arzt war auch Bürgermeister von Montmartre und hieß Georges Clémenceau. Entsetzt mischte er sich ein und brachte einen Teil der Soldaten dazu, sich mit den Kommunarden zu verbrüdern. So begannen die legendären 72 Tage der Kommune, die die Arbeiterschaft der ganzen Stadt erfaßte. Auch die Aufständischen waren nicht zimperlich und erschossen Generäle, setzten das Tuilerien-Schloß und das Rathaus in Brand.

Die Regierung floh nach Versailles, doch ihre Rache wurde fürchterlich. Ihre Truppen schlugen den Aufstand nieder, man spricht von 30 000 bis 40 000 Opfern bei Massenerschießungen. Fünf Jahre später begann der Bau der weißen Zuckerbäcker-Kathedrale Sacré-Cœur als ›Sühnekirche‹ für den verlorenen Krieg.

Erstaunlicherweise wurde das dörfliche Montmartre nun zum beliebten Ausflugs- und Vergnügungsziel der Stadtbevölkerung. Belle Epoque-Damen mit *cul* und ihre Kavaliere mit Kreissäge wanderten auf die Höhen und amüsierten sich in volkstümlichen Gartenlokalen. In den engen Gassen mit den niedrigen Häusern, zwischen Gärten und wildem *maquis* (Gestrüpp), siedelten sich viele Künstler und allerlei Ganoven an. Es gab Schenken, Spelunken und Ballhäuser.

Steigen Sie an der Metrostation Place de Clichy aus. Vom Boulevard Clichy wandern Sie die Rue Caulaincourt hinauf und finden rechts unter der Brücke den Eingang zum Friedhof Montmartre, der einen Ausflug zu Nostalgie und Pathos unbedingt wert ist. Alsdann steigen Sie die Brücke hoch, die sich mit donnerndem Verkehrskrach über die Ruhe der unten liegenden Toten spannt, und biegen rechts in die Rue Joseph-de-Maistre ein bis zur Rue des Abbesses. Gleich links, Rue Lepic 54, wohnte von 1886 bis 1888 Vincent van Gogh bei seinem Bruder Theo.

Wandern Sie weiter durch die Straße der Äbtissinnen, sie ist voll prallen Lebens mit Marktständen, Delikateßläden und Bistros. Rechterhand, am Ende der Rue Aristide Bruant, liegt das bescheidene Grand Hôtel de l'Orient, Schauplatz des Films ›Die Spaziergängerin von Sanssouci‹ mit Romy Schneider. Lassen Sie sich nieder in den Korbstühlen von Le Saint-Jean. Auf der gleichen Straßenseite erhebt sich die wie gestrickt wirkende Art Deco-Kirche Saint-Jean-de-Montmartre, ganz aus Beton. Im kleinen Pfarrhaus daneben wohnte einst die berühmte Sängerin Malibran. Im Delikateßladen

Bäckerei in der Rue Germain-Pilon

Feinkostladen am Place des Abbesses, in dem einst auch Picasso einkaufte

Place Emile-Goudeau

Au Cochon Rose, zum rosa Schwein, hat schon Picasso mit seiner Geliebten, der üppigen Fernande Olivier, Delikatessen eingekauft, wenn er bei Kasse war.

Er lebte mit seiner ›Bande‹, zu der Braque, Juan Gris, Apollinaire und Marie Laurencin gehörten, im Bateau Lavoir, am Place Emile-Goudeau, den Sie die Rue Ravignan hochstrebend erreichen. Das Atelierhaus, vom Dichter Max Jacob »Akropolis des Kubismus« genannt, ganz aus Holz, war in die Tiefe gebaut, man stieg sozusagen hinab. 1972 brannte es total ab, lange konnte man nur eine weiß bemalte Wand auf dem Platz sehen. Jetzt ist alles von der Stadt für die Künstler wieder aufgebaut. Daneben das Timhôtel, bis vor kurzem das höchst individuelle, charmante Hôtel Paradis, in dessen 6. Stock wir wohnten, als wir dieses Buch begannen. Damals gab es noch keinen Lift und keine Gruppenreisenden.

Auf dem Platz mit seinen schattigen Kastanienbäumen und dem Wallace-Brunnen ist ein ständiges Kommen und Gehen. Pariser Straßentheater der beschaulichen Form. Die Menschen sind freundlich, man kommt sogleich ins Gespräch und sei es über einen der vielen fetten Hunde, die es hier recht gemütlich haben. Früher stand auf dem Platz ein gewaltiger Birnbaum – im einstigen Obstgarten des Nonnenklosters –, um den herum in der Revolution eine Schänke errichtet wurde – ein Tisch mit Bänken befand sich gar im Geäst –, bis der Baum 1804 gefällt wurde.

Biegen Sie nun links vom Platz in die Rue d'Orchampt ein. In der Nr. 5 steht das erste Fertighaus der Welt, ein kleiner, brauner Bau, vom Dramatiker Courteline als Überbleibsel der Weltausstellung 1889 gekauft, später das Bistro Chalet de la Butte.

Dann das Sträßchen rechts hoch zum Restaurant DA GRAZIANO mit Zaubergärtchen und überraschend niedrigen Menüpreisen. Jenseits erhebt sich eine der beiden wiedererbauten Mühlen (einst klapperten hier 30). Das Garten-Ball-Lokal Moulin de la Galette, von Renoir so hinreißend gemalt, befand sich ganz oben auf dem Hügel unterhalb der zweiten Mühle und ist nun leider verschwunden. Ein paar Schritte die RUE LEPIC hinab LA PETITE GALETTE mit ein paar Tischen auf der Straße und preiswerter Karte. Weiter nun durch die RUE GIRARDON, rechts eine neue Eß-Verlockung, L'ASSOMMOIR (benannt nach dem Roman Zolas), das exklusivste Restaurant des Viertels, mit einer kleinen Terrasse. Etwas weiter links liegt ein geheimnisvoll behäbiges Haus, das Château de Brouillard (Nebelschloß), in dem Renoir lebte und später sein Sohn Jean, der Filmregisseur.

Jetzt rechts in die RUE DE L'ABREUVOIR (Tränke), die oft von Utrillo gemalt wurde, mit dem winzigen rosa Haus LA MAISON ROSE, einem Bistro, in dem man trotz seines malerischen Aussehens (Picasso wohnte 1902 kurz dort) manchmal recht gut ißt.

Links hinab in die RUE DES SAULES (Weiden), dort finden Sie den letzten Weinberg von Paris, aus dessen Trauben ein saures Gesöff gewonnen wird. An der Ecke das Kabarett LAPIN AGILE, das früher nicht zu Unrecht ›Rendevouz der Diebe‹ hieß und das – obwohl

Um die Mühle herum wogte einst das Pariser Volk auf dem von Renoir so bezaubernd gemalten ›Bal du Moulin de la Galette‹, heute Mittelpunkt einer neuen Luxus-Wohnanlage

es schon seit fast einem Jahrhundert ein touristisches Chanson-Mekka darstellt – dennoch seinen Pariser Charme erhalten hat.

Wieder den Berg hinauf, können Sie linkerhand einen Abstecher machen in die Rue Cortot Nr. 12 und das Musée du Vieux-Montmartre besuchen. Am oberen Ende der Rue des Saules links ist das Restaurant A la Bonne Franquette, dessen Garten van Gogh gemalt hat. Nun drei Schritte links in die Rue Norvins und gleich rechts in die Rue Poulbot, genannt nach dem Maler, der um die Jahrhundertwende die Kinder so wunderbar und witzig zeichnete, ein Zille von Paris – im Gegensatz zu den Kitschbildern, die in seinem Namen von schrecklichen Nachahmern vertrieben werden. Gehen Sie in das Wachsmuseum, Musée de Cire: ein amüsanter Anschauungsunterricht vom alten Montmartre mit lebendig wirkenden Figuren.

Nun auf den Place du Calvaire. Neben dem Jugendstilhaus Nr. 1 hat man eine faszinierende Aussicht auf die Stadt. Links um die Ecke öffnet sich der Place du Tertre mit seinen 200 Malern (die Hälfte davon Ausländer), die ihre Standplätze eisern verteidigen oder vermieten und zum Teil viel Geld verdienen. Nicht alle freilich. Lassen Sie sich eine Silhouette schneiden, das ist ein hübscheres Souvenir als ein vorgefertigtes Bild oder ein falscher Naiver.

Ganz verborgen finden Sie seitlich von Sacré-Cœur eine der ältesten Kirchen von Paris, die romanische Saint-Pierre. Säulen und Kapitelle des römischen Tempels, der hier auf dem Berg des Mars oder Merkur stand, fanden bei ihrem Bau Verwendung. Auf dem Platz vor der Kirche startete am 7. Oktober 1870 der Abgeordnete Leon Gambetta tollkühl in einem Fesselballon, um den gegen die Deutschen kämpfenden Truppen außerhalb des bereits umzingelten Paris Mut zu machen. Einen Monat zuvor hatte er, nach der Gefangennahme von Napoleon III., die Republik ausgerufen.

Hier vom Butte soll der enthauptete heilige Dionysius (Saint-Denis) mit seinem Kopf im Arm bis zur Vorstadt Saint-Denis gegangen sein, daher der Name ›Mont Martyr‹, Märtyrerberg, woraus Montmartre und während der Grande Revolution ›Mont Marat‹ wurde. Unterhalb der Kirche, in der Krypta der Abtei der Damen von Montmartre, gründete Ignazius von Loyola 1534 den Jesuitenorden.

Setzen Sie sich zu den Hunderten von Touristen auf die Treppen unterhalb der Kirche Sacré-Cœur. Der Blick auf Paris ist zum Träumen. Aber steigen Sie auch hinauf auf den Turm.

Und alsdann die Treppen hinab zum Marché Saint-Pierre. Gleich links in einer Markthalle befindet sich das Museum für Naive Kunst. Biegen Sie rechts in die Rue

Das Montmartre-Cabaret Lapin Agile

Am Place du Tertre

Das legendäre Moulin Rouge am Boulevard de Clichy

Das Cabaret Madame Arthur ist die älteste Transvestiten-Bühne von Paris

Tardieu ein, dann ein Stück die Rue des Trois-Frères hinab, zum Place Charles-Dullin mit dem Théâtre de l'Atelier, in dem Jean-Louis Barrault seine Karriere begann. Nun die Rue Dancourt weiter bis zur Nr. 2, dem Restaurant Au Bon Bock. Die Biergläser haben genau die Form wie auf dem Bild ›Le Bock‹ von Manet, der in diesem Lokal häufig zechte.

Sie biegen nun rechts ein auf den großen Boulevard de Rochechouart, der im Gegensatz zu seinem Porno-Glimmer-Dasein nach einer Äbtissin benannt wurde. Ohne es zu merken, kommen Sie nun auf den Boulevard de Clichy und damit ins volle Pigalle-Amüsiergeflimmer.

Drücken Sie unverfroren in der Nr. 58 auf den Klingelknopf am Tor, es öffnet sich, und Sie sehen dann zwar keine *nue intégrale,* nackte Mädchen, aber ein Belle Epoque-Anwesen schönster Art, die Villa des Platanes mit Freitreppen und Kandelabern. In der Nr. 84 kündet nur noch eine Plakette davon, daß hier das freche Kabarett Chat Noir gewesen ist.

Etwas weiter kommen Sie zum Place Blanche, so genannt nach den weißen Gipsbrüchen des Montmartre. Im Café Place Blanche, auf der linken Seite, tagten in den 20er Jahren die Surrealisten. Rechts ist das berühmte Kabarett Moulin Rouge, einst Ballhaus, heute teils Kino, teils Revuetheater, das seinen legendären Toulouse Lautrec-Ruf allnächtlich mit aufwendigen, aber völlig sterilen Super-Shows Lügen straft. Gleich daneben die malerische Sackgasse Cité Veron, hier wohnte bis zu seinem Tode der Dichter Jacques Prévert.

Sollte Ihnen Pigalle, Pigalle tagsüber zu grau und schäbig vorkommen, kehren Sie nachts wieder. Vielleicht, um die älteste Transvestiten-Show der Stadt im kleinen Cabaret Madame Arthur zu beäugen, unbedingt aber um nach Mitternacht bei Au Pied de la Butte einzukehren, wo Evelyne Chancel zu hören ist – klar und eindringlich wie einst die Piaf.

Ein
paar letzte
Vorschläge

Machen Sie doch mal eine Reise von der höchsten Spitze in Paris in den Untergrund der Kanalisation! Dazu fahren Sie mit dem Schnellift zunächst auf den Tour Maine-Montparnasse (am Bahnhof Montparnasse), in den 56. Stock. Sie wandern von Fenster zu Fenster, die Aussicht ist bei gutem Wetter grandios. Speisen sollten Sie da oben allerdings nicht, Pariser werden Sie dort kaum die Gabel in die Hand nehmen sehen.

Wieder auf dem Montparnasse-Boden angelangt, begeben Sie sich zu den Egouts, den Abwasserkanälen. Der Eingang ist gegenüber der Nr. 93 Quai d'Orsay (Metro: Alma). Man betritt sie über eine Wendeltreppe. Leider ist es nicht möglich, wie früher auf dem Boot durch die Kanäle zu fahren. Heute sieht man nur für ein paar Augenblicke, wie sich schaumige, schmutzige Wasserwogen durch Schleusen ergießen, kommt dann in ein kleines Museum (mit Teppichboden), wo die Probleme der Abwässerregelung seit dem Mittelalter anhand von Schaubildern dargestellt sind, begibt sich anschließend in ein Untergrund-Kino, das sich nur im Geruch von anderen unterscheidet, und sieht einen gutgemachten Dokumentarfilm.

Regelmäßige, kundige Führungen bietet der deutsche Student Peter Eckerlin. Man kann sich seinen Prospekt ›Paris Spaziergänge‹ bestellen oder sich von Paris aus telefonisch informieren (siehe Stichwort ›Führungen‹ im Gelben Teil). Die Themen reichen von ›Quartier Latin – Die Geburt der Universität von Paris‹ bis zum ›200sten Jahrestag der Französischen Revolution – Liberté, Egalité, Fraternité und … die Guillotine‹.

Ohne große Anfahrten, im Herzen von Paris, findet sich eine skurrile Idylle, die Kenner der Stadt besonders lieben: die Gegend um den Kanal Saint-Martin, östlich von Gare de l'Est und Place de la République. Mehrere Brücken, Schleusen und altmodische Schleusenwärter-Häuschen, an den Ufern schmale Anlagen mit Bänken unter Bäumen. Man kann beobachten, wie die Ausflugsschiffe an der Schleuse eine ganze Weile warten müssen. Ein beschaulicher Ort. Hier wurde Marcel Carnés berühmter Film ›Hôtel du Nord‹ gedreht. Die armselige Herberge am Quai de Jemmapes Nr. 100, von außen immerhin frisch geweißelt, ist kein Hotel mehr. Pläne bestehen, hier eines Tages ein kleines Filmmuseum einzurichten. »Les passions impatientes: un livre au fil de l'eau« (›Die ungeduldigen Leidenschaften: ein Buch am fließenden Wasser‹), sprühte ein poetischer Bücherwurm hier an den Schleusenquai. Etwas weiter, an der großen Schleuse

Am Canal Saint-Martin; links: das Hôtel du Nord aus Carnés gleichnamigem Film

zwischen Canal de l'Ourcq und Bassin de la Villette hat sich in einem alten Lagerhaus ein Lokal installiert. Le Cargo ist im Sommer mit seinen vielen Tischen draußen am Wasser ein beliebter Treff der *branchés.*

Wer gut zu Fuß ist, kann ab Metro République am Kanal entlang bis zum Park von La Villette wandern.

Für einen schönen Sommertag bietet sich die Seine-Insel La Grande Ile de la Jatte (Metro: Pont de Levallois) an. Zu Zeiten der Impressionisten gab es hier viele *guinguettes,* Gartenlokale am Wasser, in denen die Maler mit ihren Modellen fröhlich tafelten. Eines davon ist heute Ziel der *beautiful people* und heißt Le Petit Poucet (1. Boulevard Levallois-Prolongé).

Oder Sie fahren mit der Metro zur Station Bir Hakeim. Zwischen und unter den Brücken Bir Hakeim und Grenelle zieht sich eine Seine-Insel hin, genannt Allée des Cygnes (Allee der Schwäne), die man bis zur Freiheitsstatue bei der Pont Grenelle entlangspazieren kann. Tatsächlich ist dort eine kleinere Nachbildung der fackelschwingenden Dame aus New York zu erblicken, eine Kopie des Riesengeschenkes der Franzosen an Amerika. Die nächste Brücke ist die Pont Mirabeau, mit Belle Epoque-Figuren schön geschmückt. Sie wurde berühmt durch ein Gedicht Apollinaires, in dem er um seine entschwundene Geliebte Marie Laurencin trauert: »Unter dem Pont Mirabeau fließt die Seine und mit ihr fließt all unser Lieben.«

Eigenartig ist auch der Hundefriedhof auf der Ile d'Asnières an der Pont de Clichy. Fahren Sie mit der Metro zur Station Asnières-Gennevilliers. Ein Stück zu Fuß, dann entdecken Sie den Eingang auf der Seine-Insel, streng bewacht von einer Beschließerin, die mit Spähaugen verborgene Kameras entdeckt. Fotografieren ist verboten, Kameras müssen abgegeben werden. Auf der schmalen Insel breitet sich dieser Friedhof aus, Stätte der Nostalgie, der Tierliebe und Menschen-Vereinsamung.

Sollten Sie viel Zeit haben, lohnt sich auch ein Ausflug nach Boulogne-sur-Seine. Besuchen Sie den entzückenden altmodischen Garten Jardin Albert Kahn (6, Quai du Quatre-Septembre).

Schließlich, warum nicht Versailles? Mit dem Zug ab Gare des Invalides oder auf eigene Faust im Auto. Das Schloß wurde unlängst geradezu glitzernd renoviert, vor allem die Zimmer der Marie Antoinette. Als Allerneuestes kamen die Appartements der Töchter Ludwigs XV. dazu. Wenn Sie die Prachtsäle zu sehr ermüden, fliehen Sie in den weitläufigen Park mit seinen Nebenschlößchen, Figuren und Kaskaden. Im Herbst ist das am schönsten. Die ganze Anlage ist so gigantisch, daß es Programme für einen oder sogar zwei Tage gibt. Wer speisen möchte wie der Sonnenkönig, wagt sich in den Feinschmecker-Tempel Les Trois Marches direkt am Schloßplatz.

Und schließlich ein Tip für Entdeckernaturen: das Abbruchviertel Bercy mit seinen vielen alten Wein-Depots (Le Petit Bercy), die zum Teil verfallen. Es schließt sich das Palais Omnisport (Metro: Bercy) an, eine gigantische Arena, auf deren Dach grüner Rasen wächst. Hier finden sowohl Sechstagerennen wie Opern-Spektakel statt.

Noch ein Vorschlag: Tanzen Sie doch einmal am 14. Juli, dem Nationalfeiertag, auf einem Feuerwehrball. Die *pompiers* schmücken ihre Kasernen liebevoll aus, haben gute Kapellen und sind begeisterte Tänzer. Oder Sie gehen an einem verregneten Sonntagnachmittag tanzen zum Klang der Ziehharmonika. Auf einem der letzten *bals musettes* schwoft ein braves Völkchen im Java, hinter dem Place de la République.

»Paris ist eine Stadt der Sprache. Sprechen ist ihr großes Glück, ihr höchster Genuß. Selbstverständlich spricht sie französisch. Aber wir müssen nicht unbedingt französisch beherrschen, um ihr Sprechen zu verstehen, wir können sie mit den Augen hören, ›faire les terrasses‹ bedeutet / Paris sprechen sehen. Die Franzosen sind ein Volk, das sich ununterbrochen selbst erzählt«

Eckart Peterich, ›Pariser Spaziergänge‹

Zwischendurch habe ich es doch fertig gebracht, die unglaubliche Schönheit dieser Stadt wieder zu erfahren – zwölf Jahre hatte ich sie nicht gesehen und tatsächlich vergessen, wie schön sie ist! Auf schnellen Streifzügen habe ich mein Auge an der weiten Herrlichkeit der Veduten, dem unauslöschlichen historischen Glanz ihrer Architektur geweidet und mit Sinnen und Nerven hineingefühlt in ihr spezifisches Leben, das sich in aller Weltumwälzung mühelos von Natur wegen bewahrt – diese vom Oxygen der Literatur durchtränkte Atmosphäre von Leichtigkeit, Lachlust, skeptischer Erfahrung, von immer noch die äußerste Spitze haltender Zivilisation«

Thomas Mann, ›Autobiographisches‹

»Paris ist wie ich, eine hochmütige Ruine«
James Joyce

Die Brücke Bir-Hakeim

»Heute war ein schöner, herbstlicher Morgen. Ich ging durch die Tuilerien. Alles, was gegen Osten lag, vor der Sonne, blendete. Das Angeschienene war vom Nebel verhangen wie von einem lichtgrauen Vorhang. Grau im Grauen sonnten sich die Statuen in den noch nicht enthüllten Gärten. Einzelne Blumen in den langen Beeten standen auf und sagten: Rot, mit einer erschrockenen Stimme«

Rainer Maria Rilke, ›Die Aufzeichnungen des Malte Laurids Brigge‹

»Wieder bestätigt sich hier mein Eindruck von den Pariser Straßen, Häusern, Wohnungen; sie sind Archive einer von altem Leben durchwebten Substanz, bis zum Rande gefüllt mit Belegstücken, mit Erinnerungen aller Art«

Ernst Jünger, ›Strahlungen‹

»Paris ist ein ungeheures Grau, ein Grau der Fassaden, des Pflasters, des Dunstes, des Himmels und der Weite. Aber es ist auch das farbigste Grau der Welt, das sowohl an Rosa, wie auch an Samtschwarz grenzt, es ist eine neue Grundfarbe, die aus unzähligen Tönen gemischt ist. Wer in Paris lebt, dem fällt neben vielen anderen Gaben mit der Zeit ein Blick für das Farbige von selbst zu, ihm löst sich das Grau in den zartesten und gewaltigsten Reichtum, und mit dem wachsenden Sinn für die unendliche Reihe der Zwischentöne erfaßt er die Stadt als den tiefsten Quell der wahren Farbenpracht, nämlich jener, die nicht aus der Anhäufung der organischen Stoffe quillt, sondern durch den geistigen Akt der Unterscheidung erfaßt wird«

Friedrich Sieburg, ›Gott in Frankreich?‹

Paris-Informationen

DIE STADT PARIS HAT...

etwa 2,5 Millionen Einwohner, die Region Paris etwa 8 Millionen, Groß-Paris also 10,5 Millionen,
ebenso viele Ratten, pro Kopf eine,
über 100 Museen und Monumente,
100 Theater-, Vorstadt-Theater und Cafétheaterbühnen,
2000 bis 3000 Clochards,
laut Innenministerium 20 000 Prostituierte,
100 000 gelegentlich arbeitende Prostituierte laut ›Le Monde‹,
3 Millionen Besucher pro Jahr auf dem Eiffelturm,
431 Angestellte, die ständig auf dem Eiffelturm arbeiten,
12 000 Bars und Bistros mit Alkohollizenz,
200 000 Studenten an 13 Universitäten,
670 Kinos,
96 Brunnen,
90 000 Straßenlaternen,
99 400 Bäume,
5200 Boulevards, Straßen und Gäßchen,
160 Hektar Grünflächen in privaten Gärten und Parks,
dreiviertel ihrer Grünflächen in den letzten 50 Jahren verloren,
126 Kunstgalerien,
80 Gemeindebibliotheken,
250 Aufseher im Louvre,
1497 Hotels, davon 54 Vier-Sterne-Hotels,
15 000 Taxis,
172 Kilometer U-Bahn-Strecke,
341 U-Bahn-Stationen,
3200 U-Bahn-Waggons,
565 markierte Wanderwege in den Außenbezirken,
78 Feuerwehr-Depots,
34 Seine-Brücken von Ivry bis Boulogne-sur-Seine,
2000 Kilometer Abwässerkanäle,
115 Botschaften und Konsulate,
400 000 Tauben,
109 Stadträte.

In Paris ist
die längste Straße, die Rue de Vaugirard, 4360 Meter lang,
die breiteste Straße, die Avenue Foch, 120 Meter breit,
die engste Gasse, die Allée des Faucheurs, 60 Zentimeter breit,
und das älteste Haus von Paris stammt aus dem 13./14. Jh. (5, Rue Volta, Metro: Arts et Métiers).

Pro Jahr werden in Paris verzehrt:
500 000 Tonnen Fleisch,
700 000 Tonnen Brot,
1 Million Tonnen Kartoffeln,
und getrunken:
100 Millionen Flaschen Mineralwasser,
1 Milliarde Liter Wein.

Um Ihnen die Planung zu erleichtern und Ihnen zu helfen, aus der Fülle rasch die Perlen herauszufinden, haben wir die allerheißesten Tips der verschiedenen Aspekte von Paris mit einem ● versehen.

Wer sich ein umfangreiches Programm zusammenstellen möchte, tut gut daran, die Textstellen im Weißen und Gelben Teil mit kleinen selbstklebenden Farbpunkten zu versehen, die sich wieder entfernen lassen. (Diese eignen sich auch als Markierungspunkte im Stadtplan.)

Abkürzungen der Straßennamen:	Av. = Avenue	Fg – Faubourg
	Bd = Boulevard	Pl. = Place

Die Nummern der Arrondissements stehen bei den Anschriften in Klammern.

Ankunft

MIT DEM AUTO

Deutsche Autofahrer benötigen für Frankreich keine besondere Fahrerlaubnis, die grüne Versicherungskarte wird an der Grenze nicht mehr verlangt. Wer auf der Autobahn fährt, muß erhebliche Gebühren bezahlen. Die Benzinpreise in Frankreich liegen etwa 30 Prozent über den deutschen. Bleifreie Tankstellen sind relativ selten.

Höchstgeschwindigkeiten:
Auf Autobahnen 130 km/h; auf Fahrstraßen mit zwei getrennten Fahrbahnen pro Richtung 110 km/h; sonst außerhalb der Ortschaften 90 km/h; innerhalb von Ortschaften 60 km/h.

Außerdem besteht Anschnallpflicht. In Ortschaften auch bei Hauptstraßen gilt meist die Regel: rechts vor links. Bei guter Straßenbeleuchtung darf nachts nur mit Standlicht gefahren werden.

Übrigens verkehren zwischen Juni und September auch **Autoreisezüge** von Deutschland nach Paris.

Unser Tip: Lassen Sie das Auto zu Hause. Verkehrsdichte und Parkprobleme werden Ihnen den Spaß verderben. Die öffentlichen Verkehrsmittel in Paris sind hervorragend.

MIT DEM BUS

Viele deutsche Reisebüros bieten preisgünstige Busreisen an, zum Teil auch Wochenendreisen zu Pauschalpreisen, so zum Beispiel in München das Reisebüro

Helios Reisen GmbH
Paul-Heyse-Straße 12
8000 München 2
✆ 53 96 81

Der **Europabus** verkehrt nach wie vor von einigen Großstädten Deutschlands nach Paris. Informationen über:

Deutsche Touring-Gesellschaft
Am Römerhof 17
6000 Frankfurt/Main 90
✆ 790 30

Außerdem gibt es **Busse der Bundesbahn,** bei der Sie auch das Prospektmaterial bekommen.

MIT DEM FLUGZEUG

Linienflüge sind die teuerste Möglichkeit, nach Paris zu kommen, doch es gibt verschiedene Billigtarife: Die Lufthansa bietet zum Beispiel den Flieg & Spartarif und den Wochenendtarif. Außerdem gibt es natürlich von verschiedenen Reisebüros Charterflüge.

Alle außerfranzösischen Passagierflugzeuge kommen auf dem **Flughafen Charles de Gaulle/Roissy** an. In **Terminal I** landet und startet u. a. die Lufthansa, in **Terminal II** Air France. Hier wurde das neue Abfertigungsgebäude **D** für alle Flüge der Air France von und nach Deutschland angebaut.

WEITERFAHRT IN DIE STADT PARIS

Air France-Busse: Roissy – Porte Maillot – Arc de Triomphe (alle 12 Minuten). Fahrzeit normalerweise etwa 40 Minuten, in Stoßzeiten wesentlich länger. Fahrpreis: FF 36.

Roissy Rail: Roissy – Gare du Nord – Châtelet (alle 15 Minuten). Fahrzeit 30 Minuten, Fahrpreis FF 24.

Der kleine Flughafen-Bahnhof liegt zwischen den Terminals I und II und ist kostenlos mit dem Pendelbus ›Aeroport de Paris‹ zu erreichen.

Natürlich kann man auch mit dem **Taxi** in die Stadt fahren. Das ist aber erheblich teurer und dauert in den verkehrsreichen Zeiten genauso lange wie mit dem Bus.

Es gibt auch einen Bus von Roissy zum **Flughafen Paris-Orly,** der nur für innerfranzösische Flüge zuständig ist.

MIT DEM ZUG

Die Züge aus Norddeutschland enden am Gare du Nord, die aus Süddeutschland, Österreich und der Schweiz am Gare de l'Est. An beiden Bahnhöfen ist ein direkter Metro-Anschluß.

Auch die Bundesbahn bietet **Fahrpreisermäßigung:**

Kinder unter 12 Jahren, Senioren, Familien, Minigruppen und Jugendliche zwischen 12 und 26 Jahren reisen billiger.

Außerdem gibt es das Jugend-Ticket Interrail für junge Leute bis zu 26 Jahren.

Auch die Bundesbahn hat ›Städtetouren‹ preisgünstig im Programm.

Ärztliche Versorgung

Wer für längere Zeit nach Paris reist, sollte sich bei seiner gesetzlichen Krankenkasse einen Auslandskrankenschein besorgen. Die Behandlungskosten werden ihm dann von den Pariser gesetzlichen Krankenkassen zurückerstattet. Voraussetzung ist allerdings, daß der Krankenschein vorher in einen dort gültigen Krankenschein umgetauscht wurde. Das geschieht bei den ›Caisses Primaires d'Assurance Maladie‹.

DEUTSCHSPRACHIGER ARZT

Pierre Adler
118, Av. du Général-Leclerc (14.)
Metro: Denfert-Rochereau
✆ 45 42 71 09

ZAHNKLINIK

Dispensaire Dentaire
5, Rue Garancière (6.)
Metro: Saint-Sulpice
✆ 43 29 63 00

NOTDIENST

S.O.S. Médecins
✆ 47 07 77 77
Rund um die Uhr

Apotheken

Täglich rund um die Uhr:

Pharmacie des Champs-Elysées
84, Av. des Champs-Elysées (8.)
✆ 45 62 02 41
Metro: George-V

bis 2 Uhr früh: (6.)

Drugstore Saint-Germain
149, Bd Saint-Germain

Drugstore Champs-Elysées
133, Av. des Champs-Elysées (8.)

Drugstore Opéra
8, Bd des Capucines (9.)

Au Pair-Vermittlung

Accueil Familial des Jeunes Etrangères
23, Rue du Cherche-Midi (6.)
✆ 42 22 50 34
Metro: Sèvres-Babylone

Deutsch-Französisches Sozialwerk
(Au Pair-Vermittlung)
42, Av. George-V (8.)
✆ 47 20 22 85
Metro: George-V

Ausflüge

Wer länger in Paris ist, sollte auch ein paar Ausflüge unternehmen, die mit den öffent-

lichen Verkehrsmitteln durchzuführen sind.
G = geschlossen

Giverny-Musée Claude Monet
80 km nordwestlich von Paris
Mit dem S.N.C.F.-Zug vom Bahnhof Saint-Lazare nach Vernon, von da mit dem Bus oder Leihfahrrädern bis Giverny
Mit dem Auto über die Autoroute de Normandie, A 13, bis Vernon. Von da an ist Giverny ausgeschildert.
10–12 und 14–18 Uhr, Garten von 10–18 Uhr. G: Mo und Nov. bis März
Atelier, Wohnhaus und Garten des Malers mit den berühmten Seerosenteichen, die er in seinen Bildern festhielt und die heute im Salle des Nymphéas in der Pariser Orangerie am Rand der Tuilerien zu sehen sind. Die Räume können auch von innen besichtigt werden. Besonders im Frühjahr sehr schön.

Malmaison
20 km westlich von Paris
Mit der RER bis La Défense. Von da mit dem Bus 158a nach Malmaison-Château. Der Rest ist Fußweg.
10–12.30 und 13.30–17.30 Uhr. G: an Feiertagen
In diesem wunderschönen Schloß mit Wassergraben und Parkanlage wohnte Napoleons Josephine. Purer Empire-Stil. Die Besichtigung ist nur mit Führung (ausschließlich in Französisch) möglich.

Saint-Denis
10 km nördlich von Paris
Bus: 156 ab Porte de la Chapelle
Metro: Saint-Denis
Saint-Denis ist eine rote Arbeitervorstadt mit einer der wichtigsten Kirchen von Paris, einer Basilika aus dem 12. Jh. Die Legende erzählt, daß der heilige Dionysos mit seinem abgeschlagenen Kopf vom Montmartre bis Saint-Denis wanderte. Hier wurden alle Könige Frankreichs beigesetzt – in der Krypta liegen die Merowinger, Capetinger und Valois.
Basilika: Führungen 10–17.30 Uhr, sonn- und feiertags 14–18.30 Uhr. G: Di
Musée du Prieuré: Mi–Fr 10–17.30 Uhr, Sa, So 14–18.30 Uhr, Mo nur für Gruppen

Saint-Germain-en-Laye
20 km westlich von Paris
RER (Vorortbahn) Linie A bis Saint-Germain-en-Laye
Das beschauliche Städtchen wird gekrönt von einem wuchtigen Schloß aus dem Mittelalter, das Sitz der Könige war, ehe Versailles erbaut wurde.
Schloßmuseum
9.45–12 und 13.30–17.15. G: Di

Vaux-le-Vicomte
55 km südöstlich von Paris
Mit dem S.N.C.F.-Zug vom Gare de Lyon bis nach Melun, von da mit dem Taxi weiter.
Mit dem Auto die Autobahn A 4 oder A 6 bis zur Abfahrt Melun-Sénart – Melun, von da weiter über die Route Nationale 6 oder 36.
1. Apr. bis 1. Nov. 10–18 Uhr, 2. Nov. bis 31. März 11–17 Uhr. Juni bis Sept. jeden Sa ›Visite aux Chandelles‹ 20–23 Uhr. G: 25. Dez.
Ludwig der XVI. erblaßte vor Neid, als er im August 1661 zum ersten Mal das Schloß Vaux-le-Vicomte besuchte, das sich der *surintendant* der Finanzen, Nicolas Fouquet, hatte bauen lassen. Er nahm es zum Vorbild für Versailles, das natürlich noch prächtiger werden sollte. Das Schloß befindet sich bis heute in Privatbesitz des Comte de Vogüé. Zu besichtigen sind neben dem Hauptgebäude die Stallungen und natürlich die wunderschönen Le Nôtre-Gärten, erstes Beispiel der Geschichte für französische Gartenanlagen. Empfehlenswert sind von Juni bis September – jeweils am Samstag – die abendlichen Besuche bei Kerzenlicht, bei denen das Schloß im Glanz von über 1000 Kerzen erstrahlt. Zur Anlage gehört ein Restaurant.

Versailles
20 km südwestlich von Paris
Metro bis Invalides, dann weiter mit RER Linie 10 bis Gare Versailles Rive Gauche
Zug (S.N.C.F.) ab Bhf. Montparnasse und Saint-Lazare bis Versailles Chantier
Schloßführungen: 9.45–17 Uhr. G: Mo und Feiertage
Das Schloß des Sonnenkönigs, erbaut ab 1668, ist gigantisch. Geniale Künstler wie Le Vau, Le Brun, Le Nôtre und Hardouin-Mansart waren daran beteiligt. Zum Hof-

staat gehörten 20 000 Personen, 1000 Adlige erschienen zusätzlich täglich bei Hof. Außer dem Park (8–17 Uhr) mit den Fontänen, Teichen, Skulpturen und Gärten sind das **Grand Trianon** (9.45–12 und 14–17 Uhr. G: Mo) und das **Petit Trianon** (14–17 Uhr. G: Mo) ebenso sehenswert wie das Schloß und das **Wagenmuseum.**

Vincennes
15 km östlich von Paris
Metro: Château de Vincennes
Täglich 10–18 Uhr
Das einstige Jagdschloß der Könige geht bis auf das Jahr 1137 zurück. Viele Könige von Frankreich residierten hier. Im 17. Jh. wurde das festungsartige Schloß Staatsgefängnis, in dem die Giftmischerin Voisin 1679 einsaß und später auch der Marquis de Sade. Hier ließ Napoleon den Herzog von Enghien erschießen. Die deutsche SS hatte hier einen ihrer letzten Stützpunkte.

Auskunft

IN DEUTSCHLAND

Französisches Fremdenverkehrsamt
Kaiserstraße 12
Postfach 10 01 28
6000 Frankfurt a. M. 1
✆ 0 69 / 7 56 08 30
Verschickt vielfältiges Informationsmaterial

IN PARIS

Deutsches Reisebüro (DER)
28, Rue Louis-le-Grand (2.)
✆ 47 42 07 09
Metro: Opéra
Mo–Sa 9.30–18.30 Uhr
Beantwortet alle mündlichen und schriftlichen Anfragen in deutscher Sprache

Weitere touristische Auskünfte und Zimmerreservierungen übernimmt das

Office du Tourisme de Paris
127, Av. des Champs-Elysées (8.)
✆ 47 23 61 72, 47 20 04 96
Telex 61 19 84
Metro: George-V/Etoile
Täglich 9–20 Uhr

Zweigstellen:

Gare de l'Est
✆ 46 07 17 73
Im Sommer täglich 8–22 Uhr, im Winter Mo–Sa 8–13 und 17–20 Uhr

Gare du Nord
✆ 45 26 94 82
Mo–Sa 8–20 Uhr

Air Terminal Porte Maillot
✆ 47 23 61 71
Mo–Sa 11–20 Uhr

AUSKÜNFTE IN DEUTSCHER SPRACHE

Unter 47 20 57 58 erfährt der Anrufer in Paris in deutscher Sprache, was in der französischen Hauptstadt los ist. Informiert wird (vom Band) über die wichtigsten Veranstaltungen, Ausstellungen, Konzerte und Museen.

BAHNAUSKÜNFTE

(Fahrplan und Reservierung)

S.N.C.F. – Auskunftszentrale:
✆ 45 82 50 50
8–20 Uhr

Reservierungen für Fahrten ab den unten genannten Bahnhöfen täglich 8–20 Uhr:
✆ 45 65 60 60

Gare d'Austerlitz: ✆ 45 84 14 18
Gare de l'Est: ✆ 45 82 50 50
Gare de Lyon: ✆ 43 46 12 12
Gare de Montparnasse: ✆ 45 38 52 19
Gare du Nord: ✆ 42 80 63 63
Gare de Saint-Lazare: ✆ 42 85 88 00

FLUGAUSKÜNFTE

Flughafen Charles de Gaulle/Roissy
Sammelnummer: ✆ 48 62 22 80

Flughafen Orly
Sammelnummer: ✆ 48 84 32 10

Air France
119, Av. des Champs-Elysées (8.)
✆ 45 35 61 61
Metro: George-V

Air-Inter
54, Rue du Père-Corentin (14.)
✆ 45 45 67 08
Metro: Porte d'Orleans

Austrian Airlines
9, Bd Malesherbes (8.)
✆ 42 66 34 66
Metro: Malesherbes

Lufthansa
21–23, Rue Royale (8.)
✆ 42 65 37 35
Metro: Madeleine

Pan Am
1, Rue Scribe (9.)
✆ 42 66 45 45
Metro: Opéra

Swissair
4, Rue Ferrus BP 14 (14.)
✆ 45 81 11 01
Metro: Opéra

FÜR JUNGE LEUTE UND STUDENTEN

Accueil des Jeunes en France (AJF)
mit drei Empfangs- und Informationsbüros:

Plateau Beaubourg
119, Rue Saint-Martin, gegenüber dem Centre Pompidou (4.)
✆ 42 77 87 80
Metro: Rambuteau
Hier befindet sich die zentrale Reservierung des Accueil des Jeunes à Paris für mehr als 5000 Betten.
Mo–Sa 9.30–19 Uhr

Gare du Nord
in der Bahnhofshalle gegenüber Bahnsteig 19
✆ 42 85 86 19
Metro: Gare du Nord
März bis Okt. Mo–Fr 9.30–18.30 Uhr, Apr. bis Sept. täglich 8–22 Uhr

Hôtel de Ville
16, Rue du Pont-Louis-Philippe (4.)
✆ 42 78 04 82
Metro: Hôtel de Ville
Juni bis Sept. Mo–Fr 9.30–18.30 Uhr

Diese drei Büros garantieren jedem jungen Reisenden, der sich an sie wendet, unverzüglich eine korrekte und billige Unterkunft; sie nehmen auch die von vielen AJF-Partnerorganisationen in den meisten Großstädten herausgegebenen ›open vouchers‹ in Zahlung.

Office Franco-Allemand pour la Jeunesse
51, Rue de l'Amiral-Mouchez (13.)
✆ 45 81 11 66
Metro: Cité Universitaire
Vielerlei Programme über deutsch-französische Begegnungen

Centre d'Information et de Documentation Jeunesse
101, Quai Branly (15.)
(150 m vom Eiffelturm)
✆ 45 66 40 20
Metro: Bir-Hakeim
9–19 Uhr. G: So
Am schwarzen Brett werden auch Au Pair-Stellen, Zimmer und Arbeitsplätze angeboten.

Service Parisien d'Accueil aux Etudiants Etrangers
8, Rue Jean-Calvin (5.)
✆ 43 36 53 46
Metro: Censier-Daubenton

Aussichtspunkte

Arc de Triomphe
Metro: Etoile (8.)
10–17 Uhr. G: Di und feiertags

Buttes-Chaumont
Metro: Buttes-Chaumont (19.)
Parkhügel mit Blick auf die Stadt

Centre Pompidou (Beaubourg)
Metro: Rambuteau (4.)
Außenrolltreppen in den obersten Stock

Galerie Lafayette (Warenhaus)
40, Bd Haussmann (9.)
Metro: Chaussée d'Antin
Hier gibt es nicht nur eine Aussicht im obersten Stock, sondern seit 1981 auch eine Reihe entzückend angelegter Gärten und einen kleinen Erfrischungspavillon.

Hotel Concorde Lafayette
Metro: Porte Maillot (17.)
Von der Bar Panoramique Blick auf den Bois de Boulogne

Institut du Monde Arabe
23, Quai Saint-Bernard (5.)
Eingang Rue des Fossés-Saint-Bernard
Metro: Jussieu
Di–So 9–13 Uhr
Im obersten Stock große Dachterrasse mit wunderbarem Blick auf die Seine-Inseln und die Stadt

• **Notre-Dame**
Ile de la Cité (4.)
Metro: Cité
Turmbesteigung täglich 10–17 Uhr

Palais de Chaillot
Metro: Trocadéro (16.)
Von der Terrasse Blick über die Anlagen und die Seine zum Eiffelturm

Au Printemps (Warenhaus)
64, Bd Haussmann (9.)
Metro: Havre-Caumartin
Terrasse im obersten Stock

• **Sacré-Cœur**
Parvis de Sacré-Cœur (18.)
Metro: Abbesses oder Anvers
Vom Turm aus hat man einen der bewegendsten Ausblicke auf die Stadt

• **La Samaritaine** (Warenhaus)
Quai du Louvre (1.)
Metro: Pont-Neuf
Aussichtsterrasse im 5. Stock mit Blick auf das Seine-Ufer und die Innenstadt

• **Tour Eiffel**
Champ de Mars (7.)
Metro: Trocadéro
Täglich 10–22.30 Uhr
In der 3. Etage: der klassische Aussichtspunkt

Tour Maine-Montparnasse
Metro: Montparnasse (15.)
Täglich 10–22 Uhr
Verglaster Aussichtspunkt im 56. Stock

Ausstellungen, Messen und Festivals

Januar:
Salon International de la Navigation de Plaisance
C.N.I.T. La Défense
Salon International des Arts Ménagères
(Einrichtung, Hauswirtschaft) C.N.I.T.

Februar:
Salon International du Jouet
(Spielzeugmesse)
Parc des Expositions

Februar und September
Salon International du Prêt-à-Porter
(Konfektionswoche)
Parc des Expositions

März:
Salon International de l'Agriculture
(Landwirtschaft)
Parc des Expositions

März–Oktober:
Son et Lumiere
Cour des Invalides
15. März bis 15. Okt. täglich 21.30 Uhr
Spektakel aus Licht und Ton, das die Geschichte Frankreichs beschwört

April/Mai:
Foire du Trône
(Jahrmarkt)
Bois de Vincennes

Mai:
Foire de Paris
(Pariser Messe)
Parc des Expositions

Mai/Juni:
Festival de Versailles
Schloß und Park von Versailles

Juni:
Salon International de la Aéronautique et de l'Espace (Luft- und Raumfahrt)
Alle 2 Jahre; Flughafen Le Bourget

Juni/Juli:
Festival de la Butte Montmartre
Montmartre

Juli:
Paris Jazz Festival
Porte de Versailles

Juli bis September:
Festival Estival
Sommerfestspiele
an vielerlei Stätten

September:
Semaine Internationale du Cuir
(Lederwarenmesse)
Parc des Expositions

September/Dezember:
Festival d'Automne
Herbstfestival

Oktober:
Salon de l'Automobile
(Automobilausstellung, alle 2 Jahre)
Parc des Expositions
FIAC (Moderne Kunstmesse)
Grand Palais

November:
Salon de l'Enfance
C.N.I.T. La Défense
Mois de la Photo

Autofahren in Paris

Das Auto lassen Sie am besten in Deutschland, wenn nicht, stellen Sie es spätestens an der Peripherie der Stadt ab, denn dem Autofahrer erschließt sich Paris schwerer, und die Parkmöglichkeiten werden, wie in allen Städten, immer geringer. Außerdem sind Taxis billiger als in Deutschland. Hier die wichtigsten Tips für Leute, die dennoch mit dem Auto unterwegs sind:

Der **Boulevard Périphérique** ist der äußere Verkehrsring um Paris, aber keine Autobahn. In ihn münden alle Einfall- und Ausfallstraßen. Es besteht Park- und Halteverbot. Autostopp ist verboten, Sicherheitsgurte müssen Sie anlegen.

Höchstgeschwindigkeit: 80 Stundenkilometer, im Stadtbereich 60 km/h

ADAC-NOTRUF

63, Av. de la Grande-Armée
✆ 45 00 42 95
Metro: Argentine

Hier können auch Auskünfte in deutscher Sprache erteilt und die am günstigsten gelegene Garage vermittelt werden.

Wenn Sie Ihre **Autoschlüssel verloren** haben, wählen Sie ✆ 47 22 02 64 – man kommt und öffnet Ihren Wagen.

AUTOMOBILCLUBS

Automobile-Club de France (ACF)
6–8, Pl. de la Concorde
✆ 42 65 34 70
Metro: Concorde

Automobile-Club de l'Ile de France
8, Pl. de la Concorde
✆ 42 66 43 00
Metro: Concorde

Touring Club de France
14, Av. de la Grande-Armée
✆ 43 80 68 58
Metro: Argentine

PANNENDIENSTE

Rund um die Uhr:

S.O.S., ✆ 47 99 99

Permanence Renault Depannage,
✆ 42 52 82 82

Permanence Peugeot-Talbot,
✆ 42 52 24 24

TANKSTELLEN

Rund um die Uhr:

BP
58, Pl. du Marché-Saint-Honoré

Bleifrei:

Antar
36, Rue des Fosses-Saint-Bernard (5.)
BP
180, Bd Saint-Germain/Ecke Rue du Dragon
Fina
Pl. de la Concorde (8.)
Esso
Rue Louis-Blanc (10.)
BP
62, Quai de la Rapée (12.)
Shell
Bd Poniatowski (12.)
Total
Av. de la Porte-d'Italie (13.)
BP
1, Quai Victor (15.)
Shell
Av. Paul-Doumer (16.)
Shell
Av. Porte de Clichy (17.)
Shell
90, Rue de la Chapelle (18.)

STRASSENZUSTANDSBERICHT

✆ 48 58 33 33

Autostopp

Ist in Frankreich nicht verboten.

Günstige Aufstellplätze:

Norden Autoroute du Nord A 1
Lille, Belgien
Holland, England
Porte de la Chapelle (Beginn der Autobahn)
Metro: Porte de la Chapelle

Osten Autoroute de l'Est A 4
Deutschland
Schweiz, Straßburg
Porte de Bercy
Metro: Porte de Charenton

Süden Autoroute du Sud A 6
Lyon, Marseille
Fontainebleau
Porte d'Orléans (Beginn der Autobahn)
Metro: Porte d'Orléans

Westen Autoroute de l'Ouest A 13
Normandie, Rouen
Place du Rhin et Danube (in Boulogne-Billancourt)

Chartres, Bretagne A 10
Tours, Poitiers, Bordeaux
Pont de Sèvres (in Boulogne-Billancourt)

MITFAHRZENTRALE

Provoya-Allostop
84, Pass. Brady (10.)
✆ 42 46 00 66
Metro: Château d'Eau

Bäder

Piscine Deligny
gegenüber der Nr. 25, Quai Anatole-France
✆ 45 51 72 15 (7.)
Metro: Solférino (oder RER Musée d'Orsay)
Das letzte auf der Seine schwimmende Freibad von Paris stammt aus dem Jahr 1785 und hat eine bewegte Geschichte. Jahrelang war das altmodische Holzbad in seiner Existenz bedroht, bis es 1988 von dem Besitzer der Bains Douches-Diskothek aufgekauft wurde, der versprach, es in seinem Originalzustand zu belassen. Neu ist lediglich das Restaurant (mittags sowie abends bis 22 Uhr, mittwochs sogar bis 24 Uhr mit Live-Musik), in dem man auch als Nichtschwimmer essen kann.

Piscine de l'Etoile
32, Rue de Tilsitt (17.)
Metro: Etoile
✆ 43 80 50 99
Dies war einmal eine *boîte de nuit,* in der Django Reinhardt seine Zigeunermusik zelebrierte. Daher gibt es immer noch die Bar. Dazu ein Solarium und eine Sauna. Wer viel Geld hat, kann das ganze Bad auch nachts mieten.

Piscine de l'Hippodrome
Porte de Passy (16.)
Metro: Muette
✆ 42 24 07 59
Das Piscine de l'Hippodrome, unter Glasdächern perfekt in die Landschaft integriert, bekam 1975 den Oscar für das schönste Freibad.

Molitor
10, Av. de la Porte Molitor (16.)
Metro: Michel-Ange-Molitor,
Porte d'Auteuil
✆ 46 51 02 73
Freibad: Apr. bis Okt. 8–20 Uhr. G: Aug.
Hallenbad: Nov. bis März 9–19 Uhr
Herrlich altmodisches Freibad mit Holzumkleidekabinen und Sonnenterrassen auf zwei Etagen. Zum Bad gehört auch ein Restaurant.

Pontoise
19, Rue de Pontoise (5.)
✆ 43 54 82 45
Metro: Maubert-Mutualité
Altes, aber frisch renoviertes, wunderschönes Schwimmbad mit einem Fitneß- und Squashclub im Keller.

Bahnhöfe

Die Kontrolleure am Eingang und Ausgang der Bahnhöfe sind (zum Glück) abgeschafft. Wer einsteigt, entwertet sein Billett selbst an einem automatischen Entwerter vor den Gleisen. Doch die Kontrolleure in den Fernzügen sorgen auch dafür. Die neuen Züge der S.N.C.F. (Société Nationale des Chemins de Fer) sind klimatisiert und haben keine Abteile mehr. Man sitzt in Großwaggons wie im Flugzeug. Minibars fahren durch die Waggons und versorgen die Gäste mit Sandwiches, Kaffee, Tee, Cola usw. Es gibt auch Self-Service-Barwaggons. Allerdings bezeichnen die Franzosen die Mahlzeiten, die man dort bekommt, als »une catastrophe nationale«. Wohingegen die Mahlzeiten in den richtigen Speisewagen gut, wenn auch teuer sind.

Allgemeines Auskunftsbüro: ✆ 45 82 50 50, geöffnet von 8–22 Uhr

Gare d'Austerlitz
Metro: Gare d'Austerlitz
Richtung Spanien, Bordeaux, Toulouse

Gare de l'Est
Metro: Gare de l'Est
Richtung Straßburg, Schweiz, Süddeutschland

Gare de Lyon
Metro: Gare de Lyon
Richtung Lyon, Marseille, Italien

Gare Montparnasse
Metro: Gare Montparnasse
Richtung Bretagne, Brest, Nantes

Gare du Nord
Metro: Gare du Nord
Richtung Belgien, England, Norddeutschland

Gare Saint-Lazare
Metro: Gare Saint-Lazare
Richtung Rouen, Deauville, Cherbourg

Banken

Beim Einlösen von Euroschecks müssen Sie auf jeden Fall Personalausweis oder Paß mitnehmen. **Banken** sind montags bis freitags – außer an Feiertagen – von 9 bis 16.30 Uhr geöffnet, vor Feiertagen jedoch nur bis 12 Uhr.

Wechselstuben haben auch samstags bis spät abends, häufig sogar die ganze Nacht geöffnet. Hier die wichtigsten:

117, Av. des Champs-Elysées
Crédit Commercial de France
Metro: George-V
Mo–Sa 8.30–20 Uhr

154, Av. des Champs-Elysées
Union de Banques à Paris
Metro: Charles de Gaulle-Etoile
9–17 Uhr, Sa und So 10.30–18 Uhr

Gare d'Austerlitz
Banco Central
Metro: Gare d'Austerlitz
Täglich 7–21 Uhr

Gare de l'Est
Thomas Cook
Metro: Gare de l'Est
Täglich 7–21 Uhr

Gare de Lyon
Credit Industriel et Commercial
Metro: Gare de Lyon
Täglich 6.30–23 Uhr

Gare du Nord
Thomas Cook
Metro: Gare du Nord
Täglich 6.30–22 Uhr

Gare Saint-Lazare
Thomas Cook
Metro: Gare Saint-Lazare
Täglich 7.30–21 Uhr

Flughafen Roissy
Société Générale
Täglich 6–23.30 Uhr

Botschaften/Konsulate/deutschsprachige Institutionen

Botschaft der Bundesrepublik Deutschland
13, Av. Franklin-D.-Roosevelt (8.)
Metro: Franklin D. Roosevelt
✆ 42 99 78 00
Mo–Fr 9–12 Uhr

Konsulat
34, Av. d'Iéna (16.)
Metro: Iéna
✆ 42 99 79 57
Mo–Fr 9–12 Uhr

Cercle Franco-Allemand
50, Rue de Laborde (8.)
Metro: Saint-Augustin
✆ 42 94 12 45

Deutsch-Französisches Jugendwerk
51, Rue de l'Amiral-Mouchez (13.)
Metro: Cité Universitaire
✆ 45 81 11 66

Goethe-Institut
17, Av. d'Iéna (16.)
Metro: Iéna
✆ 47 23 61 21

Kulturzentrum der DDR
117, Bd Saint-Germain (6.)
Metro: Odéon
✆ 46 34 25 97

Botschaft der Bundesrepublik Österreich
6, Rue Fabert (7.)
Metro: Invalides
✆ 45 55 95 66
Mo–Fr 9–12 Uhr

Konsulat
12, Rue Edmond-Valentin (7.)
Metro: Alma-Marceau, Ecole-Militaire
✆ 47 05 27 17
Mo–Fr 9–12 Uhr

Österreichisches Kulturinstitut
30, Bd des Invalides
Metro: Saint-François-Xavier
✆ 47 05 27 10

Schweizer Botschaft und Konsulat
142, Rue de Grenelle (7.)
Metro: Invalides
✆ 45 50 34 46
Mo–Fr 9–12 Uhr

Camping

Paris Ouest – Bois de Boulogne
Camp T.C.F. Route du Bord-de-L'Eau
✆ 45 80 30 00
Für 12 Millionen Franc wurde das Gelände auf 7 ha erweitert und hat nun 350 Luxus-Stellplätze mit Telefon- und Fernseh-Anschluß sowie 550 normale. Damit rückte der Campingplatz in die Viersterne-Kategorie auf. Zu erreichen über die Nationalstraße N 185

Versailles – Municipal
Am Rand des Vororts Porchefontaine
✆ 39 51 23 61
Leicht abfallendes Gelände im Laubwald, im Sommer überfüllt

CAMPING-AUSKÜNFTE

Fédération Française de Camping et Caravaning
78, Rue de Rivoli (4.)
Metro: Saint-Paul
✆ 42 72 84 08

Camping Club de France
218, Bd Saint-Germain (7.)
Metro: Rue du Bac
✆ 45 48 30 03

Einkaufen

In Paris kann man sich arm kaufen. Nirgends gibt es so viele Warenhäuser und Einkaufszentren. Das Forum des Halles ist das größte Europas. Das schickste aber liegt am Rond Point, an den Champs-Elysées auf der rechten Seite Richtung Etoile, ein Verführungsparadies aus Glas, Marmor und Stahl mit den teuersten Boutiquen.

Aus dem Riesenangebot Pariser Geschäfte hier eine kleine Auswahl spezieller Läden

ANTIQUITÄTEN

P. Bernard
1, Rue d'Anjou (8.)
Metro: Saint-Augustin
Empire-Instrumente und altes Werkzeug

Bresset
197, Bd Saint-Germain (7.)
Metro: Saint-Germain
Fast ein Museum ist dieser Laden mit Kostbarkeiten von der Gotik bis zur Renaissance.

Boccador
22, Rue du Bac (7.)
Metro: Bac
Kostbare Wandteppiche der Gotik, Madonnen und Skulpturen

Borowski
40, Rue du Bac (7.)
Metro: Bac
Archäologisches

Cour de Varenne
42, Rue de Varenne (7.)

Metro: Varenne
Möbel des 17. und 18. Jh. von großer Qualität, die dort auch gleich restauriert werden können

Dehoux
62, Rue des Saints-Pères (7.)
Metro: Saint-Germain-des-Prés
Lüster und alte Kamine des 15. und 18. Jh.

Dutko
5, Rue Bonaparte (6.)
Metro: Saint-Germain
Art Deco-Möbel

Myres
11, Rue de Beaune (7.)
Metro: Bac
Kostbare asiatische Keramik

Sehr viele Antiquitätengeschäfte sind in den Straßen: Rue du Bac, Rue Bonaparte, Rue Jacob, Rue des Saints-Pères, Rue de Verneuil, Quai Voltaire, Rue de Sévigné, Place des Vosges.

ANTIQUITÄTENHÖFE

Cour aux Antiquitaires
54, Rue du Fg Saint-Honoré (8.)
Metro: Madeleine

Le Louvre des Antiquaires
2, Pl. du Palais-Royal (1.)
Metro: Palais-Royal
Di–Sa 11–19 Uhr
Im alten Warenhaus Louvre sind jetzt 250 Antiquitätenhändler eingezogen, die nur beglaubigte echte Dinge vom 18. Jh. bis zur Art Deco verkaufen.

Village Saint Paul
Eingänge: 7, 15, 19, 21 Rue Saint-Paul (4.)
Metro: Saint-Paul
Do–Mo
Ensemble mit gut 100 Läden im Marais

Village Suisse
78, Av. de Suffren und
54, Av. de la Motte-Picquet (15.)
Metro: Motte-Picquet-Grenelle
Do–Mo 11–19 Uhr

AUKTIONEN

Nouvel Hôtel Drouot
9, Rue Drouot (9.)
Metro: Richelieu-Drouot
✆ 42 46 17 11
Besichtigung: 11–12 Uhr, Versteigerung: 14–18 Uhr. G: Sa, So sowie Aug.
Das große Pariser Auktionshaus vom Trödel bis zum Museumsstück

BADEZIMMER-ACCESSOIRES

Beaute Divine
40, Rue Saint-Sulpice (6.)
Metro: Odéon
Alte Parfumflakons, skurrile Rasierapparate und allerlei Nostalgisches für das Bad

A l'Epi d'Or
7, Rue Saint-Jacques (5.)
Metro: Saint-Michel
Vom Wasserhahn bis zur Jugendstil-Badewanne

BLUMEN

Mille Feuilles
2, Rue Rambuteau (3.)
Metro: Rambuteau
In einer ehemaligen Buchhandlung gibt es nun den schönsten Blumenladen von Paris. Der Name blieb der gleiche: Tausend Blätter.

BLUMEN, KÜNSTLICHE

Un jardin en Plus
61, Rue Pierre-Charron (8.)
Metro: Franklin D. Roosevelt
224, Bd Saint-Germain (7.)
Metro: Solférino
Pl. Carrée, Nouveau Forum des Halles (1.)
Metro: Châtelet-Les Halles
Av. Victor Hugo (16.)
Metro: Victor Hugo

Trousellier
73, Bd Haussmann (8.)
Metro: Saint-Augustin

Künstliche Blumen aller Art, die wie frisch gepflückt aussehen; auch Ansteckblumen

BROT-KUNST

Poîlane
8, Rue du Cherche-Midi (6.)
Metro: Sèvres-Babylone
Wer in Paris Poîlane-Brot ißt, ist etwas Besonderes. Und dafür stehen die Leute vor dem kleinen Laden mit den berühmten Broten Schlange.

René Saint-Ouen
111, Bd Haussmann (8.)
Metro: Saint-Augustin
Künstlerische Backwaren aller Art

BUCHHANDLUNGEN

Anarchiste
145, Rue Amelot (11.)
Metro: Filles du Calvaire
14–19 Uhr
Die großen historischen Anarchisten werden hier kultiviert, von Proud'hon bis Kropotkin, außerdem gibt es Platten und Plakate.

Autrement Dit
73, Saint-Michel (5.)
Metro: Luxembourg

Bussière
34, Rue Saint-Jacques (5.)
Metro: Saint-Michel
Astrologie und Parapsychologie

Calligrammes
82, Rue de Rennes (6.)
Metro: Saint-Sulpice
Deutsche Buchhandlung und deutsch-französischer Treffpunkt

Chir Hadach
52, Rue des Rosiers (4.)
Metro: Saint-Paul
Hebräisch-orthodoxe Buchhandlung

Chantelivre
13, Rue de Sèvres (6.)
Metro: Sèvres-Babylone
Bücher für Kinder

Contacts
24, Rue du Colisée (8.)
Metro: Saint-Philippe-du-Roule
Alles über Film

Daste
16, Rue Tournon (6.)
Metro: Odéon
Pariser Geschichte, speziell die des 18. Jh., Antiquariat

Fischbacher
33, Rue de Seine (6.)
Metro: Odéon
Französische, englische und deutsche Kunstbücher und Kataloge

Flinker
68, Quai des Orfèvres (1.)
Metro: Saint-Michel
Deutsche klassische und moderne Literatur sowie französische, ins Deutsche übersetzte Bücher

Futuropolis
49, Rue de la Colonie (13.)
Metro: Corvisart
Übernatürliches, Alchimie, Hexenkünste, alte Krimis

Galignani
224, Rue de Rivoli (1.)
Metro: Concorde
First English Bookshop. Established on the Continent since 1856

Gallimard – Le Divan
37, Rue Bonaparte (6.)
Metro: Saint-Germain-des-Prés
Nicht nur eigene Verlagsobjekte

Hachette
79, Bd Saint-Germain (6.)
Eingang Bd Saint-Michel
Metro: Odéon
Eine der bekanntesten Buchhandlungen von Paris

● **La Hune**
170, Bd Saint-Germain (7.)
Metro: Saint-Germain-des-Prés
Mo–Fr bis 24 Uhr
Vor allem Kunst, dazu Graphik

Lardanchet
100, Rue du Fg Saint-Honoré (8.)
Metro: Saint-Philippe-du-Roule
Paris und Mode

Marissal
42, Rue Rambuteau (3.)
Metro: Rambuteau
Junge deutsche Literatur und Taschenbücher

Le Minotaure
2, Rue des Beaux-Arts (6.)
Metro: Saint-Germain-des-Prés
Auf Film spezialisiert

Nautique
6, Rue Mezières (6.)
Metro: Saint-Sulpice
Navigation

Parallèles
47, Rue Saint-Honoré (1.)
Metro: Les Halles
Underground-Literatur

Pensée Sauvage
7, Rue de l'Odéon (6.)
Metro: Odéon
Spezialist für Philosophie, Soziologie und Psychologie

Petit-Siroux
45, 46 und 47, Galerie Vivienne (2.)
Metro: Bourse
Bücher, Poster, Postkarten über Paris, Antiquariat

Le Plaisir du Texte
29, Rue Saint-Louis-en-l'Ile (4.)
Metro: Pont Marie
Schöne Kunstbuchhandlung, sophisticated

Roi des Aulnes
159 bis, Bd Montparnasse (14.)
Metro: Vavin, Port-Royale
Im ›Erlkönig‹ gibt es nicht nur deutschsprachige Literatur, sondern gelegentlich auch deutsche Dichterlesungen.

- **Shakespeare & Company**
35, Rue de la Bûcherie (5.)
Metro: Saint-Michel
Täglich geöffnet von 12–24 Uhr
Englische und französische Literatur, Dichterlesungen

Slosman
199, Rue Saint-Martin (3.)
Metro: Châtelet
Okkultes und Geheimes

Smith & Son
248, Rue de Rivoli (1.)
Metro: Concorde
Große englische Buchhandlung

Soete
5, Quai Voltaire (7.)
Metro: Rue du Bac
Gastronomisches

Au Temps Présent
68, Rue de Babylone (7.)
Metro: Saint-François-Xavier
Photos und Filmplakate

Théâtrale
3, Rue de Marivaux (2.)
Metro: Quatre-Septembre
Theater, Kino, Zirkus, Tanz, Libretti

Ulysse
35, Rue Saint-Louis-en-l'Ile (4.)
Metro: Pont Marie
Alles über Reisen

ABENDS GEÖFFNET

La Hune
170, Bd Saint-Germain (7.)
Metro: Saint-Germain-des-Prés
Mo–Fr bis Mitternacht

Shakespeare & Company
35, Rue de la Bûcherie (5.)
Metro: Saint-Michel
Bis 24 Uhr

Tschann
84, Bd du Montparnasse (14.)
Metro: Vavin
Bis 22.30 Uhr

RESTAUFLAGEN

Nirgends kann man so preiswert schön gedruckte Bücher in Restauflagen kaufen wie in Paris. Oft kosten sie nur ein Drittel der Erstausgabe. Hier einige Adressen solcher Buchhandlungen:

FNAC
136, Rue de Rennes (6.)
Metro: Saint-Placide
Forum des Halles (1.)
Metro: Châtelet-Les Halles
Billigste Buchhandlung von Paris, die auf alle Bücher und Schallplatten 5% Rabatt gibt. Riesige Auswahl an Restposten im ständig überfüllten Laden

Gibert Jeune
15 bis, Bd Saint-Denis (2.)
Metro: Strasbourg-Saint-Denis
27, Quai Saint-Michel (5.)
Metro: Pont Saint-Michel
5, Pl. Saint-Michel (5.)
Metro: Saint-Michel

Gibert, Joseph
26–30, Bd Saint-Michel (5.)

CONFISERIEN

gibt es in den meisten Delikatessengeschäften und auch in manchen Cafés. Hier einige Adressen wahrer Künstler ihres Handwerks:

Catalin Diffusion
1, Rue Pierre-Lescot (1.)
Metro: Les Halles
Alles Erdenkliche aus Marzipan

Chocaine
9, Rue Saint-Merri (4.)
Metro: Hôtel de Ville
Eine Wunderwelt aus Marzipan

Dalloyau
101, Rue du Fg Saint-Honoré (8.)
Metro: Madeleine
Der bekannteste Confiseur der Stadt

Debauve et Gallais
39, Rue des Saints-Pères (7.)
Metro: Saint-Germain-des-Prés
Seit 1818 unverändert und unter Denkmalschutz

Lenôtre
49, Av. Victor-Hugo (16.)
Metro: Victor Hugo
Der berühmteste Confiseur Frankreichs

La Maison du Chocolat
225, Rue du Fg Saint-Honoré (8.)
Metro: Ternes

La Marquise de Sévigné
32, Pl. Madeleine (8.)
Metro: Madeleine

Au Pain de Sucre
126, Rue du Bac (7.)
Metro: Sèvres-Babylone
Alles aus Zucker, nach alten Rezepten selbst hergestellt

Tholoniat
47, Rue du Château-d'Eau (10.)
Metro: Château d'Eau
Meisterwerke der Zuckerbäckerei

DELIKATESSEN

Battendier
8, Rue Coquillière (1.)
Metro: Les Halles
Riesige Auswahl feiner Delikatessen, die auch ins Haus geliefert werden. Restaurant und Teesalon

Cador
2, Rue de l'Amiral-Coligny (1.)
Metro: Louvre

Dalloyau
101, Rue du Fg Saint-Honoré (8.)
Metro: Saint-Philippe-du-Roule
2, Pl. Edmond-Rostand (6.)
Metro: Gare du Luxembourg

● **Fauchon**
26–28, Pl. de la Madeleine (8.)
Metro: Madeleine
Alle Delikatessen dieser Erde

Flo-Prestige
Opéra
42, Pl. du Marché-Saint-Honoré (1.)
Metro: Pyramides
Passy-Kennedy
102, Av. du Président-Kennedy (16.)
RER: Radio France
Der Flo-Kette gehören nicht nur die schönsten Pariser Brasserien, sondern auch ein Netz von Feinkostläden, die täglich bis Mitternacht geöffnet haben. Falls Sie im Hotelzimmer plötzlich Heißhunger auf Lachscanapés bekommen sollten . . .

Hédiard
21, Pl. de la Madeleine (8.)
Metro: Madeleine

Au Palet d'Or
63, Bd des Batignolles (8.)
Metro: Place de Clichy

Patard
34, Rue Saint-Sulpice (6.)
Metro: Saint-Sulpice

Pottier
4, Rue de Rivoli (4.)
Metro: Saint-Paul

Rocchietti
7, Bd Denain (10.)
Metro: Gare du Nord
Mo–Sa, auch feiertags, bis 20 Uhr geöffnet. Praktisch für Reisende am Gare du Nord, um sich mit Reiseproviant zu versehen

La Table d'Italie
69, Rue de Seine (6.)
Metro: Odéon
Italienische Delikatessen, auch Imbiß

AUSTERN

Boutique Layrac
29, Rue de Buci (6.)
Metro: Odéon
Täglich bis 3 Uhr nachts

Prunier-Traktir
16, Av. Victor-Hugo (16.)
Metro: Victor Hugo
Vor allem *belons,* man kann sie an der Bar essen, mitnehmen oder sich ins Haus schikken lassen

CHAMPAGNER

La Maison du Champagne
48, Rue des Belles-Feuilles (16.)
Metro: Victor Hugo
Alle Arten von Champagner und alle Jahrgänge

GÄNSELEBER

Comtesse du Barry
1, Rue de Sèvres (6.)
Metro: Sèvres-Babylone
✆ 45 48 32 04
13, Rue Taitbout (9.)
Metro: Chaussée d'Antin
✆ 47 70 21 01
88 bis, Av. Mozart (16.)
Metro: Ranelagh
✆ 45 27 74 49

Boutique-Restaurant
23, Av. de Wagram (8.)
Metro: Etoile
✆ 46 22 17 38

Foi Gras Luxe
26, Rue Montmartre (1.)
Metro: Les Halles

Grand Mère l'Oie
57, Rue Dunkerque (9.)
Metro: Gare du Nord
Die frischeste Gänseleber

GEMÜSE

Au Verger de la Madeleine
4, Bd. Malesherbes (8.)
Metro: Madeleine
Insbesondere Frühgemüse

Opéra Primeurs
21, Rue Danielle-Casanova (1.)
Metro: Pyramides
Exotische Früchte und Frühgemüse frischester Art

GEWÜRZE

Paul Corcellet
46, Rue des Petits-Champs (2.)
Metro: Bourse

Tobépices
5, Rue Sainte-Croix-de-la-Bretonnerie (4.)
Metro: Hôtel de Ville

S. Izrael
30, Rue François-Miron (4.)
Metro: Saint-Paul

KAFFEE

La Maison des Colonies
47, Rue Vieille-du-Temple (4.)
Metro: Hôtel de Ville
Eine Riesenauswahl an ›Kolonialwaren‹

Henri Large
197, Rue de La Fayette (10.)
Metro: Louis Blanc

KÄSE

Androuet
41, Rue d'Amsterdam (8.)
Metro: Saint-Lazare
Über 300 Sorten, dazu ein Käsespezialitäten-Restaurant

Cantin, Gisèle
2, Rue Lourmel (15.)
Metro: Dupleix

Creplet-Brussol
17, Pl. de la Madeleine (8.)
Metro: Madeleine

A la Ferme Saint-Hubert
21, Rue Vignon (8.)
Metro: Madeleine

Félix Barthélémy
81, Rue de Seine (6.)
Metro: Odéon

KAVIAR

Caviar Kaspia
17, Pl. de la Madeleine (8.)
Metro: Madeleine

Caviar Volga
17, Rue Jean-Mermoz (8.)
Metro: Franklin D. Roosevelt

Petrossian
18, Bd Latour-Maubourg (7.)
Metro: Invalides

KRÄUTER

Herboristerie du Palais Royal
11, Rue des Petits-Champs (1.)
Metro: Pyramides
400 verschiedene Kräuter und Schönheitsprodukte auf Naturbasis

L'Herbier de Provence
1, Rue Pierre-Lescot (1.)
Metro: Les Halles

Jardin Provençal
2, Rue Pont-Neuf (1.)
Metro: Pont-Neuf

Reine Payeben
35, Bd Saint-Germain (5.)
Metro: Maubert-Mutualité

SCHNECKEN

La Maison de l'Escargot
79, Rue Fondary (15.)
Metro: Dupleix
Spezialitätenhaus für Schnecken von den ›petit gris‹ bis zu den ›bourgogne 2‹

L'Escargot de la Butte
48, Rue de Maistre (18.)
Metro: Blanche, Abbesses
Alle im Haus präpariert und mit Butter

TEE

Compagnie Anglaise des Thés
73, Rue de Lecourbe (15.)
Metro: Sèvres, Lecourbe
1, Rue Pierre-Lescot (1.)
Metro: Les Halles
11, Rue Ponthieu (8.)
Metro: Franklin D. Roosevelt

English Tea House
Betjeman et Barton Thé
23, Bd Malesherbes (8.)
Metro: Madeleine

TRÜFFEL

Maison de la Truffe
19, Pl. de la Madeleine (8.)
Metro: Madeleine

Fauchon
26–28, Pl. de la Madeleine (8.)
Metro: Madeleine

WEIN

La Cave de Georges Duboeuf
9, Rue Marbeuf
Metro: Alma-Marceau
Beaujolais-Spezialitäten

Académie du Vin
Caves de la Madeleine
25, Rue Royale (Passage Cité Berryer) (8.)
Metro: Madeleine
Hier lernt man Weine kennen, man kann probieren und auch kaufen.

Nicolas
Mehr als 150 Filialen in ganz Paris, ein alter Familienbetrieb, der für reine Weine garantiert
189, Rue Saint-Honoré (1.)
Metro: Palais-Royal
3, Rue Choiseul (2.)
Metro: Quatre-Septembre
35, Rue Rambuteau (4.)
Metro: Rambuteau
149, Rue de Rennes (6.)
Metro: Montparnasse
13, Rue de Buci (6.)
Metro: Odéon
103, Rue du Fg Saint-Honoré (8.)
Metro: Champs-Elysées
64, Rue de Passy (16.)
Metro: Passy
13, Rue Lepic (18.)
Metro: Blanche

Caves Miard
9, Rue des Quatre-Vents (6.)
Metro: Odéon

Peuchet Vins
95, Av. Victor-Hugo (16.)
Metro: Victor Hugo

WHISKY

La Maison du Whisky
20, Rue d'Anjou (8.)
Metro: Madeleine
Wenn es denn schon Whisky im Weinland Frankreich sein soll, dann hier, die Auswahl ist sensationell.

ELFENBEIN UND SCHILDPATT

Aux Tortues
55, Bd Haussmann (8.)
Metro: Havre-Caumartin
Alles aus Schildpatt, Horn, Elfenbein und Bernstein

GESCHENKE

Axis
13, Rue de Charonne (11.)
Metro: Bastille
10.30–13 und 14–19.30 Uhr
Modernes Design und erstaunliche Objekte mitten im Bastille-Viertel sowie eine eigene,

originelle Axis-Kollektion, um die Daheimgebliebenen zu beschenken

Boutiquen des Musée des Arts de la Mode und des Musée des Arts Decoratifs
107–109, Rue de Rivoli (1.)
Metro: Palais-Royal
In den beiden neuen Museumsboutiquen gibt es nicht nur Reeditionen alter Chanel-Flakons aus den 20er Jahren als Mitbringsel, sondern auch Sonia Rykiel-T-Shirts, Art Deco-Broschen und Hermès-Tücher.

Présent Perfect
79, Rue Saint-Louis-en-l'Ille (4.)
Metro: Cité, Pont Marie
Hypermodernes, Skurriles, Poppiges

GLÄSER

Cie. des Cristalleries de Baccarat
30 bis, Rue du Paradis (10.)
Metro: Poissonnière

Lalique
11, Rue Royale (8.)
Metro: Madeleine
Die Glasformen aus den 20er Jahren werden hier immer noch hergestellt.

Verre et Rouge
19, Rue de Miromesnil (8.)
Metro: Miromesnil

HANDSCHUHE

Delrey
47, Rue du Four (6.)
Metro: Odéon
Ein schwer zu findendes Lädchen mit einer Riesenauswahl

KLEIDER-VERLEIH

Au Cor de Chasse
40, Rue de Buci (6.)
Metro: Odéon
✆ 43 26 51 89
Frack und Smoking

Eugénie Boiserie
32, Rue Vignon (9.)
Metro: Havre-Caumartin
Zweimal im Jahr wird die Kollektion erneuert, so daß man sich stets Modelle nach der neusten Mode vom Faubourg Saint-Honoré ausleihen kann.

Jean Jacques
36, Rue de Buci (6.)
Metro: Odéon
Seit 1867 werden hier Anzüge, Smokings und Fräcke verliehen.

KNÖPFE

Bouton d'Or
27, Rue Vignon (8.)
Metro: Havre-Caumartin

La Boutique à Boutons
110, Rue de Rennes (6.)
Metro: Saint-Placide

La Droguerie
9–11, Rue du Jour (1.)
Metro: Les Halles
Knöpfe, Perlen, Stoffbänder und Wolle in allen möglichen Varianten und zu erstaunlich kleinen Preisen

Marguerite Fondeur
18, Rue d'Anjou (8.)
Metro: Madeleine
Knöpfe aus vielen Jahrhunderten, auch Uniformknöpfe

Frisse
45, Rue du Sentier (2.)
Metro: Sentier

Paritys
16, Rue Vivienne (2.)
Metro: Bourse

KOSMETIK

Shu Uemura Beauty
176, Bd Saint-Germain (6.)
Metro: Saint-Germain-des-Prés

Japanische Kosmetik, optimal präsentiert in einem wunderschönen lichten und schlichten Laden mit Glasfront und schwarzer Drehtür. Lidschatten, Rouge und Lippenstift können farblich individuell in kleinen Beauty-Boxen zusammengestellt werden.

Silvermoon
2, Rue des Innocents (1.)
Metro: Les Halles
Große Kosmetikmarken zu kleinen Preisen, das heißt mit bis zu 25% Rabatt

Carita
11, Rue du Fg Saint-Honoré (8.)
Metro: Madeleine
Eines der besten Pariser Kosmetikinstitute, falls Sie sich mal von Kopf bis Fuß verwöhnen lassen wollen. Telefonische Voranmeldung (42 65 79 00) obligatorisch

KÜCHENGERÄTE

Culinarion
99, Rue de Rennes (6.)
Metro: Rennes

E. Dehillerin
18–20, Rue Coquillière (1.)
Metro: Les Halles
Seit 1820 gibt es hier alles für die private und gastronomische Küche. Weltberühmt bei Spezialisten

MARIONETTEN

Pain d'Epices
29, Pass. Jouffroy (9.)
Metro: Richelieu-Drouot
Hübsche neue Marionetten

Tütürlü
12 und 23, Rue Berthe (18.)
Metro: Abbesses
G: Mo
Allein die Schaufenster sind traumhafte Kunstwerke. Die Magie dieser handgemachten Marionetten ist einzigartig; herrliche Kostüme, handgeschneidert, und fast jedes Gesicht hat einen anderen Ausdruck.

MÖBEL UND DESIGN

Espace Temps
3, Rue de Turbigo (1.)
Metro: Etienne-Marcel
Modernes Mobiliar und Objekte von französischen und internationalen Designern

Etat de Siège
1, Quai Conti (6.)
Metro: Pont-Neuf
Eine beeindruckende Stuhl- und Sesselausstellung mit Modellen aus allen Jahrhunderten. Der Gang durch diesen originellen Laden macht auch Spaß, ohne etwas zu kaufen. 2500 Sitzgelegenheiten per Katalog bestellbar!

V.I.A.
10, Pl. Saint-Opportune (1.)
Metro: Chatêlet
Die drei Buchstaben stehen für die komplizierte Bezeichnung ›Valorisation de l'Innovation dans l'Ameublement‹, was nichts anderes heißt, als daß der französische Staat diesen Design-Möbelladen subventioniert, um junge französische Designer (und natürlich die heimische Möbelindustrie) zu fördern.

MODE

HAUTE COUTURE
(und Prêt-à Porter)

Balmain
44, Rue François-I (8.)
Metro: Franklin D. Roosevelt
Ein Däne in der Haute Couture: 1982 übernahm Erik Mortensen die Nachfolge von Pierre Balmain.
Prêt-à-Porter im gleichen Haus

Cardin
27, Av. Marigny (8.)
Metro: Champs-Elysées-Clemenceau
Pierre Cardin kann mit seinem Accessoires-Angebot inzwischen ganze Warenhäuser füllen.
Prêt-à-Porter im gleichen Haus

Chanel
31, Rue Cambon (8.)
Metro: Concorde
Caroline von Monaco, Madame Pompidou und Madame Chirac gehören hier zu den Kundinnen.
Prêt-à-Porter im gleichen Haus

Courrèges
40, Rue François-I (8.)
Metro: Franklin D. Roosevelt
Mode von dem Mann, der Astronautenanzüge salonfähig machte.
Prêt-à-Porter im gleichen Haus

Dior
30, Av. Montaigne (8.)
Metro: Franklin D. Roosevelt
Christian Dior revolutionierte die Mode 1947 mit seinem ›New Look‹, heute entwirft Mark Bohan für das Erfolgsunternehmen.
Prêt-à-Porter im gleichen Haus

Féraud
88, Rue du Fg Saint-Honoré (8.)
Metro: Saint-Philippe-du-Roule
Reiche Amerikanerinnen und arabische Prinzessinnen kaufen hier mit Vorliebe ein.
Prêt-à-Porter im gleichen Haus

Givenchy
3 und 8, Av. George-V (8.)
Metro: George-V
In der Nr. 3 gibt es die Haute Couture, in Nr. 8 die Prêt-à-Porter-Linie ›Life‹.

Christian Lacroix
73, Rue du Fg Saint-Honoré (8.)
Metro: Saint-Philippe-du-Roule
Die neueste, erst 1988 eröffnete Haute Couture-Boutique.
Prêt-à-Porter im gleichen Haus

Lanvin
22, Rue du Fg Saint-Honoré (8.)
Metro: Madeleine
Meryll Lanvin ist hier für die Haute Couture-Abteilung verantwortlich.
Prêt-à-Porter im gleichen Haus

Ted Lapidus
35, Rue François-I (8.)
Metro: Franklin D. Roosevelt
Lapidus entwirft Unisex-Mode: für sie und ihn.
Prêt-à-Porter in der Nr. 52, Rue Bonaparte (6.), Metro: Saint-Germain-des-Prés

Lecoanet Hemant
5, Rue Lammenais (8.)
Metro: George-V
Dieses noch sehr junge Haus, erst 1984 zur Haute Couture zugelassen, zeigt witzig-freche Kollektionen.
Prêt-à-Porter in der Nr. 84, Rue du Fg Saint-Honoré (8.), Metro: Saint-Philippe-du Roule

Hanae Mori
62, Rue du Fg Saint-Honoré (8.)
Metro: Saint-Philippe-du Roule
Die einzige Japanerin in der Haute Couture.
Prêt-à-Porter in der Nr. 17, Av. Montaigne (8.), Metro: Franklin D. Roosevelt

Patou
7, Rue Saint-Florentin (8.)
Metro: Concorde
Hier begann der steile Aufstieg von Christian Lacroix.
Kein Prêt-à-Porter

Ricci
39, Av. Montaigne (8.)
Metro: Franklin D. Roosevelt
Traditionsgemäß sehr feminin – eine Tatsache, an der auch Gérard Pipart nichts änderte.
Prêt-à-Porter in der Nr. 17, Rue François-I (8.), Metro: Franklin D. Roosevelt

Saint Laurent
5, Av. Marceau (8.)
Metro: Alma-Marceau
Für viele ist er nach wie vor der Größte – die Damenwelt dankt es ihm mit stehenden Ovationen bei den Schauen.
Prêt-à-Porter:
12, Rond-Point des Champs-Elysées (8.)
Metro: Franklin D. Roosevelt
38, Rue du Fg Saint-Honoré (8.)
Metro: Concorde
6, Pl. Saint-Sulpice (6.)
Metro: Mabillon

Scherrer
51, Av. Montaigne (8.)

Metro: Franklin D. Roosevelt
Bei Scherrer kann man sogar aus der Ferne bestellen: Das Haus verschickt Videos von den jeweiligen Schauen.
Prêt-à-Porter:
31, Rue de Tournon (6.)
Metro: Odéon
90, Rue du Fg Saint-Honoré (8.)
Metro: Saint-Philippe-du-Roule
14, Av. Victor-Hugo (16.)
Metro: Victor Hugo

Per Spook
18, Av. George-V (8.)
Metro: Alma-Marceau
Bei diesem Norweger kleidet sich sowohl die Schauspielerin Marie-Christine Barrault wie die norwegische Königsfamilie ein.
Prêt-à-Porter im gleichen Haus

Torrente
9, Rue du Fg Saint-Honoré (8.)
Metro: Madeleine
Einer der ›neuen‹ Couturiers von Paris.
Prêt-à-Porter in der Nr. 60, Av. Montaigne (8.), Metro: Franklin D. Roosevelt

Ungaro
25, Rue du Fg Saint-Honoré (8.)
Metro: Madeleine
Emmanuel Ungaro macht Mode für Frauen wie Anouk Aimée, die einen Exklusivvertrag mit dem Couturier hat.
Prêt-à-Porter in der Nr. 2, Av. Montaigne (8.), Metro: Alma-Marceau

Venet
62, Rue François-I (8.)
Metro: George-V
Ehemals Couturier bei Givenchy, kann Venet inzwischen Jackie Kennedy zu seinen Kundinnen zählen.
Prêt-à-Porter: c/o Vincent et Milho, Rue François-I, Metro: George-V

LUXUSKONFEKTION

Armani
6, Pl. Vendôme (1.)
Metro: Tuileries
Pariser Dépendance des teuren Italieners

Anne Marie Beretta
24, Rue Saint-Sulpice (6.)
Metro: Saint-Sulpice
Klare Formen und strenge Linien

Azzedine Alaïa
17, Rue du Parc-Royal (3.)
Metro: Saint-Paul
Hinter einer einfachen schwarzen Tür verbirgt sich diskret der von Andrée Putman gestylte Laden des kleinen Tunesiers.

Dorothée Bis
33, Rue de Sèvres (6.)
Metro: Sèvres-Babylone
Luxuriöse Jersey- und Strickmode, aber auch eine sportlich-junge ›Dorotennis‹-Linie

Cacharel
49, Rue Etienne-Marcel (1.)
Metro: Etienne Marcel
165, Rue de Rennes (6.)
Metro: Montparnasse
34, Rue Tronchet (8.)
Metro: Havre-Caumartin
2, Pl. Porte-Maillot (17.)
Metro: Porte Maillot
Seit 1963 ein schwarzer Rock mit rosa Bluse von Cacharel auf dem ›Elle‹-Titelblatt Furore machte, gehört das Unternehmen zu den umsatzkräftigsten der französischen Modebranche.

J. Ch. de Castelbajac
31, Pl. du Marche-Saint-Honoré (1.)
Metro: Pyramides
5, Rue des Petits-Champs (1.)
Metro: Bourse
Hauptquartier und Showroom des Créateurs, der sogar aus Teddybären Mäntel macht, sind in der Rue des Petits-Champs.

Chloé
60, Rue du Fg Saint-Honoré (8.)
Metro: Saint-Philippe-du-Roule
2–3, Rue de Gribeauval (7.)
Metro: Bac
Überteuerte Mode zum gleichnamigen Parfum

Comme des Garcons
42, Rue Etienne-Marcel (2.)
Metro: Etienne Marcel

Asymmetrische Mode der Japanerin Rei Kawakoto in unterkühltem Betonintérieur

Jean-Paul Gaultier
6, Rue Vivienne (2.)
Metro: Bourse
Spektakulärer Laden des originellsten Pariser Modedesigners in der wunderschönen alten Ladenpassage Galerie Vivienne

Daniel Hechter
146, Bd Saint-Germain (6.)
Metro: Odéon
12, Rue du Fg Saint-Honoré (8.)
Metro: Concorde
66, Rue de Montparnasse (15.)
Metro: Notre-Dame-des-Champs
2, Pl. de Passy (16.)
Metro: Passy
Vor allem Sportmode

Hermès
24, Rue du Fg Saint-Honoré (8.)
Metro: Madeleine
Beim ›Sattler von Paris‹ gibt es sündhaft teure Seidentücher, Lederwaren und natürlich die berühmte ›Grace Kelly – Tasche‹ . . .

Joseph Tricot
Rue Etienne-Marcel (1.)
Metro: Etienne-Marcel
Wunderschöne Strickwaren des New Yorkers Joseph zu gesalzenen Preisen, darunter eine handgestrickte Hose zu FF 3000

Kenzo
3, Pl. des Victoires (1.)
Metro: Bourse
16, Bd Raspail (7.)
Metro: Sèvres-Babylone
Die beiden Geschäfte des Pioniers unter den Japanern in Paris mit blumig-bunter Mode

Michel Klein
39, Rue de Grenelle (7.)
Metro: Bac
Kleider, Trenchcoats und Accessoires von einem Jungdesigner

Emmanuelle Khan
12, Rue de Grenelle (7.)
Metro: Bac
Madame Khan, ehemals Mannequin bei Balenciaga, entwirft seit 1970 klassisch-klare Linien für das eigene Label.

Ralph Lauren
2, Pl. de la Madeleine (8.)
Metro: Madeleine
Luxuspolohemden des amerikanischen Designers in Edelholzdekor

Karl Lagerfeld Boutique
19, Rue du Fg Saint-Honoré (8.)
Metro: Madeleine
Karl Lagerfeld entwirft nicht nur für Chanel, Chloé und Fendi, sondern auch für seine eigene Kollektion, die er hier, gegenüber von Hermès, teuer verkauft.

Lolita Lempicka
13 bis, Rue Pavée (4.)
Metro: Saint-Paul
Figurbetonte Kostüme von einer französischen Jungdesignerin mitten im alten Marais

Issey Miyake
201, Bd. Saint-Germain (7.)
Metro: Rue du Bac
Kimonos und T-Shirts (ab FF 800) des Japaners in theatralischem Dekor

Claude Montana
31, Rue de Grenelle (7.)
Metro: Bac
Kleider und Accessoires von dem Mann, der den Frauen die breiten Schultern bescherte

Popy Moreni
13, Pl. des Vosges (4.)
Metro: Saint-Paul
Italienerin, die ihre Mode von der Commedia dell'Arte inspirieren ließ

Thierry Mugler
10, Pl. des Victoires (2.)
Metro: Bourse
Avantgarde-Mode in einem ehemaligen Fischgeschäft

Georges Rech
54, Rue Bonaparte (6.)
Metro: Saint-Germain-des-Prés

23, Av. Victor-Hugo (16.)
Metro: Victor Hugo
Einfach-elegante Mode für »aktive Frauen, die Kleider mit ihrer Persönlichkeit und nicht nur mit ihren Schultern tragen«, so Monsieur Rech

Sonia Rykiel
6, Rue de Grenelle (6.)
Metro: Sèvres-Babylone
Exklusive Strickmode von der Frau, die auch schon das Tafelgeschirr des Pariser Hotels Lutetia entwarf

Gianni Versace
67, Rue des Saints-Pères (7.)
Metro: Bac
Kostüme, Kleider und Accessoires des Italieners in grauem Granitinterieur

Victoire
12, Pl. des Victoires (1.)
Metro: Bourse
Die Boutique von Françoise Chassagnac war eine der ersten auf dem Platz und zeigt auch jeweils als erste Kreationen begabter Jungdesigner, wie zum Beispiel von Martine Sitbon.

Yohij Yamamoto
47, Rue Etienne-Marcel (2.)
Metro: Etienne-Marcel
Und noch ein Japaner mit horrenden Preisen in kargem Dekor

Yvan et Marzia
4, Pl. du Marché-Saint-Honoré (1.)
Metro: Pyramides
Hier gibt's aufwendige Abendkleider und viel Straß.

ERSCHWINGLICHE UND JUNGE MODE

Agnès B.
2, 3, 4, 6, Rue du Jour (1.)
Metro: Les Halles
17, Rue Pierre-I-de-Serbie (16.)
Metro: Alma-Marceau
Die klassisch-einfache und sehr pariserische Agnès B.-Mode gibt es gleich viermal in der Rue du Jour: für Kinder, Lolitas, Frauen und Männer . . . und für Kulturbeflissene die Agnès B.-Galerie in der Nr. 4.

Autour du Monde
12, Rue des Francs-Bourgeois (3.)
Metro: Saint-Paul
Ein Safari-Shop mit allem, was man für die Wüste, aber auch zu Hause gebrauchen kann, mitten im Marais

Charles Chevignon
18, Rue du Four (6.)
Metro: Mabillon
5, Pl. des Victoires
Metro: Bourse
Lederjacken und jugendliches Sportswear, aber auch edle Uhren, Brieftaschen und Gürtel

Chipie
49, Rue Bonaparte (6.)
Metro: Saint-Germain-des-Prés
31, Rue de la Ferronnerie (1.)
Metro: Châtelet-Les Halles
Trenchcoats, Blousonjacken und Jeans für Teenies und Junggebliebene . . .

Comptoir du Désert
74, Rue de la Roquette (11.)
Metro: Bastille
Noch ein Safariladen, der mit der Wüstenmodewelle nach Paris kam und auch Second Hand-Mode hat

Creeks
98, Rue Saint-Denis (1.)
Metro: Etienne-Marcel
Allein das Interieur des von Stardesigner Philippe Starck gestylten Textiltempels lohnt einen Besuch. In den pinkfarbenen Regalen liegen Liberto-Hosen, Oberhemden, Sweatshirts, Modeschmuck, Schuhe und vieles mehr . . .

Gerard Darel
Bd Saint-Germain (6.)
Metro: Saint-Germain-des-Prés
Gerade geschnittene Kostüme und Kleider in klassischen Farben, aber auch bonbonfarbene, verspielte Mode zu durchaus gerechtfertigten Preisen in einem eleganten Laden. Sehr günstige *soldes*

Gaultier Junior
7, Rue du Jour (1.)
Metro: Les Halles
Die Juniormode von Jean-Paul Gaultier. Leider immer noch sehr teuer

Marithe et François Girbaud
38, Rue Etienne-Marcel (2.)
Metro: Etienne-Marcel
Futuristischer Laden mit Glasfassade über drei Etagen, in dem das Designerehepaar aufgepeppte Jeansmode zu ebenso aufgepeppten Preisen verkauft

Kili Watch
100, Rue Saint-Denis (1.)
Metro: Etienne-Marcel
Ausgeflipptes und Normales, Altes und Neues wird in dieser Mischung aus Second Hand-Laden und Designer-Boutique geboten.

Kim's
4, Rue Bernard-Palissy (6.)
Metro: Saint-Germain-des-Prés
Multifunktionale Boutique mit japanischer Designermode im Erdgeschoß und Sushi-Bar im Keller

Kookaï
Rue du Four/Ecke Rue Princesse (6.)
Metro: Mabillon
Pl. des Innocents (1.)
Metro: Châtelet-Les Halles
Pullover, Wollkostüme und -kleider zu günstigen Preisen

Le Loft
21, Rue du Fg Saint-Honoré (8.)
Metro: Madeleine
500-m²-Loft mit Hemden, Röcken und Hosen zu vernünftigen Einheitspreisen

Oblique
19, Rue du Jour (1.)
Metro: Les Halles
6, Rue des Canettes (6.)
Metro: Mabillon
Tragbare Strick- und Jerseymode, die sich gut untereinander kombinieren läßt. Die Röcke gibt es in jeweils drei verschiedenen Längen.

Opox Rapax
64, Rue de Rennes (6.)
Metro: Saint-Germain-des-Prés
12, Rue de la Ferronnerie (1.)
Metro: Châtelet-Les Halles
Pullover, Cardigans, Schuhe, Gürtel und Taschen – die Opox Rapax-Kollektion wird von einem Ex-Kenzo-Assistenten entworfen.

Elisabeth de Senneville
3, Rue de Turbigo (1.)
Metro: Châtelet-Les Halles
Seit 1979 flimmern in dieser Hallenboutique Computerprogramme und Videos zwischen den Senneville-Modellen, die natürlich mit Computergraphiken und Comic Strips bedruckt sind ...

Tehen
5 bis, Rue des Rosiers (4.)
Metro: Saint-Paul
3, Rue des Prêcheurs (1.)
Metro: Etienne-Marcel
Fließende Stoffe und klassische Kleider. Der Klassiker des Hauses ist das figurbetonte kleine Schwarze mit großzügigem Dekolleté.

Ton sur Ton
Pl. des Innocents/18, Rue Berger (1.)
Metro: Châtelet-Les Halles
Molleton-Sweatshirts in allen möglichen Formen und Farben

Ventilo
27 bis, Rue du Louvre (2.)
Metro: Louvre
Die erste *thé-boutique* von Paris; bei Armand Ventilo gibt es nicht nur texanische Ledergürtel, Leinenblusen und Baumwollkleider auf drei Etagen, sondern auch Tee und Torten in einer *cosy corner* im zweiten Stock.

MODE NUR FÜR MÄNNER

Mode wird zunehmend für sie *und* ihn gemacht und verkauft. Bei vielen Adressen im allgemeinen Modeteil werden beide etwas für sich finden können. Daher hier nur einige ausgesprochene Männerboutiquen:

Agnes B. pour Hommes
3, Rue du Jour (1.)
Metro: Les Halles
Junge Pariser Männermode: weite Oberhemden, graumelierte Sweatshirts, Boxershorts und Jacketts

Burberry's
8, Bd Malesherbes (8.)
Metro: Madeleine
Die größte Auswahl an englischen Trenchcoats in Paris

Brown's
182, Bd Saint-Germain (6.)
Metro: Odéon
Klassisch-englische Anzüge, Jacketts und Hemden in hervorragender Qualität

Cerruti
27, Rue Royale (8.)
Metro: Madeleine
Seit 1881 zieht Cerruti nun schon die Männer an – Tradition zu hohen Preisen

Il pour l'homme
68, Rue de Grenelle (7.)
Metro: Bac
Von T-Shirts bis zu Feldthermosflaschen alles, was Männer gebrauchen können

Island
4, Rue Vide-Gousset (2.)
Metro: Bourse
3, Rue Montmartre (1.)
Metro: Les Halles
Hier kommt der unkonventionelle Mann zu Hemd und Hose – in der Rue Vide-Gousset gibt es darüber hinaus von Taschen bis Krawatten jede Menge Accessoires.

Kenzo
17, Bd Raspail (7.)
Metro: Sèvres-Babylone
Die bunte Männermode des Japaners wird hier blau beleuchtet präsentiert.

Issey Miyake
33, Bd Raspail (7.)
Metro: Sèvres-Babylone
Schlicht und sachlich, aber dennoch sehr teuer

Moholy-Nagy
2, Galerie Vivienne (2.)
Metro: Bourse
André Moholy-Nagy verkauft in der alten Ladenpassage auf einem 12 m langen Verkaufsstand wunderschöne Hemden.

Structure
52, Rue Croix-des-Petits-Champs (2.)
Metro: Bourse
Oberhemden in Hülle und Fülle

Und noch drei Adressen für Herren-Prêt-à-Porter der Couturiers (Jacketts ab FF 3500):

Dior für Herren
74, Av. des Champs-Elysées (8.)
Metro: Franklin D. Roosevelt

Lanvin
2, Rue Cambon (1.)
Metro: Concorde

Saint Laurent Rive Gauche
6, Pl. Saint-Sulpice (6.)
Metro: Saint-Sulpice

RESTMODELLE ZU HERABGESETZTEN PREISEN

Babs
29, Av. Marceau (16.)
Metro: Alma-Marceau
89 bis, Av. Ternes (17.)
Metro: Ternes

Cacharel Stock
114, Rue d'Alésia (14.)
Metro: Alésia
35–50 Prozent Ermäßigung für Modelle auslaufender Serien

Griffe-Solde
Annéxe des Créateurs
19, Rue Godot-de-Mauroy (9.)
Metro: Madeleine

Jaegger
15, Bd Saint-Michel (5.)
Metro: Saint-Michel

Mendès (Yves Saint Laurent)
65, Rue Montmartre, 1. Stock (2.)
Metro: Sentier
Die Boutiquemodelle Ende der jeweiligen Saison zu reduzierten Preisen

Miss Griffes
19, Rue de Penthièvre (8.)
Metro: Miromesnil
11–18.30 Uhr
Kleider der Haute Couture und Boutiquen, die von Mannequins vorgeführt wurden, zu herabgesetzten Preisen

La Solderie
85, Rue de la Boétie (8.)
Metro: Franklin D. Roosevelt

Stock Austerlitz
(Hechter)
16, Bd de l'Hôpital (5.)
Metro: Gare d'Austerlitz
Bis zu 50 Prozent herabgesetzte Preise

Tournesoldes
22, Rue Lebouteux (17.)
Metro: Villiers

Les Trouvailles
55, Rue de la Convention (15.)
Metro: Boucicaut
Bis zu 50 Prozent herabgesetzte Boutiquemodelle

DESSOUS

Tous les caleçons
34, Rue Coquillière (1.)
Metro: Les Halles
In einer ehemaligen Samenhandlung gibt es nun Unterwäsche im weitesten Sinne: ›Känguruh-Slips‹ und Boxershorts, aber auch T-Shirts und Leibchen – alles aus Baumwolle und eher teuer.

Nikos
6, Rue Pavée (4.)
Metro: Saint-Paul
Ein Grieche revolutionierte das Underwear für Männer, Nikos' Preise entsprechen jedoch durchaus denen für Damenunterwäsche: ein einfacher Slip ab FF 250 . . .

Sabbia Rosa
71–73, Rue des Saints-Pères (6.)
Metro: Sèvres-Babylone
Satin, Crêpe de Chine und sündhaft teure Seide für sie und ihn

Chantal Thomass
11, Rue Madame (6.)
Metro: Saint-Sulpice
Der Klassiker für Dessous in Paris

MODESCHMUCK

Premier Etage
32, Rue Etienne-Marcel (2.)
Metro: Etienne-Marcel
Ausgefallener Designerschmuck in einer winzigen Boutique: Riesenohrringe, breite Armbänder und Ketten

Scooter
10, Rue de Turbigo (3.)
Metro: Etienne-Marcel
Den Schmuck dieser Hallen-Boutique findet man regelmäßig auf Photos im Modemagazin ›Elle‹ wieder.

Utility-Bibi
27, Rue du Four (6.)
Metro: Mabillon
Modelle von 15 verschiedenen Schmuckdesignern zu akzeptablen Preisen

SCHUHE

André
21, Av. des Ternes (17.)
Metro: Ternes
(Filialen in allen Arrondissements). Die preisgünstigste unserer Adressen

Botticelli
1, Rue de Tournon (6.)
Metro: Odéon
Italienisches Schuhwerk zu fairen Preisen

Robert Clergerie
5, Rue du Cherche-Midi (6.)
Metro: Saint-Sulpice
Einer der Schuh-Klassiker von Paris

Church
4, Rue du Dragon (6.)
Metro: Saint-Germain-des-Prés
Die berühmten Church-Schuhe fürs Understatement am Fuß

Charles Kammer
14, Rue de Grenelle (7.)
Metro: Sèvres-Babylone
Pl. des Victoires
Metro: Bourse
Die beiden eigenen Läden des Designers, der für das Schuhhaus Sacha entwirft

Stéphane Kélian
13 bis, Rue de Grenelle (7.)
Metro: Sèvres-Babylone
Pl. des Victoires
Metro: Bourse
Einer der berühmtesten Schuhmacher von Paris – geflochtene Lederschuhe zu stolzen Preisen

Tokio Kumagaï
52, Rue Croix-des-Petits-Champs (2.)
Metro: Bourse
Ausgefallene Avantgarde-Schuhe

Laurent Mercadal
Pl. des Victoires (2.)
Metro: Bourse
Klassisches Schuhwerk aus ungewöhnlichem Material: naturfarbenes oder eingefärbtes Schlangenleder

TASCHEN

La Bagagerie
11, Rue du Fg Saint-Honoré (8.)
Metro: Madeleine
Die größte Auswahl an Handtaschen und Gürteln in Paris: aus Kalbsleder, in Kroko und auch ganz bunt

Prada
5, Rue de Grenelle (7.)
Metro: Bac
Exklusive Taschen, Koffer und Schuhe aus Mailand zu exklusiven Preisen

Upla
17, Rue des Halles (1.)
Metro: Châtelet-Les Halles
Die bevorzugte Adresse junger Pariserinnen: Hier gibt es Hand- und Brieftaschen in englischem Holzdekor.

Vuitton
97, Av. Montaigne (8.)
Metro: Franklin D. Roosevelt
Tausendfach wurden sie kopiert, hier versteht man, warum: die Preise der ›echten‹ Vuitton-Taschen sind unbezahlbar.

BESONDERES

Patrick Kelly
6, Rue du Parc-Royal (3.)
Metro: Chemin-Vert
11–13 und 14–19 Uhr. G: Mo
Ein Amerikaner in Paris. Patrick Kelly revolutionierte die Pariser Modeszene mit seiner ›Crazy Couture‹, bunten T-Shirts und Riesenknöpfen. Der erste Amerikaner, der in Paris sogar zur Prêt-à-Porter zugelassen wurde. Und das will etwas heißen.

Eres
4 bis, Rue du Cherche-Midi (6.)
Metro: Saint-Sulpice
9.30–19 Uhr
Der Pariser Klassiker für Bikini- und Bademoden mit schier unglaublicher Auswahl auf zwei Etagen und einer eigenen Beachwear-Kollektion

Manufacture Rodson
21, Rue des Halles (1.)
Metro: Les Halles
Boutique im Hallenviertel, die Kopien von Kleidungsstücken berühmter Filmhelden verkauft. Hier finden Sie den ›Original Humphrey Bogart-Trench‹ aus ›Casablanca‹, Roy Rogers-Hemden oder einen Hemingway-Blazer. Stolze Preise

MUSIKINSTRUMENTE

Alain Vian
8, Rue Gregoire-de-Tours (6.)
Metro: Odéon
Alain, der Bruder von Boris Vian, hat ein Raritätenkabinett mit alten Instrumenten; auch Fotoapparate.

Camurat
49, Rue de Rome (8.)
Metro: Saint-Lazare

Pierre Beuscher
Av. de la Motte-Picquet (15.)
Metro: La Motte-Picquet

PAPIER

Beauvais
14, Rue du Bac (7.)
Metro: Rue du Bac
Luxusbriefpapier in guter Auswahl

Letter Box
7, Rue d'Assas (6.)
Metro: Sèvres-Babylone

Paper +
9, Rue du Pont-Louis-Philippe (4.)
Metro: Pont Marie
Ab mittags geöffnet
Unendliche Briefpapierauswahl, Tagebücher und hübsche Schreibtisch-Ausstattungen für ›junge Mädchen mit zärtlichen Herzen‹

Stern
47, Pass. des Panoramas (2.)
Metro: Montmartre
Der beste Graveur für Briefpapier und Visitenkarten

PFEIFEN

A l'Oriental
19, Gal. de Chartres (Palais Royal) (1.)
Metro: Palais-Royal

PHOTO

Images
24 und 31, Rue Saint-Augustin (2.)
Metro: Quatre-Septembre
Ein Labor, das Filme im Expreßdienst in 24 Stunden entwickelt

Photo Mayet
4, Rue Mayet (6.)
Metro: Falguière
Laterna Magica, Photoapparate und alte Ausstattungen, Daguerreotypien

Roger Viollet
6, Rue de Seine (6.)
Metro: Odéon
Abzüge von fünf Millionen Photos aller Art

POSTER

Berggruen
70, Rue de l'Université (7.)
Metro: Solférino
Plakate großer moderner Künstler

Le Minotaure
2, Rue des Beaux-Arts (6.)
Metro: Mabillon
Alles über Kinofilme: Bücher, Plakate, Schallplatten

Documents
53, Rue de Seine (6.)
Metro: Odéon
Epinal-Bögen und nachgedruckte Jugendstil-Plakate

L'Imagerie
9, Rue Dante (6.)
Metro: Odéon
Große Auswahl französischer und ausländischer Plakate

POSTKARTEN, ALTE

Fildier Cartophilie
4, Bd Morland (4.)
Metro: Sully-Morland
Künstlerphotos vor 1914, auch alte Warenhauskataloge

PUPPEN

Robert Capia
24–26, Gal. Véro-Dodat (1.)
Metro: Palais-Royal
Große Auswahl alter Puppen und alten Spielzeugs hält ein wahrer Puppengelehrter bereit.

Rigodon
13, Rue Racine (6.)
Metro: Odéon

Polichinelle
20, Rue André-del-Sarte (18.)
Metro: Château-Rouge
Alte Puppen aus Papiermaché, Wachs oder Biskuit, auch Reparaturen aller Art

● **Monsieur Renard**
6, Rue de l'Echaudé (6.)
Metro: Saint-Germain-des-Prés
Mit dem Nebenladen ›Au Beau Noir‹ sicher der reichhaltigste Laden alter kostbarer Puppen, eine ungeheure Auswahl, auch aus dem Amerika der Pionierzeit. Mittags geschlossen

REITZEUG

Hermès
24, Rue du Fg Saint-Honoré (8.)
Metro: Madeleine
Der Luxus-Sattler von Paris

Padd
20, Rue du Laos (15.)
Metro: Cambronne
30, Rue de Miromesnil (8.)
Metro: Miromesnil
Schickes Reitzeug, nicht ganz so teuer wie bei Hermès

SCHALLPLATTEN

Clementine
89, Bd du Montparnasse (6.)
Metro: Vavin
Alle Tage bis 1 Uhr nachts
Importe aus USA, England und Deutschland

Disque et Musique
165, Rue de Rennes (6.)
Metro: Montparnasse
Hier kann man sogar seine Platten eintauschen; sie werden mit einem Drittel angerechnet, wenn man neue oder auch alte Platten kauft.

F.N.A.C.
136, Rue de Rennes (6.)
Metro: Saint-Placide
Forum des Halles (1.)
Metro: Les Halles
26, Av. de Wagram (8.)
Metro: Etoile-Charles de Gaulle

L'heur Maxime
56, Rue du Fg Saint-Antoine (12.)
Metro: Ledru-Rollin
Di–Sa 11–19 Uhr, So 14–19 Uhr
Internationale Vinyl-Kuriositäten, dazu Kunstausstellungen

Lido Musique
68, Av. des Champs-Elysées (8.)
Metro: Franklin D. Roosevelt

Megastore Virgin
52, Av. des Champs-Elysées (8.)
Metro: Franklin D. Roosevelt
Ein bombastischer Schallplattenladen – angeblich der größte Frankreichs – in den noblen Räumen einer ehemaligen Bank. Mehr als 100 000 Titel auf 1500 m² zwischen monumentalem Treppenaufgang, Marmor und Stuck

Music Action
15, Carrefour de l'Odéon (6.)
Metro: Odéon
Große Auswahl an Free Jazz

Pan Disques
176, Bd Saint-Germain (6.)
Metro: Saint-Germain-des-Prés
Jazz, Folklore, Pop und Disco; Studenten bekommen 10 Prozent Ermäßigung.

Vidal
41, Rue de Rennes (6.)
Metro: Saint-Germain-des-Prés

SILBERWAREN

Christofle
24, Rue de la Paix (2.)
Metro: Opéra
93, Rue de Seine (6.)
Metro: Mabillon
12, Rue Royale (8.)
Metro: Madeleine

Eléonore
18, Rue de Miromesnil (8.)
Metro: Saint-Philippe-du-Roule
Altes Silber und Bestecke

Kugel
279, Rue Saint-Honoré (8.)
Metro: Tuileries
Großer Spezialist für altes Silber

Les Etains du Manoir
32, Rue du Paradis (10.)
Metro: Château d'Eau

Puiforcat Orfèvre
13, Bd Haussmann (8.)
Metro: Miromesnil

Ravinet-d'Enfert
30 bis, Rue du Paradis (10.)
Metro: Château d'Eau

SPIEGEL

Perrier-Rolin
85, Av. Ledru-Rollin (12.)
Metro: Quai de la Rapée

Saalburg
9, Rue François-Bonvin (15.)
Metro: Sèvres-Lecourbe

SPIELZEUG

Au Nain Bleu
408, Rue Saint-Honoré (8.)
Metro: Madeleine
Der ›Blaue Zwerg‹ wurde schon 1836 geboren. Neue, auf alt gemachte Automatenpuppen, eine Puppenschneiderei und Spielzeug aller Art bis zu dem neuen elektronischen. Ausverkauf im Januar und Februar

Boutique du Palais Royal
9, Rue de Beaujolais (1.)
Metro: Bourse
Spieldosen in großer Auswahl von FF 40 bis 10 000

Au Chat Perché
54, Rue du Roi-de-Sicile (4.)
Metro: Saint-Paul
Schönes altes Blechspielzeug

Le Coffre à Jouets
8, Pl. Saint-Sulpice (6.)
Metro: Saint-Sulpice

L'Oiseau du Paradis
211, Bd Saint-Germain (7.)
Metro: Bac

Pain d'Epices
29, Pass. Jouffroy (9.)
Metro: Richelieu-Drouot

Train Bleu
2, Av. Mozart (16.)
Metro: La Muette

STRASS UND PAILLETTEN

Vicaire
1, Rue Richer (9.)
Metro: Cadet
Hier decken sich alle Varietéstars ein.

UHREN UND JUWELEN

Boucheron
26, Pl. Vendôme (1.)
Metro: Operá

Clerc
4, Pl. de l'Opéra (2.)
Metro: Opéra

Cartier-le-Must
13, Rue de la Paix (2.)
Metro: Opéra

7, Pl. Vendôme (1.)
Metro: Opéra
Man muß nicht Millionär sein, um sich hier hereinzutrauen.

Chaumet
12, Pl. Vendôme (1.)
Metro: Opéra

Piaget
4, Rue de la Fayette (9.)
Metro: Chaussee d'Antin

WARENHÄUSER

Bazar de l'Hôtel de Ville
52, Rue de Rivoli (4.)
Metro: Hôtel de Ville
Mo–Fr 9–19.30, Sa bis 19, Mi bis 22 Uhr
Bücher, Schallplatten, Porzellan, Lampen und Werkzeuge in besonders großer Auswahl. Alles für Haus und Garten

Au Bon Marché
38, Rue de Sèvres (7.)
Metro: Sèvres-Babylone
Mo--Sa 9.30–18.30
Dieses Warenhaus aus dem Jahre 1852 hat eine riesige Lebensmittelabteilung und die Prêt-à-Porter-Kollektionen der großen Designer sowie der für junge Mode.

Galeries Lafayette
40, Bd Haussmann (9.)
Metro: Chaussée d'Antin
Mo–Sa 10–18.30 Uhr
Das klassische Pariser Warenhaus

Au Printemps
64, Bd Haussmann (9.)
Metro: Havre-Caumartin
9.35–18.30 Uhr
Terrasse mit Blick auf die Innenstadt. Im obersten Stockwerk, im Self-Service-Restaurant eine phantastische farbige Glaskuppel

• **La Samaritaine**
19, Rue de la Monnaie (1.)
Metro: Pont-Neuf
Mo–Sa 9.30–18.30, Mi bis 22 Uhr
Ein lustiges, luftiges Haus, das 1870 gegründet wurde und eine sehr gute Lebensmittelabteilung hat. Sein Gründer Ernest Cognacq stiftete auch das Museum seines Namens. Köstliche Aussichtsterrasse im 5. Stock mit Blick auf das Seine-Ufer und die Innenstadt.

Aux Trois Quartiers
17, Bd de la Madeleine (1.)
Metro: Madeleine
Ein Luxuswarenhaus mit schöner Lingerie und ziemlich hohen Preisen

ZINNSOLDATEN

M.H.S.P.
54, Rue de la Clef (5.)
Metro: Monge

Vieille France
364, Rue Saint-Honoré (1.)
Metro: Madeleine

Essen und Trinken

BARS A VIN (Weinbars)

Hier können Sie auch große Weine glasweise bestellen:

Blue Fox
25, Rue Royale (Cité Berryer) (8.)
Metro: Madeleine
Kleine Gerichte, große Weine

Cave Drouot
8, Rue Drouot (9.)
Metro: Richelieu-Drouot
8–21 Uhr. G: So
Der baskische Wirt bekam einen Preis für das ›beste Glas Wein‹.

L'Ecluse – Weinbars
15, Quai des Grands-Augustins (6.)
Metro: Saint-Michel
64, Rue François-I (8.)
Metro: George-V

15, Pl. de la Madeleine (8.)
Metro: Madeleine
Hier werden täglich von 12 Uhr morgens bis 2 Uhr nachts Bordeauxweine aller Preisklassen bis zum Grand Cru glasweise ausgeschenkt. Dazu gibt es kleine Köstlichkeiten zu essen, doch die Qualität hat auch ihren Preis.

Taverne Henri IV
13, Pl. du Pont-Neuf (1.)
Metro: Pont-Neuf
Mo–Fr 12–21.30 Uhr
Schöne alte Weinbar mit unvergleichlicher, rustikaler Atmosphäre.

Willi's Wine-Bar
13, Rue des Petits-Champs (1.)
Metro: Bourse
Mo–Sa 12.30–14 und 19–22 Uhr
Kleines, berühmtes Lokal, in dem es gut 200 verschiedene Weinsorten gibt

BISTROS

In Paris werden die klassischen Bistros leider seltener. Aber es gibt noch genug, manchmal nennen sie sich auch Café, Bar, Brasserie oder Comptoir-Buvette.

In jedem Fall können Sie am *zinc* stehend für wenig Geld etwas trinken, manchmal an kleinen Tischen auch einen Imbiß verzehren, und sind alsbald ins allgemeine Gespräch miteinbezogen.

Hier eine kleine Auswahl von solchen authentischen Lokalen, die wegen ihres besonderen Ambientes besuchenswert sind.

Au Clown
114, Rue Amelot (11.)
Metro: Filles du Calvaire
Artistentreffpunkt des Cirque d'Hiver

Le Cochon à l'Oreille
15, Rue Montmartre (1.)
Metro: Les Halles
4–16 Uhr
Das authentische alte Hallen-Bistro ist immer proppevoll.

Aux Deux Saules
91, Rue Saint-Denis (2.)
Metro: Etienne-Marcel
Belle Epoque-Keramikkacheln

Brasserie Gutenberg
29, Rue Coquillière (1.)
Metro: Halles
Authentisches Hallen-Bistro

Brasserie de l'Ile
Ecke Quai de Bourbon und
Rue Jean-du-Bellay (Ile Saint-Louis) (4.)
Metro: Pont Marie
Auf dem *zinc* ›la Grosse Bertha‹, eine riesige alte Kaffeemaschine, dahinter die witzigsten Kellner von Paris

• **Chez Louisette**
Marché Vernaison auf dem Marché aux Puces de Saint-Ouen
Metro: Porte de Clignancourt
Essen, Trinken und Chansons in betriebsam-familiärer Atmosphäre

• **La Palette**
Ecke Rue de Seine/Rue Jacques-Callot (6.)
Metro: Mabillon
Das schöne alte Lokal mit der beschaulichen Straßenterrasse ist ein quicklebendiger Treffpunkt der Kunststudenten und Bohemiens.

Petit Fer à Cheval
30, Rue Vieille-du-Temple (4.)
Metro: Hôtel de Ville
7.30–20.30 Uhr
Das ›Kleine Hufeisen‹ aus dem Jahre 1903 hat ein besonderes Ambiente – es ist zwar nicht mehr ganz authentisch, aber schön skurril und wird viel frequentiert von den Leuten des Viertels.

La Tartine
24, Rue de Rivoli (4.)
Metro: Hôtel de Ville, Saint-Paul
Hier ist die Zeit stehengeblieben, der Wein preisgünstig und gut, dazu kann man *une tartine,* ein schlichtes Butterbrot, essen.

BRUNCH

Mit dem Brunch schlagen Sie zwei Fliegen mit einer Klappe, nämlich das ›Breakfast‹

und den ›Lunch‹. Eine ideale Kombination für Spätaufsteher und Leute, die keine Zeit und Lust haben, zweimal am Tag essen zu gehen. Auch die Franzosen wissen diese Vorteile inzwischen zu würdigen, und so gibt es in Paris mittlerweile eine ganze Reihe von empfehlenswerten Brunch-Adressen; nicht nur für den Sonntag:

Au Diable des Lombards
64, Rue des Lombards (1.)
Metro: Châtelet oder Les Halles
Sa und So ab 10 Uhr
›American Brunch‹ in seiner klassischsten Form: *Pancakes* mit Ahornsirup, frische Grapefruit und wenn's sein muß, auch Hamburger. Ab FF 60

Les Bouchons
19, Rue des Halles (1.)
Metro: Châtelet
Täglich von 11–16 Uhr
Brunch mit Jazz und bunt gemischtem Publikum. Robert Altman drehte hier, in den Räumen einer ehemaligen Korkenmanufaktur, seinen Film ›Beyond Therapy‹. FF 77

City Rock Café
13, Rue de Berri (8.)
Metro: George-V
Sa und So ab 12 Uhr
Amerikanischer Brunch in einem großen Kellersaal. FF 85–100

Crillon
10, Pl. de la Concorde (8.)
Metro: Concorde
Täglich von 7–10.30 Uhr
Sicherlich das eleganteste und beeindruckendste Brunch-Buffet in einem der schönsten Hotels der Stadt. Leider nur zu frühmorgendlicher Stunde. FF 160

Grand Hôtel
2, Rue Scribe (9.)
Metro: Opéra
Buffet-Brunch in einem Hotel, das zur selben Zeit wie die Pariser Oper gebaut wurde und in dem Opern-Architekt Charles Garnier sogar einen Saal dekorierte. Die Freikarte für das Brunch-Buffet im Restaurant-Patio erkauft man sich zum Festpreis von FF 200.

Mariage Frères
30–32, Rue du Bourg-Tibourg (4.)
Metro: Saint-Paul
Täglich ab 12 Uhr
Brunch mit 300 verschiedenen Teesorten zur Auswahl und klassischer Musik zwischen gepflegten Jünglingen und älteren Damen. FF 100–150

Olsson's
62, Rue Pierre-Charron (8.)
Metro: George-V
Sa und So 12–18 Uhr
Brunch auf Schwedisch mit Kerzenlicht, Müsli und Yoghurt. Man fühlt sich wie in der Wohnung von Freunden. Models und Medialeute. FF 110–130

Orève
25, Rue de la Pompe (16.)
✆ 45 04 80 52
Metro: Muette
Sonntags-Brunch in einem umgebauten Blumenladen des 16. Arrondissements. Sehr junges Publikum. FF 100

CAFÉS–BARS

Cafés–Bars sind die großen Ganztages-Treffpunkte.

Café Beaubourg
100, Rue Saint-Martin (4.)
Metro: Rambuteau, Châtelet-Les Halles
Täglich bis 2 Uhr morgens
Modernes Designercafé direkt am Centre Pompidou, das der Pariser Erfolgsarchitekt Christian de Portzamparc für den Bruder des Café Costes-Besitzers entwarf

Café de la Paix
12, Bd des Capucines (9.)
Metro: Opéra
Weltberühmtes Café (und Restaurant); Mitte der 80er Jahre renoviert. Überrest aus der Zeit der ›Boulevardiers‹ der Belle Epoque. Das Dekor stammt von Charles Garnier, dem Erbauer der Oper. Große Terrasse

- **Café Costes**

4, Rue Berger (Pl. des Innocents) (1.)
Metro: Les Halles
Täglich 8–2 Uhr morgens
Treffpunkt der *branchés* und mittlerweile auch vieler Touristen, denn das Prunkstück des Stardesigners Philippe Starck hat inzwischen Weltruhm erlangt. Große sonnige Terrasse, theatralischer Treppenaufgang und sehenswerte Toiletten. Die Preise entsprechen leider dem Nobeldesign.

- **La Coupole**

102, Bd du Montparnasse (14.)
Metro: Montparnasse
8–2 Uhr
Nur die Terrasse ist für Kaffeetrinker, sonst Brasserie mit Bar. Legendärer Treffpunkt

- **Aux Deux Magots**

170, Bd Saint-Germain (6.)
Metro: Saint-Germain-des-Prés
8–2 Uhr
Eckcafé, berühmter Treffpunkt von Intellektuellen, Literaten und Touristen. ›Living theatre‹ auf der Straße von hier aus sehr gut zu beobachten

- **Le Flore**

172, Bd Saint-Germain (6.)
Metro: Saint-Germain-des-Prés
8–2 Uhr
Hier tranken schon Huysmans, Maurras und Barrès, später Sartre und Beauvoir ihren Kaffee. Heute mehr Treff junger und älterer Männer. Vorzüglich ist die Schokolade.

- **Fouquet's**

99, Av. des Champs-Elysées (8.)
Metro: George-V
Täglich von 9–2 Uhr
Berühmt geworden durch Remarques Roman ›Arc de Triomphe‹. 1988 vom Abriß bedroht und von Kulturminister Jack Lang, der das Lokal unter Denkmalschutz stellte, gerettet. Treff von Filmleuten, Journalisten und Touristen. Astronomische Preise

Magnetic Terrace
12, Rue de la Cossonnerie (1.)
Metro: Les Halles
12–1 Uhr
Hier treffen sich die Schönen und Erfolgreichen der *branchés.*

- **Le Père Tranquille**

16, Rue Pierre-Lescot (1.)
Metro: Les Halles
Auch beim ›Ruhigen Vater‹ trifft sich die unruhige Szene auf der stets proppevollen Terrasse.

Le Sélect
99, Bd du Montparnasse (6.)
Metro: Vavin
7.30– 3 Uhr morgens
Alter Treffpunkt der ›Montparnassiens‹, gegründet 1923, hat aber heute noch viele Künstler und junge Literaten als Publikum

Les Trottoirs de Buenos Aires
37, Rue des Lombards (1.)
Metro: Châtelet
Szenecafé mit argentinischem Tango-Touch, in dem man auch essen kann

CONFISERIEN UND TEESALONS

Chez Angelina
226, Rue de Rivoli (1.)
Metro: Tuileries
Das Lieblingscafé von Proust. Heute Treff betuchter älterer Damen und Yuppies, die zwischen Stuck und Kronleuchtern heiße Schokolade schlürfen und Mont-Blanc-Baisers (Spezialität des Hauses) bestellen. Nicht billig. Sonntags lange Warteschlangen

A Priori Thé
35–37, Galerie Vivienne (2.)
Metro: Bourse
Täglich von 12–18.30 Uhr
Teesalon im Milchglaslicht der wunderschönen alten Ladenpassage Galerie Vivienne. Modisches Publikum, Brownies, Cheesecakes und Brunch am Wochenende

Auberge du Bonheur
Bois de Boulogne (16.)
(unweit Hippodrome de Longchamp)
Metro: Muette
✆ 42 24 10 17
G: Sa und im Winter abends

Die einfache ›Herberge zum Glück‹ mit schöner Terrasse liegt nahe der Grande Cascade.

Art et Buffet
16, Rue de la Grande-Chaumière (6.)
Metro: Vavin
Von 12 Uhr bis Mitternacht
Kuchen, Salate und Quiches zwischen weißen Kacheln und abstrakten Aquarellen

Berthillon
31, Rue Saint-Louis-en-l'Ile (4.)
Metro: Pont Marie oder Sully-Morland
Vor dem kleinen Eislokal mit den köstlichen Sorbets steht oft eine lange Schlange. Eine der Berühmtheiten von Paris

• **Brocco**
180, Rue du Temple (3.)
Metro: République
Der authentische Art Deco-Rahmen dieses ehrwürdigen Etablissements ist sehenswert. Süße Delikatessen jeder Art

Aux Délices
39, Av. de Villiers (17.)
Metro: Malesherbes
Bezaubernde Belle Epoque-Konditorei, in der man die besten Patisserien von Paris genießen kann

Dame Tartine
Rue Brisemiche (1.)
Metro: Hôtel de Ville oder Rambuteau
Direkt am Strawinsky-Brunnen liegt das Lokal mit den vielen Tischen im Freien. Kleinigkeiten und Sandwiches zu Dumping-Preisen

Le Flore en l'Ile
42, Quai d'Orléans (4.)
Metro: Pont Marie oder Cité
Täglich 10–1 Uhr
Tee, Torten, Salate, Eis von Berthillon und Brunch im Schatten von Notre-Dame – mitten auf der Ile Saint-Louis. Wunderschöner Blick

• **La Grande Cascade**
Bois de Boulogne (am Westende der Route de l'Hippodrome) (16.)
Metro: Ranelagh
bis 22.30 Uhr
Zauberort, wenn man draußen gepflegt Kaffee oder Tee trinken will

Ladurée
16, Rue Royale (8.)
Metro: Madeleine
Stets überfüllt, da zu wenig Platz ist für die vielen Liebhaberinnen der vorzüglichen Schokoladenkuchen.

Le Loir dans la Théière
3, Rue des Rosiers (4.)
Metro: Saint-Paul
Von 12–19 Uhr. G: Mo
Ein winziger Teesalon, wie ein Wohnzimmer, mitten im ältesten Judenviertel von Paris

Mariage Frères
30–32, Rue du Bourg-Tibourg (4.)
Metro: Saint-Paul
Von 11–19.30 Uhr. G: Mo
Ein Paradies für Teeliebhaber – bei Mariage Frères gibt es seit über einem Jahrhundert 350 verschiedene Teesorten, Teetassen, -kannen, -siebe und sogar Teemarmelade. Im Teesalon des neuen Geschäfts im Marais kann man den Tee kosten, bevor man ihn kauft. Dazu Patisserie, Brunch und klassische Musik. Nicht billig

La Pagode
57 bis, Rue de Babylone (7.)
Metro: Saint-François-Xavier
Von 16–22 Uhr, So 14–20 Uhr. G: Mo
Mini-Teesalon mit Blick auf den japanischen Garten der Pagode, in der zwei Kinos untergebracht sind

La Patisserie Viennoise
8, Rue de l'Ecole-de-Médicine (6.)
Metro: Odéon
Von 9–19 Uhr. G: Sa und So
Seit 1928 gibt es in diesem Wiener Café im Quartier Latin Strudel und heiße Schokolade. Studentisches Publikum

Reine de Saba
52, Rue de Roi-de-Sicile (4.)
Metro: Saint-Paul
Von 11–23 Uhr. G: So

Teesalon mit argentinischen und spanischen Spezialitäten

Chez Rollet
6, Rue de Bourgogne (7.)
Metro: Chambre des Députés
Elegantes, über hundert Jahre altes Etablissement, in dem die Abgeordneten sich gern an ›Meringue au chocolat‹ delektieren

Salon de Thé de la Mosquée
38, Rue Geoffroy-Saint-Hilaire (5.)
Metro: Jussieu
Täglich von 10–21 Uhr
Der Teesalon der Pariser Moschee gleich hinter dem Jardin des Plantes. Eine ganz eigene Welt mitten in Paris. Süßer Pfefferminztee kommt in kleinen Gläsern auf Silbertabletts an den Tisch. Dazu bestellt man Mandelhörnchen *(cornes).* Nicht teuer

Toraya
10, Rue Saint-Florentin (1.)
Metro: Concorde
Von 10–19 Uhr. G: So
Teesalon des berühmten japanischen Patissiers in passendem Bambusdekor. Bestellen Sie ein Glas grünen Tee.

RESTAURANTS

Es gibt in Paris Tausende von Kneipen, Bistros, Self-Service-Lokalen, Pizzerien, Crêperien, Comptoirs, Restaurants und hohe Tempel der Eßkunst. Wir haben für Sie 134 ausgesucht und zum größten Teil selbst getestet (ausgenommen die Dreisterne-Weihestätten). Wir haben verschiedene Führer zu Rate gezogen, den Guide Michelin, den Guide Kléber und ein Jahr lang die Eßkritiker von Le Monde und Express, Gault et Millau, und anderer Zeitungen. Nicht immer waren wir einer Meinung mit den Gestrengen, den Eingeweihten, den Allwissenden, mitunter waren wir milder, mitunter auch von ihren Ratschlägen enttäuscht.

Vorweg sei nun sogleich gesagt: Ein Restaurant kann sich von einem Monat zum anderen vollkommen verändern, zum Besseren, meist aber zum Schlechteren. Der Koch wurde entlassen, der Besitzer wechselte, die Wirtin wurde alt und krank, die Kinder, die das Lokal übernahmen, lassen die gleiche Sorgfalt wie die Eltern vermissen, kurzum: es gibt viele Gründe. Schimpfen Sie also nicht auf uns, wenn der Tip fehl ging. Wir haben selbst, innerhalb eines Jahres, die erstaunlichsten Wandlungen festgestellt, wenn wir ein Lieblingslokal zum dritten Mal besuchten und plötzlich die Preise höher, dafür die Qualität geringer geworden war.

So haben wir uns auf Preise natürlich von vornherein nicht festlegen können, sondern nur auf Kategorien. Sie basieren auf den von uns ermittelten Mindestpreisen für ein Menü aus drei Gängen oder, wenn es das nicht gibt, der preisgünstigsten Zusammenstellung von drei Gängen ohne Getränke und Bedienung. Das sieht im einzelnen so aus:

Preisklasse I = bis FF 100
II = bis FF 200
III = bis FF 300
IV = bis FF 400
L = Luxus, also Lokale, wo es kein Menü unter FF 400 gibt

Bei jeder Restaurant-Adresse ist auch das Arrondissement in Klammern vermerkt – für Benutzer des ›Plan de Paris par Arrondissement‹. Das erste ist jeweils das teuerste, das letzte das billigste Lokal.

Die Restaurants sind nach Stadtzentren (und ihren markanten Begriffen) geordnet, und zwar in der Weise, wie sie (unserer Meinung nach) dem Nichtpariser die beste Orientierungshilfe bietet. Beginnend mit dem ältesten Viertel der Stadt, dem Quartier des Halles, geht es im Uhrzeigersinn um die ganze Stadt herum. Diese Reihenfolge entspricht in etwa auch der der Pariser Arrondissements, wobei es allerdings Abweichungen und Überlappungen gibt:

Halles – Beaubourg
(1. und 3. Arrondissement)
Marais
(4. Arrondissement)

Bastille
(4., 11. und 12. Arrondissement)
Cité (Seine-Inseln)
(4. Arrondissement)
Quartier Latin
(5. Arrondissement)
Montparnasse
(6. und 14. Arrondissement)
Saint-Germain
(6. und 7. Arrondissement)
Invalides-Tour Eiffel
(7. und 15. Arrondissement)
Champs-Elysées
(8. Arrondissement)
Madeleine-Opéra
(1., 2. und 8. Arrondissement)
Palais Royal
(1. und 2. Arrondissement)
Drouot
(2. und 9. Arrondissement)
Gare du Nord
(9. und 10. Arrondissement)
Montmartre
(18. Arrondissement)
Abseits der Zentren

HALLES – BEAUBOURG

L'Ami Louis
32, Rue du Vertbois (3.)
Metro: Temple
✆ 48 87 77 48
Bis 22.30 Uhr. G: Di
Preisklasse L
Das teuerste Bistro der Welt, und noch dazu wahrscheinlich eines der schmuddeligsten, dennoch, L'Ami Louis bleibt der traditionelle Pariser Polittreff – auch nach dem Tod des 87jährigen Patrons Antoine Magnin, der – wie erst später bekannt wurde – ohnehin schon seit Jahren keine Kasserolle mehr in die Hand genommen hatte und in der Küche einen Tunesier walten ließ. Prominente Pariser lieben den abgeblätterten Charme des Feinschmeckerlokals weiterhin.

• A l'Escargot-Montorgueil
38, Rue Montorgueil (1.)
Metro: Les Halles
✆ 42 36 83 51
G: So–Di
Preisklasse III
In exquisit restaurierten Räumen aus dem 19. Jh. sind sogar die Spitzenvorhänge aus der Zeit, die Speisen exzellent, die Kellner charmant und aufmerksam.

La Fermette du Sud-Ouest
31, Rue Coquillière (1.)
Metro: Les Halles oder Louvre
✆ 42 36 73 55
Bis 22 Uhr. G: So
Preisklasse III
Ländliches Restaurant des ehemaligen Metzgers Christian Naulet etwas abseits vom Hallen-Viertel. Rustikales Interieur mit Holzbalken, unverputzten Steinwänden und Spitzengardinen. Hervorragende Küche aus dem Périgord, dem Südwesten Frankreichs. Nichts für Kalorienbewußte

Le Pharamond
24, Rue de la Grande-Truanderie (1.)
Metro: Les Halles
✆ 42 33 06 72
G: So, Mo mittags, Juli
Preisklasse II–III Terrasse
Authentischer Belle Epoque-Rahmen mit schönen Fayencewänden. Klassische Küche mit frischer Gänseleber und der Spezialität des Hauses: Kutteln, wie man sie in Caen zubereitet

African Queen
36, Rue Montorgueil (1.)
Metro: Etienne-Marcel
✆ 40 26 36 46
Täglich von 20–2 Uhr
Preisklasse II
Moderestaurant mit gepflegtem Interieur und afrikanischer Küche, darunter sehr exotischen Gerichten. Die Besitzerin ist ein ehemaliges Photomodell.

Le Hangar
Impasse Berthaud (3.)
Metro: Rambuteau
✆ 42 74 55 44
12–0.30 Uhr, So 19–0.30 Uhr
Preisklasse II
Kleines Restaurant, das ausschließlich von Frauen geführt wird, in einer unscheinbaren Seitenstraße hinter dem Centre Pompidou. Steinwände, Grünpflanzen, blaue Wachs-

tuchtischdecken und eine leichte, fast vegetarische Küche

Pacific Palisades
51, Rue Quincampoix (3.)
Metro: Les Halles
✆ 42 74 01 17
Täglich 12–2 Uhr nachts
Preisklasse II
Ein schickes junges Modevolk amüsiert sich in drangvoller Enge dieses charmanten Lokals mit der großen Terrasse.

Pavillon Baltard
9, Rue Coquillière (1.)
Metro: Les Halles
✆ 42 36 22 00
Preisklasse II
Die neue elsässische Küche, z. B. Fisch mit Sauerkraut

Pied de Cochon
6, Rue Coquillière (1.)
Metro: Les Halles
✆ 42 36 11 75
Rund um die Uhr geöffnet
Preisklasse II
Bekanntestes Lokal der ehemaligen Hallen, dessen berühmte lange Theke leider bei der Renovierung entfernt wurde

Au Cru de Bourgogne
3, Rue Bachaumont (2.)
Metro: Sentier
✆ 42 33 48 24
G: Sa, So
Preisklasse I–II
Ein altes, gemütliches Hallen-Lokal, das einer Korsin gehört, mit rot karierten Tischdecken und Stammgästen, die vor allem wegen der frischen Gänse- und Entenleber kommen und honetten, preiswerten Wein trinken

Au Diable des Lombards
64, Rue des Lombards (1.)
Metro: Châtelet
✆ 42 33 81 84
Preisklasse I–II
Hier treibt sich das sogenannte Wave-People herum: Mannequins, Modephotographen, Journalisten, Filmleute. Und was essen sie mitten in Paris? Kaum zu glauben: Spareribs und Hamburger. Sommers auf einer Terrasse

Batifol
14, Rue Mondétour (1.)
Metro: Les Halles
✆ 42 36 85 50
Preisklasse I–II
Eines der letzten alten Hallen-Bistros wurde 1988 von einer Restaurantkette aufgekauft und umgebaut. Vieles vom alten Dekor blieb zwar erhalten, die Küche ist passabel – der Charme von damals nun jedoch endgültig dahin.

La Potée des Halles
3, Rue Etienne-Marcel (2.)
Metro: Etienne-Marcel
✆ 42 36 18 68
G: Sa mittags, So
Preisklasse I–II
Ein wunderhübsches altes Bistro der Hallen mit Belle Epoque-Fayencen, liebenswürdiger Bedienung und gutbürgerlicher Küche

MARAIS

L'Ambroisie
9, Pl. des Vosges (4.)
Metro: Saint-Paul
✆ 42 78 51 45
Bis 22.15 Uhr. G: So und Mo
Preisklasse L
Bernard Pacaud, einer der Pariser Starköche, schwingt hier den Kochlöffel. 1987 gab er sein 9-Tische-Restaurant im Schatten von Notre-Dame am linken Ufer auf, um an den schönsten Platz des Marais zu ziehen. Er ließ das neue Lokal von einem Innenarchitekten im Stil eines alten Landhauses einrichten – mit Steinböden, Wandteppichen und Pastellfarben. Das Essen ist mindestens ebenso bemerkenswert und wurde 1988 mit dem begehrten dritten Michelin-Stern (den insgesamt nur fünf Pariser Restaurants tragen) belohnt. Die Preise entsprechen dieser Auszeichnung, nur mittags ist es günstiger. Für abends sechs Wochen bis zwei Monate im voraus reservieren ...

Benoît
20, Rue Saint-Martin (4.)
Metro: Hôtel de Ville
✆ 42722576
Bis 22 Uhr. G: Sa und So
Preisklasse IV
Wunderschönes altes Bistro mit falschem Stuck, marmorierten Wänden und Tradition: das Benoît gibt es seit 1912. Der jetzige Besitzer, Monsieur Petit, ist ein Enkel des Begründers. Die Küche ist klassisch-französisch und eher schwer, die Desserts sind unwiderstehlich und die Ober so, wie man sie sich in Paris wünscht: schnell und witzig. All' das wissen auch diverse französische Politiker zu schätzen, weshalb vor dem Benoît des öfteren ministerielle Automobile mit Kokarde stehen . . .

Le Domarais
53 bis, Rue des Francs-Bourgeois (4.)
Metro: Saint-Paul
✆ 42745417
Preisklasse II–III
Mit äußerster Sorgfalt und Liebe hergerichtetes Lokal in einem alten Versteigerungsraum für Preziosen. Exzellente Küche. Opernmusik

Jo Goldenberg
7, Rue des Rosiers (4.)
Metro: Saint-Paul
✆ 48872016
Bis 24 Uhr
Preisklasse II–III
Fast eine Institution ist dieses geschäftige Epicerie-Restaurant mit jüdischen Spezialitäten.

Ma Bourgogne
19, Pl. des Vosges (4.)
Metro: Saint-Paul oder Chemin-Vert
✆ 42784464
Preisklasse II
Vor allem im Sommer schön, wenn man auf der Terrasse unter den Arkadengängen des Place des Vosges sitzt. Von allen Restaurants auf dem Platz ist das Bourgogne nach wie vor das günstigste – trotzdem: leicht überteuerte Preise für einfache französische Küche.

The Studio
41, Rue du Temple (4.)
Metro: Rambuteau
✆ 42741038
Täglich von 20–2 Uhr
Preisklasse II
Mexikanisches Restaurant in einem Hinterhof des Marais, direkt unter den Übungsräumen des Centre de la Danse. Internationales, jüngeres Publikum. Im Sommer Tische draußen unter riesigen Sonnenschirmen

Au Gamin de Paris
51, Rue Vieille-du-Temple (4.)
Metro: Saint-Paul
✆ 42789724
Täglich bis Mitternacht
Preisklasse I–II
Hübsches Restaurant mitten im Marais mit drei verschiedenen Sälen und einer alten Holzbar. Die Preise sind sehr fair, die Desserts empfehlenswert und die Karte sehr vielseitig. Mittags kann man hier auch nur eine Kleinigkeit essen.

Beaubourgeois
19, Rue Sainte-Croix-de-la-Bretonnerie (4.)
Metro: Hôtel de Ville, Rambuteau
✆ 42720851
Bis 3 Uhr
Preisklasse I–II
In einem ehemaligen Café-Theater, ausgesuchte Speisekarte, besonders gut die Suppen

Le Grenier sur l'Eau
14, Rue du Pont-Louis-Philippe (4.)
Metro: Pont Marie
✆ 42778096
Bis 0.30 Uhr. G: So
Preisklasse I–II
Ein etwas plüschiges, sehr ruhiges Restaurant zwischen der Ile Saint-Louis und dem Marais. Kerzenleuchter, Spiegel und riesige Blumenbouquets geben den romantischen Rahmen für eine sehr korrekte französische Küche ab. Besonders zu empfehlen, da erstaunlich niedrig im Preis: das Menü des Hauses

Chez Marianne
2, Rue des Hospitalières-Saint-Gervais (4.)

Metro: Saint-Paul
✆ 42721886
G: Fr
Preisklasse I–II
Epicerie-Lokal mit allerlei Köstlichkeiten, vorwiegend jüdischer Art

Le Petit Gavroche
15, Rue Sainte-Croix-de-la-Bretonnerie (4.)
Metro: Hôtel de Ville, Rambuteau
Preisklasse I
Kleines Lokal mit altem *zinc* und honetter Küche

Le 4ième sans Ascenseur
8, Rue des Ecouffes (4.)
Metro: Saint-Paul
Täglich von 12–24 Uhr
Preisklasse I
Teestube und Restaurant in cool-modernem Ambiente. Sonntags Brunch

Le Taxi Jaune
13, Rue Chapon (3.)
Metro: Arts et Métiers
✆ 48879762
Täglich von 19–1 Uhr. G: So
Preisklasse I
Mini-Restaurant in einer Seitenstraße der Rue Beaubourg. Einfaches Dekor mit New Yorker ›Yellow Cabs‹ an der Wand. Kleine Karte mit Salaten und Chili con Carne. Immer günstige *plats du jour*

Le Trumilou
84, Quai de l'Hôtel-de-Ville (4.)
Metro: Hôtel de Ville
✆ 42776398
Von 12–15 und 19–22 Uhr. G: Mo
Preisklasse I
Einfache Hausmannskost in einem immer vollen, lärmigen Restaurant, das sich jahrzehntelang nicht verändert hat

BASTILLE

- **Le Train Bleu**

im Gare de Lyon, 20 Bd Diderot (12.)
Metro: Gare de Lyon
✆ 43430906
Täglich bis 22 Uhr
Preisklasse II–III
Das prunkvollste Bahnhofsrestaurant der Welt (1899 eröffnet und seitdem nicht verändert) steht unter Denkmalschutz. In vornehmer Stille speist man wie in alten Zeiten.

Bofinger
3, Rue de la Bastille (4.)
Metro: Bastille
✆ 42728782
Preisklasse II
Die Elsässer Belle Epoque-Brasserie gilt als älteste der Stadt, ist fast eine Institution und überaus sehens- und empfehlenswert.

La Mousson
9, Rue de la Bastille (4.)
Metro: Bastille
Bis 1 Uhr nachts
Preisklasse II
Treffpunkt schicker Szeneleute, Nouvelle Cuisine mit exotischem Touch, Cocktails

La Tchaika
7, Rue de Lappe (11.)
Metro: Bastille
✆ 47007361
Bis 23 Uhr. G: Sa und So
Preisklasse II
Russisches Restaurant in eher eleganten Räumen, in dem es Tarama, Blinis und Borschtsch-Suppe gibt. Und natürlich vieles mehr. Nach dem Diner können Sie hervorragend das Bastille-Viertel bei Nacht erkunden.

Le Saumur
116, Av. Ledru-Rollin (11.)
7–22.30 Uhr
Preisklasse I–II
Innen etwas zu perfekt restauriertes Jugendstillokal mit guter Küche

Chez Paul
13, Rue de Charonne (11.)
Metro: Bastille
✆ 47003457
Bis 22.20 Uhr. G: So
Preisklasse I–II
Ein noch authentisches Eckbistro im aufsteigenden Bastille-Viertel. Einfache Holz-

möbel, familiär-freundliche Bedienung, buntgemischtes Publikum, traditionelle französische Hausmannskost und ein Telefon, das mitten im Restaurant auf einem kleinen Tisch steht

Fast-Fou
36, Bd Henri-IV (4.)
Metro: Bastille
✆ 42721709
12–15 und 18–22.30 Uhr. G: So
Preisklasse I
Leichte und vegetarische Küche – die mit Fast Food nichts zu tun hat – in modernen Räumen und zu günstigen Preisen

1929
90 bis, Rue de la Roquette (11.)
Metro: Bastille oder Voltaire
✆ 43797155
Preisklasse I
Die bunten Neonschlangen über dem *zinc* sind das einzige Dekor von heute. Köstlich das Glas Süßwein mit Roquefort. Gute französische Hausmannskost und Ambiance

Opéra Bouffe
6, Rue de Lappe (11.)
Metro: Bastille
✆ 4805051
Preisklasse I
Schmackhafte kleine Gerichte in charmantem, einfachem Rahmen

Tapas Nocturne
17, Rue de Lappe (11.)
Metro: Bastille
✆ 43579112
12–14 und 17–2.30 Uhr. G: So
Preisklasse I
Spanische Köstlichkeiten in Mini-Portionen zu kleinem Preis, eben *tapas*

Le Temps des Cerises
31, Rue de la Cerisaie (4.)
Metro: Bastille
10–20 Uhr. G: So
Preisklasse I
Sympathischer Familienbetrieb in einem uralten kleinen Haus mit treuen Stammgästen

CITÉ

L'Orangerie
28, Rue Saint-Louis-en-l'Ile (4.)
Metro: Pont Marie
✆ 46339398
G: August
Preisklasse L
Das Restaurant des Filmschauspielers Jean-Claude Brialy. Sehr pariserisch

Le Monde des Chimères
69, Rue Saint-Louis-en-l'Ile (4.)
Metro: Pont Marie
✆ 43544527
G: So, September
Preisklasse III
In einem alten Säulensaal haben zwei ehemalige Sorbonne-Studentinnen ein Restaurant aufgemacht, in dem man besonders freundlich empfangen wird. Leichte Küche

● **La Colombe**
4, Rue de la Colombe (4.)
Metro: Cité
✆ 46333708
G: So, Mo mittag
Preisklasse II–III Terrasse
In einem gotischen Haus befindet sich das winzige Zauberlokal, nicht nur, aber vor allem für Verliebte. Musik aus dem 18. Jh.

Brasserie de l'Ile Saint-Louis
55, Quai de Bourbon (4.)
Metro: Cité oder Pont Marie
✆ 43540259
Bis 1.30 Uhr. G: Mi
Preisklasse II
Höchst lebendiges Lokal mit langen Holztischen und schöner alter Bar

Nos Ancêtres les Gaulois
39, Rue Saint-Louis-en-l'Ile (4.)
Metro: Pont Marie
✆ 46336607
Täglich 19–2 Uhr nachts
Preisklasse I–II
Bei den alten Galliern kann man sich am Holzkohlenfeuer den Bauch vollschlagen. Fünf Gänge gehören zum Menü, zwei davon und der Wein sind *à volonté,* d.h. man nimmt, so viel man will.

Chez Paul
15, Pl. Dauphine (4.)
Metro: Cité
✆ 43 54 21 48
18–23 Uhr
Preisklasse II
In dem ländlichen kleinen Lokal mit den Tischen auf dem stimmungsvollen Platz speist zuweilen auch Yves Montand, der in der Nähe wohnt.

La Pomme
Pl. Dauphine (4.)
Metro: Cité
✆ 43 25 76 75
G: So, Mo, Di
Preisklasse II
Auf der Terrasse des kleinen Lokals am schönen Platz sitzt es sich gemütlich, freundlich versorgt von dem munteren Wirt.

QUARTIER LATIN

Tour d'Argent
15, Quai de la Tournelle (5.)
Metro: Maubert-Mutualité
✆ 43 54 23 31
G: Mo
Preisklasse L
Eines der allerberühmtesten Lokale von Paris, mit kleinem Museum und Blick auf Notre-Dame. Es muß keinesfalls die numerierte Ente sein, die man dort bestellt. Besonders beliebt bei reichen Touristen jeglicher Provenienz

Dodin-Bouffant
25, Rue Frédéric-Sauton (5.)
Metro: Maubert-Mutualité
✆ 43 25 25 14
Bis 24 Uhr. G: So
Preisklasse III–IV
Einer der Klassiker am Rive Gauche. Seit Jahren vor allem für seine Fischgerichte gerühmt. Präsident Mitterrand, der gleich nebenan wohnt, lädt Danièle schon mal zum samstäglichen Mittagessen hier ein. Günstige Déjeuner-Festpreise unter der Woche für weniger hochgestellte Persönlichkeiten

Le Balzar
49, Rue des Ecoles (5.)
Metro: Cluny-La Sorbonne
✆ 43 54 13 67
Täglich bis 1 Uhr
Preisklasse II
Eine Traditionsbrasserie direkt neben der Sorbonne, deren Professoren das Balzar zu ihrer Kantine gemacht haben. Kellner in langen weißen Schürzen, lebendiges Publikum am Abend, seit Jahrzehnten unverändertes Interieur und handfeste Gerichte

Chez Toutoune
5, Rue Pontoise (5.)
Metro: Maubert-Mutualité
✆ 43 26 56 81
G: So
Preisklasse II
Das kleine, gemütliche Lokal der Colette Dejean bietet Nouvelle Cuisine zu recht günstigen Preisen.

La Truffière
4, Rue Blainville (5.)
Metro: Monge
✆ 46 33 29 82
Bis 22.30 Uhr
Preisklasse II
In diesem typischen Pariser Bistro erwartet Sie eine auserwählt feine Küche zu fairem Preis – ein Glücksfall, nicht nur in der Gegend rund um den Place Contrescarpe.

La Vieille Trousse
6, Bd Saint-Germain (5.)
Metro: Maubert-Mutualité
✆ 43 25 88 18
G: Di
Preisklasse I–II
Einfaches, aber animierendes Studentenlokal mit allerlei Riten und Späßen: Wenn im WC das Wasser rauscht, ertönt im Lokal Musik. Orientalische Küche

MONTPARNASSE

La Cagouille
12, Pl. Brancusi (14.)
Metro: Gaité
✆ 43 22 09 01

Bis 22.30 Uhr. G: So und Mo
Preisklasse IV
Die Fischgerichte des bärtigen Gérard Allemandou sind inzwischen berühmt. Eine hervorragende Küche ohne Mätzchen mitten im neuen Teil von Montparnasse. Beachtenswerte Auswahl alter Cognacs

Le Dôme
108, Bd Montparnasse (14.)
Metro: Montparnasse
✆ 43 35 34 82
Bis 1 Uhr. G: Mo
Preisklasse III–IV
Aus dem legendären Café der großen Zeiten des Montparnasse wurde ein gehobenes Restaurant mit sehr guter Küche.

Le Chat Grippé
87, Rue d'Assas (6.)
Metro: Port-Royal
✆ 43 54 70 00
Bis 22.30 Uhr
Preisklasse III
Aus einem Metzgerladen wurde mit Raffinement ein charmantes Bistro. Der superben Küche verliehen Gault und Millau zwei Kochmützen.

Closerie de Lilas
171, Bd du Montparnasse (6.)
Metro: Vavin, Raspail
✆ 43 26 70 50
Preisklasse III Terrasse
Historische Kneipe, in die von Lenin bis Hemingway viele berühmte Leute einkehrten. Heute ein Lokal der gehobenen Mittelklasse. Hübsche Bar, efeuumrankte Terrasse unter Bäumen. In der Brasserie kann man ein schlichtes Bier trinken.

● **La Coupole**
102, Bd du Montparnasse (14.)
Metro: Montparnasse-Bienvenüe oder Vavin
✆ 43 20 14 20
Täglich bis 1.45 Uhr nachts. G: August
Preisklasse II
Berühmte Riesenhalle, in der man immer noch gut speisen und vor allem viel sehen kann. Ein pausenloses Kommen und Gehen pittoresker Typen, von lässig gewandeten Künstlern bis zu den schicksten Modellen und Starphotographen. Einer der Empfangschefs ist ein waschechter Berliner, Monsieur Charles.

Le Paquebot
39, Bd Montparnasse (6.)
Metro: Montparnasse-Bienvenüe
✆ 45 48 88 02
Täglich 11.30–15.30 und 19–0.30 Uhr
Preisklasse II
Ein Fischrestaurant à la mode, das außen wie innen wie ein Ozeandampfer aussieht. Feste Menüs zu passablen Preisen

Bistro de la Gare
59, Bd du Montparnasse (14.)
Metro: Montparnasse
✆ 45 48 38 01
Bis 1 Uhr nachts
Preisklasse I–II
Ein Augenschmaus im authentischen Dekor von 1900 mit wunderschönen Kachel-Fayencen, heute leider etwas modisch aufgemotzt. Michel Oliver fügte seiner Kette ein neues Lokal hinzu, nach dem Motto: Standardmenü, gut zubereitet und preiswert.

Wadja
10, Rue de la Grande-Chaumière (6.)
Metro: Vavin
✆ 43 25 66 90
Bis 21.30 Uhr. G: So
Preisklasse I
Eine simple Klause für junge Künstler und andere Leute mit kleinem Geldbeutel. Hier aß schon Modigliani mit seiner Freundin Jeanne.

SAINT-GERMAIN

Le Bélier
13, Rue des Beaux-Arts (6.)
Metro: Saint-Germain
✆ 43 25 27 22
Täglich 20–1 Uhr. G: August
Preisklasse III
Der exquisite und raffinierte Rahmen übertrifft die Küche bei weitem und läßt nicht ahnen, daß Oscar Wilde in diesem Hause einst armselig starb.

• Lipp
151, Bd Saint-Germain (6.)
Metro: Saint-Germain
✆ 45 48 53 91
Bis 1 Uhr früh. G: Mo, Juli, Feiertage
Preisklasse III
Die berühmteste Brasserie von Saint-Germain-des-Prés. Schriftsteller, Filmschauspieler, Politiker und andere Prominente sowie die ›Beautiful People‹ warten hier geduldig, bis sie zu ihrem Tisch gerufen werden, wo sie Ellbogen an Ellbogen sitzen, bei deftiger elsässischer Küche. Authentische Belle Epoque-Aura

• Au Quai d'Orsay
49, Quai d'Orsay (7.)
Metro: Musée d'Orsay
✆ 45 51 58 58
Bis 23 Uhr
Preisklasse III
Das Restaurant des Musée d'Orsay hat noch immer das Flair des luxuriösen Bahnhofsrestaurants.

Lapérouse
51, Quai des Grands-Augustins (6.)
Metro: Saint-Michel
✆ 43 26 68 04, 43 26 90 14
G: So abend, Mo
Preisklasse II–III
In einem Rokokopalais ein schickes Restaurant mit Chambres-Séparées und hochkultivierter Küche zu erstaunlich niedrigem Preis

L'Assiette au Beurre
11, Rue Saint-Benoît (6.)
Metro: Saint-Germain
✆ 42 60 87 41
G: So, Mo
Preisklasse II
Restaurant in sorgfältig zusammengetragenem Jugendstil. Gute Küche

Le Telegraphe
41, Rue de Lille (7.)
Metro: Solférino oder Bac
✆ 40 15 06 65
Bis 0.45 Uhr. G: So
Preisklasse II
Hier wohnten einst die pensionierten *demoiselles de la poste.* Wunderschön restauriert à la ›Vienne 1900‹, wurde es zum Restaurant à la mode.

Petit Zinc
25, Rue de Buci (6.)
Metro: Mabillon
✆ 43 54 79 34
Täglich von mittags bis 3 Uhr nachts
Preisklasse II
In dem empfehlenswerten Lokal mit einigen Tischen auf dem Trottoir, mitten im Gewimmel des Marktes der Rue de Buci, treffen sich Stammgäste.

• Vagenende
142, Bd Saint-Germain (6.)
Metro: Odéon
✆ 43 26 68 18
Bis 1 Uhr nachts
Preisklasse II
Der Besuch dieses Restaurants lohnt wegen seines traumhaft schönen Belle Epoque-Rahmens. Die Küche hingegen hält sich in Grenzen.

Aux Charpentiers
10, Rue Mabillon (6.)
Metro: Mabillon
✆ 43 26 30 05
Bis 22.30 Uhr. G: So
Preisklasse II
Ehemaliges Stammlokal der fahrenden Zimmerleute. Noch heute sind im Lokal die Meisterstücke, die zur Handwerksprüfung angefertigt werden mußten, ausgestellt. Die Küche ist einfach bis bodenständig: Innereien, weiße Bohnen, Rindereintopf mit Karotten, aber auch Bressehühner und Coquilles-Saint-Jacques.

• Le Procôpe
13, Rue de l'Ancienne-Comédie (6.)
Metro: Odéon
✆ 43 26 99 20
Bis 1 Uhr früh
Preisklasse II
Sie sitzen in historischem Rahmen im ältesten Café von Paris, in dem schon Molière und Danton verkehrten.

La Petite Chaise
36, Rue de Grenelle (7.)
Metro: Bac oder Sèvres-Babylone

✆ 42 22 13 35
Bis 23 Uhr
Preisklasse II
Preiswertes, nettes Lokal in einem Haus aus dem Jahre 1681. In familiärer Atmosphäre wird man freundlich und auch noch spät abends bedient.

Bistro de la Grille
14, Rue Mabillon (6.)
Metro: Mabillon
✆ 43 54 16 87
Mo–Sa 12–0.30 Uhr,
So 12–15 und 20–24 Uhr
Preisklasse I–II
Sympathisches Ecklokal mit Schwarzweiß-Photos alter Filmstars an den Wänden und klassisch-französischer Küche zu fairen Preisen. Im Sommer kann man an kleinen Tischen auch draußen essen.

La Cour Saint-Germain
156, Bd Saint-Germain (6.)
Metro: Saint-Germain
✆ 43 26 85 49
Preisklasse I–II
Giftgrüne Cocktails leiten eine gute und preiswerte Mahlzeit ein. Riesenauswahl von vorzüglichen Desserts. Schlangen von Wartenden bilden sich auch hier schnell.

Le Petit Mabillon
6, Rue Mabillon (6.)
Metro: Mabillon
✆ 43 54 08 41
Bis 23.30 Uhr. G: So und Mo mittag
Preisklasse I–II
Italienisches Restaurant, das besonders im Sommer sehr zu empfehlen ist: In einem kleinen, baumbestandenen Hof unterhalb der Straße ißt man frische Pasta und Osso Buco.

Le Petit Saint-Benoît
4, Rue Saint-Benoît (6.)
Metro: Saint-Germain-des-Prés
✆ 42 60 27 92
12–14.30 und 19–22 Uhr. G: Sa und So
Preisklasse I
Hinter der Holzfassade verbirgt sich ein einfach-familiäres Lokal mit bodenständiger Küche. Bistro-Atmosphäre und bunt gemischtes Publikum

Restaurant des Beaux-Arts
11, Rue Bonaparte (6.)
Metro: Saint-Germain
✆ 43 26 92 64
Bis 23 Uhr
Preisklasse I
Kunstprofessoren, Kunststudenten, lustige Leute, preiswertes Essen

Polidor
41, Rue Monsieur-le-Prince (6.)
Metro: Odéon
✆ 43 26 95 34
Bis 22 Uhr
Preisklasse I
Bescheidenes Belle Epoque-Lokal mit familiärer Küche. Gehen Sie mittags wie abends frühzeitig dorthin, sonst müssen Sie Schlange stehen.

INVALIDES – TOUR EIFFEL

Jules Verne
Tour Eiffel (2. Etage) (7.)
Pilier Sud
Metro: Trocadéro
✆ 45 55 61 44
Täglich bis 22.30 Uhr
Preisklasse IV–L
Ein Restaurant in so touristischer Lage, daß man es kaum empfehlen mag. Aber das Jules Verne trägt einen Michelin-Stern und drei Gault et Millau-Kochmützen – und die sind durchaus berechtigt. Außerdem schmecken Hummerfricassée und Bresse-Hühner in 125 m Höhe besser als mit beiden Beinen auf dem Boden. Reservieren!

Arpège
84, Rue de Varenne (7.)
Metro: Varenne
✆ 45 51 47 33
Bis 22.30 Uhr. G: Sa mittags und So
Preisklasse III–IV
Das ehemalige ›Archestrate‹ von Starkoch Alain Senderens bekam ein neues Kleid, einen neuen Namen und einen neuen Chef: Alain Passard, in Brüssel erprobter Jungkoch, führt das Arpège nun mit Erfolg. Seine Karte ist klein, aber fein, und das günstige Mittagsmenü empfehlenswert.

Thoumieux
79, Rue Saint-Dominique (7.)
Metro: La Tour-Maubourg oder Invalides
✆ 47 05 49 75
Bis 23.30 Uhr. G: Mo
Preisklasse I–II
Riesenportionen nach guter Hausmannsart zu günstigem Preis sorgen dafür, daß es hier immer voll ist. Sehr pariserische Atmosphäre

Le Suffren
84, Av. de Suffren (15.)
Metro: Champ de Mars
✆ 45 66 97 86
Preisklasse I–II
Exzellente, preiswerte Küche und äußerst liebenswürdige, schnelle Bedienung in einem ständig von Parisern überfüllten Restaurant. Einige Tische auf dem Trottoir. Ein Tip für mittags: Sechs große Austern und ein Glas Champagner zu kleinstem Preis

CHAMPS-ELYSEES

Lasserre
17, Av. Franklin-D.-Roosevelt (8.)
Metro: Franklin D. Roosevelt
✆ 43 59 53 43
G: So, Mo mittags, August
Preisklasse L
Weltberühmtes Lokal, klassischer Luxus und klassische Küche, die ein bißchen üppig ist. Ein Keller mit 180 000 Flaschen. Dachgarten

Taillevent
15, Rue Lamennais (8.)
Metro: George-V
✆ 45 63 39 94
G: Sa, So, Februar und eine Woche im August
Preisklasse L
Viersterne-Restaurant in einem Haus aus dem Jahre 1862, klassische Küche, elegante, noble und intime Salons. Der älteste Wein, Château Laffitte-Rothschild, ist von 1846, also noch 16 Jahre älter als das Haus. Gilt unter Kennern als das beste Nobellokal der Stadt, was sich freilich in den Preisen auch bemerkbar macht.

Elysée-Lenôtre
10, Av. des Champs-Elysées (8.)
Metro: Champs-Elysées-Clemenceau
✆ 42 65 85 10
Bis 22.30 Uhr
Preisklasse L
Luxus und Raffinement in dem mit zwei Kochmützen ausgezeichneten Restaurant des berühmten Lenôtre, das einem Landsitz der Belle Epoque gleicht. Die wunderschöne Terrasse liegt zwischen den Bäumen des parkartigen Teils der Champs-Elysées.

Fouquet's
99, Av. des Champs-Elysées (8.)
Metro: George-V oder Etoile
✆ 47 23 70 60 und 47 23 59 80
Täglich 21–2 Uhr
Preisklasse III–L
Berühmtes Lokal mit Bar und Straßen-Terrasse. Treffpunkt mondäner Pariserinnen, Filmregisseure und Starlets, die entdeckt werden wollen

Le Bœuf sur le Toît
34, Rue du Colisée (8.)
Metro: Saint-Philippe-du-Roule
✆ 43 59 83 80
Täglich bis 2 Uhr
Preisklasse II–III
Art Deco in drei Sälen und auf insgesamt 1000 m². Auch dieses Restaurant gehört zur Flo-Brasserie-Kette (Flo, Terminus Nord, Julien, Vaudeville, La Coupole) und bietet die ihr eigene Küche mit viel Meeresfrüchten.

Olsson's
62, Rue Pierre-Charron (8.)
Metro: Franklin D. Roosevelt
✆ 45 61 49 11
Täglich bis 24 Uhr
Preisklasse II–III
Ein schwedisches Restaurant eröffnete in den Räumen einer früheren Bank. Im ersten Stock dieses Wohnhauses gibt es seitdem Lachs und ›Smörgasbord‹ zwischen offenen Kaminen und meterhohem Stuck. Unter den Gästen Mannequins, Journalisten und Photographen. Sonntags Brunch

Espace Cardin
1, Av. Gabriel (8.)
Metro: Concorde
✆ 42 66 11 70
Bis 1 Uhr nachts
Preisklasse II–III
Diese Feudalvilla, eingebettet in Grün, gehört dem großen Couturier. Für Leute aus Mode- und Showbusiness ist dies ein wahres Dorado: es stehen allein 70 Hors d'Œuvres und 40 Desserts zur Wahl – zu fairen Preisen.

Restaurant du Rond Point
im Théâtre du Rond Point
1, Av. Franklin-D.-Roosevelt (8.)
Metro: Franklin D. Roosevelt
✆ 42 56 22 01
Preisklasse II
In Jean-Louis Barraults Theater, installiert im ehemaligen Palais de Glace, gibt es auch ein sympathisches Restaurant.

Ville de Petrograd
13, Rue Daru (8.)
Metro: Courcelles
Di–Sa 10–22 Uhr, So 10–14 Uhr
Das Epicerie-Restaurant bietet alle Köstlichkeiten Rußlands.

MADELEINE-OPERA

• **Lucas Carton**
9, Pl. de la Madeleine (8.)
Metro: Madeleine
✆ 42 65 22 90
G: Sa, So, August
Preisklasse L
Der berühmte Dreisterne-Koch Alain Senderens verließ 1984 ›L'Archestrate‹ und übernahm das prachtvolle Belle Epoque-Restaurant an der Madeleine.

Maxim's
3, Rue Royale (8.)
Metro: Concorde
✆ 42 65 27 94
G: So
Preisklasse L
Ein überaus prächtiger, restaurierter Belle Epoque-Rahmen, der an die großen Sterne der Demimonde denken läßt, die damals hier mit den eleganten Herren im Frack ein und aus gingen. Trotz seiner gesalzenen Preise und der Tatsache, daß sein neuer Besitzer, Pierre Cardin, was die Küche angeht, nicht viel Kritikerlob einholen konnte, bleibt das weltberühmte Restaurant eine Attraktion. Mittags speisen hier die ›Beautiful People‹.

Drouant
18, Rue Gaillon (2.)
Metro: Opéra oder Quatre-Septembre
✆ 47 42 56 61
G: Sa, 2. Hälfte August
Preisklasse L
Ehrwürdiges Restaurant, in dem man auch nach dem Theater noch dinieren kann. Einmal im Jahr wird es belagert, wenn die Auguren den Goncourt-Preis aushandeln. Nicht nur deshalb hat es seine zwei Sterne bekommen.

Prunier
9, Rue Duphot (1.)
Metro: Madeleine
✆ 42 60 36 04
G: Mo, August
Preisklasse III–L
Bekanntes Austernlokal in dezent altväterlichem Rahmen, gekrönt mit einem Stern

Isse
56, Rue Sainte-Anne (2.)
Metro: Quatre-Septembre
✆ 42 96 67 76
Bis 22.30 Uhr. G: Sa mittags und So
Preisklasse III
Der Nobel-Japaner von Paris, bei dem Sie vielleicht beim Sushi-Essen auf den Modemacher Kenzo treffen

Caviar Kaspia
17, Pl. de la Madeleine (8.)
Metro: Madeleine
✆ 42 65 33 52
11–22.30 Uhr. G: So
Preisklasse III
Wenn Sie nicht gerade ein halbes Pfund Belugakaviar verspeisen wollen, kommen Sie in diesem stillen, kleinen Restaurant relativ preiswert weg, indem Sie an der Bar sitzen.

Robespierre
400, Rue Saint-Honoré (1.)
Metro: Madeleine oder Concorde
✆ 42 60 12 00
G: Sa mittags, So
Preisklasse II–III
Intimes Restaurant in einem Hinterhaus, in dem Robespierre wohnte

Le Soufflé
36, Rue du Mont-Thabor (1.)
Metro: Tuileries oder Concorde
✆ 42 60 27 19
G: So
Preisklasse II
In einem rosa-süßen Rokokorahmen gibt es hier eine riesige Auswahl aller nur denkbaren Soufflés: Fisch, Gemüse, Himbeeren, Schokolade. Sehr freundliche Bedienung

PALAIS ROYAL

• **Le Grand Véfour**
17, Rue de Beaujolais (1.)
Metro: Palais-Royal, Bourse, Pyramides
✆ 42 96 56 27
G: Sa, So, August
Preisklasse L
Das ehemalige ›Café des Chartres‹ wurde 1948 eines der berühmtesten Pariser Lokale und in Anwesenheit von Cocteau eröffnet. Er wohnte nebenan und speiste gern im Grand Véfour, ebenso wie Colette. Der große, erfindungsreiche Koch Raymond Oliver bekam drei Sterne. Nach dem Brand 1984 restauriert

Chez Georges
1, Rue du Mail (2.)
Metro: Sentier
✆ 42 60 07 11
12–15 und 20–24 Uhr. G: So
Preisklasse III
Schönes, altes Bistro mit Familienbetrieb gleich hinter dem Place des Victoires. Man sitzt an langen Tischen, auf roten Bänken zwischen Stuck und Wandspiegeln und, leider, unter einer mit Isolierplatten versehenen Decke. Das Essen ist ausgezeichnet – Vorspeisen kommen in Schüsseln zur Selbstbedienung an den Tisch –, die Weinkarte mit besten Burgunderlagen atemberaubend.

Mercure Galant
15, Rue des Petits-Champs (1.)
Metro: Pyramides
✆ 42 97 53 85
G: So
Preisklasse III
Hübsches, seriöses Restaurant mit einer geschmackvollen Einrichtung aus dem Jahre 1850. Besucher aus der nahen Bibliothèque Nationale, die ein gut gefülltes Portefeuille haben, nehmen hier gerne ihr Déjeuner ein.

L'Absinthe
24, Pl. du Marché-Saint-Honoré (1.)
Metro: Tuileries oder Pyramides
✆ 42 60 02 45
G: Sa, So
Preisklasse II–III Terrasse
Ein immer noch gutes kleines Restaurant mit liebenswürdigen und aufmerksamen Kellnern, dekoriert mit Objekten und Bildern aus dem Jugendstil. Zwei feingedeckte kleine Tische stehen unter der Markise auf dem Trottoir.

L'Incroyable
26, Rue de Richelieu (1.)
Metro: Palais-Royal
✆ 42 96 42 64
12–14 und 18.30–20.30 Uhr.
G: Sa und Mo abends sowie So
Preisklasse I
Menüs zum Spartarif in einer kleinen Passage am Palais Royal. Einfache französische Küche!

DROUOT

Le Vaudeville
29, Rue Vivienne (2.)
Metro: Bourse
✆ 42 33 39 31
Bis 2 Uhr morgens
Preisklasse II
Eine weitere Brasserie der Flo-Kette, zu der auch das Julien und das Coupole gehören. Korrekte Küche und Meeresfrüchte

zu angemessenen Preisen im Art Déco-Interieur. Günstige Menüpreise

Au Petit Riche
25, Rue Le-Peletier (9.)
Metro: Richelieu-Drouot
✆ 47 70 86 50
Bis 0.15 Uhr. G: So
Preisklasse II
Altmodisch-seriöses Etablissement mit honetten Gerichten, die ihren Preis wert sind. Wenn Sie Glück haben, gibt es Wildschwein.

Brasserie Gus
157, Rue Montmartre (2.)
Metro: Montmartre
✆ 42 36 68 40
Bis 1 Uhr nachts. G: So
Preisklasse II
Hübsches Lokal im dezent restaurierten Stil der Jahrhundertwende unter einem Glasdach. Sehr zu empfehlen die Fischsuppe mit Croutons und Mayonnaise sowie die frischen Gemüse. Die Kellner sind ebenso schnell wie freundlich.

Chartier
7, Rue du Fg Montmartre (9.)
Metro: Montmartre
✆ 47 70 86 29
Bis 21.30 Uhr
Preisklasse I
Einfacher, riesiger Belle Epoque-Saal, in dem man, gemessen am niedrigen Preis, gut essen kann

GARE DU NORD

Julien
16, Rue du Fg Saint-Denis (10.)
Metro: Strasbourg-Saint-Denis
✆ 47 70 12 06
Bis 1.30 Uhr nachts
Preisklasse II–III
Restauriertes Nobellokal in kühlem Belle Epoque-Gepräge. Es gibt hier vorzügliche Suppen.

Brasserie Flo
7, Cour des Petites-Ecuries (10.)
Metro: Château d'Eau
✆ 47 70 13 59
Bis 0.30 Uhr
Preisklasse II
Authentische Belle Epoque-Brasserie mit dunkler Holztäfelung und Riesenblumensträußen. Liebenswürdige, schnelle Bedienung, kultiviertes Publikum. Ausgezeichnet die frische Gänseleber und der Fisch in überbackener Sauerampfersoße

Terminus Nord
23, Rue du Dunkerque (10.)
Metro: Gare du Nord
✆ 42 85 05 15
Täglich 11–0.30 Uhr
Preisklasse II
Direkt gegenüber vom Nordbahnhof liegt diese Brasserie mit Bar und Restaurant, ein Etablissement aus den 20er Jahren mit guter Elsässer Küche, frischen Austern und amüsant gemixtem Publikum.

L'ATB
117, Rue du Fg Saint-Martin (10.)
✆ 42 41 46 02
17–2 Uhr
Preisklasse I
Das alte ›Tabac‹ wurde zum munter-gemütlichen Bar-Lokal mit honetter Küche und Country Music-Atmosphäre.

Casa Miguel
48, Rue Saint-Georges (9.)
Metro: Saint-Georges oder Notre-Dame-de-Lorette
✆ 47 27 09 61
Preisklasse I
Das billigste Lokal Frankreichs. Aufgenommen in das Guinness-Buch der Rekorde

MONTMARTRE

Beauvilliers
52, Rue Lamarck (18.)
Metro: Lamarck-Caulaincourt
✆ 42 55 82 76
G: So, Mo
Preisklasse L
Ein neuer Stern am Pariser Gourmet-Himmel ist das kleine, in exquisitem Belle

Epoque-Stil sich präsentierende Montmartre-Restaurant. Terrasse

L'Assommoir
12, Rue Girardon (18.)
Metro: Lamarck-Caulaincourt
✆ 42 64 55 01
Bis 1 Uhr nachts
G: So abends, Mo
Preisklasse III Terrasse
Gourmetlokal mit einem idyllischen Vorgärtchen und intellektuellem *patron*

La Crémaillère 1900
15, Pl. du Tertre (18.)
Metro: Abbesses
✆ 46 06 51 69
Preisklasse II
Zwischen den Touristenfallen dieses Platzes ein Zauberort. Der kleine Garten mit Fontäne ist eine wirkliche Idylle und der Küchenchef ein Könner.

Bateau Lavoir
8, Rue Garreau (18.)
Metro: Abbesses
✆ 46 06 02 00
Preisklasse I–II
Hier werden Sie von einem ehemaligen Schiffskoch üppig versorgt.

Da Graziano
83, Rue Lepic (18.)
Metro: Abbesses
✆ 46 06 84 77
G: Februar
Preisklasse I–II
Italienische Spezialitäten in einem neuen, bezaubernden Restaurant unterhalb der historischen Mühle. Kleiner Garten

La Petite Galette
86 bis, Rue Lepic (18.)
Metro: Abbesses
✆ 42 52 99 72
Preisklasse I
Unterhalb der berühmten Moulin de la Galette befindet sich der ›Kleine Kuchen‹ mit liebevoll-preiswerter Küche und einigen Tischen auf dem Trottoir.

Refuge des Fondus
17, Rue des Trois-Frères (18.)
Metro: Abbesses
✆ 42 55 22 65
Ab 17 Uhr. G: Mo und mittags
Preisklasse I
Ein Stimmungslokal mit Montmartre-Kolorit, sogar die in drangvoller Enge hart arbeitenden Kellner sind gut gelaunt und witzig. Zur Wahl stehen Käse- und Fleischfondue. Cocktail, Vorspeise, Nachspeise und Wein gehören zum preisgünstigen Ensemble. Im Sommer häufig Jugendgruppen, die das Lokal total füllen

Au Virage Lepic
61, Rue Lepic (18)
Metro: Abbesses
✆ 42 52 46 79
Nur abends
Preisklasse I
Junge sympathische Leute werden hier mit einem Menü zu kleinem Preis liebenswürdig versorgt.

ABSEITS DER ZENTREN

IM 16./17. ARRONDISSEMENT

Le Vivarois
192, Av. Victor-Hugo (16.)
Metro: Pompe
✆ 45 04 04 31
Bis 21.45 Uhr. G: Sa, So, August
Preisklasse III–IV
Der Chef ist ein Anhänger der ›Neuen Küche‹ des Paul Bocuse mit raffinierten Gerichten, die ganz leicht sind, ein Anti-Klassiker mit drei Sternen.

Orève
25, Rue de la Pompe (16.)
Metro: Muette
✆ 45 04 80 52
Preisklasse II
Moderestaurant, das in einem ehemaligen Luxusblumenladen eröffnete. Die Pariser *jeunesse dorée* ißt hier – eher recht als schlecht – im ehemaligen Verkaufsraum aus Marmor und in umgebauten Treibhäusern. Kommen Sie lieber sonntags zum Brunch her.

Le Totem
Musée de l'Homme (16.)
Metro: Trocadéro
✆ 47277411
12–24 Uhr. G: Di
Preisklasse I
Billigrestaurant über dem Völkerkundemuseum mit Terrasse und Blick auf den Eiffelturm

PORTE MAILLOT

• **L'Entrecôte/Relais de Venise**
271, Bd Pereire (17.)
Metro: Porte Maillot
G: mittags
Preisklasse I–II
Die längste Schlange von Paris steht hier allabendlich geduldig, da es keine telefonische Reservierung gibt. Entrecôte mit berühmter Sauce von stets gleichbleibender Qualität

La Ferme du Golf
Jardin d'Acclimatation (16.)
Metro: Porte Maillot
✆ 45012134
G: Mo, Di, Fr
Preisklasse II
Ein Riesenspaß, mit Kindern dorthin zu gehen, wo sie zwischen zahmen, vorwitzigen Haustieren wie in einem Märchenbauernhaus speisen können

FRONT DE SEINE

Bermuda Onion
Centre Beaugrenelle
16, Rue Linoi (15.)
Metro: Charles Michels
✆ 45751111
Täglich bis 1 Uhr
Preisklasse III
Mitten in einem tristen Einkaufszentrum führt ein blauer Aufzug in dieses ›In‹-Lokal mit Blick auf die Freiheitsstatue von Paris. Das peppig-blaue Interieur mit Schaufensterpuppen unter der Decke ist von New Yorker Vorbildern inspiriert. Im Sommer wird die Terrasse des Restaurants mit Sand aufgeschüttet und mit Liegestühlen bestückt, in denen man sich auch oben ohne sonnen darf. Das Essen ist sommers wie winters gleichmäßig schlecht – bestellen Sie daher lieber einen Drink an der Bar oder ein Eis an den Liegestuhl.

PARC DE VERSAILLES

La Maison Blanche
82, Bd Lefèbvre (15.)
Metro: Porte de Versailles
✆ 48283883
Bis 23 Uhr. G: Sa mittag, So und Mo
Preisklasse IV
Innerhalb kürzester Zeit avancierte das Restaurant des schönen Portugiesen José Lampreia zu *dem* Restauranttip in Paris. Und das, obwohl er seinen mittlerweile oft prominenten Gästen Handfestes auftischt – wie zum Beispiel portugiesischen Stockfisch oder Rebhuhn auf Kohl. Ein Moderestaurant, dessen Küche glücklicherweise keinen Moden unterliegt. Die Einrichtung ist schlicht, aber exklusiv: Edelhölzer, eine verglaste Küche und frische Blumensträuße, wohin das Auge blickt, geben Lampreias Kochkunst den richtigen Rahmen. Und auch die Ober sind nicht von schlechten Eltern: Sie tragen maßgeschneiderte Dior-Anzüge.

ALÉSIA

Rendezvous des Camionneurs
34, Rue des Plantes (14.)
Metro: Alésia
✆ 45404336
12–14 und 18–21.30 Uhr. G: Sa, So
Preisklasse I
Lastwagenfahrer sind bekanntlich Feinschmecker – jedenfalls in Frankreich. Wo sie sich treffen, ist die Küche exzellent und preisgünstig.

PARC MONTSOURIS

Le Jardin de la Paresse
20, Rue Gazan (14.)
Metro: Cité Universitaire

✆ 45 88 38 52
Preisklasse I
Bei Studenten und Spaziergängern beliebtes Lokal in einem alten Gartenpavillon

LA VILLETTE

Au Bœuf Couronné
188, Av. Jean-Jaurès (19.)
Metro: Porte de Pantin
✆ 46 07 89 52
Bis 22.30 Uhr. G: So
Preisklasse II–III
Eines der berühmten Belle Epoque-Bistros im ehemaligen Schlachthausviertel. Tradition und Qualität. Im dazugehörigen ›Petit Bœuf‹ treffen sich immer noch die Viehhändler beim Champagner.

Le Cargo
41 bis, Quai de la Loire (19.)
Metro: Laumière
✆ 42 41 34 34
Täglich bis Mitternacht
Preisklasse II
Direkt am Bassin de la Villette machten Architekten in einem ehemaligen Zuckerdepot ein Moderestaurant im Loftstil auf. Auf der Karte viel Fischgerichte und leicht überteuerte Preise, in dem 400-m²-Saal junge und junggebliebene Pariser Trendsetter, die nicht vorrangig wegen des Essens herkommen. Falls Sie sich hohe Rechnungen für Mittelmäßiges ersparen wollen, nehmen Sie nur einen Aperitif oder Drink an der Bar. Im Sommer sitzt man auf der Terrasse direkt am Kanal.

BOIS DE BOULOGNE

• **La Grande Cascade**
Allée de Longchamp,
unweit Hippodrome (16.)
Metro: Muette, Ranelagh
✆ 45 27 33 51
Bis 22.30 Uhr. G: im Winter abends
Preisklasse L Terrasse
Bezauberndes Belle Epoque-Luxuslokal mit erstklassiger Küche. Man kann sich tagsüber aber auch nur zum Tee auf die Terrasse setzen.

Le Pré Catelan
Route de Suresnes (16.)
✆ 45 24 55 58
Bis 22 Uhr. G: So abends und Mo
Preisklasse L
Ein traumhafter Ort, wenn das Wetter es erlaubt, draußen zu essen. Man fühlt sich in vergangene Jahrhunderte versetzt. Der Pariser Patissier Le Nôtre kaufte den Belle Epoque-Pavillon vor Jahren auf und sorgt seitdem sowohl für die Küche wie für die Desserts.

Le Châlet des Iles
Lac Inférieur (16.)
Metro: Porte Dauphine, von dort mit Bus und Boot weiter
✆ 42 88 04 69
Täglich bis 21.45 Uhr
Preisklasse IV
Eines der wenigen Pariser Restaurants, das man nur per Boot erreicht: es liegt auf einer kleinen Insel des Lac Inférieur. Die Küche kann mit der einmaligen Lage leider nicht ganz mithalten. Dennoch, an einem schönen Sommertag (und wenn möglich nicht sonntags) bleibt ein Déjeuner unter den riesigen Sonnenschirmen des Lokals unvergeßlich.

VERSAILLES

Les Trois Marches
2, Rue Colbert/Pl. du Château
✆ 49 50 13 21
G: S, Mo
Preisklasse L
Im Palais des Herzogs von Gramont hat sich ein ebenso verführerisches wie feudales Restaurant etabliert. Dazu gehört ein großer Garten aus dem 18. Jh.

SPEISENLEXIKON

Agneau	Lamm
à la crème	mit Sahne
Andouillette	Kuttelwurst
Artichaut	Artischocke
Asperges	Spargel
Assiette anglaise	Kalte Platte
Assiette de crudité	rohe Salatplatte mit geriebenen Karotten
Beurre blanc	zerlassene Butter
Beurre noire	braune Butter
Blanquette de veau	Kalbsragout
Bœuf Bourguignon	Rindfleisch nach Burgunderart in Rotwein geschmort
Bœuf gros sel	Rindfleisch mit Karotten und Zwiebeln gekocht auf grobem Salz serviert
Bœuf Stroganoff	Rindsfilet in Rahmsoße
Bouillabaisse	Fischsuppe mit mehreren Sorten von Fisch, Muscheln, Crevetten, manchmal Hummer und anderem Seegetier
Brochet	Hecht
Brochette	Spießchen
Café liégeois	Eiskaffee
Cailles	Wachteln, manchmal auf Toast
Canard à l'orange	Ente, mit Orangen gebraten
Caneton aux truffes	junge Ente mit Trüffeln
Carottes	Karotten
Carpe	Karpfen, farcie: gebacken
Cassis	schwarzer Johannisbeerlikör
Cassoulet	eine Art Eintopf mit weißen Bohnen
Célerie	Sellerie
Cerises	Kirschen
Cervelle de veau	Kalbshirn
Charcuterie	Wurst- und Pastetenplatte
Chocolat liégeois	Eisschokolade
Choucroute garnie	garnierte Sauerkrautplatte, deftig
Chou de Bruxelles	Rosenkohl
Chou-fleur	Blumenkohl
Concombres	Gurken
Consommé	Fleischbrühe
Coq au vin	Huhn in Wein
Coquelet	junges Brathähnchen
Coquilles Saint-Jacques au gratin	mit Champignons überbackene Jakobsmuscheln
Coquilles Saint-Jacques en Mayonnaise	kalte Jakobsmuscheln mit Mayonnaise
Côte	Kotelett
Côte d'agneau	Lammkotelett
Courgettes farcies	gefüllte, gratinierte Zucchini
Crêpes	Pfannkuchen
Crêpes suzette	hauchdünne Pfannkuchen in Butter-Orangensauce, flambiert
Crevettes	Garnelen

Croque Monsieur	Mit Schinken und Käse überbackener Toast
Croustade	Pastete
Crustacés	Krustentiere
Entrecôte	Rumpsteak
Epinards	Spinat
Escalope	Schnitzel
Escargot	Schnecke
Estouffade de bœuf	Rinderschmorbraten
Faisan	Fasan
farci	gefüllt
flambé	flambiert
Foie de canard	Entenleber
Foie de veau	Kalbsleber
Foie-gras	Gänseleber
Fraises de bois	Walderdbeeren
Framboises	Himbeeren
Fromage	Käse
Gigot	Hammelkeule
Gratin	Überbackenes, Auflauf
Grenouilles	Frosch, cuisse: Schenkel
Haricots blancs	weiße Bohnen
Haricots verts	feine grüne Bohnen
Huîtres	Austern (Belon = die teuersten)
Jambon	Schinken
Jambon d'Auvergne	roher Schinken
Jambon de Bayonne	roher baskischer Schinken
Kir	Weißwein mit Cassis
Langouste à la cloche	Languste in Krabbensauce, flambiert
Langoustine	norwegische Hummerart
Langue de Bœuf	Ochsenzunge
Lapin	Kaninchen
Lièvre	Hase
Loup de mer	Barbe, Barsch
Maquereau	Makrele
Marcassin	Wildschwein
Marrons glacés	glasierte Maronen
Morue	Kabeljau
Moules basquaises	Miesmuscheln in Weißweinsauce
Mousse au chocolat	Schokoladencrème
Mystère	Eistorte mit Gebäck
Navarin	Hammelragout mit Rüben
Œufs à la coque	weiche Eier
– brouillés	Rühreier
– pochés	verlorene Eier
– sur le plat	Spiegeleier
Omelette au fromage	Omelett mit Käse
– au lard	– mit Speck
– au naturel	– natur
– aux herbes	– mit Kräutern
– aux truffes	– mit Trüffeln
Pâte feuilletée	Blätterteig
Pâte de grives	Krammetsvogel-Pastete
– de volailles	Geflügelpastete

– des Landes	Schweineleberpastete
– foie-gras	Gänseleberpastete
Pâtisserie	Kleingebäck
Pêche	Pfirsich
Petits pois	junge Erbsen
Petit salé aux lentilles	Schweinefleisch mit Linsen
Pied de porc	Schweinsfuß
Pintade	Perlhuhn
Poire	Birne
Poireau	Porree
Poivre vert	Grüner Pfeffer
Pommes allumettes	Kartoffeln, dünn wie Streichhölzer
– dauphines	–, mit Rahm und Käse überbacken
– pailles	Strohkartoffeln
– sautés	Bratkartoffeln
– vapeur	Salzkartoffeln
Pot au feu	Rindfleisch in Gemüsebrühe
Potage	Suppe
Poularde au riz	Huhn mit Reis oder Poularde
Poulet froid mayonnaise	Kaltes Huhn mit Mayonnaise
Profiterolles	Windbeutel mit Schokoladensauce, mitunter mit Eis gefüllt
Quenelles	Fleischklößchen
Quenelles de brochet	Hechtklößchen
Quiche Lorraine	Blätterteigtörtchen mit Schinken, Ei und Käse überbacken
Raie	Rochen
Ratatouille	Auberginen, Zucchini und Tomaten in Öl gebraten
Rillettes	gebratenes Schweinehackfleisch
Ris de veau	Kalbsbries
Salade niçoise	gemischter Salat mit Thunfisch, Oliven, harten Eiern
Sauce vinaigrette	Essig-Öl-Marinade
Saucisse	Würstchen
Saucisson	Wurst
Saumon	Salm
Sorbet	gefrorenes Fruchtmus
Soupe à l'oignon	Zwiebelsuppe
Steak au poivre	Pfeffersteak
Sucre	Zucker
Tarte maison	im Hause gebackene Obsttorte
Tarte tatin	karamelisierte Apfeltorte
Tournedos Rossini	Lendenschnitte auf Gänselebertoast mit Trüffeln
Tripes	Kutteln, Kaldauen
Truite aux amandes	Forelle mit Mandeln
Turbot	Steinbutt
Veau	Kalb
Côte de veau	Kalbskotelett
Escalope de veau	Kalbsschnitzel

Feiertage

1. Januar
Ostersonntag und Ostermontag
1. Mai – Tag der Arbeit
Christi Himmelfahrt
Pfingstsonntag und Pfingstmontag
14. Juli – Nationalfeiertag
(Erstürmung der Bastille 1789)
15. August – Mariä Himmelfahrt
1. November – Allerheiligen
11. November – Waffenstillstand 1918
25. Dezember

Friedhöfe

Nur eine Auswahl der sehenswertesten, die zugleich geschichtlich interessant sind und zu Spaziergängen verlocken.

Cimetière des Animaux
Ile d'Asnières, Pont de Clichy (18.)
Metro: Asnières-Gennevillers
Täglich 9–12 und 14–18 Uhr
Eine rührende kleine Seine-Insel, auf der Hunde und Katzen zum Teil wunderliche Grabstätten gefunden haben. Wie sehr müssen Menschen von Menschen enttäuscht worden sein, wenn sie ihre Tiere so abgöttisch liebten.

• **Cimetière de Montmartre**
20, Av. Rachel (18.)
Metro: Blanche
Im Sommer 7.30–18 Uhr, So ab 9 Uhr,
im Winter 8–17.30 Uhr, So ab 9 Uhr.
Außer Heinrich Heine liegen hier Stendhal, Zola, Berlioz, Offenbach, die Goncourts, die ›Kameliendame‹ Marie Duplessis, Madame Récamier und François Truffaut.

Cimetière du Montparnasse
3, Bd Edgar-Quinet (14.)
Metro: Edgar Quinet, Gaîté, Raspail
Im Sommer 7.30–18 Uhr, So ab 9 Uhr,
im Winter 8–17.30 Uhr, So ab 9 Uhr
Alle Künstler des Montparnasse von Brancusi bis Zadkine, Maupassant, Baudelaire, César Franck und Sartre liegen hier.

Cimetière du Père Lachaise
16, Rue du Repos (20.)
Metro: Père Lachaise
Im Sommer 7.30–18 Uhr,
im Winter 8–17.30 Uhr, So ab 9 Uhr
Mit seinen 44 ha der größte aller Friedhöfe. Viele Aufständische von 1871 liegen hier und viele Opfer des Faschismus, mit ergreifenden Monumenten geehrt, dazu der Doktor Guillotin und Edith Piaf.

Cimetière de Picpus
35, Rue de Picpus (12.)
Metro: Picpus
14–18 Uhr
G: Mo und im September
Ein winziger, von hohen Mauern eingeschlossener Friedhof, hervorgegangen aus der Französischen Revolution. Hier waren Massengräber der Guillotinierten ausgehoben. Viele Namen berühmter Adliger finden sich deshalb hier.

Cimetière de Saint-Vincent
Rue Lucien Gaulard (18.)
Metro: Lamarck-Caulaincourt
Ein malerischer kleiner Friedhof. Hier liegen Utrillo und Steinlen sowie der Komponist Honegger.

Führungen

Paris und seine Geschichte –
Paris et son histoire
Auskunft: 82, Rue Taitbout (9.)
✆ 45 26 26 77
10–12 und 14.30–19 Uhr
Führungen mit Vorträgen das ganze Jahr hindurch, auch Ausflüge

Sehr zu empfehlen sind die Führungen des deutschen Magisters der Musik **Peter Eckerlin.**

Die Spaziergänge dauern etwa zwei Stunden und finden jeweils zwischen dem 15. März und 5. November statt. Seine kundigen Rundgänge in deutscher Sprache stehen unter speziellen Themen, wie z. B. Quartier Latin – Marais – Ile Saint-Louis – Passagen – Montmartre – Die Revolution. Prospekte, Information und Anmeldung:

Paris-Spaziergänge
Peter Eckerlin
Hallbergstr. 47
7850 Lörrach 7
✆ 07621/53540

oder

39, Bd Jean-Jaurès
F-92110 Clichy
✆ 00331–47309812
(Mo 9–18, Di–Do 9–12 Uhr)
Einzelreisende und Gruppen unter 12 Personen brauchen sich nicht vorher anzumelden, sondern finden sich am jeweiligen Treffpunkt ein. Preis: pro Person FF 50.

Fundbüro

Bureau des Objets Trouvées
36, Rue des Morillons (15.)
Metro: Convention
✆ 45311480
Mo–Fr 8.30–17, Do bis 20 Uhr
Gestohlene Portemonnaies und Brieftaschen werden mitunter nach Entleerung in die Schächte der Metro geworfen. Es empfiehlt sich also zunächst immer, beim Stationsmeister der Endstation derjenigen Metrolinie nachzufragen, in deren Bereich man bestohlen wurde.

Falls Paß und Kennkarte gestohlen oder verloren wurden, muß man sich dieses beim zuständigen Polizeikommissariat bestätigen lassen und sich dann (versehen mit 2 Paßbildern) zum
Deutschen Konsulat
34, Av. d'Iéna
Metro: Iéna
begeben
Geöffnet 9–12 Uhr
✆ 42997957

Friseursalons

Patrick Alés
35, Av. Franklin-D.-Roosevelt (8.)
✆ 43593396
Metro: Franklin D. Roosevelt
Der Salon geht über zwei Häuser und hat auch noch einen hängenden Garten dazu.

Alexandre de Paris
3, Av. Matignon (8.)
✆ 42255790
Metro: Franklin D. Roosevelt
Coiffeur der Stars und der Mannequins, Erfinder neuer Moden. Schon ab FF 200 kann man angeblich einen Haarschnitt vom Meister selbst bekommen.

Carita
11, Rue du Fg Saint-Honoré (8.)
✆ 42657900
Metro: Madeleine
Die Schwestern haben auch eines der besten Pariser Kosmetikinstitute.

Mod's Hair
7, Rue Ponthieu (8.)
✆ 43590650
Metro: Franklin D. Roosevelt
90, Rue de Rennes (6.)
✆ 45480929
Metro: Rennes
156, Av. Victor-Hugo (16.)
✆ 47277683
Metro: Pompe

J. L. David
47, Rue Pierre-Charron (8.)
✆ 43598208
Metro: George-V

Dessange
37, Av. Franklin-D.-Roosevelt (8.)
✆ 43593131
Metro: Franklin D. Roosevelt

Maniatis
18, Rue Marbeuf (8.)
✆ 47 23 30 14
Metro: George-V

Pagès
67, Rue Rambuteau (1.)
Metro: Les Halles
✆ 42 72 05 27
Der einzige Friseursalon von Paris, vor dem sich regelmäßig Menschentrauben bilden, die gebannt das Geschehen im Salon verfolgen. Jean-Philippe Pagès macht den Haaren Muster, und das in den schreiendsten Farben. Von den gelungensten Köpfen gibt es Postkarten zu kaufen.

Le Salon
5, Av. Matignon (8.)
✆ 45 62 57 32
9–19 Uhr, Mi bis 22 Uhr. G: Mo
Einer der originellsten Friseursalons von Paris im ersten Stock eines noblen Privathauses. Die barocke Einrichtung des 350-m²-Komplex mit Bar und Beauty-Salon stammt von Designer Jonathan Amar, der auch Pariser Diskotheken einrichtete. Zum Profi-Haarschnitt gibt es Champagner, Musik und viel zu sehen. Haute Coiffure-Preise

Kinos

Sämtliche Programme – für alle Kinos wie auch für die Cinematheken und die Videothek von Paris – findet man in den Veranstaltungsheften ›Pariscope‹ oder ›Officiel du Spectacle‹, die jeweils zum Programmwechsel (Mittwoch) erscheinen. Die Filme werden dort aufgelistet nach brandneuen Filmen (›films nouveaux‹), Filmen aus dem gleichen Jahr (›films en exclusivité‹) und älteren Werken (›reprises‹). Wird der Film in Originalfassung mit Untertiteln gezeigt, steht die Abkürzung ›v. o.‹ (›version originale‹) hinter dem Filmtitel, ist er in französischer Fassung zu sehen, so entnimmt man das einem ›v. f.‹ (›version française‹).

Jeden Montag ist es billiger, und viele Kinos verkaufen Cíneastenblocks (vier Karten zu reduzierten Preisen), die die ganze Woche über gelten. Verbilligte Preise gibt es auch in den Cinematheken.

CINEMATHEKEN

Cinémathèque Française
Palais de Chaillot
Ecke Av. Albert-de-Mun/Av. du Président-Wilson (16.)
Metro: Trocadéro
✆ 47 04 24 24
G: Mo
Täglich ab 16 Uhr, am Wochenende ab 15 Uhr drei verschiedene Vorstellungen – Retrospektiven und ausländische Filmreihen zu Eintrittspreisen, die weit unter denen normaler Kinos liegen. Im gleichen Haus befindet sich auch das Filmmuseum (siehe unter Stichwort ›Museen‹).

Cinémathèque Française
Salle du Centre George Pompidou
Piazza Beaubourg (4.)
Metro: Rambuteau
✆ 42 77 12 33
G: Di
Die Cinémathèque Française hat eine Filiale im großen Pariser Kulturzentrum.

Institut du Monde Arabe
23, Quai Saint-Bernard, Niveau 2 (5.)
Metro: Jussieu
✆ 46 34 25 25
Die kleine **Cinemathek** des arabischen Kulturinstituts möchte Filme der arabischen Welt einem größeren Publikum bekannt machen.

KINOS

L'Entrepôt
7–9, Rue Francis-de-Pressensé (14.)
Metro: Pernety
1975 von dem cinephilen Neffen Mitterrands, Frédéric Mitterrand, eröffnet und

inzwischen zum modernen Kinozentrum umgebaut. Zwei Kinosäle, eine Filmbuchhandlung, ein Restaurant und sogar ein eigenes Video-Produktionsstudio gehören zum Gesamtkomplex.

Le Grand Rex
1, Bd Poissonnière (2.)
Metro: Bonne-Nouvelle
Der größte Kinopalast aus alter Zeit hat 2800 Plätze, eine Wasserorgel und bombastische Beleuchtungseffekte.

Kinopanorama
60, Av. de la Motte-Picquet (15.)
Metro: Ecole-Militaire
240-m²-Leinwand und Dolby-Stereo-Sound

Max Linder Panorama
24, Bd Poissonnière (9.)
Metro: Bonne-Nouvelle
Altes und nun supermodern renoviertes Kino mit beeindruckendem THX-Sound

La Pagode
57 bis, Rue de Babylone (7.)
Metro: Saint-François-Xavier
Die neuesten Filme in einem japanischen Palast der Belle Epoque. Kleines Zaubergärtchen, Tearoom

Le Ranelagh
5, Rue des Vignes (16.)
Metro: La Muette
Viele Jahre lang spielte es jeden Sonntag ›Les Enfants du Paradis‹.

Saint-André-des-Arts
80, Rue Saint-André-des-Arts (6.)
Metro: Saint-Michel
Gutes Programmkino mitten im Quartier Latin

Studio 28
10, Rue Tholozé (18.)
Metro: Abbesses
Ein Kino aus der Stummfilmzeit, in dem die Regisseure mitunter mit dem Publikum diskutieren

DOKUMENTARFILME

La Géode
Parc de la Villette
26, Av. Corentin-Cariou (19.)
Metro: Porte de la Villette
✆ 42 56 66 00
Die silberne Kinokugel im Wissenschaftspark am Rande der Stadt ist bisher einzigartig in Europa. Halb liegend, sieht man auf der leicht gewölbten 1000-m²-Leinwand dreidimensionale Dokumentarfilme. Es empfiehlt sich, rechtzeitig vor Beginn der Vorstellung Karten zu besorgen.

Vidéothèque de Paris
2, Grande Galerie – Porte Saint-Eustache
Nouveau Forum des Halles (1.)
Metro: Châtelet-Les Halles
✆ 40 26 34 30
Die 1988 eröffnete, unterirdische Videothek sieht aus wie eine Raumschiffstation. An 36 Einzelbildstellen kann man per Computer seine persönliche Filmwahl treffen (hauptsächlich Dokumentar-, aber auch Spielfilme), ein dreiarmiger Roboter namens Magnus legt die entsprechende Videokassette in einer zentralen Schaltstelle ein. Die Videothek archiviert vor allem Filme, die etwas mit Paris zu tun haben – darunter sowohl Berichte von den 68er-Unruhen, Porträts Pariser Modeschöpfer, Aufnahmen von Pressekonferenzen de Gaulles und auch ›Der letzte Tango von Paris‹. Neben den Einzelmonitoren gibt es zwei Kinosäle und ein Café. Sehr sehenswert

Konzerte

Konzerte gibt es in verschiedenen Sälen, Kirchen und Kulturinstituten. Aktuelle Ankündigungen finden Sie an den Plakatwänden und im ›Pariscope‹ und ›L'Officiel des Spectacles‹.

Konzertkarten: siehe Stichwort ›Theater und Oper‹

KONZERTSÄLE

Salle Pleyel
252, Rue du Fg Saint-Honoré (8.)
Metro: Ternes
✆ 45 63 88 73
Die klassische Adresse für große Konzerte in Paris. Saal mit hervorragender Akustik

Salle Gaveau
46, Rue de la Boétie (8.)
Metro: Miromesnil
✆ 45 63 20 30
Ebenfalls berühmt für klassische Konzerte

Radio France, Maison de la Radio
116, Av. du Président-Kennedy (16.)
Metro: Ranelagh oder RER Maison de la Radio
✆ 42 30 15 16
Im Rundbau von Radio France finden regelmäßig Konzerte bzw. Konzertaufnahmen statt, zu denen kein Eintritt verlangt wird. Karten gibt es im verglasten Hauptfoyer an den Konzertschaltern.

Auditorium des Halles
5, Porte Saint-Eustache (1.)
Metro: Les Halles
✆ 42 67 36 47
Dieser funkelnagelneue Konzertsaal liegt unterirdisch im neuen Teil des Forums und sorgt für etwas Kultur mitten im Kommerz des Hallen-Viertels.

Théâtre des Champs-Elysées
15, Av. de Montaigne (8.)
Metro: Alma-Marceau
✆ 47 20 36 37
Dieses Theater ist nicht nur an sich eine Sehenswürdigkeit, sondern auch einer der besten Konzertsäle von Paris. Nach Entwürfen von Henri van de Velde von 1911–13 erbaut, wurde es 1988 für über 40 Millionen Franc total renoviert und gehört nun wieder zu den schönsten Theatern von Paris.

Chapelle Saint-Louis de la Salpetrière
47, Bd de l'Hôpital (13.)
Metro: Saint-Marcel
Die 1677 erbaute Kapelle, eines der ältesten Krankenhäuser von Paris, gehört zu den ungewöhnlichsten Orten für klassische Konzerte in Paris.

Auch in den Pariser Kirchen finden zahlreiche **Konzerte** statt. Viele davon kosten keinen Eintritt. Berühmt sind die Orgelkonzerte in der Eglise Saint-Eustache im Hallen-Viertel (2, Rue du Jour, (1.), Metro: Les Halles, ✆ 43 96 48 48) und in der Eglise Saint-Germain-des-Prés (Metro: Saint-Germain-des-Prés).

MUSIC-HALLS

Olympia
28, Bd des Capucines (9.)
Metro: Madeleine, Opéra
✆ 47 42 82 45
Die wichtigste Stätte; wer hier auftritt, ist gemacht, ist ein Star. Gegründet 1893.

La Cigale
120, Bd Rochechouart (18.)
Metro: Barbès-Rochechouart
Hier treten Rock- und Popkünstler auf.

Elysée Montmartre
72, Bd Rochechouart
Metro: Anvers
Rockbühne

GROSSVERANSTALTUNGEN

Palais des Congrès
2, Pl. Porte-Maillot (17.)
Metro: Porte Maillot
✆ 46 40 22 22
Robert Hossein inszeniert hier ab und zu ein Riesenspektakel historischer Art, wie ›Danton und Robespierre‹. Auch Forum für Pop- und Rockstars.

Palais Omnisport (POPB)
8, Bd de Bercy (12.)
Metro: Bercy
✆ 43 42 01 23
In der ultramodernen Allround-Sporthalle finden auch überdimensionale Pop- und Opernspektakel statt.

Palais des Sports
1, Pl. Porte-de-Versailles (15.)
Metro: Porte de Versailles
✆ 48 28 40 10

Le Zenith
211, Av. Jean-Jaurès (19.)
Metro: Porte de Pantin
6400 Plätze für Rock- und Pop-Fans

Kunstszene

AUSSTELLUNGEN UND KUNSTZENTREN

Centre Pompidou
Rambuteau/Rue Saint-Merri (4.)
✆ 42 77 12 33
(Informationsdienst: ✆ 42 77 11 12)
Metro: Rambuteau, Hôtel de Ville
12–22 Uhr, Sa, So 10–22 Uhr. G: Di
In den Gebäuden, in denen u. a. das Musée National d'Art Moderne und das Musée et Atelier Brancusi untergebracht sind, finden bedeutende Wechselausstellungen statt. Vom 5. Stock aus blickt man über das älteste Viertel von Paris.

Grand Palais
Av. Général-Eisenhower (8.)
Metro: Champs-Elysées-Clemenceau
Ständig wechselnde, repräsentative Ausstellungen. Leider ist nur der kleinere Teil des riesigen Belle Epoque-Palastes, in dem früher Automobil-Ausstellungen gezeigt wurden, dem Publikum zugänglich. Das Grand Palais und das gegenüberliegende **Petit Palais** wurden zur Weltausstellung 1900 gebaut; wie schön ihre Konstruktionen sind, erkennt man erst, wenn man mit aufmerksamen Blicken nicht nur durch die Ausstellungen wandert.

GALERIEN

Die Öffnungszeiten der Galerien sind sehr unterschiedlich, manche haben nur nachmittags geöffnet, viele am Montag geschlossen. Im Zweifelsfall lohnt es sich, vorher telefonisch anzufragen. Erkundigen Sie sich auch nach verlängerten Öffnungszeiten am Abend und sogenannten Galerie-Nächten, die in den einzelnen Vierteln regelmäßig organisiert werden.

Die Pariser Galerien haben ihre ganz eigene Geographie: rund um Beaubourg, im Hallenviertel und im Marais, besonders aber in den neuen Galerien an der Bastille sieht man das Neueste vom Neuesten auf dem Kunstmarkt, die Avantgarde von morgen sozusagen, während sich das Galerienviertel am Rive Gauche in Saint-Germain auf die Avantgarde von heute beschränkt und die teuren Galerien am Rive Droite sich vor allem der klassischen Moderne widmen.

HALLES – BEAUBOURG – MARAIS

Bama
40, Rue Quincampoix (4.)
✆ 42 77 38 87
Beuys, George Brecht, Gerz, Leisgen, Panamarenko, Polke, Rot, Sonfist, Vostell

Bellint
28 bis, Bd de Sébastopel (4.)
Bellmer, Boumeester, Braque, Debré, Goetz, Koonig, Lanskoy, Poliakoff, Salvado, Vieira da Silva; Skulpturen von Feraud, Dietrich Mohr, Subira-Puig

Beaubourg
23, Rue du Renard (4.)
✆ 42 71 20 50
Eine der wichtigsten Galerien des Viertels: Arman, César, Baselitz, Combas, Dado, Garouste, Klossowski, Monory, Paladino, Raysse, Wols

Chantal Crousel et Gislaine Hussenot
5 bis, Rue des Haudriettes (3.)
✆ 48 87 60 81
Gilbert und George, Richard Long, Cindy Sherman, Dokupil und der Deutsche Thomas Schütte

Daniel Templon
30, Rue Beaubourg
1, Impasse Beaubourg (3.)
✆ 42 72 14 10

Daniel Templon, der mit Leo Castelli in New York zusammenarbeitet, eröffnete als erster, im März 1972, in einem ehemaligen *entrepôt* (Lagerhaus) eine Galerie im Beaubourg-Viertel. Inzwischen stellt er vor allem große Namen aus und wurde zur ›amerikanischen‹ Galerie von Paris: Rauschenberg, Julian Schnabel, David Salle, de Kooning, Warhol, Stella, Serra und auch Jean Le Gac, Cane und Poirier.

Farideh Cadot
77, Rue des Archives (3.)
✆ 42 78 08 36
Junge französische Künstler: Bastolani, Favier, Rousse, Oppenheim, Tremblay, Laget, Favier – eine der gefragtesten Avantgarde-Galerien

Jean Fournier
44, Rue Quincampoix (4.)
✆ 42 77 32 31
Auch Kunstzeitungen und Bücher

Galerie de France
50–52, Rue de la Verrerie (4.)
✆ 42 74 38 00
Alechinsky, Bret, Manessier, Hartung, Singler, Soulages

Gillespie/Laage/Salomon
57, Rue du Temple (3.)
✆ 42 78 11 71
Drei Galeristinnen, die als erste die deutschen Neuen Wilden in Frankreich ausstellten

Durand-Dessert
3, Rue des Haudriettes (3.)
✆ 42 77 63 60
Richter, Beuys, Flanagan, Mario Merz, Kounelis, Garouste, Morellet, Tosani – europäische Avantgarde und Arte Povera

Françoise Palluel
91, Rue Quincampoix (3.)
✆ 42 71 84 15
Eine hervorragende Galerie, die junge Künstler zeigt: Guérin, Godefrey, Pandini, Soulié . . .

Polaris
25, Rue Michel-Le-Comte (3.)
✆ 42 72 21 27
Ein junger Galerist in einer kleinen Galerie mit unbekannten Künstlern

Samia Saouma
2, Impasse des Bourdonnais (1.)
✆ 42 36 44 56
Eine junge Galerie mit einer jungen Galeristin, die junge Maler, aber auch Photographen zeigt

Yvon Lambert
108, Rue Vieille-du-Temple (3.)
5, Rue du Grenier-Saint-Lazare (3.)
✆ 42 71 09 33
1986 bezog Lambert die Galerie in der Rue Vieille-du-Temple mit dem riesigen Glasdach. Er stellt vor allem ›Nouvelle Figuration‹ aus: Lewitt, Oppenheim, Tuttle, Twombly sowie Blais, Barcelo und Combas.

BASTILLE

Antoine Candau
15–17, Rue de Keller (11.)
✆ 48 08 86 09
Antoine Candau, der 1985 an die Bastille kam, stellt vor allem ›junge Künstler, die etwas zu sagen haben‹ aus – darunter auch welche aus dem Bastille-Viertel. François Bossière, Pierre Nivollet u. a.

Galerie Claire Burrus
30–32, Rue de Lappe (11.)
✆ 43 55 36 90
Claire Burrus zog aus dem 6. Arrondissement in die Rue de Lappe und zeigt nun in neuen Räumen auch neue Künstler, neben denen, die sie aus ihrer ›Dessin‹-Galerie mitbrachte. Minimal Art und Konzeptuelle Kunst. Marie Bourget, Philippe Thomas, Varini, Nestler, Verjux, und von der ›alten Garde‹ Agid, Baruchello, Degottex, Voss.

Leif Stähle
37, Rue de Charonne (11.)
✆ 47 00 18 88
Der Direktor der Stockholmer Kunstmesse machte 1986 in einem romantischen Hinter-

hof, dem Cour Délépine, seine Pariser Galerie auf. Abstrakte Kunst in hellen Räumen: Choi, Olivier Debré, Lars Englund, Gandin, Kallos, Kinahara, Limérat, Weil

Clara Scremini
39, Rue de Charonne (11.)
✆ 43 55 65 56
Die Südamerikanerin, direkte Nachbarin des Schweden Stähle, hat sich auf Glasobjekte spezialisiert

Francka Berndt
4, Rue Saint-Sabin (11.)
✆ 43 55 34 07
Francka Berndt hat noch eine zweite Galerie im 6. Arrondissement, zeigt aber an der Bastille mehr Avantgarde. Jean Leppien, Bédart, Bert, Colone, Floris, Massart, Porte ...

Gutharc Bellin
47, Rue de Lappe (11.)
✆ 47 00 32 10
Junge, engagierte Galerie, die oftmals erste Einzelausstellungen von noch unbekannten Künstlern organisiert

Jacqueline Felman
8, Rue Popincourt (11.)
✆ 47 00 87 71
»Je sentais que le quartier allait monter et je le connais bien« – Jacqueline Felman leitete zwei Jahre lang das Atelier Bastille Galerie, bevor sie sich mit ihrer Hinterhaus-Galerie 1985 selbständig machte. Buffoli, Cussinet, Howes, Martelet, Sélim, Wong ...

J. et J. Donguy
57, Rue de la Roquette (11.)
✆ 47 00 10 94
Experimentelle Galerie mit Performances, Video-Art und konzeptueller Kunst, über die der Besitzer auch schon ein Buch veröffentlichte

Lavignes-Bastille
27, Rue de Charonne (11.)
✆ 47 00 88 18
Junge Künstler auf vier verschiedenen Etagen. Fraser, Grataloup, Hahn, Lukaschewsky, Rotella, Sandorfi

Nane Stern
26, Rue de Charonne (11.)
✆ 48 06 78 64
Engagierte Galeristin, ehemalige Mitarbeiterin von Pierre Loeb, die für die Abstrakten kämpft: Guìot, Kallos, Koch, Lafoucrière, Péron, Violet

Praz-Delavallade
10, Rue Saint-Sabin (11.)
✆ 43 38 52 60
Eine winzige, aber sehr gute Galerie, die sowohl Malerei wie Skulpturen zeigt

RIVE DROITE

Ariel
140, Bd Haussmann (8.)
✆ 45 62 13 09
Exklusiv: Appel, Bootz, Doucet, Gillet, Tabuchi, Weidemann; Skulpturen von Anthoons, Erhardy; ständig Werke von Alechinsky, Bitran, Dubuffet, Hartung, Jorn, Poliakoff

Art curial
9, Av. Matignon (8.)
✆ 42 99 16 19
Meister des 20. Jh.; ständig Werke von Arp, Braque, De Chirico, Sonia Delaunay, Max Ernst, Magritte, Zadkine; ferner Originaleditionen vieler Künstler von Arman bis Zavaro; Skulpturen von Debré, Malaussena, Signori

Jean-Claude Bellier
32, Av. Pierre-I-de-Serbie (8.)
Arman, Bonnard, Dali, Dufy, Gauguin, Léger, Rouault, Utrillo, Vuillard; Skulpturen von Bourdelle, Rodin, Zadkine

Bernheim Jeune
83, Rue du Fg Saint-Honoré (8.)
✆ 42 66 60 31
Impressionisten und Zeitgenössisches, Malerei und Skulpturen. Monet, Pissaro, Belloni, Fulerand, Morgan-Snell, Selinger, Stacey

Paul Facchetti
20, Av. de Friedland (8.)
Brauer, Dubuffet, Georges Noël, Bernard Schultze

Wally Findlay Galleries International
2, Av. Matignon (8.)
Französische Impressionisten; Adamoff, Le Pho, Maik, Nessi; Skulpturen

Editions Lahumière
88, Bd de Courcelles (17.)
✆ 46 22 43 67
Verleger von Originalgraphiken vieler Künstler wie Antes, Arakawa, Bose, Calder, Chagall, Clavé, Guttuso, Hockney, Ipousteguy, Jenkins, Manzù, Matta, Miró, Moore, Picasso, Solombres, Spalatin, Wotruba, Wunderlich; Skulpturen von Jean-Claude Lahumière

Louis Leiris
47, Rue de Monceau (8.)
✆ 45 63 28 85
Eine historische Galerie, die von D.H. Kahnweiler, dem ›marchand du siècle‹, gegründet wurde

Galerie Lelong
13, Rue de Téhéran (8.)
✆ 45 63 13 19
Daniel Lelong darf seine Galerie zwar nicht mehr Maeght-Lelong nennen, aber bleibt nach wie vor einer der wichtigsten Galeristen mit internationalem Renommée in Paris. Bacon, Calder, Chagall, Lindner, Morre, Bram van Velde und Adami, James Brown, Sevilla, Kienholz, Tapies ...

Hervé Odermatt
85 bis, Rue du Fg Saint-Honoré (8.)
Léger, Picasso, Renoir, Germaine Richier, Rouault, Islah, Kuper, Penalba, Weisbuch

RIVE GAUCHE

Berggruen
70, Rue de l'Université (7.)
Braque, Horst Jansen, Kandinsky, Klee, Picasso, Matisse, Miró, Moore

Claude Bernard
9, Rue des Beaux-Arts (6.)
✆ 43 26 97 07
Einer der wichtigsten Kunsthändler der Nachkriegszeit, Bacon, Balthaus, Botero, Giacometti, Hockney, Ipousteguy, Nevelson, Szafran

Issy Brachot
35, Rue de Seine (6.)
✆ 43 54 22 40
Pariser Filiale der Brüsseler Galerie, die Surrealisten, Hyperrealisten und die ›Nouveaux Réalistes‹ zeigt. Delvaux, Ensor, Labisse, Magritte und de Andrea, Dado, Roland Cat

Jeanne Bucher
53, Rue de Seine (6.)
✆ 43 26 22 32
Eine weitere Traditionsgalerie am linken Ufer. Dubuffet, Bissière, De Stael, Veira da Silva, Carrade, Nevelson

Etienne de Causans
25, Rue de Seine (6.)
✆ 43 26 54 48
Kleinere Galerie, die Zeichnungen und auch spanische Avantgarde zeigt. Johannes Grützke, Bob Wilson u. a.

Karl Flinker
25, Rue de Tournon (6.)
✆ 43 25 18 73
Allaud, Attersee, Wolfgang Gaefgen, Gilles, Paul Jenkins, Kandinsky, Klee, Klein, Kupka, Aldo Mondino, Walter Pichler, Raysse, Peter Tuma, Pierre Weiss

Furstenberg
8, Rue Jacob (6.)
Surrealistische Graphik; Bellmer, De Chirico, Leonor Fini, Kandinsky, Wunderlich

Galerie de Paris
6, Rue du Pont-de-Lodi (6.)
✆ 43 25 42 63
In der früheren Galerie von Eric Fabre sieht man heute vor allem ›neue Skulpturen‹. Baquié, Vilmouth, Birkenmeyer ...

Albert Loeb
12, Rue des Beaux-Arts (6.)
✆ 43 26 45 62
Eine der berühmtesten und geschichtsträchtigsten Galerien von Paris. Albert Loeb

hat die Nachfolge seines Vaters, Pierre Loeb, angetreten, der schon vor dem Zweiten Weltkrieg ein bekannter Händler war. Bérard, Cassel, Gamarra, Jeanclos, Rovaboren, Theimier

Proscenium Theater-Galerie
35, Rue de Seine (6.)
✆ 43 54 92 01
Bühnenmaler von 1913 bis heute; Bakst, Benois, C. Bérard, Brayer, Cassandre, Cocteau, Erté, Labisse, Noël, Wakhevitch

Denise René Rive Gauche
196, Bd Saint-Germain (7.)
✆ 42 22 11 02
Multiples; Agam, Max Bill, Claisse, Le Parc, Soto, Schoffer, Vasarely

Stadler Rodolphe
51, Rue de Seine (6.)
✆ 43 26 91 10
Tapiès, Saura

Dina Vierny
36, Rue Jacob (6.)
✆ 42 61 32 83
Zeichnungen von Cézanne, Degas, Dufy, Matisse, Pascin, Valadon; Skulpturen von Maillol, Cornelis Zitman

PHOTOGALERIEN

Agence Di
17, Rue des Petits-Champs (1.)

Centre Culturel Américain
261, Bd Raspail (14.)

FNAC Etoile
Av. de Wagram (8.)

FNAC Montparnasse
136, Rue de Rennes (6.)

Gaillard
3, Rue du Pont Louis-Philippe (4.)

Galerie Bellier
32, Av. Pierre-I-de-Serbie (8.)

Magnum
20, Rue des Grands-Augustins (6.)

Galerie du Léthé
1, Rue Jacob (6.)

Regine Lussan
7, Rue de l'Odéon (6.)

Photo-Plait
35, Rue La Fayette (9.)

Literatur über Paris

Aus der unübersehbaren Fülle hier eine kleine Auswahl, die uns für die verschiedenen Aspekte von Paris besonders typisch erscheint:

Beutler, Christian: ›Paris und Versailles‹ (Reclam)
Börne, Ludwig: ›Briefe aus Paris‹ (Reclam)
Brassaï, Fotoband: ›Das Geheime Paris‹ (Fischer)
Beauvoir, Simone de: ›Die Mandarine von Paris‹ (rororo)
Brecht, Bertolt: ›Die Tage der Commune‹ (Suhrkamp)
Buchheim, Lothar Günther: ›Mein Paris‹ (Piper)
Flaubert, Gustave: ›Die Erziehung des Herzens‹ (Diogenes)
Kracauer, Siegfried: ›Jacques Offenbach und das Paris seiner Zeit‹ (Suhrkamp)
Günther, Herbert: ›Deutsche Dichter in Paris‹ (Neske)
Hemingway, Ernest: ›Paris ein Fest fürs Leben‹ (rororo)
Jünger, Ernst: ›Strahlungen‹ (dtv)
Kardoff, Ursula von: ›Adieu Paris‹ (Greno)
Lapierre und Collins: ›Brennt Paris?‹ (Scherz)
Miller, Henry: ›Stille Tage in Clichy‹, ›Wendekreis des Krebses‹ (Rowohlt)
Nin, Anaïs: ›Tagebücher 1931–1974‹ (dtv)
Pernoud und Flaissier: ›Die Französische Revolution in Augenzeugenberichten‹ (dtv)

Peterich Eckart: ›Pariser Spaziergänge‹ (Prestel)
Proust, Marcel: ›Auf der Suche nach der verlorenen Zeit‹ (Suhrkamp)
›Reiseführer für Literaturfreunde. Paris‹ (Ullstein)
Remarque, Erich Maria: ›Arc de Triomphe‹
Rilke, Rainer Maria: ›Die Aufzeichnungen des Malte Laurids Brigge‹ (dtv)
Schreiber, Hermann: ›Paris‹ (Piper)
Stein, Gertrude: ›Paris – Frankreich‹ (Suhrkamp)
Troller, Georg Stefan: ›Mein Paris‹ (Fischer Taschenbuch)
Wittkop: ›Paris, Prisma einer Stadt‹ (Atlantis)
Zola, Emile: ›Nana‹ (Insel)

Märkte

Paris hat an die 100 Märkte. Sonntags sind viele vormittags geöffnet, montags die meisten geschlossen.

BLUMENMÄRKTE

• **Marché aux Fleurs Cité**
Pl. Louis-Lépine und Quai de Corse (4.)
Metro: Cité
Mo–Sa 8–19 Uhr

Marché aux Fleurs de la Madeleine
Pl. de la Madeleine (8.)
Metro: Madeleine

BRIEFMARKENMARKT

Marché aux Timbres
Cours Marigny (8.)
Metro: Champs-Elysées-Clemenceau
Do, Sa, So 10–18 Uhr

FLOHMÄRKTE (MARCHÉS AUX PUCES)

Marché du Kremlin-Bicêtre
Av. Paul Vaillant-Couturier und Eugène-Thomas (13.)
Metro: Kremlin-Bicêtre
Do, So; Di vormittags

Marché de Montreuil
Av. de la Porte-de-Montreuil (20.)
Metro: Porte de Montreuil
Sa und So; Mo vormittags

Marché de la Place d'Aligre
Pl. d'Aligre (12.)
Metro: Ledru-Rollin
Di–So 9–12 Uhr

Marché de la Porte de Vanves
Metro: Porte de Vanves (14.)
Sa, So 7–19.30 Uhr

• **Marché de la Porte Saint-Ouen**
Av. Michelet (18.)
Metro: Porte de Clignancourt
Sa–Mo 7–19.30 Uhr

KLEIDERMÄRKTE

Marché Saint-Pierre
Pl. Saint-Pierre und Nebenstraßen (18.)
Metro: Anvers
Mo–Sa

• **Marché du Temple**
Rue Perrée (3.)
Metro: République
Di–So 9–12 Uhr

LEBENSMITTELMÄRKTE

IN MARKTHALLEN

Marché d'Aligre
Rue d'Aligre und Pl. d'Aligre (12.)
Metro: Ledru-Rollin
Di–So 9–12 Uhr
In der Halle und drumherum

Marché de Batignolles
96, Rue Lemercier (17.)
Metro: Brochant

Marché Château d'Eau
Ecke Rue Château-d'Eau/
Rue Bouchardon (10.)

Metro: Château d'Eau
Markthalle wie früher in den Hallen

Marché Enfants Rouges
39, Rue de Bretagne (3.)
Metro: Filles de Calvaire
Di–So
Gewimmel wie in alten Zeiten

Marché de Passy
Rue Bois-le-Vent/Rue Duban (16.)
Metro: Muette
Wunderschöne Dachverglasung

- **Marché Saint-Quentin**

85, Bd Magenta
Metro: Gare de l'Est
Di–So
Renovierte alte Halle

AUF DEN STRASSEN

Rue des Abbesses/Ecke Rue Lepic (18.)
Metro: Abbesses

Rue Cler (7.)
Metro: Ecole-Militaire
Di–Sa

Marché Edgar Quinet
Bd Edgar-Quinet (14.)
Metro: Montparnasse oder Edgar Quinet
Mi und Sa
Bezaubernder Straßenmarkt

Rue Montorgueil/Rue Rambuteau (1.)
Metro: Halles

- **Rue Mouffetard** (5.)

Metro: Monge
Sonntagsmarkt in der uralten Straße

Rue Poncelet/Av. des Ternes (17.)
Metro: Ternes

- **Rue de Seine/Rue de Buci** (6.)

Metro: Saint-Germain-des-Prés
Di–So
Straßenmarkt

VOGELMARKT

- **Marché aux Oiseaux**

Pl. Louis-Lépine und Quai de Corse (4.)
Metro: Cité
So 8–19 Uhr

Moderne Architektur

DIE ›GRANDS PROJETS‹

Grande Arche – Tête Défense
Parvis de la Défense
92 – Neuilly
RER: Linie A bis La Défense
Information: EPAD, ✆ 47 96 24 24
Der ›moderne Triumpfbogen‹ des dänischen Architekten Otto von Spreckelsen verlängert die traditionelle Pariser Königsachse und bietet Büros für 5000 Leute. Der offene Kubus (Gewicht: 300 000 t) wurde im Revolutionsjahr 1989 von Präsident Mitterrand höchstpersönlich eröffnet und ist das vorläufig letzte Großprojekt in La Défense. Weitere Sehenswürdigkeiten in der Bürostadt von Paris: das Esso-Gebäude, der Manhattan-, Elf- und Fiat-Turm. In der 26. Etage des Fiat-Gebäudes stellt die EPAD (›Etablissement mixte pour l'Aménagement de La Défense‹) Pläne und Modelle von La Défense aus.

Institut du Monde Arabe – IMA
23, Quai Saint-Bernard
Eingang über die Rue des Fossés-Saint-Bernard
✆ 46 34 25 25
Metro: Jussieu
Di–So 13–20 Uhr
In dem transparenten Glasgebäude (eröffnet: 1987; Architekt: Jean Nouvel) wurden ein Museum, eine Bibliothek, ein Bücherturm, ein Restaurant und ein Café, eine Cinemathek, ein Auditorium sowie zahlreiche Büroräume untergebracht. Fahren Sie mit den gläsernen Aufzügen auf die Dachterrasse und genießen Sie den überwältigenden Blick auf Paris. Sehenswert die

Südfassade mit 240 Metallquadraten und elektronischen Photozellen

Ministère des Finances
Quai de la Rapée (12.)
Metro: Quai de la Gare oder Bercy
Das neue Finanzministerium (Architekten: Chemetov und Huidobro) ist das einzige Gebäude in Paris, das bis in die Seine hineinreicht: Vier Säulen des hellen Kalksteinbaus wurden direkt ins Wasser gesetzt. In fünf Gebäudekomplexen stehen den Finanzbeamten insgesamt 230 000 m² Fläche zur Verfügung.

Opéra de la Bastille
Pl. de la Bastille (11.)
Metro: Bastille
Nach Entwürfen des kanadischen Architekten Carlos Ott wurde am geschichtsträchtigen Place de la Bastille eine ›Volksoper‹ mit 2700 Plätzen für rund 2,2 Milliarden Franc gebaut – ein gewölbter Betonbau mit aufgesetzter Glasfassade und freischwebenden Rängen im Innenraum.

Pyramide du Louvre
Cour Carré du Louvre (Louvre-Innenhof)(1.)
Eingang über die Rue de Rivoli
Metro: Palais-Royal
Als erster Bauabschnitt des ›Grand Louvre‹ wurde 1989 die umstrittene Glaspyramide des amerikanisch-chinesischen Architekten Ieoh Ming Pei eröffnet. Die 22 m hohe Stahlkonstruktion mit den Glasrautenfenstern ist von sieben Wasserbecken umgeben. Sie dient als neuer Haupteingang des Louvre, von dem aus die Besucher nun unterirdisch in die einzelnen Flügel des ›größten Museums der Welt‹ geführt werden.

WEITERE ARCHITEKTONISCHE SEHENSWÜRDIGKEITEN

Fondation Corbusier
8 und 10, Rue du Docteur-Blanche (16.)
✆ 42 88 41 53
Metro: Jasmin
Mo–Do 10–12.30 und 13.30–18 Uhr, Fr bis 17 Uhr
Die beiden Villen La Roche und Jeanneret wurden 1923 von Le Corbusier und Pierre Jeanneret gebaut und beherbergen heute die Corbusier-Stiftung, die Ausstellungen und Vorträge zum Werk des Architekten organisiert. In den beiden Häusern befindet sich auch eine Corbusier-Bibliothek und ein Archiv.

Rue Mallet-Stevens (16.)
Metro: Jasmin
Die kubistisch anmutenden Häuser dieser kleinen Seitenstraße der Rue du Docteur-Blanche (Nr. 4, 6, 7, 10 und 12) mit übereinander angeordneten Terrassen und geometrischen Volumen wurden 1926–27 von dem 1944 verstorbenen Art Deco-Architekten Robert Mallet-Stevens gebaut.

Institut Français de l'Architecture
6, Rue de Tournon (6.)
✆ 46 33 90 36
Metro: Odéon
In einem ehemaligen *hôtel particulier,* dem Hôtel de Brancas, eröffnete 1981 das französische Institut für Architektur in modern umgebauten Räumen. Das Institut organisiert hervorragende Einzelausstellungen zu den Arbeiten französischer und internationaler Architekten und beherbergt eine Bibliothek für Architektur und Urbanismus des 20. Jh.

Palais Omnisports de Paris-Bercy
1, Rue de Romanée (12.)
Metro: Bercy
Auf dem neuen Sportpalast von Paris (1983 eröffnet) wächst Gras, nicht aus Versehen, sondern mit Absicht. Für die schräg abfallenden Rasenwände des Gebäudes mußte sogar ein Spezialrasenmäher konzipiert werden. Neben Sportveranstaltungen finden hier auch regelmäßig Rockkonzerte statt.

Place de Catalogne
Ecke Rue de Château/Rue de l'Ouest (14.)
Metro: Pernety
Hinter dem Place de Catalogne geht es durch ein Portal in eine neue Wohnanlage von Ricardo Bofill, ganz im Stil der Monumentalarchitektur, mit der der spanische Architekt schon im Pariser Vorort Marne-

la-Vallée Aufsehen erregte: Spiegelfassaden, halbrunde Innenhöfe, Kapitelle und Theatertreppenaufgänge

Marne-la-Vallée
20 km östlich von Paris, zu erreichen über die Autoroute de l'Est, A 4, oder mit der RER, Haltestelle Noisy-le-Grand, von da an 15 Minuten Fußweg
Trabantenstadt, die durch die Operation ›Banlieues 89‹ zum städtebaulichen Experimentierfeld wurde. Beeindruckend der gigantische Palacio d'Abraxas des katalanischen Architekten Ricardo Bofill, ein Komplex von Sozialwohnungen mit Theaterkulisse. Bofills Landsmann Manolo Nuñez baute nicht weniger spektakulär eine Art überdimensionale Stierkampfarena – die Wohnanlage Arènes de Picasso.

Conservatoire de Musique
Rue Jean-Nicot/Rue de l'Université (7.)
Metro: Invalides
In dem postmodernen Bau von Christian de Portzamparc – der auch die Cité de la Musique in La Villette entwarf – sind ein Musikkonservatorium und ein Altenheim untergebracht.

UNESCO
7, Pl. de Fontenoy (7.)
✆ 45 68 03 59
Metro: Ségur
Das UNESCO-Haus wurde von 1955–58 von den Architekten Breuer, Nervi und Zehrfuss auf insgesamt 3 ha Fläche erbaut und mit Kunstwerken von Arp, Henry Moore, Calder, Miró und anderen ausgeschmückt.

Sitz der Kommunistischen Partei PCF
2, Pl. du Colonel Fabien (10.)
✆ 40 40 12 12
Metro: Colonel Fabien
Der supermoderne Sitz der französischen Kommunisten wurde 1971 nach Plänen von Oscar Niemeyer erbaut.

Pavillon de l'Arsenal
21, Bd Morland (4.)
✆ 42 76 33 97
Metro: Sully-Morland
Di–Sa 10.30–18.30 Uhr, So 11–19 Uhr. Eintritt frei
In einer wunderschönen alten Eisenhalle von 1878, die zuvor als Lagerraum für das Pariser Kaufhaus Samaritaine und später als Architekturarchiv der Stadt Paris diente, wurde 1988 ein öffentliches Informationszentrum für Architektur und Urbanismus eröffnet. Eine ständige Ausstellung im Erdgeschoß – ›Paris, la ville et ses projets‹ – zeigt auf 800 m² fertiggestellte wie zukünftige Bauprojekte der Stadt Paris und kommt einem Spaziergang durch das Paris des ausgehenden 20. Jh. gleich. An einem 40 m² großen Modell der Stadt wird mit Laserstrahl, Bildschirmtext und Diaprojektionen die Geschichte und Zukunft einzelner Viertel erklärt. In der 1. und 2. Etage finden Wechselausstellungen und Vorträge statt. Sehr empfehlenswert

Museen

Im folgenden Verzeichnis der Pariser Museen wurden die genauen Bezeichnungen einzelner Institute (wie Atelier, Maison, Musée, Palais) nicht berücksichtigt, sondern alles alphabetisch nach dem charakteristischen Stichwort geordnet. Sonderausstellungen in Museen haben oft andere Öffnungszeiten als die jeweiligen Museen.

Arc de Triomphe
Pl. Charles-de-Gaulle (8.)
Metro: Etoile
10–12 Uhr, 13–17 Uhr. G: Di
Das kleine Museum dokumentiert die Geschichte des berühmten Bauwerks.

Armée
Hôtel des Invalides (Invalidendom)
Esplanade des Invalides (7.)
Metro: Latour-Maubourg, Varenne
10–17 Uhr, im Sommer bis 18 Uhr. G: 1. 1., 1. 5., 1. 11., 25. 12.
Militärgeschichte von der Antike bis 1945; im Corridor de Vincennes ein spezielles Museum für die beiden Weltkriege.

In der riesigen Anlage des Invalidendoms finden Sie auch das **M. des Plans Relief,** in dem Sie – allerdings nicht sehr schön präsentiert – unter Glas ganz köstliche Stadt- und Festungsmodelle sehen können, eine Sammlung, die unter Ludwig XIV. von Louvois begonnen und später von den beiden Napoleons (I. und III.) fortgeführt wurde.

Arts Décoratifs
107–109, Rue de Rivoli,
Pavillon de Marsan (1.)
Metro: Palais-Royal
12.30–17.30 Uhr, So 11–18 Uhr. G: Mo, Di
50 000 Objekte, Möbel, Boiserien, Gobelins, Instrumente, Malereien vom Mittelalter bis heute, Bibliothek. Bedeutende Sonderausstellungen

Arts de la Mode
109, Rue de Rivoli (1.)
Metro: Palais-Royal, Tuileries
Mi–Sa 12.30–18 Uhr, So 11–18 Uhr
Das Museum wurde auf Initiative des Kulturministers Jack Lang geschaffen und 1986 eröffnet. Über fünf Etagen ist die Geschichte der Mode bis in die heutige Zeit dargestellt, einzigartig auf der Welt.

Art Juif
42, Rue des Saules (18.)
Metro: Lamarck-Caulaincourt
15–18 Uhr. G: Fr, Sa
Sechs Säle jüdischer Kunst

Art Moderne de la Ville de Paris
11, Av. du Président-Wilson (16.)
Metro: Alma-Marceau
10–17.40, Mi bis 20.30 Uhr. G: Mo und an Feiertagen

Arts et Traditions Populaires
(Volkskunstmuseum)
Bois de Boulogne, 6, Route du Mahatma Gandhi (16.)
Metro: Sablons
10–17.15 Uhr. G: Di
In einem modernen Gebäude sehr schöne Volkskunstsammlungen und die Geschichte der Marionetten

Balzac
47, Rue Raynouard (16.)
Metro: Passy, Muette
10–17.40 Uhr. G: Mo und an Feiertagen
Das einzige Haus von den vielen Wohnungen Balzacs, das übrigblieb. Angefüllt mit Büchern, Dokumenten, Bildern, Karikaturen, Illustrationen, Souvenirs, Briefen, Rechnungen, ein kleines Universum, umgeben von einem schönen Gärtlein, im Souterrain eine Balzac-Bibliothek

Bourdelle
16, Rue Antoine-Bourdelle (15.)
Metro: Montparnasse-Bienvenüe
10–17.40 Uhr. G: Mo
Im kleinen Garten um das Atelier herum viele große Statuen des Rodin-Schülers, der dort von 1884–1929 wohnte. Belle Epoque, viele Monumente der *gloire.* Wechselnde Ausstellungen zeitgenössischer Bildhauer

Brancusi, siehe: Centre Beaubourg

Camondo
63, Rue de Monceau (8.)
Metro: Parc Monceau
10–12 und 14–17 Uhr. G: Mo, Di
Ein hübsches Museum mit Möbeln und Tapisserien aus dem Rokoko, mitunter auch Puppen- und Kostümausstellungen

• **Carnavalet**
(Historisches Pariser Stadtmuseum)
23, Rue de Sévigné (3.)
Metro: Saint-Paul
10–17.40 Uhr. G: Mo und an Feiertagen
Das Museum befindet sich im ehemaligen Palais der Madame de Sévigné, die durch die 1500 geistvollen Briefe an ihre Tochter berühmt wurde. Pariser Stadtgeschichte in skurrilen wie erhabenen Objekten und Dokumenten – ein Muß für jeden, der Paris wirklich kennenlernen und verstehen will. 1989 wurde das Museum erweitert und umfaßt jetzt auch das benachbarte, schön restaurierte Hôtel Le-Peletier-de-Saint-Fargeau, das ausschließlich der Geschichte der Französischen Revolution gewidmet ist.

• **Centre Pompidou**
Rues Rambuteau, Saint-Martin
und Beaubourg (4.)
Metro: Rambuteau, Hôtel de Ville
12–22 Uhr, Sa, So 10–22 Uhr. G: Di
Informationsdienst: ✆ 42 77 11 12

Darin u. a. das **Musée National d'Art Moderne** und das **Musée et Atelier Brancusi** sowie eine umfangreiche Bibliothek, die jedem Besucher offensteht. Bedeutende Wechselausstellungen. Vom 5. Stock aus eine verblüffende Aussicht auf das älteste Viertel von Paris

Cernuschi
(Städtisches Museum für chinesische Kunst)
7, Av. Velasquez (8.)
Metro: Villiers-Monceau
10–17.40 Uhr. G: Mo und an Feiertagen
Ein kleines, aber delikates chinesisches Museum mit Keramiken, Bronzen, Objekten aus der Tang-Zeit

Chasse et Nature
(Jagdmuseum)
60, Rue des Archives (3.)
Metro: Hôtel de Ville
10–12.30 und 13.30–17.30 Uhr. G: Di und an Feiertagen
Im Hôtel Guénégaud, einem Marais-Palais aus dem 18. Jh., das schön restauriert wurde. Waffensammlungen aus mehreren Jahrhunderten und ausgestopfte Tiere, dazu Bilder von Rubens, Rembrandt, Cranach und Brueghel. Bemerkenswert ist die Präsentation der Objekte in diesem Museum.

Cinéma
Palais de Chaillot, Pl. du Trocadéro (16.)
Metro: Trocadéro
Eingang durch die Trocadéro-Gärten an der Av. Albert-de-Mun/Ecke Av. du Président-Wilson
10–12 und 14–17 Uhr. G: Di und an Feiertagen
Wechselnde Ausstellungen. Henri Langlois, der die berühmte Cinémathèque von Paris geschaffen hat, richtete auch das kleine Museum ein, mit Bildern und Dokumenten von Daguerre bis Ingmar Bergman, außerdem Kostüme, Plakate, Manuskripte, Apparate.

Cité des Sciences et de l'Industrie
Parc de la Villette (19.)
Metro: Porte de la Villette, Corentin
Di–Fr 14–22 Uhr, Sa und So 12–20 Uhr
Das modernste Museum von Paris ist ein Muß für Wissenschaft- und Technikinteressierte. Die Präsentationen sind spannend und anschaulich, sie sprechen auch Kinder sehr an.

Clemenceau
8, Rue Franklin (16.)
Metro: Passy
14–17 Uhr. G: Mo, Mi, Fr und im August
Für Geschichtsinteressierte ist das Haus, in dem der ›Tiger‹ 34 Jahre bis zu seinem Tode 1929 lebte, von dokumentarischem Wert, denn Clemenceau war nicht nur Politiker, sondern auch Romancier und Dramatiker sowie Sammler moderner Kunst, ein Liebhaber der Bilder Monets.

● **Cluny**
6, Pl. Paul Painlevé (5.)
Metro: Odéon, Saint-Michel
9.45–12.30 und 14–17.15 Uhr. G: Di und an Feiertagen
In der Cluny-Abtei aus dem 15. Jh. schöne mittelalterliche Sammlungen, berühmte Gobelins und die römischen Thermen aus dem Jahr 200, dazu die älteste Skulptur von Paris: der ›Altar des Nautes‹, ein Monument, das Jupiter im 1. Jh. geweiht wurde. Man fand es unter dem Chor von Notre-Dame.

Cognacq-Jay
25, Bd des Capucines (2.)
Metro: Opéra
10–17.40 Uhr. G: Mo
Rokokoschätze, Möbel, Skulpturen, Bilder, gesammelt vom Gründer des Warenhauses La Samaritaine und seiner Frau Eugène Cognacq. Bilder von Watteau, Fragonard, Chardin, Greuze

Contrefaçon
16, Rue de la Faisanderie (16.)
Metro: Pompe
9–12 und 14–17 Uhr. G: Sa und So
Alle Fälschungen, die es im Laufe der Geschichte gab, vom Wein bis zum Parfum, untergebracht in einer Villa im Stil des 18. Jh., die aber erst im 19. Jh. erbaut wurde

Découverte
(Palast der Entdeckungen)
Av. Franklin-D.-Roosevelt (8.)

Metro: Franklin D. Roosevelt
10–18 Uhr. G: Mo
In der Art des Deutschen Museums in München; auf kleinerem Platz sind alle wissenschaftlichen Disziplinen mit ihren Entdekkungen vertreten, dazu Dokumentarfilme und ein Planetarium

Delacroix
6, Rue de Furstemberg (6.)
Metro: Mabillon
9.45–17.15 Uhr. G: Di
Das Atelier des Malers und seine Wohnung, seine Bilder und das Sterbezimmer. Ein stilles Museum, in dem man träumen kann

Deux Guerres Mondiales
Hôtel des Invalides (Invalidendom)
Esplanade des Invalides (7.)
Metro: Latour-Maubourg, Varenne
Di–Sa 10–17.30 Uhr, So 14–17.30 Uhr. G: Mo
Im Pavillon de Cotte ein Museum mit Dokumenten über die Résistance

Gobelins
42, Av. des Gobelins (13.)
Metro: Gobelins
Di–Do 14–17 Uhr. Führungen: 14, 14.45 Uhr
Die berühmte, von Colbert eingerichtete Gobelinmanufaktur kann man hier noch in alten Gebäuden besichtigen. In einer Kapelle Gobelins nach Entwürfen von Raffael

• **Grévin**
(Wachsfigurenkabinett)
10, Bd Montmartre (9.)
Metro: Montmartre
Täglich 13–19 Uhr
Das Museum besteht seit 1882. Gezeigt werden historische Personen und Szenen. Besonders fantastisch ist das Palais des Mirages mit seiner Illusionsmaschinerie aus der Jahrhundertwende.
Dépendance: **Nouveau Musée Grévin**
Forum des Halles
Metro: Châtelet-Les Halles
10.30–19.30 Uhr, Sonn- und Feiertage 13–20 Uhr

Guimet
(Fernöstliches Museum)
6, Pl. d'Iéna (16.)
Metro: Iéna
9.45–12 und 13.30–17.15 Uhr. G: Di und an Feiertagen
Kunstschätze aus dem Fernen Osten, Zentralasien, China, Indochina, Tibet und Japan, 55 000 Kostbarkeiten, eine außerordentliche Sammlung, dazu eine Bibliothek und eine Photothek. Sehr lohnend

Henner
43, Av. de Villiers (17.)
Metro: Malesherbes
10–12 und 14–17 Uhr. G: Mo
Ein winziges Museum zu Ehren des Elsässer Malers Jean-Jacques Henner (1829 bis 1905)

Histoire de France
(Archives Nationales)
Hôtel de Soubise
60, Rue des Francs-Bourgeois (3.)
Metro: Hôtel de Ville
14–17 Uhr. G: Di und an Feiertagen
In den herrlichen Gemächern, die der Prinz von Soubise durch Boucher im reinsten Rokokostil ausschmücken ließ, werden heute Dokumente der französischen Geschichte sehr schön präsentiert, von den Merowingern bis zum Zweiten Weltkrieg.

Histoire de Médicine
12, Rue de l'Ecole-de-Médicine (6.)
Metro: Odéon
Mi und Fr 14–18 Uhr
Kollektion alter Medizininstrumente

Histoire Naturelle
(Naturgeschichtsmuseum)
Jardin des Plantes
Eingang: 57, Rue Cuvier (5.)
Metro: Monge
10–17 Uhr
In anmutig verstaubten Sälen Skelette und Modelle ausgestorbener Tiere. Wechselnde Ausstellungen

• **Historial (M. de Cire)**
11, Rue Poulbot (Pl. du Terte) (18.)
Metro: Abbesses
9.30–18.30 Uhr. G: Mo, 1. 1., 25. 12.
Wachsfigurenkabinett mit Szenen des alten Montmartre

Holographie
15, Grand Balcon, Forum des Halles (1.)
Metro: Châtelet
10.30–19 Uhr, an Sonn- und Feiertagen 13–19 Uhr

Homme
(Völkerkundemuseum)
Palais de Chaillot (Flügel Passy)
Pl. du Trocadéro (16.)
Metro: Trocadéro
9.45–17.15 Uhr. G: Di und an Feiertagen
Bibliothek, Photothek, Projektionssaal, Restaurant, wechselnde Ausstellungen. Ein bedeutendes Museum der Anthropologie, der Geschichte der Menschheit und ihrer verschiedenen Kulturen. Reiche afrikanische Sammlungen, Waffen, Kleidung, Kunst, asiatische und arktische Abteilungen, die Hottentotten-Venus, die Kunst der Azteken. Man kann Stunden hier verbringen.

Victor Hugo
Hôtel Rohan-Guéménée
6, Pl. des Vosges (4.)
Metro: Saint-Paul, Bastille
10–17.40 Uhr. G: Mo und an Feiertagen
Ein hübsches, gemütliches Museum. Victor Hugo wohnte hier 1832–1838 (er wechselte seine Wohnung fast so oft wie Joyce). Man sieht an vielen ausgestellten Bildern, welch hervorragender und ambitionierter Zeichner der Schriftsteller war. Darüber hinaus hat man einen herrlichen Blick auf einen der schönsten Plätze von Paris.

Instrumental du Conservatoire de Musique
14, Rue de Madrid (8.)
Metro: Europe
Mi–Sa 14–18 Uhr. G: an Feiertagen
Ein Museum mit 2000 Instrumenten, den Harfen Marie Antoinettes und der Prinzessin Lamballe. In der hochbedeutenden Bibliothek u. a. das Autograph von Mozarts Don Giovanni

Jacquemart-André
158, Bd Haussmann (8.)
Metro: Saint-Philippe-du-Roule
13.30–17.30 Uhr
Ein großes Privathaus aus dem 19. Jh. mit Möbeln, Tapisserien, Porzellan, Gemälden aus der Renaissance und dem 18. Jh. Ein reicher Rahmen für wechselnde Ausstellungen, wie zum Beispiel ›Proust und seine Welt‹ oder ›Poiret, der Wunderbare‹

Jeu de Paume
Jardin des Tuileries
Seite Pl. de la Concorde/Rue de Rivoli (1.)
Metro: Concorde
Mi–Mo 9.45–17.15 Uhr
Der Pavillon Jeu de Paume wurde, wie die Orangerie auf der anderen Seite der Tuilerien, im zweiten Kaiserreich erbaut. Bis 1986 beherbergte er auf zwei Stockwerken die berühmtesten Bilder der französischen Impressionisten, die heute im Musée d'Orsay hängen. Wechselnde Ausstellungen

Kwok On
41, Rue des Francs-Bourgeois (3.)
Metro: Saint-Paul
10–17.30 Uhr. Sa, So und an Feiertagen
Museum für asiatisches Theater

Légion d'Honneur et Ordres de Chevalerie
2, Rue de Bellechasse (7.)
Metro: Solférino
14–17 Uhr. G: Mo
Museum der Ehrenlegion, die Napoleon 1802 stiftete, interessant für Deutsche, weil es im ehemaligen Palais des Fürsten Salm (der am Bau pleite ging) untergebracht ist

• Louvre
Rue de Rivoli und Quai du Louvre (1.)
Metro: Louvre, Palais-Royal
Haupteingänge:
Square du Carrousel und
Quai du Louvre
9.45–18.30 Uhr. G: Di. So freier Eintritt
Ein überwältigendes, gigantisches Museum, dessen einzelne Abteilungen man am besten an verschiedenen Tagen besucht. Spektakulär: die Eingangspyramide am Square du Carrousel

Marine
Palais de Chaillot (Flügel Passy)
Pl. du Trocadéro (16.)
Metro: Trocadéro
10–18 Uhr. G: Di

Riesengalerien und Säle mit allem, was das Seemannsherz erfreut: Modelle vom Schiff des Columbus und vom ersten Panzerschiff der Welt aus dem Jahr 1859, alte Navigationsinstrumente. Auch für Nichtfachleute amüsant. Führungen nach Vereinbarung

Marmottan
2, Rue Louis-Boilly (16.)
Metro: Muette
10–17.30 Uhr. G: Mo
Empiremöbel und -bilder und die schöne Sammlung Monet, die der Sohn des Malers der Stadt vermachte: 75 Bilder von Claude Monet und 50 Bilder seiner Zeitgenossen Renoir, Manet, Signac

Mode et Costume
Palais Galliéra
10, Av. Pierre-I-de-Serbie (16.)
Metro: Iéna
10–17.40 Uhr. G: Mo und an Feiertagen
Ein Neo-Renaissance-Schlößchen mit wechselnden Ausstellungen und gelegentlichen Auktionen. 20 000 Kostüme und Kleider von 1700 bis heute, die der Stadt vermacht wurden

Monnale
(Münzenmuseum)
11, Quai de Conti (6.)
Metro: Pont-Neuf, Odéon
9–17.45 Uhr, Sa 9–11.45 Uhr. G: So und an Feiertagen
Im Palais aus dem 18. Jh. Münzen von den Galliern bis heute. Mo und Mi 14.30–15.30 Uhr Führungen in die Münzwerkstätten

Monuments Français
Palais de Chaillot (Paris-Flügel)
Pl. du Trocadéro (16.)
Metro: Trocadéro
9.45–12.30 und 14–17.15 Uhr. G: Di
Ein wenig besuchtes, doch überaus interessantes Museum. In Riesensälen sind hier alle wichtigen Monumente von der Vorrömerzeit bis zum 19. Jh. getreu nachgebildet. Skulpturen, die man in dunklen Kirchenschiffen nie erblickt, hier sind sie in voller Tageshelle.

Gustave Moreau
14, Rue de La Rochefoucauld (9.)
Metro: Trinité
10–12.45 und 14–17.15 Uhr. G: Di
Im Atelierhaus des Malers Gustave Moreau, für den sich die Surrealisten begeisterten, 1000 Bilder und 7000 Zeichnungen des Symbolisten

Musique Mécanique
28, Rue Beaubourg/
Impasse Berthaud (3.)
Metro: Rambouillet
Sa, So, Feiertage 14–19 Uhr
Hinreißendes Mini-Museum eines passionierten Sammlers

- **Opéra**

Pl. de l'Opéra (9.)
Metro: Opéra
10–17 Uhr. G: Sa, So
Ein entzückendes kleines Museum mit Erinnerungen an große Musiker und Sänger. Kostüme, Partituren, Bilder, Instrumente

- **Orangerie**

Jardin des Tuileries
Seite Pl. de la Concorde/Seine (9.)
Metro: Concorde
9.45–17.15 Uhr. G: Di
Renoir, Cézanne, Derain, Picasso. Zwei große Säle mit 19 Leinwänden ›Nymphéas‹, die Monet in Giverny zwischen 1890 und 1921 malte. Sonderausstellungen

Ordre de la Libération
51 bis, Bd de Latour-Maubourg (7.)
Metro: Invalides
14–17 Uhr. G: So und an Feiertagen

- **Orsay**

1, Rue de Bellechasse und
Quai Anatole-France (7.)
Metro: Solférino
Di, Mi, Fr, Sa 10.30–18 Uhr, Do 10.30–21.15 Uhr, So 9–18 Uhr
Das neueste und spektakulärste der großen Pariser Museen, von der Italienerin Gae Aulenti bombastisch gestaltet

Pasteur, Institut Pasteur
25, Rue du Docteur-Roux, Eingang B,
2. Stock (15.)
Metro: Pasteur

14–17 Uhr. G: Sa, So
Ein Museum für den berühmten Chemiker, Biologen und Mediziner Louis Pasteur in dem Appartement, das er 1888 bewohnte

Petit Palais
Av. Winston-Churchill
(gegenüber dem Grand Palais) (8.)
Metro: Champs-Elysées-Clemenceau
Di–So 10–17.40 Uhr
Wie das gegenüberliegende Grand Palais wurde es zur Weltausstellung 1900 gebaut und zeigt neben wechselnden Ausstellungen Gobelins und Belle Epoque-Möbel.

• **Picasso**
5, Rue de Thorigny (3.)
Metro: Saint-Paul, Chemin-Vert
9.15–17.15 Uhr, Mi bis 22 Uhr. G: Di
Das Jahrhundert-Museum von Paris im Hôtel Salé, der alten venezianischen Gesandtschaft, wurde 1985 eröffnet.

Edith Piaf
5, Rue Crespin-du-Gast (11.)
Metro: Ménilmontant
✆ 43 55 52 72
Das winzige Museum wurde von einem abgöttischen Verehrer der großen Chansonsängerin eingerichtet und ist nur nach telefonischer Voranmeldung zu besichtigen. Hier im Arbeiterviertel Belleville, wo die Piaf auf den Stufen eines Hauses in der Rue de Ménilmontant geboren wurde, feierte sie ihre ersten Triumphe.

Poste
34, Bd de Vaugirard (15.)
Metro: Montparnasse
10–17 Uhr. G: So und an Feiertagen
Das Museum hat sieben Stockwerke, die man langsam abwärts geht, am schönsten das oberste mit Briefen und Papieren aus alter Zeit, Postkutschen, Briefkästen, Briefmarken. Ein Abriß der Geschichte der Post

Préfecture de Paris
1 bis, Rue des Carmes (5.)
Metro: Maubert-Mutualité
9–17 Uhr. G: Sa, So und an Feiertagen
Dokumente der Pariser Polizei aus vier Jahrhunderten; Waffen und Beweisstücke zu den großen Verbrechen

Publicité
18, Rue du Paradis (10.)
Metro: Gare de l'Est, Château d'Eau
12–18 Uhr. G: Di
Tausende von Werbeplakaten von den Anfängen bis heute, aus allen Ländern; Wechselausstellungen, Kino für Werbefilme

Radio France
116, Av. du Président-Kennedy (16.)
Metro: Passy, Mirabeau, Ranelagh
Führungen 10.30, 11.30, 14.30, 15.30, 16.30 Uhr. G: So und an Feiertagen
Geschichte des Radios und Fernsehens

• **Rodin**
Hôtel Biron, 77, Rue de Varenne (7.)
Metro: Varenne
10–17.15 Uhr. G: Di
Im Palast des Marschalls Biron ist das Atelier Rodins mit unzähligen, aufregend schönen Skulpturen. Hier wohnte auch Rainer Maria Rilke, doch niemand weiß, in welchem Zimmer. Dazu ein hinreißender Garten mit Skulpturen, in dem sich angenehm Ruhepause machen läßt

Sculpture en Plein Air
(Skulpturengarten)
Quai Saint-Bernard (13.)
Metro: Gare d'Orléans-Austerlitz, Jussieu
Moderne Bildhauer wie Arman, César, Etienne-Martin, Schoffer, Zadkine

Serrure
1, Rue de la Perle (3.)
Metro: Saint-Paul, Chemin-Vert
10–12 und 14–17 Uhr. G: So, Mo und an Feiertagen
Mitten im Marais ein kleines Museum in einem Palais, das Schlösser und Schlüssel von der Römerzeit bis heute zeigt

Tabac (Musée du Seita)
12, Rue Surcouf (7.)
Metro: Invalides
11–18 Uhr. G: So und an Feiertagen
Ein kleines Tabakmuseum, das erst 1979 eröffnet wurde. Alles, was zum Tabak gehört, darunter schöne alte Pfeifen

• **Techniques**
270, Rue Saint-Martin (3.)

Metro: Arts et Métiers
13–17.30 Uhr, So 10–17.15 Uhr. G: Mo und an Feiertagen
Ein herrliches Museum mit uralten Apparaten, Automaten, Spielzeug Marie Antoinettes, Schiffsmaschinen, Flugzeugen, Fahrrädern. Skuril und surrealistisch

- **Vieux Montmartre**

12, Rue Cortot und 17, Rue Saint-Vincent, 2. Eingang (18.)
Metro: Lamarck, Anvers
14.30–18 Uhr, So 11–18 Uhr. G: Mo
Ein hübsches kleines Museum für die Geschichte des Montmartre. Das Haus gehörte einem Schauspieler aus der Molière-Truppe, eine Zeitlang hatte Renoir hier sein Atelier. Viele Genrebilder aus der Zeit der Mimi Pinson und des Lapin à Gill, köstliche Photographien und eine nachgebaute Bar, an der Utrillo sich betrank. Das alte Montmartre steht wieder auf.

Zadkine
100 bis, Rue d'Assas (6.)
Metro: Vavin, Notre-Dame-des-Champs
10–17.40 Uhr. G: Mo und an Feiertagen
Werke von Ossip Zadkine in seinem Haus, Atelier und Garten, wo er bis zu seinem Tode lebte

MUSEEN AUSSERHALB VON PARIS

NEUILLY

Château d'Arturo Lopez
12, Rue du Centre
Metro: Pont de Neuilly
14.30–17 Uhr. G: Di und an Feiertagen
Ein Traum für Menschen, die Automaten aus dem vorigen Jahrhundert lieben. 60 wertvolle Objekte, gesammelt vom Spender Jacques Damiot. Darunter befinden sich ein Dichter, der Tränen vergießt, die heilige Cäcilie, Harfe spielend, und das Originalbett der Kurtisane Païva, ein grünes Korsett Marie Antoinettes und Autographen von Marie Curie. Die Automaten werden um 15 Uhr in Bewegung gesetzt.

SÈVRES

Céramique
4, Grande-Rue
Metro: Pont de Sèvres
10–12 und 13.30–17.15 Uhr. G: Di und an Feiertagen
Beherbergt eine herrliche Porzellansammlung aus allen Ländern und Epochen, Fayencen des Mittelalters, Porzellan aus China, Delft, Sachsen usw.

VINCENNES

Arts Africains et Océaniens
293, Av. Daumesnil
Metro: Porte Dorée
9.45–12 und 13.30–17.15 Uhr. G: Di
Sammlungen maghrebinischer, afrikanischer und australischer Kunst- und Gebrauchsgegenstände; im Keller: ein tropisches Aquarium

Nachtleben

NACHT- UND SZENEBARS

Joe Allen
30, Rue Pierre-Lescot (1.)
Metro: Etienne-Marcel
12–1 Uhr
Manhattan-Bar mitten im Hallen-Viertel mit roten Ziegeln, schwarzweißen Boxer-Photos und amerikanischen Barmännern. Angeschlossenes Restaurant mit amerikanischer Küche

BH
7, Rue du Roule
Metro: Louvre
Bis in den Morgen Zufluchtsstätte für nimmermüde Gays

Casablanca
41, Rue Quincampoix (3.)
Metro: Rambuteau

Hier flimmern Screens und Monitore in der Enge eines uralten Kellergewölbes. Pfiffige, preiswerte Cocktails helfen, das Science Fiction-Inferno zu überstehen.

China Club
50, Rue de Charonne (11.)
Metro: Bastille, Charonne
19–2 Uhr
Das Neueste vom Neuen im Pariser Nachtleben. Hinter einer weißen Fassade verbirgt sich auf 500 m² und zwei Etagen eine riesige Bar, ein Salon mit offenem Kamin und ein kleines Restaurant. Das alles ganz in Dunkelrot, mit schweren Samtvorhängen, schwarzen Ledercanapés und dunklen Holzmöbeln. Club-Ambiente.

Bar de la Closerie de Lilas
171, Bd du Montparnasse (6.)
Metro: Vavin, Raspail
Bis 1 Uhr früh
In die Tische der Bar sind Messingplatten eingelassen, auf denen man lesen kann, wer hier einst zechte: Baudelaire, Gide, Wilde, Rodin, Scott Fitzgerald und Hemingway.

Le Comptoir
14, Rue Vauvilliers (1.)
Bis 1 Uhr morgens. G: Mo
Neue ›in‹-Bar, die vom Pariser Dekorateur Jonathan Amar ausgestattet wurde

Bar du Café Costes
4, Rue Berger (1.)
Pl. des Innocents
Metro: Halles
Bis 2 Uhr früh
Rendezvous-Bar im berühmtesten Lokal des neuen Hallen-Viertels

Bar de la Coupole
102, Bd Montparnasse (14.)
Metro: Vavin
Bis 2 Uhr früh
Seit den 20er Jahren die berühmteste Bar am Montparnasse, Literaten- und Bohème-Treff

Distrito
49, Rue Berger (1.)
Metro: Les Halles
Neuer Treff der Pariser Nachtszene gleich hinter dem ehemaligen Hallen-Loch. Alter Mosaikboden und 50er-Jahre-Möbel im Erdgeschoß, Live-Musik und eine zweite Bar im Kellergewölbe

L'Entre-Pots
14, Rue de Charonne (11.)
Metro: Bastille
19–2 Uhr, Do, Fr und Sa bis 3 Uhr
Kleine Bar, die junge Leute in einem ehemaligen chinesischen Möbelgeschäft des Bastille-Viertels aufmachten. Jazzmusik auf zwei Etagen

Fouquet's-Bar
99, Av. des Champs-Elysées (8.)
Metro: George-V
Bis 2 Uhr früh
Filmleute, Stars und Sternchen füllen allnächtlich die legendäre Bar.

● **Harry's New York Bar**
5, Rue Daunou (2.)
Metro: Opéra
Bis 4 Uhr früh
Ehemals Treffpunkt berühmter Amerikaner wie Hemingway, Scott Fitzgerald, Gershwin. Immer noch voll und knallebendig

Hélium – H.L.M.
3, Rue des Haudriettes (3.)
Metro: Rambuteau
18–1 Uhr
Kleine Videobar mitten im Marais mit coolem Interieur

Hemingway-Bar (im Hotel Ritz)
15, Pl. Vendome (1.)
Metro: Tuileries, Madeleine
11–3 Uhr morgens
Der Zugang zur dezent-eleganten Bar erfolgt über den pompösen Hoteleingang und erfordert etwas Mut. Dafür sitzen Sie dann an der gleichen Bar wie der damals noch unbekannte Hemingway – allerdings bitte mit Krawatte.

Bar de L'Hôtel
13, Rue des-Beaux-Arts (6.)
Metro: Odéon
Bis 2 Uhr früh
Noble Pianobar im Hotel der Jungstars

Bar Lenox
9, Rue de l'Université (7.)
Metro: Rue du Bac
Ruhige Bar des gleichnamigen Hotels mitten in Saint-Germain

Le Look
400, Rue Saint-Honoré (1.)
Metro: Concorde
Videogeflimmer auf Riesen-Screens im hellen, cool durchgestylten Ambiente

La Mousson
9, Rue de la Bastille (4.)
Metro: Bastille
Bis 1 Uhr morgens
Bar im Kolonialstil mit tiefen Sofas, Grünpflanzen und Ventilatoren an der Decke. Im Erdgeschoß gibt es Drinks und Champagner bis 1 Uhr früh, in der 1. Etage ein Restaurant mit modebewußtem Publikum.

Bar du Potager
9, Rue de la Grande-Truanderie (1.)
Metro: Châtelet
Bis 4 Uhr früh
High Tech-Szenebar

Bar Romain
6, Rue Caumartin (9.)
Metro: Havre-Caumartin
Bis 2 Uhr
Berühmte Bar aus dem Jahre 1905. Show-Stars und ihr Publikum. 200 verschiedene Cocktails!

Le Télégraphe
41, Rue de Lille (7.)
Metro: Solférino
12–0.30 Uhr
Die Pianobar dieses neuen Moderestaurants gleich hinter dem Musée d'Orsay ist sehenswert. Sie wurde in der ehemaligen Bibliothek des Wohnheims für Fräuleins von der Post eingerichtet. Die beste Art, das 1900-Dekor des Riesenrestaurants zu genießen, denn das Essen ist leider nicht empfehlenswert. Nicht billig

Bar du Train Bleu
Gare de Lyon – 20, Bd Diderot (12.)
Metro: Gare de Lyon
11–22 Uhr
Falls das berühmte denkmalgeschützte Bahnhofsrestaurant mit Blick über die Gleise des Gare de Lyon eine Nummer zu groß für Sie sein sollte, nehmen Sie einen Aperitif an der Bar des ›Train Bleu‹.

The Twickenham
70, Rue des Saints-Pères (7.)
Metro: Sèvres-Babylone
9–2 Uhr morgens. G: So
Englischer Pub mitten im Pariser Verlagsviertel, daher seit Jahren auch traditioneller Literatentreff. Vielleicht begegnen Sie hier Bernard-Henri Lévy.

CABARETS, REVUEN, SHOWS

L'Alcazar de Paris
62, Rue Mazarine (6.)
Metro: Odéon
✆ 43 29 02 20
Diner-Spectacle 20 Uhr, Revue 22 Uhr
Jean-Marie Rivières Show-Paradies floriert auch ohne den großen Entertainer mit erstklassigen Tänzern.

Chez Michou
80, Rue des Martyrs (18.)
Metro: Pigalle
✆ 46 06 16 04
Diner-Spectacle 21 Uhr
Transvestiten-Diner-Spectacle

Crazy Horse Saloon
12, Av. George-V (8.)
Metro: George-V
✆ 47 23 32 32
Shows um 21 und 23.30 Uhr
Elitärer Lichteffekt-Striptease

Folies Bergère
32, Rue Richer (9.)
Metro: Cadet, Montmartre
✆ 42 46 77 11
Revuen um 20.15 und 22 Uhr

Lido
116 bis, Av. des Champs-Elysées (8.)
Metro: George-V
✆ 45 63 11 61

Diner-Dansant um 20 Uhr, Revuen um 22.15 und 0.30 Uhr
Show der Blue-Bell-Girls

Madame Arthur
75 bis, Rue des Martyrs (18.)
Metro: Pigalle, Abbesses
✆ 42 64 48 27
Diner-Spectacle um 20.30 Uhr, Revue 22 Uhr
Die älteste Transvestiten-Show von Paris

Moulin Rouge
82, Bd de Clichy (18.)
Metro: Blanche
✆ 46 06 00 19
Diner-Dansant 20 Uhr, Revuen 22 und 0 Uhr
Aus dem legendären ›Bal du Moulin Rouge‹ der Belle Epoque wurde ein modern-steriles Riesen-Revuetheater.

● **Paradis Latin**
28, Rue du Cardinal-Lemoine
Metro: Cardinal Lemoine
✆ 43 25 28 28
Diner-Orchestre 20.30 Uhr, Revue 22 Uhr
Phantastische Szenen im schönsten Revuetheater von Paris

● **Sheherazade**
3, Rue de Liège (9.)
Metro: Liège
✆ 48 74 85 20
Diner-Spectacle; Souper-Dansant von 21 Uhr bis in den Morgen
Ambiente russe – fast so wie beschrieben in Remarques Roman ›Arc de Triomphe‹

CHANSONLOKALE

Bateau Ivre
40, Rue Descartes
Metro: Cardinal Lemoine
✆ 43 25 25 40
Diners vom Grill, Chansons, Folkloristisches

Le Caveau des Oubliettes
52, Rue Galande (5.)
Metro: Saint-Michel
✆ 43 54 94 97
Altfranzösische Lieder im Keller aus dem 14. Jh.

Caveau de la République
1, Bd Saint-Martin (3.)
Metro: République
✆ 42 78 44 45
Am beliebtesten beim Pariser Volk

Club des Poètes
30, Rue de Bourgogne (7.)
Metro: Chambre des Députés
✆ 47 05 06 03
Rezitationen, Poesie

● **Chez Georges**
11, Rue des Canettes (6.)
Metro: Saint-Sulpice
✆ 43 26 79 15
Comptoir-buvette, Bar, Chansonkeller, in dem sporadisch Chansonniers zu hören sind

Lapin Agile
22, Rue des Saules (18.)
Metro: Lamarck-Caulaincourt
✆ 46 06 85 87
Legendäres Künstler-Cabaret in einem winzigen Häuschen am Montmartre

● **Chez Louisette**
Marché Vernaison, auf dem Marché aux Puces de Saint-Ouen (18.)
Metro: Porte de Clignancourt
Nur Sa, So und Mo ab mittags
Volkstümlich, amüsant, knallebendig

Au Pied de la Butte
62, Bd Rochechouart (18.)
Metro: Anvers
✆ 46 06 02 86
Mi–So von 22 Uhr bis in den Morgen
Ein authentisches *café-concert.* Chansonniers, Imitatoren, Conferenciers und Sketchdarsteller treten auf – für sie geht dann der Hut herum, *pour les artistes.* Eintritt kostet es hier nicht.

DANCINGS

Dancing de la Coupole
102, Bd du Montparnasse (14.)
Metro: Vavin
✆ 43 20 14 26
Fr, Sa und So

Le Java
im Baldi
105, Rue du Fg du Temple (10.)
Metro: Goncourt
So und Mo Tanztee von 14.30–19 Uhr, Fr und Sa ›Bal de Nuit‹ 21.30–5 Uhr

Rétro-République
23, Rue du Fg du Temple (10.)
Metro: République
✆ 42 08 54 06
Sa, So und Mo Tanztee 14.30–19 Uhr, Fr und Sa ›Soirée Bal de Nuit‹ von 21 Uhr bis in den Morgen

JAZZ

Der Kenner informiert sich über die wechselnden Auftritte der Gruppen im ›Pariscope‹

● **Bilboquet**
13, Rue Saint-Benoît (6.)
Metro: Saint-Germain
✆ 45 48 81 84
Gemütlich-schicker Jazzclub, wo man auch tanzen kann

Caveau de la Huchette
5, Rue de la Huchette (5.)
Metro: Saint-Michel
✆ 43 26 65 05
Tanz in uralten Gewölben

Fürstemberg
27, Rue de Buci (6.)
Metro: Saint-Germain, Odéon
✆ 43 54 79 51
Pianobar

Louisiane
176, Rue Montmartre (2.)
Metro: Montmartre
✆ 42 36 58 98
Bis 1 Uhr früh
À la New Orleans

New Morning
7–9, Rue des Petites-Ecuries (10.)
Metro: Château d'Eau
✆ 45 23 51 41
Der größte Jazzclub

Petit Journal
71, Bd Saint-Michel (5.)
Metro: Luxembourg
✆ 43 54 20 78
Jazz

Slow Club
130, Rue de Rivoli
Metro: Châtelet
21.30–2 Uhr früh
Traditionelles Lokal, in dem bekannte Gruppen auftreten

NACHTCLUBS

L'Aventure
4, Av. Victor-Hugo (16.)
Metro: Etoile
✆ 45 01 66 79
Die extravagantesten Nachtvögel tanzen hier bis zur Morgendämmerung.

Les Bains
7, Rue du Bourg-l'Abbé (3.)
Metro: Etienne-Marcel, Saint-Paul
✆ 48 87 01 80
In einer ehemaligen kleinen Badeanstalt hat sich ein exzentrisch-mondänes Nachtlokal etabliert. Keck aufgemachte Touristen haben Chancen, in den Underground zu gelangen, wenn sie vorher im Restaurant essen.

La-Bàs
6, Rue Balzac (8.)
✆ 46 47 95 66
Ab 23 Uhr
Die neueste *boîte de nuit* von Paris

Castel-Princesse
15, Rue Princesse (6.)
Metro: Mabillon
Der berühmteste Club, in dem man sich auf fünf Ebenen amüsieren kann: Brasserie, Bar, Restaurant, Spielsalon, Diskothek. Zutritt fast ausschließlich nur mit Empfehlung

Club 79
79, Av. des Champs-Elysées (8.)
Metro: George-V
✆ 47 23 68 75

Am Platz des alten Lido, übrig blieben die Dekorationen

Le Katmandu
21, Rue du Vieux-Colombier (6.)
Metro: Saint-Sulpice
✆ 45 48 12 96
Für Damen

Keur Samba
79, Rue La Boétie (8.)
Metro: Saint-Philippe-du-Roule
✆ 43 59 03 10
Schöne Schwarze, Diplomaten, Schauspieler und Extravagante tanzen airconditioned in den Morgen.

Olivia Valère
40, Rue du Coliseé (8.)
Metro: Saint-Philippe-du-Roule
✆ 42 25 11 68
22–5 Uhr
Die schicke, junge Konkurrenz für Régine's

Le Privilège
3, Cité Bergère (9.)
Metro: Montmartre
✆ 42 46 10 87
Dies ist der Keller von Le Palace mit weißgedeckten Tischen, gedämpfter Musik und elitärem Publikum.

Régine's
49, Rue de Ponthieu (8.)
Metro: Franklin D. Roosevelt
✆ 43 59 21 13
Im Luxusambiente die etablierte, nicht ausgeflippte Schickeria

NACHTSZENE

(Diskos und Live-Musik)

Baldi
105, Rue du Fg du Temple (16.)
Metro: Belleville
✆ 42 02 20 52
Do ab 23 Uhr Szenenacht ›Acid Rendezvous‹

Balajo
9, Rue de Lappe (11.)
Metro: Bastille
✆ 47 00 07 87
Tanzlokal der 30er Jahre, in dem früher die ›Apachen‹ schwoften. Montags und donnerstags trifft sich hier die Szene der *branchés.*

Bus Palladium
6, Rue Fontaine (9.)
Metro: Blanche
✆ 48 74 69 25
Di–So 23.30–5 Uhr
Einer der Klassiker in der Diskoszene

Cactus Bleu
8, Rue de Lappe (11.)
Metro: Bastille
Der letzte *bal musette* der Rue de Lappe mußte einem blauen Neonlokal weichen, in dem die Drinks per Fernbedienung bestellt werden. Mehrmals in der Woche Live-Musik

Chapelle des Lombards
19, Rue de Lappe (11.)
Metro: Bastille
✆ 43 57 24 24
Di–Sa 22.30–5 Uhr
Eines der derzeit vibrierendsten Nachtlokale mit täglich anderen Live-Bands: Afro, Salsa, Reggae und wieder Afro . . .

Gibus
18, Rue du Fg du Temple (11.)
Metro: République
✆ 47 00 78 88
In den Kellern eines großen Lagerhallenkomplexes treten häufig Rock- und Popgruppen der neuesten Welle auf. Sonst ist Diskoschwof im ältesten Rockclub Europas.

L'Insolite
33, Rue des Petits-Champs (1.)
Metro: Bourse
✆ 42 61 99 22
Lockere Gay-Atmosphäre

La Locomotive
90, Bd de Clichy (18.)
Metro: Blanche
✆ 42 57 37 37
Di–So 23–6.30 Uhr früh

Ein heißer Ort der Pop- und Rockszene über den (sichtbaren) Heizungskesseln des benachbarten Moulin Rouge

Musical Box
3, Rue Aristide-Bruant (18.)
Metro: Abbesses
Rendezvous der Montmartre-Branchés. Konzertvideos, Happenings

La Nouvelle Eve
25, Rue Fontaine (9.)
Metro: Pigalle, Blanche
✆ 45 26 76 32
Fr ab 23 Uhr
Aus dem plüschigen Striptheater wird einmal pro Woche ein Szenetreff.

● **Le Palace**
3, Cité Bergère (9.)
Metro: Montmartre
✆ 42 46 10 87
23–6 Uhr
Die berühmteste Disko von Paris. In dem ehemaligen Kinopalast geben die schicken Reichen ab und zu ihre Privatbälle. Im Keller ist der elitäre Privatclub Le Privilège.

Rex Club
3, Bd Poissonnière (2.)
Metro: Bonne-Nouvelle
✆ 42 36 83 96
Junge *branchés* im Keller eines Kinopalastes

● **Le Tango**
11, Rue Au Maire (3.)
Metro: Arts et Métiers
✆ 42 72 17 78
Erstes französisches Tanzlokal für das ›Petit Peuple de Paris‹, gegründet 1906. Heute ein Tanzparadies mit den heißesten Rhythmen für die weiße und farbige Clientèle

Les Trottoirs de Buenos Aires
37, Rue des Lombards (1.)
Metro: Châtelet
Szenecafé mit argentinischem Tango-Touch, in dem man auch dinieren kann

W Wagram
39, Av. Wagram (17.)
Metro: Ternes
✆ 43 80 30 03
Nur Sa
Ein Riesentanzsaal des Fin de Siècle mit Licht- und Toneffekten

Parks

Jardin d'Acclimatation
Bois de Boulogne (16.)
Ein hübscher Park, vor allem für Kinder, mit einer kleinen Eisenbahn, einer Tiermenagerie und allerhand Belustigungen neben dem botanischen Garten und einem kleinen Bauernhof mit Restaurantbetrieb

Buttes-Chaumont
Metro: Buttes-Chaumont (19.)
Unter Napoleon III. von Haussmann sehr romantisch in alten Kalksteinbrüchen angelegt. Es gibt folglich Anhöhen, Täler und auch einen kleinen See, einen Wasserfall, zierliche Brücken und eine Grotte.

● **Jardin du Luxembourg**
Pl. Edmond-Rostand, Rue de Vaugirard (6.)
Metro: Luxembourg
Der Studentenpark von Paris, in dem auch alte Leute Schach und Karten spielen

Parc Monceau
Bd de Courcelles (8.)
Metro: Monceau
Ein charmanter Park, in dem auch Marcel Proust sich gern erging

Parc Montsouris
Metro: Cité Universitaire (14.)
Auch dieser Park wurde vom Städtebauer (und -zerstörer) Haussmann angelegt. Ebenfalls gab es hier alte, nun bepflanzte Kalksteinbrüche, außerdem einen See und ein altmodisches Observatorium. Lenin ging hier oft spazieren.

Jardin des Plantes
Pl. Valhubert (5.)
Metro: Jussieu, Gare d'Orléans/Austerlitz
Angelegt von Ludwig XIII., ist der Park seit 1650 für das Publikum geöffnet und gehört

zu den schönsten Gärten von Paris, den u. a. Rainer Maria Rilke gern besuchte.

Jardin des Tuilerles – Die Tuilerien
Pl. de la Concorde (1.)
Metro: Concorde, Tuileries
Der heute nicht besonders gepflegte riesige Park des Palais du Louvre wurde einst von Le Nôtre angelegt. Am Place du Carrousel steht der kleine Triumphbogen, der unter Napoleon I. errichtet wurde.

AUSSERHALB VON PARIS

Jardin Albert Kahn
Boulogne-Billancourt
9, Quai du Quatre-Septembre und
1, Rue des Abondances
Metro: Porte d'Auteuil
14–19 Uhr, im Winter nur bis 18 Uhr
Ein Millionär hat sich Anfang dieses Jahrhunderts den Park seiner Träume gestaltet, mit japanischem und englischem Garten, Felsenwildnis, schattigem See und Vogesen-Wäldchen, das alles auf kleinem Raum. Dazu ein Dokumentationszentrum mit Ausstellungen

Pferderennen

DIE GROSSEN RENNBAHNEN

Hippodrome d'Auteuil
Bois de Boulogne (16.)
Metro: Porte d'Auteuil
✆ 45 27 12 25

Hippodrome de Longchamp
Bois de Boulogne (16.)
Metro: Porte Dauphine
✆ 42 24 13 29

Hippodrome de Vincennes
Bois de Vincennes (12.)
Metro: Porte Dorée
✆ 43 68 35 39

VERANSTALTUNGEN

Prix du Président de la République
Hindernisrennen, Auteuil
Sonntag vor Ostern

Die Grande Semaine
Beginnt am dritten Sonntag im Juni und umfaßt neun Veranstaltungen:

Sonntag:	Auteuil, Grand Steeple
Montag:	Saint-Cloud
Dienstag:	Longchamp, Prix Berteux
Mittwoch:	Auteuil, Grande Course de Haies
Donnerstag:	Longchamp
Freitag:	Auteuil, Prix des Drags
Samstag:	Longchamp
Sonntag:	Longchamp, Grand Prix de Paris
Montag:	Auteuil

Grand Steeple-Chase de Paris
Hindernisrennen
3. und 4. Sonntag des Juni, Auteuil

Grand Prix de Paris
Longchamp
Letzter Sonntag im Juni

Trabrennen – Vincennes
Bois de Vincennes
Mitte August bis Mitte September

Prix Arc de Triomphe
Longchamp
1. Sonntag im Oktober
Das wichtigste Rennen der Welt, bei dem der Sieger 1 Million Mark gewinnt

Grand Prix d'Automne
Hindernisrennen, Auteuil
1. November

WETTEN

Am Morgen der Renntage kann man von 8.30–13 Uhr in all den Cafés und Tabakläden Wetten abschließen, die das Schild ›P.M.U.‹ haben. Außerdem natürlich auf den Rennplätzen. Beim ›Tiercé‹ müssen die ersten drei einlaufenden Pferde in der richtigen Reihenfolge gesetzt sein.

Polizei

Notruf: 17

Falls Paß und Kennkarte gestohlen oder verloren wurden, muß man sich dies beim zuständigen Polizeikommissariat bestätigen lassen und sich dann (versehen mit 2 Paßbildern) zum Deutschen Konsulat, 34, Av. d'léna (Metro: léna) begeben. Geöffnet 9–12 Uhr, ✆ 42 99 79 57

Post

Die Postämter sind geöffnet:
wochentags 8–19 Uhr, Sa 8–12 Uhr
Auskünfte: ✆ 42 80 67 89

Tag und Nacht geöffnet (auch sonn- und feiertags):
52, Rue du Louvre (1.)
✆ 42 33 71 60
Hauptpost; für poste restante

8, Pl. de la Bourse (2.)
✆ 42 33 16 62

Für Telefonanrufe und Telegramme:
103, Rue de Grenelle (7.)
✆ 45 51 21 40

Briefmarken gibt es in allen Tabakläden.

Reisezeit

Beste Monate: Mai, Juni–14. Juli, 15. September–Anfang November. Im Mai/Juni und September/Oktober ist Paris am schönsten. Juli und August sind sehr warm, bis zu 30 °C.

Beachten Sie: Im August sind fast alle Theater und viele Restaurants geschlossen. Die meisten Pariser sind verreist, die Stadt gehört den Touristen!

Die meisten Hotels heizen erst ab 15. Oktober, da kann man ganz schön frieren, doch fünf Grad Kälte sind selbst im Winter selten.

Saison für Ausstellungen, Filmpremieren, gute Theatervorstellungen und Konzerte ist natürlich auch im Winter.

Sehenswürdigkeiten

Siehe auch: Aussichtspunkte, Friedhöfe, Märkte, Moderne Architektur, Museen

Académie Française (Institut de France)
23, Quai de Conti (6.)
Metro: Louvre, Pont-Neuf
Besichtigt werden können nur die Höfe. Der schönste Kuppelbau von Paris ist Sitz der 40 ›Unsterblichen‹, bei deren Zusammenkünften über die Reinheit der Sprache gewacht und entschieden wird.

Archives de l'Arsenal
s. S. 336

Arc de Triomphe du Carrousel
Im Jardin du Carrousel (1.)
(Louvre-Hof)
Metro: Palais-Royal
In Anlehnung an den Triumphbogen des Septimius Severus in Rom 1806–1808 errichtet zur Verherrlichung der Siege Napoleons im Jahre 1805

Arc de Triomphe de l'Etoile
Pl. Charles-de-Gaulle (8.)
Metro: Etoile
Besteigung: täglich 10–17 Uhr
Der Triumphbogen – eines der berühmten Wahrzeichen von Paris – ist 49 m hoch.

Das kleine **Musée de l'Arc de Triomphe** dokumentiert die Geschichte des Bauwerks.
10–12 und 13–17 Uhr. G: Di

Arènes de Lutèce
6, Rue des Arènes (5.)
Metro: Monge, Jussieu

Mit den Ausgrabungsarbeiten der ehemaligen römischen Zirkusanlage aus dem 2. und 3. Jh. wurde 1869 begonnen.

Bibliothèque Nationale
58, Rue de Richelieu (2.)
Metro: Palais-Royal, Bourse
12–18 Uhr
Eine der größten und bedeutendsten Bibliotheken der Welt (ca. 6 Millionen Druck- und 155 000 Handschriften), seit 1720 im heutigen Gebäude. 1868 wurde der große Lesesaal eröffnet (nach dem Vorbild der Bibliothek des British Museum in London). Wechselnde Ausstellungen

Bourse (Börse)
Pl. de la Bourse (2.)
Metro: Bourse, Montmartre
Einlaß: Mo–Fr 11–13 Uhr, Juli und Aug. nur bis 12 Uhr
Der kapitalistische Tempel wurde 1808 bis 1826 erbaut. Einen Blick hineinzuwerfen, lohnt bestimmt, vor allem, wenn man weiß, daß hier einmal ein Kloster der Töchter des heiligen Thomas war.

Bourse du Commerce
Pl. des Deux-Ecus (1.)
Metro: Louvre
Es lohnt sich, die ehemalige Getreidebörse im Hallen-Viertel auch innen zu besichtigen, seit sie so schön restauriert wurde.

Canal Saint-Martin
Metro: Jaurès, République (10., 19.)
Die Verbindung des Canal de l'Ourcq mit der Seine ist eine beschauliche Gegend mit Schleusen, Brücken und baumbestandenen Uferpartien in einer Länge von 4,5 km. Hinter der Rotonde de la Villette erstreckt sich das große Bassin de la Villette.

Catacombes (Ossuaires municipales)
Eingang 2 bis, Pl. Denfert-Rochereau (14.)
Metro: Denfert-Rochereau
Di–Fr 14–16 Uhr, Sa und So 9–11 und 14–16 Uhr. G: Mo
Lange Gänge mit Totengebeinen machen nicht jedem Vergnügen. Aber sehr eindrucksvoll

Centre Pompidou
s. S. 337f.

Champs-Elysées
Metro: Concorde, Etoile u. a. (8.)
Die berühmte Prachtstraße, häufig als schönste Avenue der Welt gepriesen, war Ende des letzten Jahrhunderts noch eine ungepflegte Ausfallstraße im Grünen. Dann wurde sie zur Promenade *à la mode* mit Restaurants, Ballsälen und Palais. Nur im östlichen Teil hat sie noch heute diesen Charakter, der westliche wurde zum kommerziell geprägten City-Boulevard.

Cité Fleurie
65, Bd Arago (13.)
Metro: Denfert-Rochereau, Glacière

Cité Les Fusains
22, Rue Tourlaque (18.)
Metro: Blanche

● **Conciergerie**
1, Quai de l'Horloge (1.)
Metro: Cité
10–17.30 Uhr, im Winter bis 16.30 Uhr.
G: Di, Fr
Die im 14. Jh. unter Philipp dem Schönen erbaute burgartige Anlage diente einst als königliches Schloß, erlangte aber vor allem traurige Berühmtheit als Gefängnis für die zum Tode auf der Guillotine Verurteilten: Marie Antoinette, die Dubarry, Charlotte Corday, Danton und Robespierre.

Dôme des Invalides
Av. de Tourville (7.)
Metro: Ecole-Militaire, Saint-François-Xavier
10–19 Uhr; im Winter 10–17 Uhr
Großartiger Innenraum mit den Grabmalen Napoleons und anderer berühmter Heerführer

Ecole des Beaux-Arts
(Akademie der Schönen Künste)
14, Rue Bonaparte (6.)
Metro: Saint-Germain
Auch hier war einmal ein Kloster. Die schönen, leicht vergammelten Innenhöfe und Galerien stammen aus dem 19. Jh.

Ecole Militaire
Av. de la Motte-Picquet (7.)
Metro: Ecole-Militaire
Nur von außen zu besichtigen

Eine prächtige Kaserne im klassizistischen Stil, die ihr Dasein einer schönen, leichtfertigen und klugen Frau verdankt: Madame de Pompadour, die ihrem *amant* Louis XV vorschlug, eine Militärakademie zu gründen.

Egouts (Kanalisationsanlagen)
Eingang gegenüber 93, Quai d'Orsay (17.)
Metro: Alma-Marceau
Mo, Mi und am letzten Sa des Monats 14–17 Uhr

• Fontaine de la Concorde
Pl. de la Concorde (8.)
Metro: Concorde
Die 9 m hohen Brunnen, abends angestrahlt, stammen aus den Jahren 1836–46, sie wurden den römischen Brunnen auf dem Petersplatz nachgebaut.

Fontaine des Innocents
Square des Innocents (1.)
Metro: Les Halles, Châtelet
Der wohl schönste Brunnen von Paris steht, jetzt leicht erhöht, auf dem Platz bei den Hallen. Er stammt vom berühmten Bildhauer Jean Goujon und wurde 1549 begonnen.

Fontaine Saint-Michel
Pl. Saint-Michel (6.)
Metro: Saint-Michel
Dieser malerische Brunnen – Studententreffpunkt – wurde 1860 von Davioud mit Skulpturen von Duret errichtet.

• Fontaine ›Hommage à Strawinsky‹
Centre Beaubourg (4.)
Metro: Hôtel de Ville
Mit den sich bewegenden, wasserspeienden Figuren von Tinguely und Niki de St.-Phalle der faszinierendste Brunnen von Paris

• Forum des Halles
Metro: Châtelet-Les Halles (1.)
Einkaufs- und Konsumpalast auf dem Platz der alten Hallen. Hunderte von Läden und Restaurants, Kinos und Reisebüros locken zwei Stockwerke über und vier Stockwerke unter der Erde um eine Marmorpiazza zum Staunen und Geld ausgeben.

• Gare d'Orsay
Quai Anatole-France (7.)
Metro: Solférino
Der prunkvolle Bahnhof aus der Belle Epoque, den man schon abreißen wollte, ist nun das Museum des 19. Jh.

Grande Arche de la Defense
s. S. 334

Grand und Petit Palais
s. S. 328

Hôtel d'Aumont
7, Rue de Jouy (4.)
Metro: Saint-Paul
Dieser Palast (heute Gerichtsgebäude), von Le Vau erbaut und von François Mansart vergrößert, war Schauplatz der üppigen Feste der Herzöge von Aumont.

Hôtel de Beauvais
68, Rue François-Miron (4.)
Metro: Hôtel de Ville
Mitte des 17. Jh. wurde der Palast für die erste Kammerfrau Annas von Österreich und ihren Gemahl Pierre Beauvais erbaut. 1763 wohnte der bayerische Gesandte darin und empfing als seinen Gast den 7jährigen Mozart mit Vater und Schwester.

Hôtel Béthune-Sully
62, Rue Saint-Antoine (4.)
Metro: Saint-Paul
Am wichtigsten ist hier der Ehrenhof im Stile Ludwigs XIII.

Hôtel des Invalides
Metro: Varennes, La Tour-Maubourg, Invalides (7.)
Von Ludwig XIV. erbaut als Unterkunft und Hospital für Kriegsinvaliden. Heute Armeemuseum

Hôtel de Lamoignon
24, Rue Pavée (4.)
Metro: Saint-Paul
Dieser Palast wurde 1585 für die wunderschöne Diane de France errichtet. Seinen Namen bekam er 1658 von dem Parlamentspräsidenten Lamoignon, der dort Racine und Madame de Sévigné zu seinen

bevorzugten Gästen zählte. Später lebte Alphonse Daudet eine Weile hier.

Hôtel de Lauzun
Quai d'Anjou (4.)
Metro: Pont Marie
Le Vau erbaute diesen Palast 1657, am schönsten aber ist das Interieur aus dem 17. Jh. Eine Zeitlang wohnte der Dichter Baudelaire darin.

Hôtel de Rohan
67, Rue Vieille-du-Temple (4.)
Metro: Hôtel de Ville
In diesem Palast sind die Gemächer der Kardinäle das wichtigste: der Goldene Salon, das Affenkabinett und das Fabelkabinett mit Abbildungen nach Fabeln von La Fontaine.

Hôtel de Sens
Rue de l'Hôtel-de-Ville (4.)
Metro: Hôtel de Ville
Einer der wenigen noch erhaltenen Privatpaläste aus dem Mittelalter. 1605 zog die ausschweifende Königin Margot in das Gebäude und führte dort ihren lustvollen Lebenswandel fort.

Hôtel de Ville (Rathaus)
Pl. de l'Hôtel-de-Ville (4.)
Metro: Hôtel de Ville
Besichtigung nur Mo 10.30 Uhr, mit Führung. Das alte Pariser Rathaus aus der Renaissance wurde 1871 von den Kommunarden niedergebrannt. Das jetzige Gebäude im Neo-Renaissance-Stil beherbergt alle städtischen Ämter und ist Wohnsitz des Oberbürgermeisters.

Ile de la Cité
Metro: Cité (4.)
Das ›Herz der Stadt‹ auf einer Insel in der Seine. Hier steht Notre-Dame, die Conciergerie, das Palais de Justice und die ergreifendste Kirche der Stadt, La Sainte-Chapelle. Außerdem ist hier der Blumenmarkt und der stimmungsvolle Place Dauphine.

Ile Saint-Louis
Metro: Cité, Pont Marie, Sully-Morland (4.)
Die beschaulichere Schwesterinsel mit schönen Palais und Adelshöfen und einem munter-skurrilen Geschäftssträßchen

Jardin du Luxembourg
Metro: Luxembourg (6.)
Der Studentenpark von Paris mit Palais, Médicis-Brunnen, Bassin und Alleen

Jardin des Plantes
Metro: Austerlitz, Censier-Aubenton, Jussieu (5.)
Einst königlicher Heilkräutergarten, heute wunderschön angelegter Park mit dem Museum National d'Histoire Naturelle

Jardin des Tuileries
Metro: Concorde, Tuileries (1.)
Im 16. Jh. als Schloßgarten angelegt, schöne Alleen, Bassin, viele Skulpturen und Denkmäler

Mémorial de la Déportation
Square de l'Ile-de-France (4.)
Metro: Cité
Das Mahnmal für die Opfer der Deportation ist eine sehr eindrucksvolle Gedenkstätte.

Mosquée
Pl. du Puits-de L'Ermite (5.)
Metro: Monge
Spanisch-maurischer Baustil mit einem Patio, der entfernt an die Alhambra erinnert. Erbaut 1926. Kleines Restaurant, maurisches Café, Souk. Führungen

• Notre-Dame
Ile de la Cité (4.)
Metro: Cité
8–19 Uhr
Turmbesteigung (69 m hoch) und Besichtigung der Schatzkammer 10–17 Uhr. G: Di Sonntags gratis Orgelkonzerte um 17.45 Uhr. Der Dom von Paris, die berühmteste Kirche, wird wohl von jedem Touristen besichtigt. Um alles genau zu sehen, braucht man mehr als zwei Stunden. Der Bau wurde 1163 begonnen und verfiel nach der Revolution so sehr, daß man im Chor ein Weinlager einrichtete. Ab 1802 gab es wieder Gottesdienste. 1831 begann Viollet-le-Duc mit den Restaurierungsarbeiten.

Einige Daten, die für den Besucher – abgesehen von den Kunstwerken – historisch von Interesse sind: 1239 trug der heilige Ludwig barfuß die Reliquien in den Dom.

1304 ritt Philipp der Schöne in das Sanktuarium, um dort der Jungfrau Maria seine Waffen zu weihen. 1431 wurde Heinrich IV. von England zum König von Frankreich gekrönt, 1593 feierte Henri IV seine Konversion, 1793 weihte Robespierre den Dom dem »Höchsten Wesen«, 1804 krönte Napoleon sich hier zum Kaiser, 1853 feierte Napoleon III. seine Hochzeit, 1945 erklang das Te Deum zum Kriegsende, 1970 gab es die offiziellen Beisetzungsfeierlichkeiten für de Gaulle.

● **Opéra Palais Garnier**
1, Pl. de l'Opéra (2.)
Metro: Opéra
Besichtigung 11–15 Uhr. G: Mo
Die ›Mondäne Kathedrale‹ des Zweiten Kaiserreichs, erbaut 1862–75 von Charles Garnier in großer Pracht

Palais Bourbon (Parlament)
Pl. du Palais-Bourbon (7.)
Metro: Chambre des Députés
Auch dies Palais wurde unter Ludwig XV. errichtet und ist heute der prächtige Sitz des französischen Parlaments.

Palais de Chaillot
Metro: Trocadéro (16.)
Hier stand ein zur Weltausstellung von 1878 errichteter Palais im maurischen Stil, das Trocadéro, das 1937 durch das Chaillot ersetzt wurde. Es ist ebenfalls ein ehemaliger Ausstellungsbau, jetzt beherbergt es Museen und ein Theater. Von der Terrasse wunderbare Perspektive über die Gärten hinab zur Seine und zum Eiffelturm am gegenüberliegenden Ufer

Palais de l'Elysée (Elysée-Palast)
55, Rue du Fg Saint-Honoré (8.)
Metro: Champs-Elysées-Clemenceau
Wenn hier die Trikolore weht, ist der Präsident anwesend. Das Palais wurde 1718 für einen Grafen erbaut. Eine Weile lebte auch Madame Pompadour darin.

Palais de Justice
Bd du Palais (1.)
Metro: Cité
9–18 Uhr
Wagen Sie sich ruhig durch die Gänge dieses prächtigen Justizpalastes und beobachten Sie das Kommen und Gehen der Richter und Anwälte in ihren Talaren. Bedenken Sie auch, daß die ältesten Mauerreste auf das 5. Jh. zurückgehen. Zum Komplex des Palais de Justice gehören auch die **Conciergerie** und die **Sainte-Chapelle.**

Palais du Louvre
Metro: Palais-Royal (1.)
Erweiterungsbau des einstigen Königsschlosses, das während der Revolution abbrannte. Berühmtestes und größtes Museum Frankreichs. Im Innenhof als spektakulärer Eingang die Glaspyramide

Palais du Luxembourg
15–19, Rue de Vaugirard (6.)
Metro: Odéon, Luxembourg
Maria von Medici, die Witwe Heinrichs IV., errichtete diesen Palast von 1615–1625. Während der Revolution wurde er zum Gefängnis.

Palais Royal
Pl. du Palais-Royal (1.)
Metro: Palais-Royal
Drei Jahre vor seinem Tode ließ sich Kardinal Richelieu diesen Palast erbauen. Später wohnte Anna von Österreich mit ihrem kleinen Sohn, dem späteren Sonnenkönig, darin.

● **Pantheón**
Pl. du Pantheón (5.)
Metro: Cardinal Lemoine
Apr. bis Sept. 10–18 Uhr
Ursprünglich eine Kirche zu Ehren der Schutzheiligen von Paris, Sainte-Geneviève, erbaut 1758–1789, später aber zum Pantheón erklärt, zum Ruhmestempel und zur letzten Ruhestätte großer Franzosen (Voltaire, Rousseau, Hugo, Zola)

Parc de la Villette (19.)
Metro: Porte de la Villette, Porte de Pantin
Auf dem Gelände des ehemaligen Schlachthofs, am Canal de l'Ourcq
s. a. S. 338

Place de la Bastille
Metro: Bastille (4.)
Hier stand einst jene Festung, die am 14. Juli 1789 vom Volk gestürmt und später abgerissen wurde. Umrisse sind im Pflaster

eingelassen. In der Mitte die Julisäule mit dem ›Genius der Freiheit‹ zur Erinnerung an die Opfer der Juliaufstände von 1830 und 1848. Ihre Gräber befinden sich im Fundament. Hier erhebt sich auch die 1989 eröffnete neue Pariser Opéra de la Bastille.

- **Place de la Concorde**

Metro: Concorde (8.)
1755 begonnen, im 19. Jh. vollendet. Die Schöneit dieses ungeheuren Platzes wird durch den brausenden Verkehr etwas verdeckt. Doch von einer Balustrade des Jardin des Tuileries aus läßt sie sich am besten erfassen. Gegenüber die Pferde von Marly (Coustou), in der Mitte der Obelisk aus dem 13. Jh. vor Chr., ein ägyptisches Geschenk, das 1832 aufgestellt wurde. Die Statuen der Städte und der Springbrunnen beleben die Riesenfläche. Hier stand in der Großen Revolution die Guillotine, auf der die Köpfe der Könige und Adeligen fielen und später die der Revolutionäre.

- **Place Dauphine**

Metro: Pont-Neuf (1.)
1607 entstanden unter Heinrich IV. Von der einheitlichen Bebauung blieb nicht viel übrig, doch ist der Platz in seiner Stille nach wie vor anmutig.

Place de la République
Metro: République (3.)
Hier laufen sieben Boulevards zusammen. Der Platz um das Denkmal der Dame ›Republique‹ wurde zwischen 1854 und 1862 gestaltet. Hier gibt es oft die Aufmärsche der Linken.

- **Place du Tertre**

Metro: Abbesses (18.)
An diesem turbulenten Touristenplatz mit den vielen Malern ist auch die winzige Mairie du Vieux Montmartre der freien Kommune zu entdecken.

- **Place Vendôme**

Metro: Tuileries, Opéra (1.)
Die Gebäude und der Platz in ihrer vollendeten Harmonie wurden unter Ludwig XIV. von Mansart entworfen. Die Vendôme-Säule, auf der einst Napoleon als Cäsar thronte, um dann einer Bourbonen-Lilie Platz zu machen, bis er wieder, diesmal als Korporal, hinaufkam, wurde während der Kommune gestürzt, beteiligt am Sturz soll der Maler Courbet gewesen sein.

Place des Victoires
Metro: Bourse, Pyramides (2.)
Im Jahre 1685 entstand dieser Platz, der bei Nacht am schönsten ist. Das Denkmal des Sonnenkönigs, in der Revolution eingeschmolzen, steht seit 1822 wieder in der Mitte.

- **Place des Vosges**

Metro: Saint-Paul, Chemin-Vert (4.)
Bis zur Revolution hieß dieser noble Platz, der unter Henri IV erbaut wurde, ›Place Royale‹. Umgeben von den graurosa Palästen aus dem 17. Jh., verlockt er zum langen Verweilen unter den neu gepflanzten Ulmen.

- **Pont Alexandre III**

Metro: Champs-Elysées, Invalides
Die prächtigste Brücke von Paris wurde zur Weltausstellung 1900 errichtet.

Pont des Arts
Metro: Pont-Neuf
Die ›Brücke der Künste‹, errichtet 1803, ist eine Fußgängerbrücke. Man kann auf ihr verweilen und den Blick auf die vieltürmige Stadt und die Académie Française beschaulich genießen.

Pont-Neuf
Metro: Pont-Neuf
Sie heißt zwar ›Neue Brücke‹, ist jedoch die älteste von Paris. 1604, wie an vielen Plätzen der Stadt, trieben auch hier Gaukler und Volksbelustiger ihr Wesen. 1985 hüllte der Verpackungskünstler Christo die ganze Brücke ein.

- **La Ruche**

Passage de Dantzig (15.)
Metro: Porte de Versailles, Convention
Berühmte Künstler-Cité

- **Sacré-Cœur**

Parvis du Sacré-Cœur (18.)
Metro: Anvers
Täglich 6–23 Uhr

Die gewaltige Zuckerguß-Kathedrale, viel verspottet und viel besucht, wurde 1879 begonnen und erst 1919 vollendet. Geplant wurde sie schon 1871 als Sühnekirche nach der Niederlage im Krieg gegen die Deutschen. Im Glockenturm schlägt eine der größten Glocken der Welt, die berühmte Savoyarde. Das Innere der Kirche läßt einen ziemlich kalt, aber von den Treppen der Kirche und vom Turm aus hat man einen der schönsten Ausblicke auf Paris.

Saint-Alexandre Newski
12, Rue Daru (8.)
Metro: Courcelles
In der russisch-orthodoxen Kathedrale aus dem Jahre 1861 betete schon der Zar Alexander II. Picasso heiratete hier die russische Ballerina Olga Koklowa.

● **Sainte-Chapelle,** im Palais de Justice
Bd du Palais (4.)
Metro: Cité
Eingang Cour de Mai und dann links
10–17 Uhr, im Winter nur bis 16.20 Uhr. G: Di
Die Kapelle, 1246–48 in 33 Monaten unter Ludwig dem Heiligen erbaut, ist der Diamant unter allen Kirchen von Paris, die wunderbarste und schönste mit ihren herrlichen, in allen Farben funkelnden Glasfenstern. Wie durch ein Mirakel überstand sie Revolutionen und Kriege. Ein Muß für Touristen.

Saint-Eustache
Rue Rambuteau (1.)
Metro: Les Halles
Unberührt vom lebhaften Treiben des ehemaligen Hallen-Viertels und heutigen ›Forum des Halles‹ schaut diese feierliche Kirche – ursprünglich gotisch, in der Renaissance umgebaut – auf die Menschen herab. Hier wurden Richelieu, Molière und Mme de Pompadour getauft, Rameau beerdigt; auf der Orgel spielte Liszt.

Saint-Germain-l'Auxerrois
2, Pl. du Louvre (1.)
Metro: Louvre
An diesem Platz stand schon im 8. Jh. eine kleine Kirche, die von den Normannen zerstört wurde. An der jetzigen Kirche, einst Pfarrkirche der Könige von Frankreich, hinterließen fünf Jahrhunderte ihre Spuren, immer wieder wurde umgebaut. Während der Revolution wurde sie geschlossen, erst 1831 restaurierte sie Viollet-le-Duc. Vor dem Hauptportal aus dem Jahr 1612 ein herrliches Gitter aus dem 18. Jh.

Saint-Germain-des-Prés
3, Pl. Saint-Germain-des-Prés (6.)
Metro: Saint-Germain
Gegenüber dem Café Aux Deux Magots erhebt sich einer der ältesten Türme von Paris, gebaut im Jahre 1000, allerdings ohne die Spitze, die später dazu kam. Im kleinen Garten an der Kirche sieht man Überreste einer romanischen Kapelle.

Saint-Gervais – Saint-Protais
Pl. Saint-Gervais (4.)
Diese Kirche, in der Madame de Sévigné heiratete, hat eine der schönsten Fassaden von Paris. Bauanfang 1494, vollendet 1657, so vermählten sich die Stile von Gotik bis zur Renaissance auf perfekte Weise.

Saint-Julien-le-Pauvre
1, Rue Saint-Julien-le-Pauvre (5.)
Metro: Saint-Michel
Baubeginn zwischen 1170 und 1240, also zwischen Romanik und Gotik, doch merkt man das Alter erst beim genaueren Hinschauen, denn seit 1901 ist das Gotteshaus eine griechisch-orthodoxe Kirche. Seither trennt eine Ikonenwand den Gemeinderaum vom Allerheiligsten.

Saint-Louis-en-l'Ile
21, Rue Saint-Louis-en-l'Ile (4.)
Metro: Pont Marie
Erbaut zwischen 1664 und 1726. Hier zeigt sich der klassische französische Jesuitenstil. Im Inneren, das fast einem Museum gleicht: Alabasterplastiken aus dem 14. Jh., italienische, französische und flämische Gemälde aus drei Jahrhunderten. Die Statuen der heiligen Genoveva und der Jungfrau mit dem Kind wurden während der Revolution nur dadurch gerettet, daß die Gemeindemitglieder behaupteten, es seien die Göttinnen der Vernunft und der Freiheit.

Saint-Louis-des-Invalides
(Invalidendom)
2, Av. de Tourville (7.)
Metro: Latour-Maubourg, Invalides
Apr. bis Okt. 10–18 Uhr, Nov. bis März 10–17 Uhr
Grabstätte Napoleons. Das Nationaldenkmal der Franzosen, erbaut 1677–1708. Begonnen von Hardouin-Mansart

Sainte-Madeleine
Pl. de la Madeleine (8.)
Metro: Madeleine
Angefangen unter Louis XV, bleib der Bau lange unvollendet, bis Napoleon befahl, einen Tempel zum Ruhme der Grande Armée zu errichten, der der Chambre des Députés auf der anderen Seite des Concorde-Platzes entsprach. Hier gibt es feine Hochzeiten und feine Beerdigungen, zum Beispiel die von Coco Chanel.

Saint-Merri
78, Rue Saint-Martin (4.)
Metro: Hôtel de Ville
Bauzeit der Renaissancekirche war 1520 bis 1612, doch vom einstigen Stil ist nicht mehr viel zu spüren, seit die Pfarrkirche der lombardischen Geldverleiher im 18. Jh. mit Rokokopracht umgestaltet wurde. Ihren neuen Reiz erhält die Kirche durch die Gegenüberstellung zum modernsten Paris in Gestalt des Centre Beaubourg, von dem sie nur ein paar hundert Schritt entfernt ist.

Saint-Nicolas-des-Champs
254, Rue Saint-Martin (3.)
Metro: Réaumur-Sébastopol
Ursprünglich gotisch, wurde die Kirche in der Renaissance umgebaut. Schön ist das Renaissanceportal auf der rechten Seite. Die Kirche birgt das Grab der Schriftstellerin Mademoiselle de Scudérie, einer der ›Preziösen‹ aus Molières Stück.

Saint-Paul – Saint-Louis
99, Rue Saint-Antoine (4.)
Metro: Saint-Paul
Der römischen Barockkirche Il Gesù nachempfunden, erbauten die Jesuiten diese Kirche zwischen 1627 und 1641. Sie galt damals als reichste und mondänste Pfarrkirche von Paris. Der berühmte Prediger Bossuet hielt hier seine flammenden Ansprachen.

Saint-Pierre-de-Montmartre
2, Rue du Mont-Cenis (Pl. du Tertre) (18.)
Metro: Anvers, Abbesses
Fast erdrückt von der großen Schwester Sacré-Cœur, ist dies die weniger auffällige, dafür aber älteste Kirche von Paris, bereits 1147 geweiht, doch vom 14. bis 19. Jh. immer wieder umgestaltet. An ihrem Platz soll zur Zeit der Römer ein Tempel gestanden haben. 1814 hatten russische Besatzungstruppen Brotöfen im Kirchenschiff installiert.

Saint-Roch
296, Rue Saint-Honoré (1.)
Metro: Pyramides, Tuileries
Der Grundstein zu dieser Kirche im klassizistischen Stil Ludwigs XIV. wurde 1642 gelegt, doch der Bau erst 1736 vollendet. Im Inneren viele Kunstwerke. Vor dem Portal spielten sich während der Revolution heiße Kämpfe ab, man sieht noch Kugelspuren. Gegen die Königstreuen befehligte auf den Stufen ein junger Leutnant die Revolutionäre, er hieß Napoleon Bonaparte.

Saint-Séverin
1, Rue des Prêtres-Saint-Séverin (5.)
Metro: Saint-Michel
Im 6. Jh. stand hier eine Eremitenklause, später wurde Saint-Séverin Pfarrkirche für das linke Ufer. Der Grundstein zur heutigen Kirche wurde 1230 gelegt. Die schönen Fenster stammen aus dem 15. Jh., die modernen aus dem Jahre 1966 sind von Bazaine. Wichtig ist der doppelte Chorumgang mit seinen wunderbaren Pfeilern und Rippen. Der Friedhof wurde in einen kleinen Garten umgewandelt, gesäumt von Beinhäusern.

Saint-Sulpice
Pl. Saint Sulpice (6.)
Metro: Saint-Sulpice
Eine etwas kalte, helle Kirche im klassizistischen Stil Ludwigs XIV., Baubeginn 1646. In der Engelskapelle Malereien von Delacroix. In dieser Kirche heiratete Heinrich Heine 1841 seine Mathilde.

La Sorbonne
Rue Saint-Jacques (5.)
Metro: Cluny, Odéon
Eine der ältesten Universitäten der Welt, gegründet 1253 und benannt nach ihrem Gründer Robert de Sorbon. Der jetzige Bau stammt aus den Jahren 1885–1901.

Synagoge Chasseloup-Laubat
14, Rue Chasseloup-Laubat (15.)
Metro: Cambronne
Ein besonders origineller Tempelbau aus dem Jahr 1913 mit schönen Fenstern

• **Tour Eiffel**
Champ de Mars (7.)
Metro: Trocadéro
Besteigung 10–22.30 Uhr
Das Wahrzeichen von Paris schlechthin. Erbaut von Gustave Eiffel (1832–1923) für die Weltausstellung von 1889, Eisenkonstruktion. 300 m hoch (mit Antenne 320 m), in der 3. Etage der ›klassische‹ Aussichtspunkt

Val-de-Grâce
277 bis, Rue Saint-Jacques
(Pl. Alphonse-Laveran) (5.)
Metro: Port-Royal
Kirche und Krankenhaus entstanden unter Ludwig XIV., der mit sieben Jahren den Grundstein legte. François Mansart zeichnete die Pläne des Prachtbaues, der im Jahr 1655 beendet war. Das dazugehörige Kloster, in dem Kranke heute zum Teil noch untergebracht sind, und die Kirche entstanden aufgrund eines Gelöbnisses der Königin Anna von Österreich, die erst nach 23jähriger Ehe, 36 Jahre alt, einen Sohn – eben Ludwig XIV. – bekam.

Stadtpläne

Am praktischsten:
Michelin-Plan Nr. 14, ein handliches Heft mit Straßenindex, Metroplan, Einbahnstraßen und allen wichtigen und neuen Gebäuden. Dazu **Michelin-Plan Nr. 10** als Karte zur Übersicht

Anschaulich:
Nouveau Paris Monumental
gibt einen Überblick über die wichtigsten Monumente

Pariser benutzen den:
Plan de Paris par Arrondissement

Stadtrundfahrten

MIT DEM BUS

Cityrama – Rapid Pullman
3, Pl. des Pyramides (1.)
Metro: Pyramides

Paris Vision
214, Rue de Rivoli (1.)
Metro: Tuileries
Große Rundfahrt. Historisches Paris, modernes Paris, Pariser Sehenswürdigkeiten, Lichterfahrten, Kabaretts, ›Son et Lumière‹, Ausflüge

Darüber hinaus gibt es ein vielfältiges Angebot an Stadtrundfahrten, bei Tag und bei Nacht, mit und ohne Nachtclub-, Striptease- oder Kabarett-Besuch. Ferner Ausflüge zu den Sehenswürdigkeiten rund um Paris.
Auskunft: ✆ 42 60 31 25

MIT DEM FLUGZEUG

Drei Gesellschaften bieten auf dem Héliport de Paris,
4, Av. de la Porte de Sèvres (15.)
Metro: Balard
Rundflüge über Paris an:

Hélicap
✆ 45 57 75 51
Héli-France
✆ 45 57 53 67
Héli-Promenade
✆ 46 34 16 18

MIT DER PFERDEDROSCHKE

Droschken stehen im Sommer beim Rond-Point des Champs-Elysées, bei der Madeleine und am Eiffelturm.

MIT DEM SCHIFF

Bateaux Mouches
ab Pont de l'Alma, rechtes Ufer (7.)
Metro: Alma-Marceau
✆ 42 25 96 10
Ostern bis Okt. alle 30 Minuten von 10–12 und 13.30–19 Uhr. Lichterfahrt 21, 21.30 und 22 Uhr. Wintermonate bei ausreichender Beteiligung 11–14 Uhr sowie 15 und 16 Uhr. Restaurant 13–20.30 Uhr

Bateaux Vedettes du Pont-Neuf
Square du Vert-Galant (1.)

Theater und Oper

Theater- und Opernprogramme entnimmt man am besten dem ›Pariscope‹ oder dem ›Officiel des Spectacles‹, das jeden Mittwoch neu erscheint. Wie überall sind Karten oft heiß umkämpft. In solchen Fällen sollte man an den jeweiligen Abendkassen sein Glück versuchen. Für viele Konzerte sind die drei Pariser Multi-Media-Stores FNCA Vorverkaufsstellen (Adressen s. S. 281)

VORVERKAUF

Kiosque-Théâtre
15, Pl. de la Madeleine (8.)
Metro: Madeleine
Di–Fr 12.30–20 Uhr, Sa 14–20 Uhr, So 12.30–16.30 Uhr
Wie in London und New York, so gibt es auch in Paris einen Theaterkartenkiosk, an dem Karten für Vorstellungen am gleichen Tag zum halben Preis abgegeben werden. Das Kartenangebot ist bunt gemischt – darunter sowohl Plätze für Vorstellungen in Privattheatern, aber auch für die Oper, für das Théâtre Musical am Châtelet oder für das Olympia.

S.O.S. Théâtres
(Theater- und Konzertkarten)
73, Av. des Champs-Elysées (8.)
✆ 42 25 03 18
Metro: George-V
Mo–Sa 10–19 Uhr

Melia
31, Av. de l'Opéra (1.)
✆ 42 61 56 56
Metro: Opéra
Mo–Fr 9–18.30 Uhr, Sa 9–18 Uhr

FESTIVAL

Paris hat auch ein Theaterfestival, das ›Festival de l'Automne‹, das jeweils von Mitte September bis Ende Dezember auf verschiedenen Pariser Bühnen in- und ausländische Produktionen zeigt. Auskünfte dazu gibt es das ganze Jahr über bei:

Festival d'Automne
156, Rue de Rivoli (1.)
✆ 42 96 12 27

THEATER UND OPERNHÄUSER

Théâtre des Amandiers
7, Av. Pablo Picasso
92-Nanterre
RER: Nanterre-Université
✆ 47 21 18 81
Ein Theaterbus bringt von Paris angereiste Besucher zum Theater mit der angeschlossenen Schauspielschule, das jahrelang von Frankreichs Starregisseur Patrice Chéreau geleitet wurde. Immer spannende, sehenswerte Stücke – oft in Inszenierungen von Gastregisseuren. Der weite Weg lohnt sich.

Théâtre de Gennevilliers
41, Avenue des Grésillons
92-Gennevilliers
Metro: Gabriel-Péri
✆ 47 93 26 30
Vorstadttheater mit Avantgarde-Stücken

Maison de la Culture de la Seine-Saint-Denis
1, Bd Lénine
93-Bobigny
Metro: Pablo Picasso
✆ 48 31 11 45
Noch ein Versuch, das Theater in die Vororte zu bringen. Einst unter Leitung von Gonzales

Athénée Louis Jouvet
4, Square de l'Opéra-Louis-Jouvet (9.)
Metro: Opéra
✆ 47 42 67 27
Ein verschnörkelter Theatersaal mit oft sehenswerten Aufführungen

Bastille
76, Rue de la Roquette (11.)
✆ 43 57 42 14
Metro: Bastille
Jean-Claude Fall übernahm 1982 dieses kleine Haus mitten im Bastille-Viertel, und es wurde für Insider schnell ein ›Muß‹. Abwechslungsreiche und immer interessante Programmation mit neuen Truppen und Autoren. Fall selbst inszenierte hier Peter Handke-Stücke.

● **Bouffes du Nord**
37 bis, Bd de la Chapelle (18.)
Metro: Chapelle
✆ 42 39 34 50
Erbaut 1895. Halbzerfallenes Belle Epoque-Theater, neu entdeckt als Experimentierbühne von Peter Brooks. Avantgarde

Bouffes Parisiennes
4, Rue Monsigny (2.)
Metro: Quatre-Septembre
✆ 42 96 60 24
Erbaut 1827, 1855 war Jacques Offenbach der Leiter, einige seiner Stücke wurden hier uraufgeführt.

Café de la Danse
5, Pass. Louis-Philippe (11.)
Metro: Bastille
✆ 48 05 57 22
In einer ehemaligen Fabrikhalle gibt es Tanz und jede Menge Aufführungen kleinerer Truppen – nur wenige Schritte von der Rue de Lappe entfernt.

La Cartoucherie Vincennes
Route du Champ-de-Manœuvres (12.)
Metro: Château de Vincennes – von dort weiter mit der Buslinie 112 oder mit dem kostenlosen Theaterbus
Cartoucherie ist der Name für den gesamten Theaterkomplex auf dem Gelände einer ehemaligen Pulverfabrik in Vincennes. Hier steht das berühmte **Théâtre du Soleil** von Frankreichs Regiegröße Ariane Mnouchkine (✆ 43 74 24 08), aber auch vier weitere Theater: das **Théâtre de l'Aquarium** (✆ 43 74 99 61), das **Théâtre de la Tempête** (✆ 43 28 36 36), das **Atelier du Chaudron** (✆ 43 28 97 04) und das **Atelier de l'Epée de Bois** (✆ 48 08 39 74). Insbesondere für das Théâtre du Soleil empfiehlt es sich, lange im voraus zu reservieren.

Centre Pompidou
Rue Rambuteau/Ecke Rue Saint-Merri (4.)
Metro: Rambuteau oder Châletet
✆ 42 74 42 19
Was wäre ein Kulturzentrum ohne Theater – im Beaubourg gibt es natürlich auch das, mit wechselnden, teils avantgardistischen Programmen.

Chaillot
Pl. du Trocadéro (16.)
Metro: Trocadéro
✆ 47 27 81 15
Der Monumentalbau aus den 30er Jahren wurde von Antoine Vitez zu neuem Leben erweckt. Seit 1988 führt Jérôme Savary hier das Zepter.

Théâtre de la Colline
15, Rue Malte-Brun (20.)
Metro: Gambetta
✆ 43 66 43 60
Subventioniertes Theater mit zwei Sälen und ambitionierten, durchweg sehenswerten Aufführungen

● **Comédie Française**
2, Rue de Richelieu (1.)
Metro: Palais-Royal
✆ 40 15 00 15
Erbaut 1786–90. Die Comédie entstand aus der Truppe Molières, die sich unter Ludwig XIV. mit der Truppe des Hôtel de Bour-

gogne vereinigte. Die Statuten legte Napoleon während des Rußlandfeldzuges fest. Die jungen Schauspieler werden als ›Pensionaires‹ fest verpflichtet, die älteren steigen auf als ›Sociétaires‹. Gespielt werden vor allem Klassiker, aber auch Moderne. In diesem Theater starb Molière, als er den ›Eingebildeten Kranken‹ spielte.

Daunou
7, Rue Daunou (2.)
Metro: Opéra
✆ 42 61 69 14
Musikalische Komödie

Escalier d'Or
18, Rue d'Enghien (10.)
Metro: Château d'Eau
✆ 45 23 15 10
Hier übertreffen sich die Schauspieler in der Kunst der Improvisation, animiert vom Publikum. Auch der Art Deco-Saal ist sehenswert. Sporadische Veranstaltungen. Unbedingt vorher anrufen

Espace Kiron
10, Rue de la Vaquerie (11.)
Metro: Voltaire
✆ 43 73 53 00
Junges, kleines Theater im Bastille-Viertel, das in einem alten Fabrikkomplex untergebracht ist, zusammen mit einer Galerie und einem Verlagshaus

Gaîté Montparnasse
26, Rue de la Gaîté (14.)
Metro: Gaîté, Edgar Quinet
✆ 43 22 16 18
Erbaut 1868. Sketche und Komödien

Huchette
23, Rue de la Huchette (5.)
Metro: Saint-Michel
✆ 43 26 38 99
Mini-Theater, in dem seit 1957 ohne Unterbrechung jeden Abend Ionescos ›Kahle Sängerin‹ gespielt wird

Lucernaire
Centre National d'Art et d'Essai
53, Rue Notre-Dame-des-Champs (6.)
Metro: Vavin
✆ 45 44 57 34
Ein wahres Forum mit zwei Theatersälen, in denen Avantgarde gespielt wird, zwei Kinos, einem Konzertsaal und einer Kunstgalerie

Marigny
Av. Marigny (8.)
Metro: Champs-Elysées-Clemenceau
✆ 42 56 04 41
Erbaut 1850. Gehört zur Comédie Française. Klassiker

Michodière
4, Rue de la Michodière (2.)
Metro: Opéra, Quatre-Septembre
✆ 47 42 95 22
Erbaut 1935. Intellektuelle Komödien

Mogador
25, Rue de Mogador (10.)
Metro: Trinité
✆ 42 85 45 30
Wunderschönes altes Theater, das 1981 renoviert wurde und in dem Ute Lemper in ›Cabaret‹ von den Parisern gefeiert wurde

Montparnasse
31, Rue de la Gaîté (14.)
Metro: Montparnasse, Edgar Quinet
✆ 43 22 77 74
Erbaut 1886. In den 30er Jahren berühmt durch Gaston Baty. Heute Komödien

L'Odéon
Pl. Paul-Claudel (6.)
Metro: Odéon
✆ 43 25 70 32
›Das andere Gesicht der Comédie Française‹ – Zeitgenössisches unter der Direktion von Antoine Vitez. Das **Petit Odéon** zeigt sich allem Neuem gegenüber noch aufgeschlossener als der große Saal, den ein Deckengemälde von André Masson schmückt. Von März bis Oktober Gastspiele des ›Théâtre de l'Europe‹ von Giorgio Strehler. Neoklassizistisches Gebäude von 1781

Œuvre
55, Rue de Clichy (9.)
Metro: Clichy
✆ 48 74 42 52
Erbaut 1893. Skandal 1896, als ›Ubu Roi‹ von Alfred Jarry uraufgeführt wurde. Lorca, Montherlant, aber auch Komödien

Ouvert
4 bis, Cité Véron (18.)
Metro: Blanche
✆ 42 55 74 40
Junges Theater in einer alten Passage, in dem auch unbekannten Namen eine Chance gegeben wird

Opéra Palais Garnier
Pl. de l'Opéra (9.)
Metro: Opéra
✆ 47 42 57 50
Die Opéra – von den Parisern ›Palais Garnier‹ genannt – wurde nach dem Bau der neuen Bastille-Oper ihrer eigentlichen Bestimmung enthoben. In dem 1875 eröffneten Haus (Architekt: Charles Garnier) werden nun keine Opern mehr, sondern nur noch Ballettaufführungen gezeigt – vor allem die des ›Ballet de l'Opéra‹ unter der Leitung von Rudolf Nurejev. Wer sich für Ballett nicht interessiert, kann die Oper – eine der schönsten der Welt – auch tagsüber besichtigen (von 11–16.30 Uhr).

Opéra de la Bastille
Pl. de la Bastille (11.)
Metro: Bastille
Die neue Volksoper an der Bastille, ein Mitterrand-Projekt, wurde am 14. Juli 1989 im Rahmen der 200-Jahr-Feiern zur Revolution symbolisch eröffnet und dann gleich wieder geschlossen, da die Arbeiten noch nicht beendet waren. Die endgültige Eröffnung sah man erst für 1990 vor. Die Bastille-Oper, die schon lange vor der ersten Spielzeit durch die Kündigung Daniel Barenboims (ursprünglich als Direktor vorgesehen) für Skandale sorgte, möchte mit populären Aufführungen wie ›Carmen‹ ein neues Publikum für die Oper begeistern.

Opéra Comique
5, Rue Favart (2.)
Metro: Richelieu-Drouot
✆ 42 96 12 20
Erbaut 1782 vom Duc de Choisseul für italienische Truppen (hinter dem Boulevard des Italiens). 1881 Brand, 100 Tote. 1898 wiederaufgebaut. Französische ›Opéra comique‹. Angeschlossen ein Studio

La Péniche Opéra
Quai de Jemappes
(gegenüber der Nr. 200) (10.)
Metro: Jaurès oder Louis Blanc
✆ 42 45 18 20
Oper, Musical und Theater auf einem Hausboot *(péniche)* mitten auf dem Canal Saint-Martin.

Palais des Congrès
Porte Maillot (17.)
Metro: Porte Maillot
✆ 46 40 28 20
Robert Hossein inszeniert hier ab und zu ein Riesenspektakel historischer Art, wie ›Danton und Robespierre‹. Auch Forum für Pop- und Rockstars

Palais Royal
38, Rue de Montpensier (1.)
Metro: Palais-Royal, Bourse
✆ 42 97 59 81
Erbaut vom Duc d'Oriéans, damals auch Marionettentheater. 1831 umgebaut. In diesem Theater hatte Barrault großen Erfolg mit ›La Vie Parisienne‹ von Offenbach. Heute Boulevard-Komödien

Palais des Sports
Porte de Versailles (15.)
Metro: Porte de Versailles
✆ 48 28 40 10
Dasselbe wie im Palais des Congrès, Riesenschaustücke, doch vorwiegend im Sommer. Auch große Balletttruppen

Paris-Villette
211, Av. Jean-Jaurès (19.)
Metro: Porte de Pantin
✆ 42 02 02 68
In der ehemaligen Bourse aux Cuirs et Peaux, einem Steingebäude, das 1867 auf dem Schlachthofgelände erbaut wurde, gibt es nun, mitten im Parc de la Villette, experimentelles Theater und Genet- und Kafka-Inszenierungen.

Poche-Montparnasse
75, Bd du Montparnasse (6.)
Metro: Montparnasse
✆ 45 44 50 21
Erbaut 1929. Moderne Stücke mit wenigen Personen. Klein wie ein Zimmertheater

Porte Saint-Martin
16, Bd Saint-Martin (10.)
Metro: Strasbourg-Saint-Denis
✆ 46 07 37 53
Erbaut 1873. Shows wie ›Hair‹ und andere Musicals

Le Ranelagh
5, Rue des Vignes (16.)
Metro: Muette
✆ 42 88 64 44
In dem wunderschönen alten Kino mit dunklen Holzvertäfelungen und roten Veloursesseln wird nun auch Theater gespielt.

● **Rond Point**
Av. Franklin-D.-Roosevelt (8.)
Metro: Franklin D. Roosevelt
✆ 42 56 60 70
In den alten Eispalast aus der Belle Epoque, in dem die Damen mit *cul* Schlittschuh liefen, zog die Compagnie Renaud-Barrault ein. Jean-Louis Barrault ist einer der wichtigsten Theatermacher von Paris.

T.E.P. (Théâtre de l'Est Parisien)
159, Av. Gambetta (20.)
Metro: Saint-Fargeau
✆ 43 64 80 80
Petit T.E.P.: ✆ 46 36 79 09
Kulturhaus vor allem für das Volk, man spielt Klassiker, hält Dichterlesungen, spielt auch Karl Valentin. Im **Petit T.E.P.** Avantgarde

Varietés
7, Bd Montmartre (2.)
Metro: Montmartre
✆ 42 33 09 92
Erbaut 1807. Das einzige alte Theater von Paris, das niemals verändert wurde. Chansonniers und Operetten

Théâtre de la Ville
2, Pl. du Châtelet (4.)
Metro: Châtelet
✆ 48 87 54 42
Erbaut 1862. Nach dem Brand von 1874 wiederaufgebaut. Bis zur deutschen Okkupation hieß es ›Théâtre Sarah Bernhardt‹. Stücke von Giraudoux, Tschechow, Konzerte

CAFÉ-THEATER

Die Zahl dieser kleinen Theater, in denen man auch essen oder zumindest trinken kann, ist immens. Die beiden bekanntesten:

Café d'Edgar
58, Bd Edgar-Quinet (14.)
Metro: Edgar Quinet
✆ 43 22 11 02
Kleine Oper, zwei Säle mit je drei Stücken

Café de la Gare
41, Rue du Temple (4.)
Metro: Hôtel de Ville
✆ 42 78 52 51
In ein altes Gebäude, umgeben von einem mittelalterlichen Hof, wurde das pittoreske Theaterchen eingebaut. Verschiedene Programme, großer Erfolg

Trinkgeld

Wie in Europa üblich, gibt man im Restaurant etwa 10–15 Prozent Trinkgeld, das jedoch meistens schon in die Rechnung bzw. in die Preise auf der Karte mit eingeschlossen ist.

Den Angestellten im Hotel, die das Frühstück bringen oder das Zimmer aufräumen, gibt man am klügsten mindestens die Hälfte der Trinkgelder gleich zu Anfang.

In Kinos und Theatern bekommt die Platzanweiserin jedesmal mindestens zwei Franc.

Auch Führer in Museen und Kirchen sind durchaus nicht Trinkgeld-Verweigerer, so wenig wie der Portier, der das Taxi herbeiruft.

Unterkunft

HOTELS

In Paris gibt es über 1500 Hotels. Wir haben eine kleine Auswahl empfehlenswerter Hotels getroffen, die wir selbst besichtigt haben, geordnet nach Komfortklassen.

Superluxushotels	****L	=	jeglicher erdenklicher Luxus
Luxushotels	****	=	›normaler Luxus‹ sozusagen
Dreisterne-Hotels	***	=	sehr komfortables Hotel, alle Zimmer haben Dusche oder Bad
Zweisterne-Hotels	**	=	Hotel mit Komfort, fast alle Zimmer haben Dusche oder Bad
Einsterne-Hotels	*	=	einfaches Hotel, in dem meist nur einige Zimmer Dusche haben
Hotels für junge Leute		=	einfache Hotels, meist mit Mehrbettzimmern und Altersbegrenzung

Für jedes Zimmer gibt es nach Lage und Ausstattung Mini- und Maxipreise. Wir geben hier jeweils den Mindestpreis für ein Doppelzimmer an (Einzelzimmer kosten meist nicht viel weniger), er kann sich freilich innerhalb von Monaten noch erhöhen. Bei den preiswerteren Herbergen wird oft ein Vorausscheck verlangt.

ZIMMERVERMITTLUNG

Es ist ratsam, Zimmer im voraus reservieren zu lassen. Wer ohne Reservierung in Paris eintrifft, kann folgende Vermittlungsbüros einschalten:

Hotelservice
✆ 42 80 18 53

Bureau d'Accueil Central
127, Champs-Elysées (8.)
✆ 47 23 61 72
Täglich 8–13 und 17–22 Uhr; außerhalb der Saison nur bis 20 Uhr

Bureau Gare du Nord
8, Rue de Dunkerque (10.)
✆ 45 26 94 82
Täglich 8–22 Uhr; außerhalb der Saison nur bis 20 Uhr

Bureau Gare de l'Est
in der Ankunftshalle (10.)
✆ 46 07 17 73
Täglich 8–13 und 17–22 Uhr; außerhalb der Saison nur bis 20 Uhr. G: So

Bureau Tour Eiffel
Champ de Mars (7.)
✆ 45 51 22 15
Mai bis Sept. täglich 11–18 Uhr

SUPERLUXUSHOTELS

******L De Crillon**
10, Pl. de la Concorde (8.)
Metro: Concorde
✆ 42 65 24 24
DZ: ab FF 1900
Feudales Hotel im alten Stil, aus dem der Plüsch entfernt wurde. Kleiner Innenhof. Hier schlief Gloria Swanson 1931 in einer extra installierten venezianischen Gondel.

******L L'Hôtel**
13, Rue des Beaux-Arts (6.)
Metro: Saint-Germain, Mabillon

✆ 43 25 27 22
DZ: ab FF 1000
Exklusive Absteige der ›Beautiful People‹, hauptsächlich aus Filmkreisen Amerikas. Kleiner, schicker und raffinierter als die großen Hotelpaläste

******L Inter-Continental**
3, Rue de Castiglione (1.)
Metro: Tuileries
✆ 42 60 37 80
DZ: ab FF 1500
Suiten und Luxussalons in alter Pracht, zum Teil unter Denkmalschutz. Zauberhafter Patio

******L Meurice**
228, Rue de Rivoli (1.)
Metro: Tuileries
✆ 42 60 38 60
DZ: ab FF 1800
Üppiger französischer Nobelstil, direkt an den Tuilerien

******L Ritz**
15, Pl. Vendôme (1.)
Metro: Tuileries, Madeleine
✆ 42 60 38 30
DZ: ab FF 2400
Berühmtestes Pariser Hotel am noblen Place Vendôme. Auf einen Gast kommen zwei Bedienstete. Berühmt ist auch die Hemingway-Bar (Eingang Rue Cambon), in der die Barkeeper noch heute gern von ihrem ehemaligen Gast reden.

LUXUSHOTELS

****** Mapotel Terrass**
12–14, Rue Joseph-de-Maistre (18.)
Metro: Blanche, Abbesses
✆ 46 06 72 85
DZ: ab FF 800
Wer den Montmartre liebt, ist hier komfortabel untergebracht. Die Zimmer nach hinten sind ruhiger.

****** Montalembert**
3, Rue Montalembert (7.)
Metro: Bac
✆ 45 48 68 11
DZ: ab FF 650
Ruhig gelegenes Hotel in Saint-Germain-des-Prés, in dem vor allem Schriftsteller, Kunstsammler und Kunsthändler absteigen

****** Relais Christine**
3, Rue Christine (6.)
Metro: Saint-Michel, Odéon
✆ 43 26 71 80
DZ: ab FF 950
Neues, nobles und stilles Hotel in einem ehemaligen Kloster aus dem 17. Jh. nahe dem turbulenten Quartier Latin. Zweistöckige Wohnstudios

****** Résidence du Bois**
16, Rue Chalgrin (16.)
Metro: Etoile
✆ 45 00 50 59
DZ: ab FF 850
In der Reihe der Schloßhotels gehört dieses zu den repräsentativsten von Paris. Manche Zimmer haben authentische Rokokomöbel. Im Salon brennt ein Kaminfeuer, sommers frühstückt man im Garten.

****** La Villa**
29, Rue Jacob (6.)
Metro: Saint-Germain-des-Prés
✆ 43 26 60 00
DZ: ab FF 700
Ein neues Hotel hinter alter Fassade, das von den supermodernen Badezimmern bis zur Zimmernummer, die per Lichtschablone auf den Teppich projiziert wird, von der französischen Jungdesignerin Marie-Christine Dorner eingerichtet wurde

DREISTERNE-HOTELS

***** L'Abbaye Saint-Germain**
10, Rue Cassette (6.)
Metro: Saint-Sulpice
✆ 45 44 38 11
DZ: ab FF 500
Neues, in einem alten Kloster sehr schick eingerichtetes Hotel mit dem denkbar liebenswürdigsten Service und einem bezaubernden kleinen Innenhof. Sehr kultivierte jüngere Clientèle. Man spricht Deutsch.

*** **Atelier Montparnasse**
49, Rue Vavin (6.)
Metro: Vavin
✆ 46 33 60 00
DZ: ab FF 400
Kleines Hotel, dessen junge Besitzer die Zimmer nach Malern, die einst am Montparnasse lebten, benannten. Mosaiken im Badezimmer erinnern an die Werke des jeweiligen Künstlers.

*** **Brighton**
218, Rue de Rivoli (1.)
Metro: Tuileries
✆ 42 60 30 03
DZ: ab FF 350
Viele Zimmer mit Balkon und Blick auf den Jardin des Tuileries, alte Messingbetten und der kleine Salon mit Spiegeln und Säulen bilden den Charme des alten Palais.

*** **Colbert**
7, Rue de l'Hôtel-Colbert (5.)
Metro: Maubert-Mutualité
✆ 43 25 85 65
DZ: ab FF 520
In einem Haus aus dem 18. Jh. mit einem kleinen Innenhof wurde ein Hotel installiert. Von 16 Zimmern aus hat man einen schönen Blick auf Notre-Dame.

*** **Danube**
58, Rue Jacob (6.)
Metro: Saint-Germain
✆ 42 60 94 07
DZ: ab FF 400
Sympathisches kleines Hotel mit Innenhof mitten im Herzen von Saint-Germain

*** **Deux Iles**
59, Rue Saint-Louis-en-l'Ile (4.)
Metro: Pont Marie
✆ 43 26 13 35
DZ: ab FF 550
Bezauberndes Hotel, das wie ein Privathaus wirkt, mit Kamin in der Halle, Bar und Bibliothek.

*** **Favart**
5, Rue Marivaux (2.)
Metro: Richelieu-Drouot
✆ 42 97 59 83
DZ: ab FF 400
Sehr gepflegtes Hotel mit hübschen Badezimmern und Blick auf die Komische Oper (Salle Favart)

*** **Des Grands Hommes**
17, Pl. du Panthéon (5.)
Metro: Luxembourg
✆ 46 34 19 60
DZ: ab FF 450
Vollständig renoviertes altes Hotel mit Möbeln aus dem 18. Jh., Blick auf den imposanten Platz mit dem Panthéon

*** **D'Isly**
29, Rue Jacob (6.)
Metro: Saint-Germain
✆ 43 26 32 39
DZ: ab FF 250
Im Intellektuellenviertel Saint-Germain-des-Prés ein modern restauriertes kleines Hotel in einem schönen alten Haus. Freundlicher Empfang

*** **Jeu de Paume**
54, Rue Saint-Louis-en-Ile (4.)
Metro: Pont Marie
✆ 43 26 14 18
DZ: ab FF 600
Zauberhaftes 32-Zimmer-Hotel in einem Haus aus dem 17. Jh. mit Duplex- und Terrassenzimmern, in Pastelltönen gehalten, sowie einem gläsernen Aufzug und einem Minigarten

*** **Lenox**
9, Rue de l'Université (7.)
Metro: Saint-Germain
✆ 42 96 10 95
DZ: ab FF 350
Ein altes, neu umgebautes Hotel mit freundlichem Service in der Adelsstraße mit dem Palais aus dem 18. Jh.

*** **De Lutèce**
65, Rue Saint-Louis-en-l'Ile (4.)
Metro: Pont Marie
✆ 43 26 23 52
DZ: ab FF 450
Hinreißendes kleines Hotel auf der romantischen Ile Saint-Louis in einem alten Haus. Zimmer sehr lange vorher bestellen

*** **Des Marroniers**
21, Rue Jacob (6.)
Metro: Saint-Germain
✆ 43 25 30 60
DZ: ab FF 400
In einer der hübschesten Straßen von Paris gibt es sogar einen kleinen Hotelgarten mit Kastanien, die dem Hotel den Namen gaben. Das Frühstück kann man auf der Veranda genießen.

*** **Mondial**
5, Cité Bergère (9.)
Metro: Montmartre
✆ 47 70 55 56
DZ: ab FF 400
Das Hotel liegt in einer stillen Insel, einer Cité, in der es noch mehrere andere Hotels gibt – mitten im Gebrause des Boulevard Montmartre, aber nicht auf dem Montmartre.

*** **Opéra Cadet**
24, Rue Cadet (9.)
Metro: Opéra
✆ 48 24 65 26
DZ: ab FF 550
Das Hotel des französischen Mammut-Reiseunternehmens ›Nouvelles Frontières‹ mit modernen Zimmern, Patio und natürlich einem eigenen Reisebüro

*** **Regent's Garden**
6, Rue Pierre-Demours (17.)
Metro: Etoile
✆ 45 74 07 30
DZ: ab FF 550
Nahe am Etoile gibt es hier einen richtigen Garten mit Springbrunnen, Blumen und Skulpturen. Einst die Villa eines Arztes von Napoleon III. Die großen Zimmer mit den schönen alten Möbeln haben einen Charme, den die modernen Betonbauten nicht mehr kennen.

*** **Saint Simon**
14, Rue Saint-Simon (7.)
Metro: Bac
✆ 45 48 35 66
DZ: ab FF 650
Das einstige Privathaus wurde 1981 renoviert und mit einem Lift ausgestattet. Es liegt zwischen zwei Gärten und ist von einer Ruhe, als sei man auf dem Lande.

*** **De Suède**
31, Rue Vaneau (7.)
Metro: Varenne, Sèvres-Babylone
✆ 47 05 00 08
DZ: ab FF 450
Hübsche Zimmer in einem ruhigen Viertel des linken Ufers, die des 2. und 3. Stockes mit Blick auf den Garten des Hôtel Matignon

ZWEISTERNE-HOTELS

** **Des Balcons**
3, Rue Casimir-Delavigne (6.)
Metro: Odéon
✆ 46 34 78 50
DZ: ab FF 150
Das oberste Stockwerk hat einen Balkon, von dem man auf die Dächer von Saint-Germain sieht. Junge Stammkundschaft

** **Esmeralda**
4, Rue Saint-Julien-le-Pauvre (6.)
Metro: Saint-Michel
✆ 43 54 19 20
DZ: ab FF 280
Winziges Hotel an einem idyllischen Platz mit herrlichem Blick auf Notre-Dame. Etwas für Romantiker, denen das Getriebe rundum nichts ausmacht

** **Michelet Odéon**
6, Pl. de l'Odéon (6.)
Metro: Odéon
✆ 46 34 27 80
DZ: ab FF 300
Sehr sympathisches Hotel nahe dem Jardin du Luxembourg; lange vorher anmelden

** **Mont Blanc**
28, Rue de la Huchette (5.)
Metro: Saint-Michel
✆ 43 54 49 44
DZ: ab FF 250
Manche lieben es laut und lustig – sie sind hier im Gewoge des Quartier Latin richtig untergebracht. Viele kleine Kneipen, Restaurants und Kinos in der Umgebung des Place Saint-Michel

** **Tim** (Hôtel Montmartre)
11, Pl. Emile-Goudeau (18.)

Metro: Abbesses
✆ 42 55 74 79
DZ: ab FF 350
Auf dem Montmartre an Picassos Lieblingsplatz gelegen, direkt neben dem berühmtesten Atelierhaus der Welt, dem Bateau Lavoir. Vom 4. Stock Zauberblick auf Paris

** **Pavillon**
54, Rue Saint-Dominique (7.)
Metro: Invalides
✆ 45 51 42 87
DZ: ab FF 200
Winzige, niedlich tapezierte Zimmer, einige Frühstückstische im Hof. Der Empfang in diesem Haus, das den Charme der Provinz hat, ist freundlich.

** **Place des Vosges**
12, Rue de Birague (4.)
Metro: Saint-Paul
✆ 42 72 60 46
DZ: ab FF 200
Zwischen dem noblen Place des Vosges und der lebendigen Rue du Fg Saint-Antoine gelegen

** **Récamier**
3 bis, Pl. Saint-Sulpice (6.)
Metro: Saint-Sulpice, Mabillon
✆ 43 26 04 89
DZ: ab FF 200
Hübsches und hübsch gelegenes Hotel bei der Kirche Saint-Sulpice mit anhänglicher Stammkundschaft aus Intellektuellenkreisen

** **Regyn's Montmartre**
18, Pl. des Abbesses (18.)
Metro: Abbesses
✆ 42 54 45 21
DZ: ab FF 350
Komfortabel-geschmackvoll eingerichtetes kleines Hotel. Von einigen Zimmern schöner Blick auf Platz und Dächer

** **Saint-Louis**
75, Rue Saint-Louis-en-l'Ile (4.)
Metro: Pont Marie
✆ 46 34 04 80
DZ: ab FF 400
Hübsches Hotel, das zum Komplex der beiden anderen auf der Straße der Ile-Saint-Louis gehört; kein Lift, einfachere Zimmer, sehr früh anmelden

EINSTERNE-HOTELS

* **De Buci**
22, Rue de Buci (6.)
Metro: Mabillon, Odéon
✆ 43 26 89 22
DZ: ab FF 150
Direkt am lebhaften Marché de Buci im alten Saint-Germain-des-Prés

* **Ellen**
3, Rue Ferdinand-Duval (4.)
Metro: Saint-Paul
✆ 48 87 28 15
DZ: ab FF 60
Das winzige Hotel im Marais ist das billigste von Paris!

* **Family**
35, Rue Cambon (1.)
Metro: Concorde
✆ 42 61 54 84
DZ: ab FF 180
Kleines Hotel in einem alten Palais gleich neben dem Place Vendôme, der von einigen Zimmern aus über die Dächer zu sehen ist

* **Henri IV**
25, Pl. Dauphine (1.)
Metro: Pont-Neuf
✆ 43 54 44 53
DZ: ab FF 130
In einem alten Herrschaftshaus auf der Ile de la Cité

* **Istria**
29, Rue Campagne-Première (14.)
Metro: Edgar Quinet
✆ 43 20 91 82
DZ: ab FF 110
In einer Nebenstraße des Boulevard Montparnasse relativ ruhig gelegenes Hotel, in dem in den 20er Jahren der russische Dichter Majakowski abstieg

* **Louisiane**
60, Rue de Seine (6.)

Metro: Saint-Germain
✆ 43 29 59 30
DZ: ab FF 250
Legendäres Literatenhotel, in dem auch Sartre und de Beauvoir lebten

*** Du Parc**
6, Rue Jolivet (14.)
Metro: Montparnasse-Bienvenüe
✆ 43 20 95 54
DZ: ab FF 150
In einer kleinen Straße zwischen dem alten Friedhof von Montparnasse und dem Tour Maine-Montparnasse gelegen. Viele Lokale und Theater in der Gegend

*** Saint-André-des-Arts**
66, Rue Saint-André-des-Arts (6.)
Metro: Saint-Michel, Odéon
✆ 43 26 96 16
DZ: ab FF 260
In einer pittoresken alten Straße zwischen dem Quartier Latin und Saint-Germain

HOTELS FÜR LEUTE UNTER DREISSIG

Centre International de Séjour de Paris (C.I.S.P.)
6, Av. Maurice-Ravel (12.)
Metro: Picpus
✆ 43 43 19 01
Mitten im Grünen ein Zentrum für junge Leute; 2- bis 4-Bett-Zimmer mit WC, einige 8-Bett-Schlafsäle, Swimmingpool, Snackbar, Restaurant

Le Fauconnier
11, Rue de Fauconnier (4.)
Metro: Saint-Paul, Pont Marie
✆ 42 74 23 45
Ein Palais aus dem Jahr 1672 wurde zum internationalen Haus der Jugend. 14 Zimmer haben jeweils vier Betten. Die Halle und Treppe stammen aus dem 17. Jh.

Le Fourcy
4–6, Rue de Fourcy (4.)
Metro: Saint-Paul, Pont Marie
✆ 42 74 23 45
Empfang 8–12.30 und 13–24 Uhr
Im pittoresken Marais-Viertel nahe der Seine haben Studenten in einem alten Gemäuer ein Hotel für Jugendliche aller Länder installiert. 4- bis 6-Bett-Zimmer mit Dusche, Höchstaufenthalt eine Woche, pro Nacht mit Frühstück FF 51

François Miron
6, Rue François-Miron (4.)
Metro: Saint-Paul, Pont Marie
✆ 42 77 67 53
Saubere 4-Bett-Zimmer in einem alten Haus im Marais, in dem einst der internationale Pen-Club seine Mitglieder unterbrachte, wenn sie auf Paris-Visite waren.

Le Maubuisson
12, Rue des Barres (4.)
Metro: Hôtel de Ville, Pont Marie
✆ 42 72 72 09
Auch in diesem schönen alten Haus aus dem 17. Jh., in dem einst die Äbtissinnen der königlichen Abtei von Maubuisson wohnten, kann man für wenig Geld in 4-Bett-Zimmern übernachten und die familiäre Atmosphäre im alten Gemäuer genießen.

U.C.R.I.F.
21, Rue Béranger (3.)
✆ 42 77 08 65
Unterhält 10 Häuser mit preiswerten Zimmern (auch Einzelzimmer) im Stadtbereich. Adressenverzeichnis auf Anfrage. Die Liste ist auch erhältlich beim:

Französischen Fremdenverkehrsamt
Kaiserstraße 12
Postfach 10 01 28
6000 Frankfurt a. M. 1
✆ 0 69/7 56 08 30

Für weitere Adressen wende man sich an eine der Zweigstellen von **Accueil des Jeunes en France (A.J.F.):**

Beaubourg
119, Rue Saint-Martin (4.)
Metro: Rambuteau
✆ 42 77 87 80
Mo–Fr 9.30–19 Uhr

Gare du Nord
Gegenüber Gleis 19

Metro: Gare du Nord
✆ 42 85 86 19
Mo–Fr 9.30–18.15, in den Ferienmonaten täglich 8–22 Uhr

Marais
16, Rue Pont-Louis-Philippe (4.)
Metro: Hôtel de Ville, Pont Marie
✆ 42 78 04 82
Mo–Fr 9.45–18.30 Uhr

Quartier Latin
139, Bd Saint-Michel (3.)
Metro: Port-Royal
✆ 43 54 96 86
Mo–Fr 9.30–19 Uhr

Zuständig für Unterkunft in den Studentenheimen ist:

Union des Maisons d'Etudiants (U.M.E.)
93, Bd Saint-Michel (5.)
Metro: Luxembourg
14–18 Uhr

JUGENDHERBERGEN

AUSKUNFT

Fédération Unie des Auberges de Jeunesse
10, Rue N. D. de Lorette (9.)
✆ 42 82 93 18

La Ligue Française des Auberges de Jeunesse
38, Bd Raspail (7.)
✆ 45 48 69 84

Bei den oben genannten Adressen sind Verzeichnisse der Jugendherbergen in Paris und Umgebung sowie sonstige nützliche Hinweise erhältlich.

Auberge de Jeunesse
92500 Rueil des Malmaisons
4, Rue des Marguerites
✆ 47 49 43 97

Auberge de Jeunesse
94600 Choisy-le-Roi
Av. de Villeneuve-Saint-George
✆ 48 90 92 30

Die Übernachtungspreise variieren je nach Herberge. Teilweise muß zusätzlich für die Bettwäsche gezahlt werden – oder sie muß gestellt werden.

VERMIETUNG VON STUDIOS UND APPARTEMENTS

Résidence Charles Dullin
10, Pl. Charles-Dullin (18.)
Metro: Anvers
✆ 42 57 14 55
Tagespreis für 1–5 Personen ab FF 600

Résidence Orion
4, Rue des Innocents (1.)
Metro: Les Halles
✆ 45 08 00 33
Tagespreis für 1–5 Personen ab FF 500

VERMITTLUNG VON WOHNUNGEN

Inter-Urbis
1, Rue Mollien (8.)
Metro: Villiers
✆ 45 63 17 77
Di–Sa 9.30–12.30 und 14–18 Uhr
Wohnungen und Häuser ab FF 3500; 12 Prozent Agenturaufschlag. Mindestaufenthalt 2 Monate

Verkehrsmittel

BUSSE

Es gibt ein großes Busnetz in Paris. Die Haltestellen sind durch gelbrote Schilder gekennzeichnet. Mit dem Bus zu fahren, ist freilich komplizierter, als mit der Metro zu fahren, man braucht je nach Strecke ein oder zwei Tickets, außerdem ist das Netz für einen Fremden schwerer durchschaubar.

Viele Linien werden nur bis 20.30 Uhr bedient.

METRO UND RER

Es gibt in Paris 16 Metrolinien mit 341 Stationen und 124 Umsteigemöglichkeiten. Kein Punkt der Stadt ist mit der U-Bahn nicht erreichbar. In den Hauptverkehrszeiten kommt alle 90 Sekunden eine Bahn. Die erste Bahn fährt um 5.30 Uhr, die letzte um 0.30 Uhr vom jeweiligen Endbahnhof.

Fahrpreis
Am günstigsten ist es, ein *carnet* (Block mit 10 Fahrkarten) oder ein *billet de tourisme* (für 2, 4 oder 7 Tage) zu kaufen. Diese Fahrtausweise gelten auch für die Buslinien. Es gibt U-Bahn-Eingänge, die keinen Fahrkartenschalter haben. Schon deshalb ist ein Carnet notwendig.

RER = Réseau Express Régional ist eine Schnell-U-Bahn für den Vorortverkehr. Für diese Bahn kauft man die Billetts an Automaten, bei denen man auf einer Wahltafel sein Fahrtziel antippt, woraufhin der zu zahlende Betrag angezeigt wird.

Im Gegensatz zur gewöhnlichen U-Bahn muß man die Billetts der Schnell-U-Bahn am Ausgang wieder zur Hand haben und in die Apparate der automatischen Sperre stecken, um wieder hinaus zu können.

TAXIS

Es gibt in Paris an die 15 000 Taxis, doch bei Regen reichen sie nicht aus. Man kann sie sich auf der Straße durch Winken holen, die Fahrer sehen das sofort. Trinkgelder etwa 10–15 Prozent.

Taxis sind zum Glück nicht besonders teuer. Die Fahrer sind oft sehr witzig und kenntnisreich, sie wissen alles und unterhalten sich – bis auf Ausnahmen – gern. Quittungen geben sie ungern, meist nur einen unausgefüllten Zettel *(une fiche).*
Die Tarife sind gestaffelt:
Tarif A von 6.30–21.30 Uhr,
Tarif B von 21.30–6.30 Uhr,
Tarif C für Fahrten von und zu den Flughäfen Charles de Gaulle/Roissy, Orly und Le Bourget sowie für weitere Fahrten in die Umgebung von Paris

Telefonische Taxibestellungen (abgesehen von den Taxiständen in den Arrondissements):

Taxis Bleus
45, Quai de Seine (19.)
✆ 40 34 33 33, 42 05 77 77, 40 37 22 22

Ein guter Rat: gehen Sie lieber auf die großen Straßen und halten ein Taxi an, auf telefonisch herbeigerufene Taxis kann man mitunter sehr, sehr lange warten.

Zirkus

Cirque à l'Ancienne
211, Av. Jean-Jaurès (19.)
✆ 42 45 82 82, 42 45 85 85
Gastiert an unterschiedlichen Standorten. Im Sommer spielt der alte Zirkus der Familie Gruß auch vor dem Centre Pompidou.

Cirque d'Hiver Bouglione
110, Rue Amelot (11.)
Metro: Filles du Calvaire
✆ 47 00 12 25
Ein wunderschöner Belle Epoque-Zirkus, den Napoleon III. eröffnete. Schon allein deshalb, abgesehen von den Darbietungen, ein Grund, ihn zu besuchen

Cirque National Français
23, Rue Jean-Jacques-Rousseau (1.)
✆ 42 33 97 01

Zoologische Gärten

Aquarium du Trocadéro
Av. Albert de Mun, Jardins du Trocadéro
Metro: Trocadéro (16.)

✆ 47 23 62 95
Täglich 10–17.30 Uhr
Unter den Gärten des Trocadéro schwimmen viele bunte und seltene Fische im Aquarium.

Jardin d'Acclimatation
Bois de Boulogne, Porte des Sablons (16.)
Metro: Les Sablons, Porte Maillot
✆ 46 24 10 80
Täglich 10–19 Uhr, im Winter bis 18 Uhr
19 ha großer Vergnügungspark mit vielen Attraktionen für Kinder und Erwachsene

Ménagerie du Jardin des Plantes
Eingänge: Rue Buffon, Rue Cuvier,
Pl. Valhubert (5.)
Metro: Gare d'Austerlitz, Jussieu
Täglich 9–18 Uhr
Ein leicht vergammelter, aber anmutiger, altmodischer Garten mit seltenen Pflanzen, Schmetterlingssammlung, Mineralien und Vivarium

Parc Zoologique du Bois de Vincennes
20, Av. de Saint-Maurice (12.)
Metro: Porte Dorée
✆ 43 43 84 95
Täglich 9–17.30 Uhr, im Winter bis 17 Uhr
Der 14 ha große Zoo von Paris wurde erst 1934 eröffnet, mit über 1000 Tieren aller Arten

Register

Begriffe, die über das Inhaltsverzeichnis des Gelben Teils auf S. 265 erschlossen werden können, sind nicht aufgenommen. Restaurants, Lokale, Hotels usw. stehen in Anführungszeichen; ihr Artikel ist im Alphabet nicht berücksichtigt. Hauptverweise erscheinen *kursiv*.

Von Ursula von Kardorff und Helga Sittl erschienen in unserem Verlag:

»Richtig reisen«: Berlin

376 Seiten mit 104 farbigen und 202 einfarbigen Abbildungen, 4 Karten, 73 Seiten praktischen Reisehinweisen, Register

»Nach alten Erfahrungen, immer neuen Wanderungen, Spaziergängen und Recherchen-Touren hat Ursula von Kardorff einen Reiseführer über ihre Heimatstadt geschrieben, den man lesen muß. Die Autorin, begleitet von der Fotografin Helga Sittl, die mit ihren Bildern jenseits vom Postkarten-Berlin die Stimmung der Stadt sensibel aufspürt, ist bei ihren Berlin-Streifzügen ganz unsentimental auf der Suche nach der verlorenen Zeit. Das ausführliche Register im Anhang unterstützt die weltstädtische Spurensuche mit den notwendigen Informationen.« *Abendzeitung München*

»Richtig reisen«: Venedig

Von Eva Bakos. Foto-Illustrationen von Helga Sittl

312 Seiten mit 46 farbigen und 209 einfarbigen Abbildungen, 12 Karten, 56 Seiten praktischen Reisehinweisen, Register

»In sehr lebendig geschriebenen Kapiteln über Geschichte und Alltag Venedigs werden mit Sachkenntnis so verschiedene Aspekte behandelt wie zum Beispiel die Herstellung von marmoriertem Papier, der Fischmarkt, die Art, wie die Dogen gewählt wurden, oder die Kunstszene. Darüber hinaus gibt es noch einen Abschnitt über die Brenta und die wichtigsten Inseln in sehr liebevoller Darstellung. Das Buch enthält auch viele praktische und konkrete Informationen für den klugen Reisenden. Ein hübsches, intelligentes Buch, das in die Bibliothek jedes Venedig-Kenners und -Liebhabers gehört.«

Frankfurter Allgemeine Zeitung

Bitte beachten Sie auch folgende Veröffentlichungen:

Paris und die Ile de France

Die Metropole und das Herzland Frankreichs

Von der antiken Lutetia bis zur Millionenstadt

Von Klaus Bußmann. 520 Seiten mit 43 farbigen und 154 einfarbigen Abbildungen, 153 Zeichnungen und Plänen, 51 Seiten praktischen Reisehinweisen, Literaturhinweisen, Personen- und Ortsregister (DuMont Kunst-Reiseführer)

»Wer sich ernsthaft mit Paris und seiner Geschichte beschäftigt, wird an dem Buch nicht mehr vorbeikommen. Die Ausstattung ist ohne Fehl und Tadel; die Fotos vermitteln einen bildlichen Eindruck des im Text Beschriebenen.« *Frankfurter Allgemeine Zeitung*

Toulouse-Lautrec und das Paris um 1900

Von Götz Adriani. 170 Seiten mit 15 farbigen und 53 einfarbigen Abbildungen und 32 dokumentarischen Fotos, Literaturhinweisen (DuMont Taschenbücher, Band 57)

»Der Band illustriert nicht nur die Arbeiten Lautrecs; er illustriert auch die französische Hauptstadt um 1900, in die der im Alter von nur 36 Jahren verstorbene Maler hineinprojiziert wird, die aber andererseits das ständige ›Modell‹ war, das Lautrec ›saß‹, wo immer er sich aufhielt.«

Deutsches Allgemeines Sonntagsblatt

»Richtig reisen«

Ägypten
Algerische Sahara
Amsterdam
Arabische Halbinsel
Australien
Bahamas
Von Bangkok nach Bali
Belgien mit dem Rad
Berlin
»Richtig wandern«: Bretagne
Bornholm
»Richtig wandern«: Burgund
Budapest
Cuba
Elsaß
Ferner Osten
Finnland
Florida
Frankreich für Feinschmecker
Friaul – Triest – Venetien
Graz und die Steiermark
Griechenland
Delphi, Athen, Nord- und Mittelgriechenland, Inseln
Griechische Inseln
Großbritannien
Hawaii
Holland
Hongkong
Mit Macau und Kanton
Ibiza/Formentera
Indonesien
Irland
Istanbul
Italien (November '89)
Jamaica
Kairo
Kalifornien
Kanada und Alaska
Ost-Kanada
West-Kanada und Alaska
Kreta
»Richtig wandern«: Kykladen
Lanzarote
London
Los Angeles
Madagaskar
Malediven
»Richtig wandern«: Mallorca
Marokko
Mauritius
Mexiko
Moskau
München
Neapel – Küsten und Inseln
Nepal
Neu-England
Neuseeland
New Orleans
und die Südstaaten Louisiana, Mississippi, Alabama, Tennessee, Georgia
New York
Nord-Indien (Dezember '89)
Norwegen
Ostafrika
Kenya und Tanzania mit Uganda, Rwanda und Burundi
Paris
Peru und Bolivien
Philippinen
Portugal
Réunion
»Richtig wandern«: Rhodos
Rom
San Francisco
»Richtig wandern«: Schottland
Schweden
Die Schweiz und ihre Städte
Seychellen
Sinai und Rotes Meer
Sizilien
Spanien
Sri Lanka (Ceylon)
Südamerika 2
Argentinien, Chile, Uruguay, Paraguay
Südamerika 3
Brasilien, Venezuela, die Guayanas
»Richtig wandern«: Südtirol
Südwesten – USA
Arizona · New Mexico · Utah · Nevada
Teneriffa
Texas
Thailand
Toscana
»Richtig wandern«: Toscana und Latium
Türkei
Tunesien
Venedig
Wallis
Wien
Zypern